utb 4654

W0303783

Eine Arbeitsgemeinschaft der Verlage

Böhlau Verlag · Wien · Köln · Weimar
Verlag Barbara Budrich · Opladen · Toronto
facultas · Wien
Wilhelm Fink · Paderborn
A. Francke Verlag · Tübingen
Haupt Verlag · Bern
Verlag Julius Klinkhardt · Bad Heilbrunn
Mohr Siebeck · Tübingen
Nomos Verlagsgesellschaft · Baden-Baden
Ernst Reinhardt Verlag · München · Basel
Ferdinand Schöningh · Paderborn
Eugen Ulmer Verlag · Stuttgart
UVK Verlagsgesellschaft · Konstanz, mit UVK / Lucius · München
Vandenhoeck & Ruprecht · Göttingen · Bristol
Waxmann · Münster · New York

Heiner Böttger, Prof. Dr., geb. 1961, Professur für die Didaktik der englischen Sprache und Literatur in der Sprach- und literaturwissenschaftlichen Fakultät an der Katholischen Universität Eichstätt-Ingolstadt.

Heiner Böttger

Neurodidaktik des frühen Sprachenlernens

Wo die Sprache zuhause ist

Verlag Julius Klinkhardt
Bad Heilbrunn • 2016

Online-Angebote oder elektronische Ausgaben zu diesem Buch
sind erhältlich unter www.utb-shop.de

Ein einführendes Video in das Thema finden Sie unter
www.utb.de/Video/utb_4654 oder über nebenstehenden QR-Code.
Unter dem Reiter „Zusatzmaterial“ ist im utb-Shop für Dozierende auch ein Foliensatz für den Einsatz in der Lehre zugänglich:
http://www.utb-shop.de/9783825246549

Die Deutsche Bibliothek – CIP-Einheitsaufnahme
Die Deutsche Nationalbibliothek verzeichnet diese Publikation in der Deutschen Nationalbibliografie; detaillierte bibliografische Daten sind im Internet über http://dnb.d-nb.de abrufbar.

Umschlagbild: © Sergey Nivens / Shutterstock.
Einbandgestaltung: Atelier Reichert, Stuttgart.
Satz: Kay Fretwurst, Spreeau.

Druck und Bindung: Friedrich Pustet, Regensburg.
Printed in Germany 2016.
Gedruckt auf chlorfrei gebleichtem alterungsbeständigem Papier.

utb-Band-Nr.: 4654
ISBN 978-3-8252-4654-9

Inhalt

Vorwort

Das Streben danach, die Dinge zu klären, ihnen auf den Grund zu gehen, an ihnen zu zweifeln, Beweise zu suchen und selbst diese wieder in Frage zu stellen, ist uralt, sogar biblisch und besteht wohl seit Menschengedenken.

Der Zweifel ist eine starke Triebfeder für die Suche nach Beweisen. Einen Beweis als fehlerfrei allgemein anerkannte Herleitung der Richtigkeit bzw. der Unrichtigkeit eines Sachverhalts oder einer Aussage zu definieren, ist erfahrungsgemäß in anderen wissenschaftlichen Gebieten die Suche nach dem heiligen Gral.

Mir erscheint die Annäherung, eine ganz langsame, zögerliche, manchmal zu teilweisen Rückschritten gezwungene, an das, was unter Wahrheit zu verstehen ist, der plausibelste Weg zur fachlichen Erkenntnis. Nie jedoch mit dem Anspruch, sie auch wirklich abschließend erreichen zu können. Eine Reihe von logischen und als wahr angenommene Schlussfolgerungen bilden ein fragiles Gerüst, das es zu verstärken gilt. Kreativität, Kooperation und Kollaboration sowie Flexibilität spielen in diesem Prozess eine wichtige Rolle. Und Mut. Mut, sich gegen die unsäglich eingeschränkte Haltung zu stellen, dass etwas gut und richtig ist, nur, weil es schon immer so war. Aus ihr entstehen sich fossilisierende Mythen und falsche Annahmen, die sich über Generationen halten, nicht selten wider besseren Wissens und mit Verweis auf strukturelle und organisatorische Bedingungen. Das ist mitnichten befriedigend für Forscherinnen und Forscher.

Beweise zu suchen für die Verarbeitung von Sprache bei Kindern und Jugendlichen habe ich mir zur Aufgabe gemacht. Die Suche ist keine einfache, aber das Bild wird schärfer. Dazu sind viele Mosaiksteine notwendig, wie die umfangreiche Bibliografie zeigt. Noch ist es das Zusammenbinden scheinbar loser Enden, aber die Bereitschaft zur Zusammenarbeit vieler fachlicher Forschungsansätze steigt stetig. Einen weiteren wichtigen Beitrag zum evidenzbasierten wissenschaftlichen Netzwerk leisten die *Educational neurosciences*, die neue Einblicke in den frühen Sprachlernprozess bieten.

Dieses Buch entsteht in einer Zwischenphase auf dem langen Weg zu möglicherweise endgültigen Beweisen, als Dokumentation des aktuellen Erkenntnisstandes. Viele Aspekte daraus werden sich als nachhaltig richtig erweisen, einige werden im Lauf der Zeit und weiteren Erfahrungen präzisiert werden müssen. Sie sollen in jedem Fall möglichst schnell allen an frühen Spracherwerbsprozessen verantwortlich Beteiligten helfen können, professionell, auf der Basis sich verdichtender Beweislagen didaktische und methodische Entscheidungen zu treffen. Allein dies zu versuchen, würde bedeuten, mutig Paradigmen zu wechseln. Die jungen Sprachenlerner sollen ebenfalls möglichst viel über die Prozesse erfahren und so eigene

wirksame Strategien entwickeln können. Beide Beweggründe bilden den eigentlichen Anspruch des Bandes.
Er wäre nicht entstanden, wenn ich keine Unterstützung gehabt hätte. Sie kam vor allem von meiner Familie, von konstruktiven Kolleginnen und Kollegen, und – gerne namentlich erwähnt – von meiner wissenschaftlichen Assistentin Stephanie Lindner. Ihnen allen danke ich von Herzen.
Inspiration war ebenfalls nötig: Sie kam von den Kindern in den Kitas, Kindergärten und Grundschulen bzw. aus der Anfangsphase der Sekundarstufe, deren unglaubliches Potenzial eine zweite Triebfeder für meine Arbeit bildete und weiter bilden wird.

Heiner Böttger — Eichstätt, im Sommer 2016

Einleitung

Die Resultate neuerer neurowissenschaftlicher Forschungen sind eigentlich eine Herausforderung für jeden Erziehungs- und Sprachwissenschaftler. Ihre Befunde mit denen des von außen beobachteten, sozialen Gehirns zu vereinen, sie genau zu interpretieren und in eine lerner- und gehirngerechte Lehr- und Lernpraxis zu übertragen, ist die eigentliche Herausforderung des 21. Jahrhunderts. Die Bildung hat somit die große Aufgabe die neurowissenschaftlichen Neuerungen bzw. ihr Veränderungspotenzial für das Lernen allgemein in innovative, gehirngerechte und damit wirklich lernerorientierte Lernkonzepte zu übersetzen (vgl. Böttger & Sambanis 2016).

Noch fehlt der gleichberechtigte Wissenschaftsdialog, noch sind Bedenken gegen eine scheinbare Vermessung des Lernens und seine ebenso scheinbare Unterordnung in zerebrale Kategorien laut, noch sind vereinzelte ideologische Grabenkämpfe zu verzeichnen.

Dass dieser kritische Diskurs auch emotional geführt wird, ist verständlich und zu seiner Weiterentwicklung auch notwendig:

Bekannt ist, dass Emotionen die Schleuse für den Weg von Wissen ins Gehirn sind und Kognition erst bedingen. Kognition bezeichnet dabei alle mentalen Vorgänge, durch die Eindrücke, hier sprachliche, verarbeitet werden. Voraussetzung dazu ist jedoch wissenschaftliche Offenheit und die Bereitschaft, über den Tellerrand hinaussehen zu wollen. Erst dann weichen gedankliche, fachfokussierte Blockaden und können sich gegenseitige Erkenntnisse stützen bzw. zu weiterer, zielgerichteter Forschung führen.

Aus der lange bestehenden Forderung nicht nur der Organisation für wirtschaftliche Zusammenarbeit und Entwicklung OECD (Burns & Schuller 2007), Sprach- und Erziehungswissenschaften sollten ihre didaktischen und methodischen Erkenntnisse vermehrt beweisbasiert über naturwissenschaftlich und empirisch relevante Befunde kontrastieren und absichern, entsteht ein neurodidaktischer Ansatz. Er kann Potenzial zur objektiven und gesicherten Sicht auf das Lernen allgemein, wie auch das Sprachenlernen im Speziellen, haben: Die Fähigkeit des Lernens korreliert mit der Fähigkeit des Hirns, sich ein ganzes Menschenleben lang fortzuentwickeln – beide beziehen sich aufeinander.

Die neuronale Plastizität, lebenslang gegeben und nutzungsabhängig, ergibt sich ganz natürlich als individuelle genetische Ausstattung, *nature*, wie auch als Reaktion auf die Interaktion mit der Umwelt, *nurture*. Es ist die Kommunikation, die einem Kommunikationssystem wie dem Gehirn, die Fortentwicklung, das Lernen, ermöglicht.

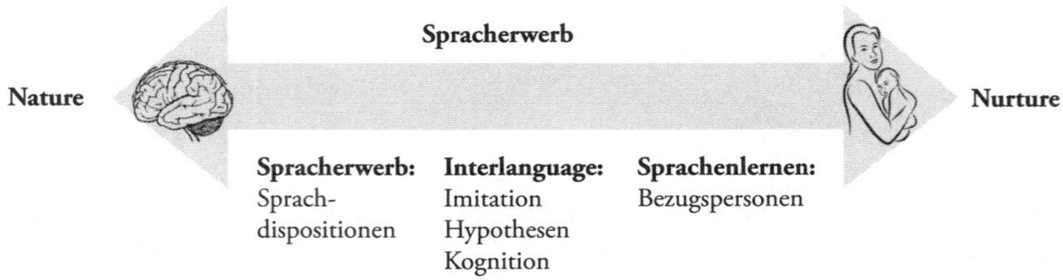

Abb. 1: Nurture and Nature beim Spracherwerb

Es geht um nicht mehr oder weniger als darum, verstehen zu lernen, wie sich dabei – in der Kommunikation zwischen nature und nurture – Kindern und in Folge Jugendlichen und Erwachsenen, quasi Zeitfenster als sensible Möglichkeiten des beispielsweise sehr frühen phonetischen Lernens öffnen.
Auch geht es um professionelle Begründungen für funktionierende oder eben nicht funktionierende Lernprozesse.

Es mögen auf den ersten Blick nur elementare Vermittlungsprozesse und deren Optimierung sein, im Zusammenspiel jedoch sind im wissenschaftsübergreifenden, interdisziplinärer Diskurs von u.a. Medizin, Pädagogik, Spracherwerbsforschung, Verhaltensforschung und Neurowissenschaften große Schritte in unserem Verständnis von unserem Gehirn als das des Lernprozesse steuernden, zentralen und permanent kommunizierenden Organs zu schaffen.

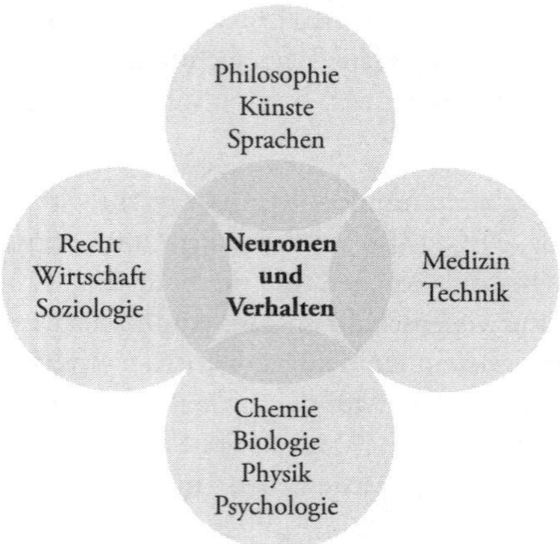

Abb. 2: Pluriangulation – Gehirn und Geist

Was das kindliche Sprachenlernen angeht, und darauf fokussiert sich die vorliegende Neuro-Sprachdidaktik, ist der mögliche Handlungsbedarf längst erkannt.

Aus neurowissenschaftlichen Grundlagenforschungen aber einfache didaktische Empfehlungen oder Gesetzmäßigkeiten von Sprachunterricht ableiten zu wollen, ist nur bedingt möglich: Die Neurowissenschaften beschreiben Phänomene und erklären sie, normative Fragen sind nur selten Ziele experimentell-empirischer Forschungen. Begründungen für sprachunterrichtliche Aspekte lassen sich nicht automatisch ableiten, dies wäre eine ebenso automatische naturalistische Fehleinschätzung.
Poeppel (2005) weist auf fehlende hypothetische Verlinkungen zwischen Elementarkonzepten der Sprach- und Kulturwissenschaften und den neurobiologischen Elementarfunktionen als Basis von Sprache hin. Er empfiehlt, über formelle Modelle die Diskussion auf einer höheren Abstraktionsebene zu führen sowie zu versuchen, Sprache und Hirnfunktion aufeinander abbildbar zu machen. Dies gilt als schwierige Aufgabe für die nahe und weitere Zukunft.

Aktuell darf kein weiteres Potenzial mehr vergeudet werden. Schon im Elementarbereich werden Grundlagen gelegt, die die spätere Entwicklung vorbereiten. Die Verantwortlichen dort benötigen durch Beweise, nicht Verallgemeinerungen und Mythen überzeugende Sprachdidaktiken. Solche Transferbemühungen nehmen die gewaltige Sprechlernfähigkeit von Kindern und Jugendlichen in den Blick und lassen sich in konkrete unterrichtliche Handlungen umsetzen.

Für den Bereich des Spracherwerbs soll die vorliegende Neurodidaktik des Sprachenlernens, vor allem des Fremdsprachenlernens, diese Anforderung erfüllen.
Um den Erwartungen aber dennoch einen realistischen Rahmen zu geben: Ein gehirngerechtes Sprachencurriculum lässt sich aus allen Befunden derzeit nicht ableiten, denn Experimente und Studien im Labor allein ergeben schließlich noch keine didaktischen Handlungsanweisungen.
Genauso wenig aber gehorcht ein Gehirn allein der Schule und seinen Repräsentanten, ein direkter willentlicher Einfluss auf den Lernerfolg ist auch von dieser institutionalisierten Seite nicht möglich. Im Zusammenspiel neuerer Untersuchungs- und Analysemöglichkeiten, insbesondere von Stoffwechselprozessen und Wirkungsweisen von Botenstoffen sowie bildgebender Verfahren der Radiologie und den vielfältigen Erfahrungen aller weiteren an Lehr- und Lernprozessen beteiligter Wissenschaften und Institutionen, lässt sich das Verständnis von Gehirnfunktionen grundlegend verändern.
Daraus wiederum zeichnen sich inzwischen deutliche Wege eines kind- und gehirngerechten Sprachenlernens ab, die im vorliegenden Band erhellt werden sollen. Der Autor trägt bereits vorliegende Informationen und Befunde zusammen und ergänzt sie mit eigenen Forschungsergebnissen. Der Fokus liegt auf dem frühen Sprachenlernen bzw. Spracherwerb, viele Aspekte sind jedoch Altersstufen übergreifend und gelten lebenslang.
Hier soll der Mehrwert für die Fachdidaktik liegen: die Neurodidaktik als zusätzliches Begründungsmuster für professionelles, unterrichtliches Handeln kennenzulernen und in ihrer Verbindung mit dem Sprachenlernen Sprachunterricht weiterzuentwickeln.

Ein Überblick über die Kapitel des Buches und ihre Inhalte zeigt die dazu entwickelte Systematik:

---

1. **Was kann eine Neuro-Sprachendidaktik?**
   Der neue Zugang zum Sprachenlernen über die Hirnforschung wird kurz vorgestellt, um den Mehrwert zu verdeutlichen – auf Sprache bezogen.

   Neuro-language didactics: overview and benefits
   This chapter provides a brief overview of valuable brain research that affords new access to understanding language learning.

---

2. **Tiefe Einblicke ins Hirn**
   Welche Technologien können jetzt verwendet werden, wie wirken sie, welcher Nutzen für die sprachliche Bildung kann daraus gezogen werden? Genannt werden beispielhaft nur die für die Spracherwerbsforschung bedeutendsten.

   Deep insights into the brain
   This chapter outlines the most significant neuro-technologies that can be used to understand language acquisition, as well as evaluates their benefits and effects for language education.

---

3. **Wo die Sprache zuhause ist: Sprachenrelevante Hirnbereiche**
   Die sprachenrelevanten Hirnbereiche und ihre Anatomie bzw. Funktionalität werden präsentiert, dazu auch die interessanten Wege der Verarbeitung beim Lesen und Schreiben sowie beim Hören und Sprechen in den Blick genommen. Dazu kommen kognitive und affektive Zentren, die über ihre gegenseitige Beziehung kommunikative Aktivitäten erst ermöglichen.

   Where language is at home: language-relevant brain areas
   The anatomy and function of language-relevant brain areas will be presented, as well as the interesting ways of processing while reading, writing, speaking, or listening. Finally, the cognitive and affective centers of the brain will be explored to illustrate how, through their interaction, the communicative actions listed above are possible.

---

4. **Evolution und Revolution im Kopf: Frühe Hirn- und Sprachentwicklung**
   Die schier unglaublichen Entwicklungsschübe im Kinderhirn werden von der Geburt bis zum 8. Lebensjahr dargestellt, um einen biologischen und spracherwerbsrelevanten Status quo zu identifizieren. Auf seiner Basis kann dann Förderpotenzial sowie auch die Gefahr der Überforderung erst beweisbasiert definiert werden – immer auf die sprachliche Entwicklung bezogen.
   Die wichtigsten neuen, wenngleich auch meist noch nicht immer beachteten Ergebnisse der hirnbasierten Spracherwerbsforschung werden vorgestellt. Sie ergänzen das bereits vorhandene Wissen und ordnen sich in ihm ein. Daraus entsteht ein genauer Gesamtüberblick über das Spektrum des frühen Sprachenlernens.

Evolution and revolution inside the head: early brain and language development
This chapter chronicles the remarkable development of a child's brain from birth until age 8 and how that physical development relates to language acquisition capacity. Combining foundational and recent research, this background will provide a greater appreciation for the new and still emerging, albeit sometimes still not recognized, results of brain-based evidence on language-acquisition research. Such evidence illustrates potential support for research in language development, as well as the risks of over-stating the research.

---

5. **Differenzierung: Gender**
Diversität ist in vielerlei Hinsicht im Gehirn repräsentiert. Am Beispiel der geschlechtsspezifischen kindlichen Gehirnentwicklung wird gezeigt, wie die Neurowissenschaften zu einem balancierten und fairen, weil differenzierten und individualisierten Sprachunterricht beitragen können.

Differentiation: gender
Diversity is represented in the brain in many ways. Using the example of gender-based brain development in a child, this chapter will demonstrate how neuro-science can contribute to balanced and fair instruction using differentiated and individualized language teaching.

---

6. **Hirngerecht Sprachen lernen und lehren**
Dieser Teil knüpft an Kapitel 4 an, fokussiert aber bereits mögliche didaktische Maßnahmen. Sie werden für die einzelnen sprachlichen Fertigkeiten und Kompetenzen aufgezeigt und begründet. Es handelt sich dabei nicht um eine methodische Rezeptologie, sondern um eine didaktisch-methodische Grundstruktur und Basis des gehirngerechten Sprachenlernens.
Dieser Abschnitt umfasst (fremd-)sprachenunterrichtlichen Methodikverfahren, z.B. aufgabenorientierte Formate, dialogische Formen, *Gamification*, offene Sprachunterrichtsformen etc.

Learning and teaching languages: brain-appropriate methodologies
This chapter expands the research presented in Chapter 4 by highlighting brain-appropriate didactics for (foreign) language instruction. Rather than presenting a prescriptive approach, a variety of methods will be described (e.g., dialogue, gamification, task-oriented pedagogies, etc.) for each of the language skills and competencies.

---

7. **Kulturtechnik Behalten: Gedächtnis**
Sprachenlernen ohne mentale Speicherung ist nicht möglich. In diesem Kapitel werden das Gedächtnis und seine Bestandteile, die bewussten und unbewussten Lernstrategien des Memorierens sowie methodische Möglichkeiten des sprachlernbezogenen Übens thematisiert.

The necessity of memorization: learning strategies for enhancing memory function
Without retention, language learning is impossible. This chapter presents the conscious and sub-conscious learning strategies related to memorization as well as addresses methodical possibilities for language-relevant practice.

---

8. **Mehr als eine Sprache sprechen**
Mehrsprachigkeit ist europäischer Wille (Sheils 2001) und gesellschaftliche Realität. Bilinguales Aufwachsen spielt eine überlegene Rolle auf dem Weg dazu. Welche Voraussetzungen nötig sind, welche Befunde es gibt, wie genau welche Konsequenzen daraus zu ziehen sind für das (Fremd-)Sprachenlernen, wird unter diesem Punkt aufgezeigt.

Speaking more than one language
Multilingualism is a European goal (Sheils 2001) and social reality. Growing up bilingual is advantageous for a number of reasons. This chapter will review the existing findings of bilingualism, including the necessary (foreign) language requirements, and consequences of not being bilingual.

---

9. **Brainfood: Ernährung beim Sprachenlernen**
Ernährung spielt eine wichtige, gleichwohl unterschätzte Rolle für die Funktionalität des Gehirns allgemein und beim Sprachenlernen im Speziellen. Welcher gesicherte Wissensstand verfügbar ist, soll hier vorgestellt werden.

Brainfood: nutrition during language learning
Nutrition plays a significant, and perhaps underestimated role for brain function in general, and for language learning in particular. Studies to support this fact will be introduced in this chapter.

---

10. **Entwicklungspotenzial von Sprachlernprozessen**
Das letzte inhaltliche Kapitel wird in einer Zusammenschau sowohl die roten Fäden als Rahmenbedingungen eines neurodidaktisch fundierten, gehirnbasierten frühen Sprachenlernens herausstellen. Sie sollen als Planungsgrundlage individualisierter sprachlicher Lernprozesse dienen.

Brain-based neuro-didactics: Parameters for planning
This chapter synthesizes the brain-based early language learning research and then builds on the foundation of these empirical findings to create a planning guide for individualized language-learning strategies using neuro-didactics.

---

1 Was kann eine Neuro-Sprachendidaktik?

Bildgebende radiologische Verfahren ermöglichen neue Einblicke in das menschliche Gehirn.

Obwohl das menschliche Gehirn aus rund 86 Milliarden Nervenzellen besteht, aus denen Fortsätze sprießen, die sich an bis zu einer Billiarde Synapsen verknüpfen, welche wiederum Aktionspotenziale in ausgedehnten Nervennetzen zu Gedanken, Erinnerungen und Gefühle repräsentierenden Aktivitätsmustern weiterleiten und ordnen, sind Neurowissenschaftler bei der Erforschung des wichtigsten Organs bereits weit gekommen. Ihr Geheimnis: Die komplexen Strukturen als Ganzes zu untersuchen, ist bislang aussichtslos, nur kleine Ausschnitte unter die Lupe zu nehmen dagegen nicht. Und so entsteht ein Puzzle, dessen Bild sehr langsam schärfer wird.

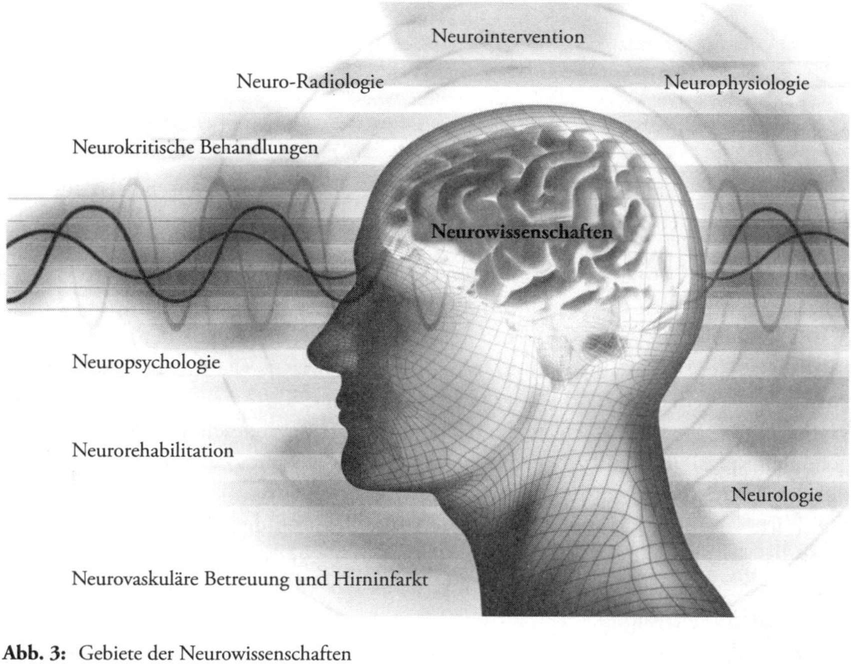

Abb. 3: Gebiete der Neurowissenschaften

Mit bildgebenden Verfahren können sie dem Hirn nun quasi schon beim Denken zusehen. Mit anderen Techniken zeigen sie, wie die Zellen verschaltet sind und miteinander kommunizieren. Dazu schneiden sie Hirngewebe in immer feinere Scheiben, um sie mikroskopisch zu analysieren. Selbst mit dem Gedankenlesen haben sie begonnen, können bestimmten Hirnstrommustern einzelne Worte zuordnen, und arbeiten bereits an der Entwicklung allein durch Gedankenkraft gesteuerter Geräte mit.

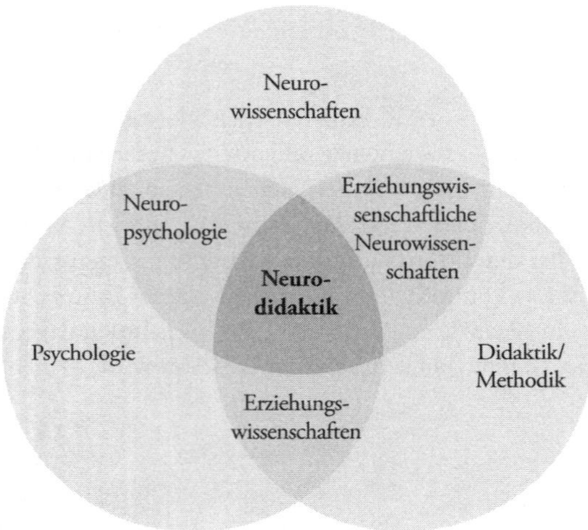

Abb. 4: Neurodidaktik

Die Neurodidaktik versucht, Erkenntnisse der Neurowissenschaften für das Sprachenlernen verfügbar zu machen.

Eine Art „Abfallprodukt" ist die Analyse und Interpretation der neurowissenschaftlichen Befunde für Lernprozesse im Allgemeinen bzw. Sprachlernprozesse im Speziellen. Die junge Wissenschaft der Neurodidaktik versucht den schwierigen Schritt von der Beschreibung und Diskussion neurowissenschaftlicher Erkenntnisse zur didaktischen Konkretion über den didaktischen Transfer zu unterrichtlichen Handlungen. Sie wird dabei nicht flächendeckend uneingeschränkt willkommen geheißen, quasi als Heilsbringer für avantgardistische Lehr-/Lernprozesse, sondern durchaus kritisch eingeordnet (vgl. u.a. Herrmann 2012).

Die Hirnforschung hat mit ihrer rasanten Entwicklung den Blick auf das Lernen verändert, auf neuronale, lebenslang andauernde Prozesse. Das Gehirn lernt meist unbewusst, ungewollt, en passent, unvermeidbar durch unausbleibliche Wahrnehmungen (vgl. Kap. 3.1.1.3) Erfolge beim Lernen quasi vorprogrammiert, aber zudem auch progressiv und mit wirtschaftlicher Konnotation sogar effektiv und effizient (vgl. dazu Beck 2003).

Die Neurodidaktik als Transferwissenschaft betritt ein relativ junges Forschungsfeld, den Begriff selbst prägte 1988 Gerhard Preiß aus Freiburg (Preiß 1996), Spezialist für frühe mathematische Erziehung. Es deckt interdisziplinär Bereiche der

Neurowissenschaften, der Didaktik, der Neurobiologie (vgl. dazu Poeppel et al. 2012), der Erziehungswissenschaften, der Psychologie sowie weiteren verwandten Wissenschaften ab, ohne den Anspruch zu haben, die Summe aller Erkenntnisse dieser Bereiche in sich zu vereinen.
Vermittlung und Transfer zwischen allen an der Spracherwerbsforschung beteiligten Wissenschaften ist eine übergeordnete Aufgabe der Neurodidaktik.
Vielmehr will die Neurodidaktik zwischen parallelen Arbeits-, Forschungs- und Handlungsfeldern der Wissenschaften vermitteln (vgl. Kap. 1) und sich aufeinander beziehende Befunde moderieren – zum Vorteil jeder Einzelnen. In vielen englischen Publikationen als *neurodidactics* bezeichnet, steht sie auch für *educational neurosciences* oder *brain-based learning*. Bei letzterem Begriff handelt es sich um eine deutliche Redundanz, denn Lernen an sich ist originär gehirnbasiert.

Im Zentrum aller Forschungen der Neurodidaktik liegt das Gehirn. Es verstehen zu lernen, seine Funktionsweise und Potenziale kennen zu lernen, ist ihr Bestreben. Dennoch gilt aktuell, was Greg Hickok für Forschungen im sprachenrelevanten Broca-Areal konstatierte: „*Update on the function of Broca's area: we still don't know much*" (Hickok & Poeppel 2009).
Wie das Gehirn lernt bzw. wie Lernen quasi „gehirngerecht" erfolgen kann, erfordert ein multilaterales Zusammenspiel der darauf bezogenen Befunde der Wissenschaften, genauer (vgl. Herrmann 2009: 9f.)
- der Kenntnisse über biologisch-chemische Strukturveränderungen im Gehirn bei den Neurowissenschaften,
- der Kenntnisse über Denk- und Verstehensprozesse bei den Kognitionswissenschaften,
- der Kenntnisse über affektive und motivationale Lernvoraussetzungen bei der Psychologie,
- sowie den generellen Erkenntnissen der Erziehungswissenschaften über gehirngerechte Lehr-/Lerndesigns bzw. -arrangements.

1.1 Von der Neurodidaktik zum gehirngerechten Sprachenlernen

Für die Didaktiken allgemein hält die Neurodidaktik beweisbasierte Vorschläge für ein gehirngerechtes, ressourcenaktivierendes Lehren und Lernen vor.

> Neuro-Sprachendidaktische Kenntnisse beeinflussen sprachliche Lernprozesse positiv.

Basierend auf insbesondere für die Spracherziehung relevanten und neuesten Befunden der Hirnforschung kann die sich gerade mit der stetig weiter verbesserten Technologie des Hirnscannings (MEG, fMRI, PET – vgl. Kap. 3) sowie neueren

Forschungsmethoden und -designs entwickelnde Wissenschaft mittlerweile auch ganz spezielle spracherwerbsrelevante sowie (fremd-) sprachendidaktische Hinweise auf gehirngerechtes Sprachenlehren und Lernen geben.
Bislang ungeklärte Fragen der Sprachaufnahme, -verarbeitung, -speicherung und -performanz können mit der Hilfe der Neuro-Sprachendidaktik medizinisch geklärt, bewiesen oder beantwortet, bestehende Annahmen bestätigt und in Grundlagen für das Sprachenlernen umgesetzt werden.
Sprachliche Lernprozesse wiederum verändern das Gehirn, die neurodidaktische Kenntnis über Zeitpunkt, Ausmaß und Grund dieser Änderung können dazu beitragen, sie zu optimieren.
So können neurophysiologische Untersuchungen Erklärungen und Beweise für Phänomene liefern, die auf kognitionswissenschaftlicher Ebene bereits lange bekannt sind, z.B. über die Lese-Rechtschreibschwäche LSR. Die testbare, verminderte phonologische Bewusstheit wird erkennbar durch offensichtliche Schwierigkeiten, zusammengesetzte Sprachlaute in Wörtern zu erkennen und zu erzeugen. Der neurologische Befund geringerer neuronaler Aktivitäten in Hirnarealen, die darüber mitentscheiden, ob sich Silben und Wörter reimen, lässt sich kontrastieren mit mehr Aktivität vor Ort bei besserer Lesefähigkeit.

> Neurowissenschaftliche Befunde verstärken beweisbasiertes Lernen.
> Basale Kenntnisse darüber sind für professionelle Begründungen sinnvoll.

Um als in Sprachlernprozesse involvierte Lehrkräfte, Lehrerbildner, Curriculumsentwickler oder auch Sprachbildungsforscher mehr zu erfahren über die Struktur, die Entwicklung und die Funktionsweise des Gehirns, heißt auch, unter verschiedenen Umständen und in unterschiedlichen Situationen günstige Lernbedingungen und -einflüsse für diese menschliche Schaltzentrale zu identifizieren.
Eine solche Expertise zählt zu den obligatorischen Standard-Kompetenzen von Sprachlehrkräften (vgl. BIG 2007). Wenn sie im Unterricht mit entsprechenden Angeboten umgesetzt und berücksichtigt wird, kann sie sonst nicht direkt zugängliche Lernprozesse beeinflussen, z.B. das Behalten von Bestandteilen von Sprache. So können wiederum beispielsweise Lern- und Konzentrationsschwierigkeiten besser verstanden werden. Für die Planung, Durchführung und Reflexion inklusiver Lernprozesse ist solch ein Wissen unabdingbar.

1.2 Prinzipien der Neuro-Sprachendidaktik

Neurodidaktische Prinzipien geben Aufschluss darüber, wie Sprachen individueller, balancierter, effektiver, effizienter und im Endeffekt besser gelernt werden können, als das bislang – zumindest im institutionalisierten Sprachlernkontexten, z.B. also der Schule – der Fall war. Sie entwickeln sich mit neuesten neuro- wie erziehungswissenschaftlichen Forschungsbefunden weiter, wenn diese von den Sprachendidaktiken in einem Transferprozess für das Sprachenlernen sozusagen „übersetzt" werden.

Hypothetische, gleichwohl logische Ausgangspunkte für weitere neurodidaktische Überlegungen bilden zunächst folgende Prinzipien, die sich an natürlichem, demnach „gehirngerechtem" Lernen orientieren:

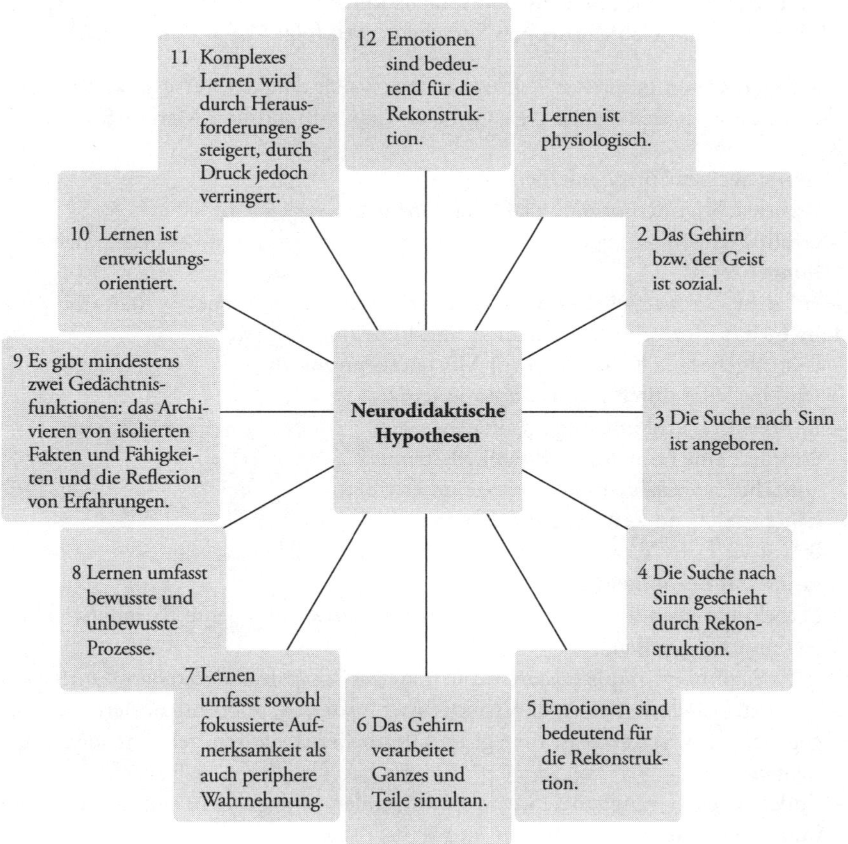

Abb. 5: Neurodidaktische Hypothesen

Die daraus resultierenden, speziell auf das Sprachenlernen bezogenen Prinzipien sind derzeit (vgl. dazu auch Caine & Caine 2000):

1) Das Gehirn verarbeitet Sprachenlernprozesse holistisch und selektiv, parallel und simultan.
2) Sprachenlernen findet in Beziehungen und Interaktionen statt.

3) Sprachenlernen erfordert fokussierte Aufmerksamkeit und periphere Empfangsbereitschaft.
4) Sprachenlernen beinhaltet kognitive wie intuitive Prozesse.
5) Sprachlernprozesse werden durch gezielte Förderung verstärkt, durch Bedrohung geschwächt.

Neurodidaktische Transfers sind sprachendidaktische Handlungsgerüste für Lernprozesse. Gehirngerechtes Sprachenlernen folgt klaren Voraussetzungen.

Folgt man diesen generellen Prinzipien, lassen sich daraus diverse sprachendidaktische Konsequenzen ziehen (vgl. Caine & Caine; Brand und Markowitsch 2009; Kraus 2008).
Gehirngerechtes Sprachenlernen
- berücksichtigt demnach Sprachlernerfahrungen,
- erfüllt Bedürfnisse nach Empathie, sozialer Interaktion und kooperativen Beziehungen,
- vollzieht sich wertschätzend und respektvoll im Lehrer-Lerner-Verhältnis,
- involviert Motive, Interessen Ziele und Ideen,
- lässt angeborene Kapazitäten zur Mustererkennung zu,
- wird begleitet durch positive Emotionen,
- ist holistisch und inhaltlich realitätsbezogen,
- erfordert eine hohe Aufmerksamkeitsspanne,
- wird durch vielschichtige Kontexte unterstützt,
- hält ausreichend Zeit für Reflexion vor,
- erfasst vielfache Wege und Strategien des Erinnerns,
- knüpft an Bekanntem an,
- berücksichtigt individuelle Unterschiede in Bezug auf Talente, Lernentwicklungen und Fähigkeiten,
- ist vornehmlich implizit statt explizit, selbst- statt fremdgesteuert, intrinsisch statt extrinsisch motiviert, konstruktiv statt instruktiv, selbst organisiert statt vorgegeben, aktiv statt passiv, bewegt und flexibel statt statisch, relevant statt unbedeutend,
- findet in einer unterstützenden, ermutigenden, anregenden, nicht-restriktiven und spielerisch-experimentellen Atmosphäre statt.

Neue Erkenntnisse mit bereits vorhandenen zu vergleichen bedeutet, dem optimalen Sprachlernprozess etwas näher zu kommen.

Viele dieser neuro-sprachendidaktischen Vorschläge sind nicht neu, sie wurden teils auch schon aus reformpädagogischen Bildungsansätzen von z.B. Montessori, Dalton oder Freinet abgeleitet.
Aber: Bereits bekannte, progressive Prinzipien lassen sich über neurophysiologische Untersuchungen zunehmend beweisen, bilden damit auch die Grundlage einer ob-

ligatorischen Umsetzung im Unterricht, die lange nicht flächendeckend vollzogen worden ist. Insbesondere theoretische Modelle von „Methoden“ des Sprachenlernens und -lehrens sind durch ihre Ausschließlichkeit nicht geeignet, solche Prinzipien zu berücksichtigen noch umzusetzen.

In den folgenden Kapiteln wird gezeigt, wie diese Beweisführung möglich wird und zu welchen Konsequenzen sie außerhalb der bisherigen Erkenntnisse führt.

Pre-Test

1. Wie nennt man die Nervenzellen im Gehirn?
   a) Neutronen
   b) Neuronen
   c) Elektronen
2. Wie viele Nervenzellen gibt es im Gehirn?
   a) Circa eine Million Nervenzellen
   b) Circa 100 Millionen Nervenzellen
   c) Circa 100 Milliarden Nervenzellen
3. Mit welcher Geschwindigkeit reisen die elektrischen Reize im Gehirn von Zelle zu Zelle?
   a) Bis zu 200 Kilometer pro Stunde
   b) Bis zu 400 Kilometer pro Stunde
   c) Bis zu 500 Kilometer pro Stunde
4. Was sind Synapsen?
   a) Verbindungsstellen zwischen zwei Nervenzellen
   b) Drüsen im Gehirn, die Hormone produzieren
   c) elektrische Signale, die im Gehirn hin- und herreisen
5. Wie viele Gehirnverbindungen werden pro Sekunde umgebaut?
   a) 1000
   b) 100.000
   c) 1.000000
6. Welche sind die wichtigsten Regionen des Gehirns?
   a) Großhirn, limbisches System, Kleinhirn
   b) Großhirn, Hirnstamm, Kleinhirn
   c) Frontallappen, Hypophyse, Großhirn
7. Welcher Gehirnteil ist verantwortlich für Furcht?
   a) Amygdala, der Mandelkern
   b) Präfrontaler Kortex im Frontallappen
   c) Basalganglien
8. Mit welchem Bildgebungsverfahren kann man das Gehirn gut darstellen?
   a) Elektroenzephalographie EEG
   b) Magnetresonanztomographie MRT
   c) Ultraschall
9. Was hilft dem Gehirn u.a., leistungsfähig zu bleiben?
   a) Bewegung
   b) Musik
   c) Beides
10. Wie viel wiegt das menschliche Gehirn?
    a) Zwischen 4 und 5 kg
    b) Zwischen 3 und 4 kg
    c) Zwischen 1 und 2 kg

Lösung: 1b, 2c, 3b, 4a, 5c, 6a, 7a, 8b, 9c, 10c

2 Tiefe Einblicke ins Hirn

Non-invasive, völlig ungefährliche radiologische Verfahren ermöglichen die bildliche Darstellung neuronaler Vorgänge bei der Sprachverarbeitung.

Zu Beginn medizinischer Untersuchungen des menschlichen Hirns standen aufgrund fehlender technischer Voraussetzungen maximalinvasive Studien an geöffneten Schädeln lebender Patienten, Verstorbener oder an konservierten Gehirnen. Nur über das Sezieren ließen sich letztlich Erkenntnisse über das Innenleben gewinnen und mögliche Zusammenhänge retrospektiv analysieren.

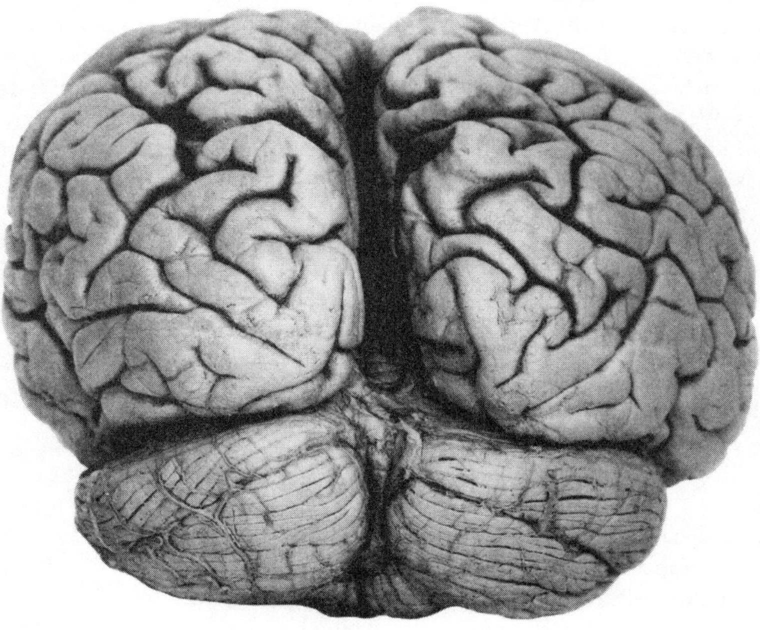

Abb. 6: Gehirn (Präparat – Ansicht okzpital)

Die Radiologie, im Zusammenspiel mit der Entwicklungen in der Physik, der Elektronik und der Computertechnik, ermöglichte erst die Entwicklung immer präziserer neurowissenschaftlicher Untersuchungen mit dem Einsatz moderner, höchstauflösender bildgebender Verfahren (*Neuroimaging*).

Gerade in den letzten beiden Jahrzehnten explodierte die Hirnforschung bezüglich Quantität und Qualität mittels sicherer, nicht-invasiver und strahlenfreier Messungen mit immer jüngeren Probanden (vgl. Kuhl 2011) geradezu und erreicht spracherwerbsrelevante Bezugswissenschaften wie Pädagogik, Linguistik und Didaktik.

> Das Zusammenspiel spracherwerbsrelevanter Wissenschaften ist für die Weiterentwicklung der sprachbezogenen Neurodidaktik notwendig.

Wie ein Kind eine Sprache erlernt, kann aus den Aufnahmen noch nicht direkt und in allen Aspekten gefolgert werden. Aus der Fülle an Beobachtungen ergibt sich jedoch durch das Zusammenspiel der Wissenschaften ein immer komplexeres Bild, das sich in weiten Teilen mit modernen sprachendidaktischen Auffassungen deckt.

Die neuronale Basis von Sprachaufnahme, -verarbeitung und -verwendung lässt sich immer tiefer erforschen und begreifen, auch wenn sich sprachbezogene Kognitionswissenschaften und neurowissenschaftliche, bildgebende Computerwissenschaften noch nicht im Verhältnis 1:1 aufeinander beziehen lassen und die Gesamtentwicklung dieser wissenschaftsübergreifenden Technologien noch ganz am Anfang stehen. Interessant für die Spracherwerbsforschung ist in jedem Fall die auf diesem Weg mögliche multilaterale Erkundung der menschlichen sprachrelevanten Kognitionsfunktionen – quasi die Möglichkeit, dem Gehirn beim emotionalen und bewussten Denken zuzusehen.

2.1 Bildgebende Verfahren

Klassifizieren lassen sich die modernen bildgebenden Verfahren der Radiologie zur Spracherwerbsforschung in

a) elektrophysiologische Verfahren wie
   - Elektroenzephalographie (EEG)
   - Magnetenzephalographie (MEG)

und

b) hämodynamische Verfahren, wie
   - Positronenemissionstomographie (PET)
   - Funktionelle Magnetresonanztomographie (fMRT).

Elektrophysiologische Verfahren sind ein Teilbereich der Neurologie und Neurophysiologie, die sich mit der elektrochemischen Signalübertragung im Nervensystem befassen. Unter sie subsumiert man alle diagnostischen Verfahren, die auf der Messung, Ableitung und Darstellung elektrischer Potentialunterschiede beruhen. Sie haben eine sehr gute Zeitauflösung, jedoch eine schlechte räumliche Auflösung.

Hämodynamische Verfahren (zur Bestimmung des Blutflusses) kehren diesen Vor- bzw. Nachteil um, dienen vor allem der tiefen Lokalisation von Vorgängen im Gehirn. Somit sind kombinierte Verfahren, z.B. EEG plus fMRT, aktuell zielführende, wenngleich teure Untersuchungsdesigns.
Einen besonderen Nachteil haben Untersuchungen mit PET, bei denen die Probanden einer, wenn auch schwachen, radioaktiven Strahlung durch Kontrastmittel ausgesetzt sind. Dieses invasive Vorgehen gleicht beispielsweise das fMRT aus, bei dem die Änderung der magnetischen Eigenschaften der beiden natürlichen, körpereigenen Kontrastmittel Blut und Sauerstoff ein messbares Signal erzeugt. Auf PET soll deshalb im Folgenden nicht näher eingegangen werden.

Drei radiologische Verfahren für neurowissenschaftliche Messungen zum Spracherwerb werden hauptsächlich eingesetzt.

Die drei – auf sprachrelevante neurowissenschaftliche Forschungen bezogen – wichtigsten bildgebenden radiologischen Verfahren sind demnach
– die funktionelle Magnetresonanztomographie (fMRT),
– die Magnetenzephalographie (MEG) sowie
– die Elektroenzephalographie (EEG).

Mit Hilfe der ersten beiden Verfahren werden gesteigerte Aktivitäten über die (durch z.B. Sprachaufgaben erzeugten) Veränderungen bezüglich des Blutflusses und der Sauerstoffkonzentration im Gehirn identifiziert und visualisiert. Unter bestimmten Umständen können diese feinen elektrischen Aktivitäten der Nervenzellen in bestimmten Hirnabschnitten sehr genau lokalisiert, markiert und in zwei- oder dreidimensionale Bilder umgesetzt werden.
Beide Verfahren der Radiologie nützen dabei die Magnetresonanz von Wasserstoffatomen zur Darstellung von anatomischen Details des Gehirns. Diese Methode, auch Kernspintomographie genannt, nutzt Magnetfelder und elektromagnetische Wellen, um Schnittbilder des Körperinneren anzufertigen.

Die Veränderung des Hirngewebes manifestiert sich optisch und kann so dargestellt werden.

Das sogenannte Lambert-Beer-Gesetz stützt dies theoretisch: Jedes Gewebe ändert seine optischen Eigenschaften mit der Änderung seines funktionalen Zustandes. Licht wird je nach Stoffwechselzustand unterschiedlich stark reflektiert und kann so dargestellt werden. Die Optogenetik (vgl. dazu Boyden et al. 2005) und die wasserbasierte Diffusions-Tensor-Bildgebung (DTI) (vgl. Le Bihan et al. 2001) bieten Potenziale für eine zukünftige Weiterentwicklung dieser Verfahren.
Nicht außer Acht gelassen werden darf für die Spracherwerbsforschung die Elektroenzephalographie (EEG). Sie punktet bei Untersuchungen der Dynamik von Spra-

che mit einer schnellen zeitlichen Auflösung. Während einer Wortentscheidung beim Sprachgebrauch sind beispielsweise Gehirnströme messbar. Somit wird ein indirekter Einblick in semantische Verarbeitungsprozesse sprachlicher Informationen möglich.

2.1.1 Funktionelle Magnetresonanztomographie (fMRT)

> Das fMRT misst den Bewegungsfluss von Wasserstoffatomen in den Gehirnzellen und errechnet ein virtuelles Bild.

Bei der Magnetresonanztomographie bringen ein starkes, durch den Kernspintomografen erzeugtes, Magnetfeld und Radiowellen Wasserstoffatome in Bewegung. Der verbundene Computer errechnet dabei Schnittbilder, die vor allem körperliches Weichteilgewebe, also auch das Gehirn, äußerst kontrastreich wiedergeben – insbesondere dort, wo viele Wasserstoffatome vorhanden sind.

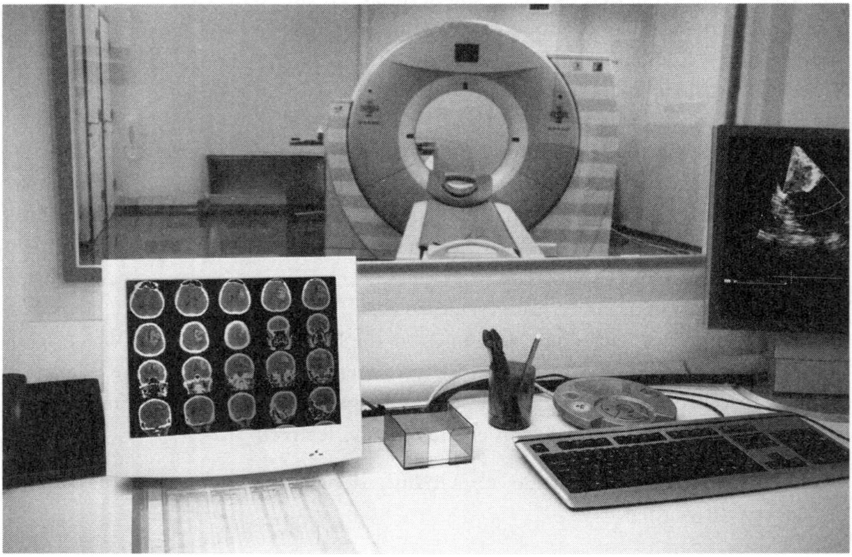

Abb. 7: Funktionelle Magnetresonanztomografie (fMRT)

Das Funktionsprinzip der Messung:
Wasserstoffkerne können sich um sich selbst drehen. Der dabei entstehende „Kernspin“ gab der Untersuchung mittels MRT auch den Namen „Kernspintomographie“.

1. Das von den Kernen erzeugte, sehr schwache Magnetfeld kann durch einen stärkeren Magneten im MRT beeinflusst werden: Die Wasserstoffkerne richten

sich ordentlich um die neue Achse des MRT-Magnetfelds aus, drehen sich dabei nicht mehr um ihre eigene.
2. Eine Radiofrequenzspule im MRT sendet im bestimmten, festgelegten Frequenzen und Wiederholungen immer wieder Wellen aus, um die Kerne abzulenken.
3. In den kurzen Sendepausen ordnen sich die Kerne wieder, nach Gewebetyp unterschiedlich schnell.
4. Aus den individuellen Bewegungssignalen werden computertechnisch Bilder des Gehirns errechnet. Dies geschieht in vertikalen, horizontalen oder auch diagonalen Bildschnitten, die miteinander in Beziehung gesetzt ein dreidimensionales Bild ergeben können.

Untersuchung
Für den Patienten oder Probanden entsteht dabei keinerlei zusätzliche Strahlenbelastung. Kontrastmittel könnten in eine Vene injiziert werden, um Blutgefäße noch deutlicher sichtbar werden zu lassen. Da sich diese im Gehirn von den umliegenden Strukturen in der Regel aber deutlich abheben, ist für neurowissenschaftliche, auf Sprachforschung bezogene Untersuchung ein solches invasives Vorgehen nicht notwendig.
Wie elektromagnetische Felder genau auf den Körper bzw. speziell das Gehirn wirken, ist noch nicht abschließend erforscht. Gesundheitliche Schäden jedoch sind nach heutiger Befundlage nicht zu erwarten. Weder Magnetfeld noch die Radiowellen sind während der Untersuchung zu spüren.

> Die Messungen sind für Kinder als Probanden in der Regel ein großes Spiel und völlig angstfrei.

Nicht ganz unproblematisch ist die Untersuchungsdurchführung. Der Untersuchungstunnel im MRT ist eng, bei Platzangst kann ein Beruhigungsmedikament gegeben werden, ein Notsignalknopf ist in jedem Fall in Reichweite. Auf einer Liege wird der Proband in das Gerät gefahren. Das zu untersuchenden Körperteil muss fixiert sein – im Falle der Hirnforschung per MRT ist dies ein Kunststoffgestell.
An Untersuchungen teilnehmende Kinder werden nach ausführlicher Information zunächst spielerisch an die Umgebung gewöhnt und nehmen freiwillig im Beisein ihrer engsten Bezugspersonen an den Messungen teil. In der Regel und allen Erfahrungen nach sind diese Vorgänge völlig unproblematisch.

Vor der Untersuchung wird der Tomograph dann genau auf die jungen Probanden geeicht, da zwar das Gehirn im Wesentlichen bei allen Menschen strukturell gleich ist, individuelle Differenzen in der Biographie aber erheblich sein können.
Erschwerend für neurowissenschaftliche Untersuchungen zu sprachrelevanten Aspekten, die je nach Versuchsanlage von wenigen Minuten bis zu einer halben Stunde dauern können, sind die relativ lauten Klopfgeräusche durch das An- und

Ausschalten der Radiofrequenzspulen im MRT. Zum Einsatz kommen deshalb spezielle Kopfhörer, über die Audiosignale, also Texte, Musik, Anweisungen etc. eingespielt werden können. Für Lesetexte wird im Blickfeld des Probanden eine spezielle Haltevorrichtung für Texte oder ein Bildschirm platziert.

Prozessdarstellung

> Mess- und darstellbar sind der erhöhte Sauerstoffbedarf in einer aktiven Hirnregion im Vergleich zum Ruhestatus.

Die „funktionelle Magnetresonanztomographie“ (fMRT) ist eine Variante des Kernspinverfahrens und gilt als Weiterentwicklung der klassischen Magnetresonanztomographie (MRT). Sie ist eine der heute am häufigsten verwendeten Methoden, um Gehirnaktivitäten abzubilden.
Ein gesteigerter Stoffwechselverbrauch dort geht immer auch mit einer vorher gesteigerten Aktivität, z.B. bei kognitiven Prozessen, einher. In der Regel gibt der so genannte BOLD-Effekt (*blood oxygenation level dependent*) den Sauerstoffgehalt in den roten Blutkörperchen an.
Eine solche Aktivität kann beispielsweise ein visueller Reiz sein. Sauerstoff- und Blutbedarf steigen in den reizrelevanten neuronalen Hirnarealen an. Hämoglobin-Moleküle, die für den Sauerstofftransport zuständig sind, werden in diesem Fall messbar. Manche sind sauerstoffgeladen und verhalten sich neutral, manche sind entleert und hemmen das Magnetfeld des fMRT. Diese veränderten magnetischen Eigenschaften können vom fMRT als zeitlich andauernde Veränderung dargestellt werden.
Mit einer Verzögerung von Sekunden wird also zunächst der erhöhte Sauerstoffbedarf identifiziert und dann die vorangegangene erhöhte Hirnaktivität errechnet.

Die Aufnahmen aus Forschungsreihen können mittels Computerprogramm verglichen werden. Farbig leuchtende Bereiche kennzeichnen auf den fMRT-Aufnahmen die aktiven Hirnreale. Dabei ist Vorsicht geboten: Die Einfärbung ganzer Areale entsteht am Computer und ist nicht ganz genau, da die Aktivitätsniveaus der Neuronen gering sind.

Die Darstellung von Forschungsergebnissen sieht zunächst aus wie eine Fotografie eines einzigen Gehirns, ist aber die nachträgliche Rückrechnung und dreidimensionale Visualisierung von Messdaten, die übereinander gelegt eine fiktives Gehirn mit farbigen Flecken ergeben – dort, wo neuronale Reaktionen häufig auftauchen.

Schnittebenen

Zweidimensionale virtuelle Schnittebenen als zentrales Merkmal werden bei radiologischen bildgebenden Verfahren erzeugt. Schnittebenen können dabei theoretisch beliebig positioniert werden. Um eine Vergleichbarkeit und Orientierungsmöglichkeit zu gewährleisten, werden häufig Standardebenen gewählt, die sich u.a. an den wichtigsten Körperachsen orientieren:

– Seitenansicht: Sagittalschnitt
– Draufsicht von vorne: Frontalschnitt
– Draufsicht von oben: Horizontalschnitt

Lateinische Ausdrücke bezeichnen die genauen Positionen im Gehirn.

Genauer definieren dann folgende Beschreibungen die Position des Schnittbildverfahrens:
– vorne/hinten: anterior/posterior
– vor/hinter: ventral/dorsal (= zum Bauch hin liegend/zum Rücken hin liegend)
– oben/unten: superior/inferior
– zur Mitte hin: medial
– zur Seite hin: lateral
– dieselbe Seite: ipsilateral
– gegenüberliegende Seite: contralateral

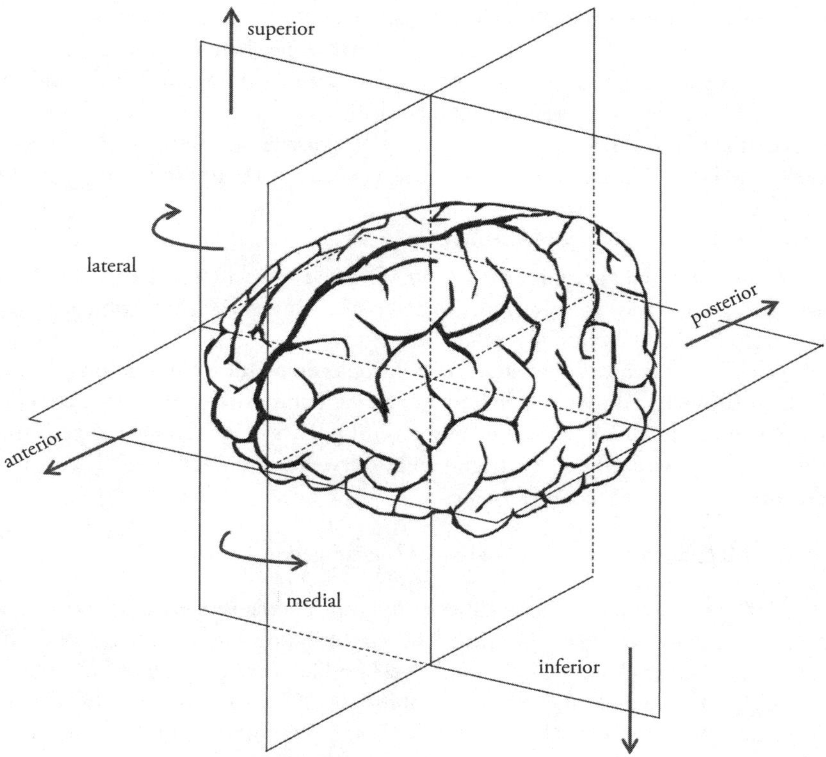

Abb. 8: Schnittebenen durchs Gehirn

Errechnung

Numerische Ungenauigkeiten bilden die Grenze der Darstellungsgenauigkeit. Abgleiche mit anderen Forschungsergebnissen schärfen die Bilder.

Wie grob das Bild bleiben muss, wird bei folgendem Sachverhalt deutlich: Das Gehirn wird normalerweise in etwa 130 000 Würfel (Voxel) von jeweils drei Millimeter Kantenlänge mit bis zu drei Millionen Neuronen, 100 Kilometern an Nervenbahnen und 27 Milliarden Synapsen eingeteilt.
Für jedes Voxel wird die (vom Forscher definierte) Signifikanz der Aktivität im Vergleich zur Ruhephase gemessen und im Falle einer Berücksichtigung eingefärbt. Mit Hilfe der multivariaten Musteranalyse der Mathematik wird bei mehreren, zeitlich aufeinanderfolgenden Aufnahmen dann die Darstellung eines Prozesses im Gehirn errechnet.
Mögliche Einsatzbereiche für die Spracherwerbsforschung sind unter Punkt 2.2 beispielhaft dargestellt.

Forschungstechnisch wird mittlerweile zunehmend die statistische Methode der Kreuzvalidierung eingesetzt, d.h. der Abgleich der neuen Befunde mit anderen Forschungsergebnissen. Dies ist möglich, da es schon eine erhebliche, wachsende Zahl von Untersuchungen im Forschungsfeld gibt. Förderlich sollten zukünftig generell standardisierte Richtlinien für sprachenneurodidaktische Forschungen sein, die auch den geregelten, sicheren Austausch von Daten zwischen den Forschungseinheiten beinhaltet.

2.1.2 Magnetenzephalographie (MEG)

Die Magnetenzephalographie (MEG), eine Weiterentwicklung des EEG (Elektroenzephalographie), ist wie das fMRT generell nicht-invasiv. Per Injektion gegebene Kontrastmittel sind nicht notwendig.
Schwache und kleinste Magnetfelder, elektrophysiologische Veränderungen also, die bei neuronaler Aktivität nach gezielter Stimulation im Gehirn entstehen, können durch äußerlich aufgebrachte Sensoren (SQUIDS) identifiziert und gemessen werden. Dazu wird eine helmartige Haube verwendet, die selbst für Klein- und Kleinstkinder geeignet ist.

Die Magnetfelderzeugung ermöglicht Messungen in Echtzeit.

Die Magnetfelder werden zunächst über supraleitende Spulen erfasst, die Messung und Berechnung erfolgt in einer räumlich-zeitlichen Auflösung von Millimetern und Millisekunden. Anders als beim fMRT handelt es sich hier quasi eine Realzeit-Messung.
Eine elektromagnetisch abgeschirmte Kabine ist Grundvoraussetzung für den erfolgreichen Messverlauf. MEGs sind äußerst komplexe und teure Untersuchungsgeräte. Sie benötigen eigens zur Kühlung der SQUIDS flüssiges Helium.

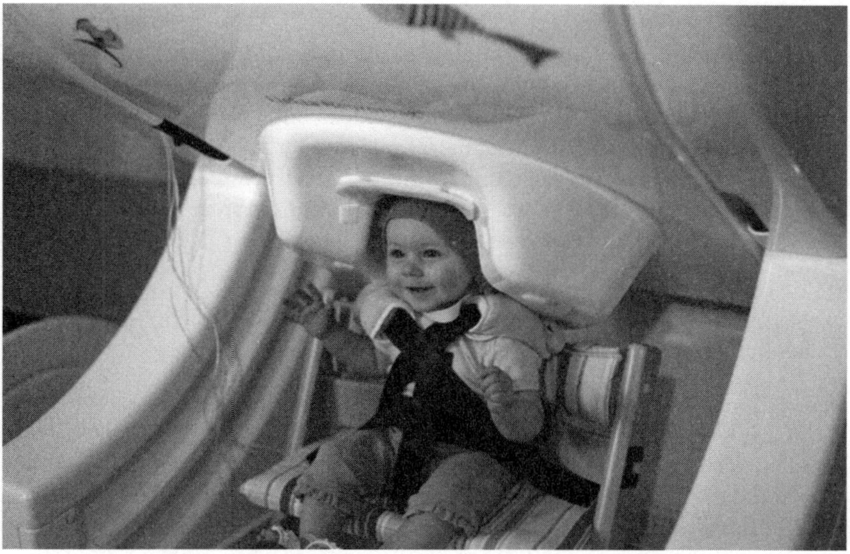

Abb. 9: Magnetenzephalographie (MEG)

Mit dem MEG sind sehr frühe neurologische und neuro-sprachendidaktische Untersuchungen möglich.

In Forschungssettings hilft das MEG, z.B. die neuronalen Verarbeitung von Bewegungsabläufen und die Synchronisation verschiedener Hirnareale zu erklären. Sprachlich relevante audiovisuelle Stimuli machen den MEG-Einsatz in der sprachbezogenen neurowissenschaftlichen Forschung sinnvoll, insbesondere für kindliche Phasen. Zusätzlich lassen sich bei den Messungen Hintergrund-Reaktionen des Gehirns, sogenannte Gehirnwellen, analysieren. Tiefere Hirnregionen wie beispielsweise das Limbische System werden jedoch nur schwer erreicht.
Das vorgeburtliche Magnetenzephalogramm (fMEG) bietet seit kurzem die Möglichkeit, erstmals eine nicht invasive vorgeburtliche Funktionsbeschreibung der fetalen Hirnleistung im Mutterleib vorzunehmen. Zukünftige Forschungsfragen können also auch auf den pränatalen Bereich ausgerichtet werden.
Insbesondere psycholinguistische Fragestellungen können mithilfe des MEGs (und auch seines „kleinen Bruders“, dem EEG) verfolgt werden. Sprachliche Verarbeitungsstrategien, z.B. parallel stattfindend, Sprachwahrnehmungen und mit Abstrichen Sprachproduktionen können im Kortex erkannt werden. So lassen sich beispielsweise Aktivierungsreihenfolgen beim Schreiben oder Sprechen bestimmen.

2.1.3 Elektroenzephalographie (EEG)

Umweltsignale, im sprachlichen Kontext visuelle und auditive Reize, lassen sich mit den relevanten menschlichen Sinnesorganen aufnehmen und in elektrische Impulse umwandeln, weiterleiten und im Gehirn zu einem Bild verarbeiten. Reagiert das Gehirn darauf, entsteht Kommunikation.
Die reaktive elektrische Tätigkeit des Gehirns kann mit technischen Möglichkeiten erfasst, beobachtet und aufgezeichnet werden. Dieser Vorgang wird als Elektroenzephalographie (EEG) bezeichnet, die grafische Darstellung als Elektroenzephalogramm.

> Das EEG erfasst elektrische Stimuli an der Kortex-Oberfläche in einer bestimmten Geschwindigkeit.

Das EEG misst speziell die elektrische Aktivität von Pyramidenzellen an der Oberfläche des Kortex und bietet ein direkteres Bild von ihr, als dies mit fMRT und MEG möglich ist. Pyramidenzellen werden sie wegen ihrer Form genannt, funktional verbinden sie mit ihren Verlängerungen (Axone) kortikale mit nicht-kortikalen Bereiche des Gehirns und Rückenmarks.
Das ist nur möglich, weil jede Gehirnzelle elektrisch erregbar ist. Der Grund dafür liegt in der elektrischen Spannung zwischen Innen- und Außenseite der Zellmembran. Das Ruhepotenzial liegt bei -70 mV, der Schwellenwert zum Reiz bei etwa -50 mV. Die erregte Zelle zeigt dann Aktionspotenziale im Umfang von normalerweise zwischen 30 und 100 pro Sekunde, jedoch auch bis zu 500 pro Sekunde in der Spitze (Wolfe 2010: 52), die selbst mangels Masse und wegen zu großer Geschwindigkeit nicht mit einem EEG gemessen werden können.

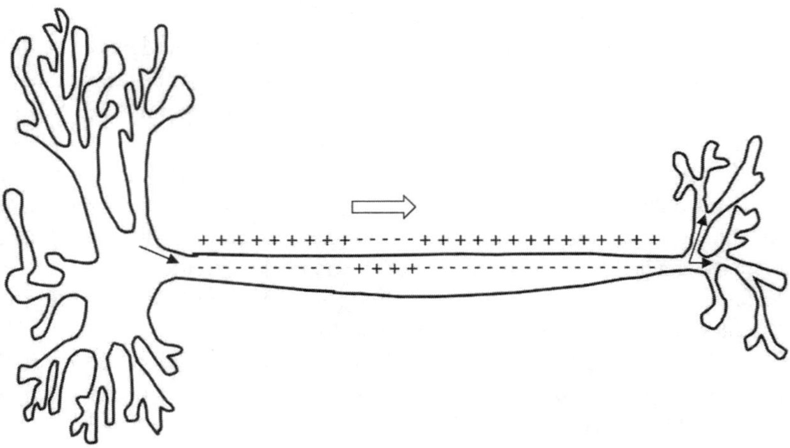

Abb. 10: Aktionspotenzial Nervenzelle

Was jedoch erfasst wird, ist die Veränderung der Aktionspotenziale an den Synapsen.
Die dortige Reizübertragung mittels chemischen Transmittern ist langsam und auch stark genug, um mit dem EEG bzw. den Elektroden erkannt werden zu können. Die zeitliche Auflösung dieser Signale ist so hoch, im Bereich von Millisekunden, dass sie für kognitive Experimente genutzt werden können. Die räumliche Sensitivität des EEG allerdings tangiert nur die Kortex-Oberfläche und dies auch nur einer unscharfen möglichen Eingrenzung von einem halben Zentimeter.
Die zwischen Reiz und Reaktion stattfinden hirnphysiologischen Prozesse sind ein erster bedeutender Erkenntnisgewinn für die Spracherwerbsforschung. Dabei werden aber nicht einzelne Neuronen erfasst, sondern die Aktivität vieler benachbarter Zellen. Sie wird in Frequenzen wellenartiger Schwingungen dargestellt, mit Hilfe neuerer Software auch in dreidimensionalen anatomischen Abbildungen des Kopfes relativ genau lokalisiert.

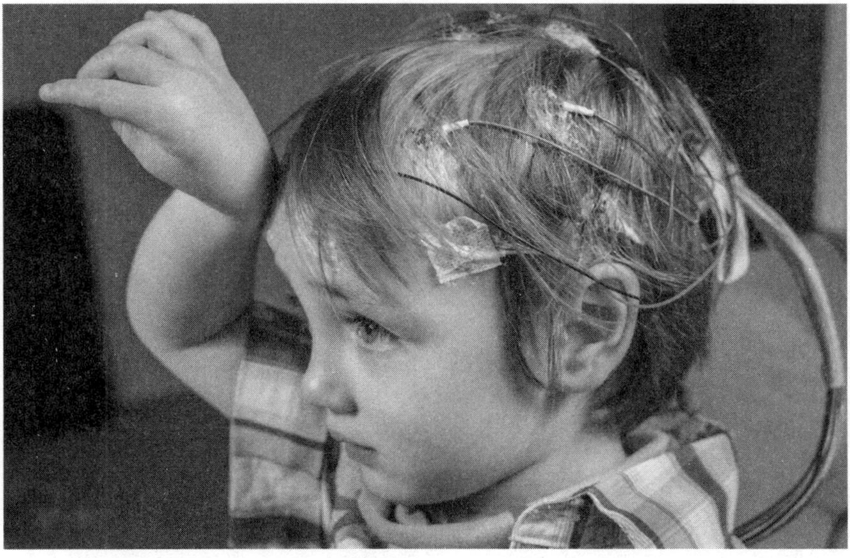

Abb. 11: Elektroenzephalographie (EEG)

Sprachverstehen kann durch das EEG sichtbar gemacht werden.
Auf die Sprachforschung bezogen lassen sich frequenzielle Veränderungen vor allem zum Sprachverstehen beim Hören und Lesen, jedoch mit Abstrichen auch bei der Sprachproduktion wie dem Schreiben und Sprechen einzelner Wörter, Satzteile oder Sätze erkennen und erfassen, was sich in der Forschung als geeignete Methode zur Darstellung kognitiver Prozesse erweist.

Zwischen Reiz und Reaktion lassen sich ereigniskorrelierte Potenziale (EKP) oder ereignisrelevante Potenziale (ERP), die z.B. mit einem Wortimpuls etc. ausgelöst werden können, experimentell messen. Die Bedeutungserfassung gelesener sowie gehörter Wörter beispielsweise beträgt 200 Millisekunden, ebenso wie die zeitliche Verzögerung von Sprechintention bis zur Sprachproduktion. Die sogenannte N400-Komponente dagegen tritt nach etwas 400 Millisekunden auf und zeigt die Einordnung eines Wortes in einen Kontext bei einem entsprechenden Aufgabenformat. Ebenso funktioniert die P600-Komponente.
Ein Beispiel:

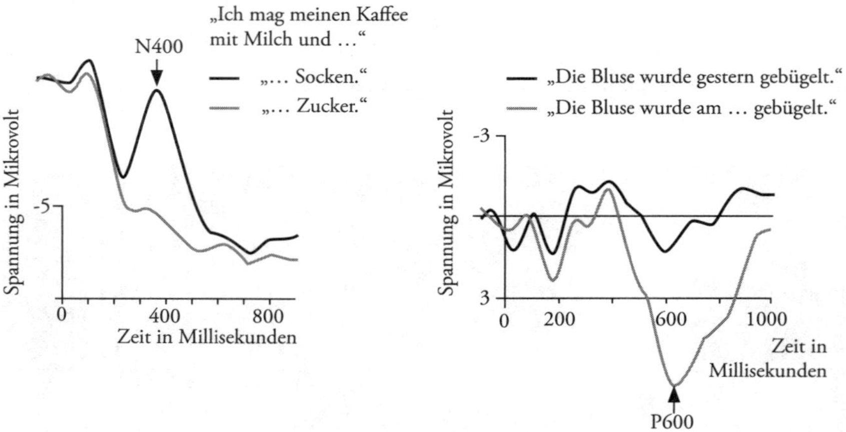

Abb. 12: Sprachrelevante EEG-Messungen

In der Messkurve des EEG, genauer durch Ausschläge des Graphs auf der y-Achse nach oben machen sich sinnlose Wörter in einem Satz (Abb. 12 links) ebenso bemerkbar wie Grammatikfehler (Abb. 12 rechts).

Den Verteilungsmustern der Gehirnpotenziale können noch nicht alle Funktionen zw. Informationsverarbeitungsprozesse immer genau zugeordnet werden, vieles, insbesondere Schlaf-/Wachzustände, Konzentrationsphasen und bewusste Intentionen können jedoch bereits unterschieden werden. Dadurch lässt sich beispielsweise erforschen, welche die Voraussetzungen für das erfolgreiche bzw. nicht erfolgreiche Bewältigen von Sprachverarbeitung, bzw. welche Störfaktoren bedeutsam sind.

Insgesamt betrachtet sind EEG und MEG mit ihren zeitlich hochauflösenden Möglichkeiten dem fMRT sowie psychophysiologischen Methoden insbesondere in Bezug auf die Erforschung von Sprachverarbeitungsprozessen aktuell überlegen.

2.2 Sprachenbezogene fMRT-Forschung

An den nachfolgenden kurzen Beispielen wird deutlich, wie bildgebende Verfahren bei der Spracherwerbsforschung eingesetzt werden können. Diese beziehen sich beispielhaft auf das fMRT, um so pars pro toto Potenziale und Grenzen gleichermaßen zu verdeutlichen.

2.2.1 Forschungsfeld covert speech

Erforschungen der *covert speech* beziehen sich auf die „innere Stimme".

Riecker et al. (2000: 1997ff.) zeigen anhand der *covert speech*, des „inneren Sprechens", wie sprachenrelevante neurowissenschaftliche Forschung konkret aussehen kann: Die Probanden stellen sich vor, laut zu sprechen, tun dies dennoch nicht. Erfahrungsgemäß gelingt die Formulierung von Sätzen, insbesondere fremdsprachlicher, besonders gut, wenn sie nicht aktiv artikuliert werden müssen. Dieser Effekt zeigt sich auch bei Träumen, in denen eine erlernte Sprache in Kommunikationssituationen eingesetzt wird und diese fließend erscheint. In Zusammenhang mit der kognitiven Bildung von Sprechplänen (vgl. Kap. 7.3) ist hier möglicherweise eine geeignete, vorproduktive Übung zum Sprechen abzuleiten.

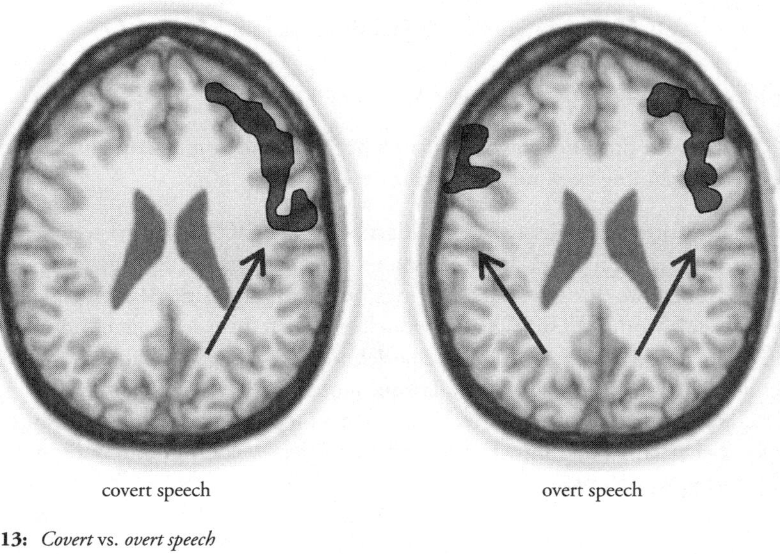

Abb. 13: *Covert* vs. *overt speech*

In den Aufnahmen von Riecker et al. zeigt sich, dass bei *covert speech* sprechmotorische Teile des Kortex nur einseitig aktiv sind: Kleinhirn und motorischer Kortex. Beim aktiven, lauten Sprechen (*overt speech*) hingegen wird beidseitig und die Insula (hintere Inselregion) aktiviert.

2.2.2 Forschungsfeld Lateralisierung

Linguistische bzw. affektive Prosodie werden in unterschiedlichen Hirnhälften verarbeitet.

Lateralisierung bezeichnet man die neuroanatomische Ungleichheit, funktionale Aufgabenteilung und Spezialisierung der beiden Hemisphären des Gehirns. Obwohl der im Wesentlichen gleichartige Aufbau eine scheinbare Symmetrie aufweist, besitzen die Aufgaben und Funktionen des Gehirns eine räumliche Spezialisierung. Einige Funktionen oder Teilfunktionen des Gehirns werden bevorzugt in einer der beiden Gehirnhälften ausgeführt. Die Aufteilung von Prozessen auf die rechte und linke Hälfte wird als Lateralisatierung bezeichnet.

Mayer et al. (2002) fokussieren dieses Forschungsfeld, die Spezialisierung der Hirnhälften auf bestimmte Funktionen. Sie vergleichen prosodische Aspekte während der Sprachproduktion: Linguistische Prosodie mit variierender Akzentposition wird linkshemisphärisch verarbeitet, affektive Prosodie mit zwischen fröhlich und traurig variierender Emotionsbreite rechtshemisphärisch.
Ein weiteres Beispiel zum Forschungsfeld findet sich in Kap. 5.3.2.

2.2.3 Forschungsfeld Sprechgeschwindigkeit

Variierende Sprechgeschwindigkeiten bewirken eine Beschleunigung oder Verlangsamung bestimmter Hirnareale.

In einem dritten Beispiel stellen Wildgruber et al. (2001) dar, in welcher Stärke und in welchem Hirnareal bei unterschiedlicher Silbensprechgeschwindigkeit (2,5 bis 5,5 Silben pro Sekunde) Aktivierungsmuster messbar sind. Zum Vergleich: Die Sprechgeschwindigkeit beträgt, individuell natürlich unterschiedlich, normalerweise zwischen 4–6 Silben pro Sekunde beziehungsweise etwa 20 Laute.
Bei der Untersuchung zeigte sich, dass im motorischen Kortex die Aktivierung mit der Geschwindigkeit zu-, im linken Putamen, einem Kerngebiet des Großhirns, dagegen gleichzeitig abnimmt. Das Kleinhirn reagiert wiederum mit einer messbaren Aktivierungszunahme.

3 Wo die Sprache zuhause ist: Sprachenrelevante Hirnbereiche

Gleich vorab: DAS Sprachenzentrum gibt es nicht im menschlichen Gehirn. Auch lässt sich eine Landkarte des Gehirns allgemein oder speziell zum Sprachenlernen nur schwerlich erstellen. Die Kartierung des menschlichen Gehirns ist eine Mammutaufgabe, die zwar begonnen hat, deren Ende jedoch nicht absehbar ist.
Die technische Entwicklung des Rasterelektronenmikroskops macht die Bilddatenaufnahme etwas leichter möglich, zur Bildanalyse und Vermessung jedoch werden große Ressourcen an maschineller und menschlicher Arbeit gebraucht.
Wenn überhaupt, dann lassen sich – funktionell anatomisch gesehen – folgende Verarbeitungs- und Aufgabenfelder im Gehirn zuordnen, jedoch nicht ohne den gleichzeitigen Hinweis, dass es sich nur um Zentren handelt und weitere Gehirnareale diesen Feldern zuzuordnen bzw. mit diesen verbunden sind.

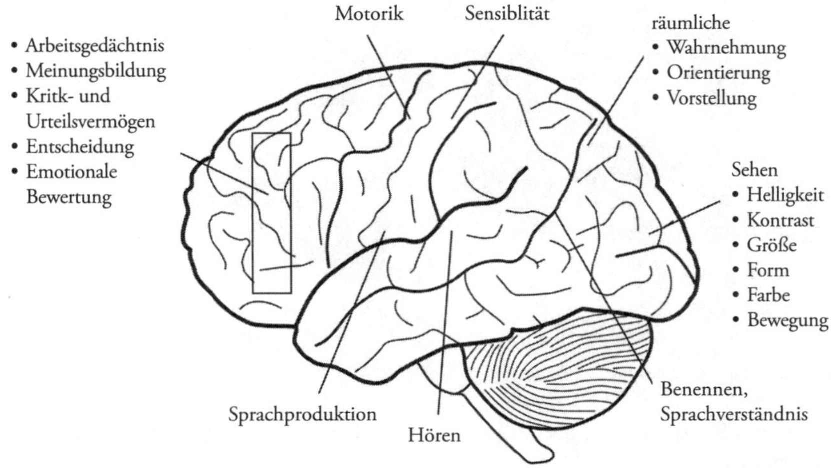

Abb. 14: Verarbeitungs- und Aufgabenfelder im Gehirn

So gibt es auch nicht das oberste Kommandozentrum mit einer Bündelung aller Hirnaktivitäten, sondern sehr vielen Schaltzentralen mit unzähligen Verbindungen, Speichern, Impulsgebern, Beschleunigern, Programmierungen – um über diese

Metaphern ein erstes Bild zu zeichnen. Diese Begriffe stehen für die Verbindungen zwischen den vielen Hirnarealen, die zusammen funktionieren, wenn es darum geht, Sprache jeder Art aufzunehmen, zu verarbeiten, zu verstehen und zu produzieren. Ein solches Bild war es auch, das den Begriff des Konnektoms geprägt hat.

> Die Lokalisierung der Orte aktiven Geschehens im Gehirn sagt nicht automatisch etwas über die sprachliche Funktion aus.

Im folgenden Kapitel geht es um die Identifizierung dieser sprachenrelevanten Bereiche und ihrer Funktionen. Deutlich gesagt werden muss dabei vorab, dass eine Hirnkartierung mit aktiven Bereichen kognitiver Funktionen und Identifizierung von Sprachregionen nicht ausreicht, aus der Frage nach „Wo" auch eine automatische Antwort nach dem „Wie" des Spracherwerbs zu erhalten. Das unglaublich schnelle zeitliche Zusammenspiel beteiligter Bereiche in Größenordnungen von Millisekunden bleibt für alle derzeitigen Messmethoden eine große Herausforderung.

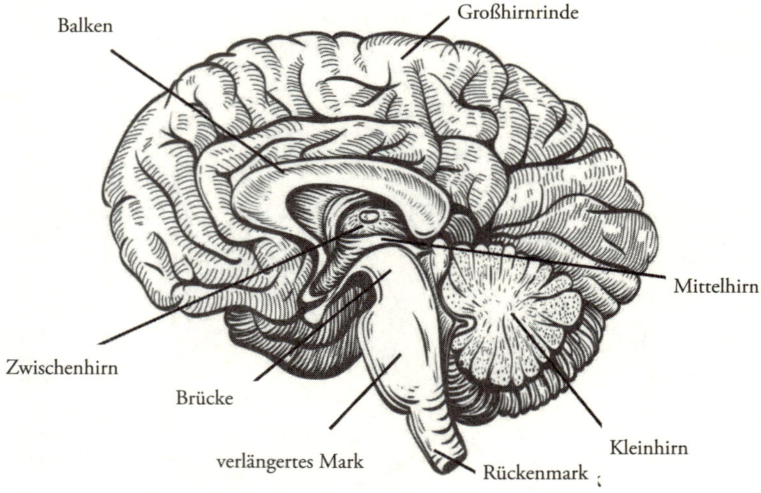

Abb. 15: Hauptteile des Hirns

Ein erster kurzer Überblick soll zunächst die Orientierung ermöglichen. Die Hauptteile des Gehirns bilden

1. das den meisten Platz einnehmende Großhirn mit seinen vielen Windungen (Gyri) und zwei Hemisphären, die durch den Balken, das Corpus callosum, miteinander verbunden sind und das 2 Prozent des Körpergesamtgewichts ausmacht,
2. die multifunktionale Großhirnrinde (Kortex),
3. das Zwischenhirn als Schaltstelle zwischen Hirnstamm und Kortex,

4. das Mittelhirn mit vornehmlich motorischen Aufgaben,
5. das Kleinhirn mit der Hauptaufgabe der Muskelsteuerung,
6. sowie der Hirnstamm mit Brücke (Pons), einer Hauptkreuzung für Nervenfasern, und dem verlängerten Mark (Medulla oblongata).

Zum schützenden Schädelknochen hin werden die Hohlräume mit Flüssigkeit, Liquor, ausgefüllt.

Auch wenn die Hirnstruktur zunächst einfach aussieht, so ist die Mikroebene ein höchst komplexe und unvorstellbar vielschichtige. Die verschiedenen Regionen des Gehirns haben keine eindeutigen Grenzen und überlappen sich. Neben der bildlichen Darstellung kann auch ein anatomisches Diagramm hilfreich sein:

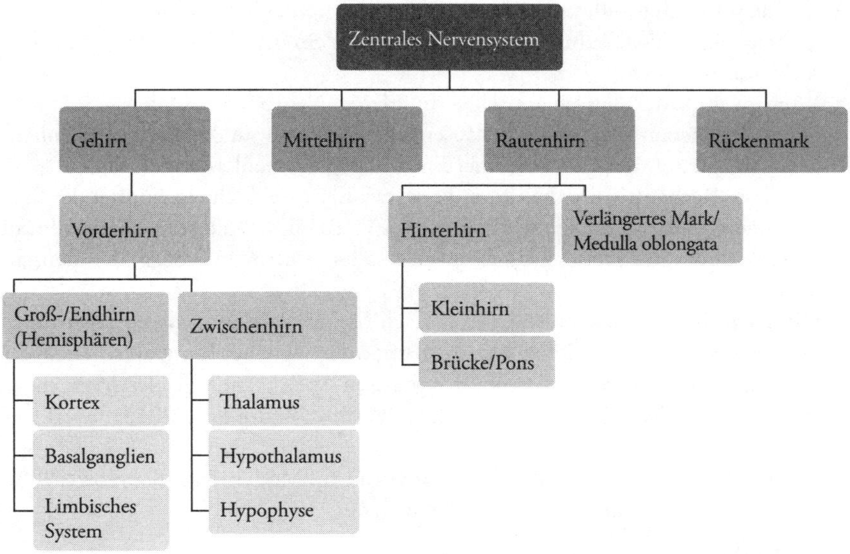

Abb. 16: Hirnstruktur systematisch

> Das mentale Netzwerk ist umfangreich, schnell und verbraucht sehr viel Energie.

86 Milliarden Nervenzellen (Neuronen) besitzt das menschliche Gehirn schätzungsweise, jede einzelne etwa nur ein hundertstel Millimeter groß, mit etwa 50 Verästelungen (Synapsen). Die Speicherkapazität des menschlichen Gehirns beträgt etwa 1 Petabyte (= 1000 Terrabytes) (Bartol et al. 2015).

Die Fakten:

- Knapp 6 Millionen Kilometer sind alle neuronalen Bahnen zusammen lang, das bedeutet etwa 145 Erdumkreisungen.
- Einzelne Nervenzellen können eine Länge von zwei Metern erreichen und sind mit Flüssigkeit gefüllt. Jede hat mit weiteren 6000 bis 10 000 Nervenzellen Kontakt, insgesamt über 100 Billionen Synapsen kommunizieren auf diese Weise miteinander.
- Etwa 10% der Synapsenverbindungen sind sogar in der Lage, sich zweimal oder öfter mit demselben Dendriten zu verbinden (Bartol et al. 2015).
- Informationen werden auf diesen Wegen mit 360 bis 430 km/h übertragen, 100 Watt messbare Spannung entstehen dabei im Maximum, analoge Rechenoperationen sind in einer tausendstel Sekunde möglich.
- In einem Quadratmillimeter Neuronengewebe stecken etwa rund zehn Kilometer Nervenzellkabel, Axone, 1000mal dünner als ein menschliches Haar und eine Milliarde Synapsen.
- Rund zwei Drittel aller synaptisch verbundenen Neuronen befinden sich in relativ großer Distanz zueinander, teils Zentimeter entfernt in der anderen Hirnhälfte (Hemisphäre). Dies erfordert viel Energie und Rechenleistung.
- Die hohe Rechenleistung hat ihren Preis, erfordert sie doch ein Fünftel des Sauerstoffetats eines Menschen, verbraucht ein Viertel des Glukosehaushalts, nimmt 15 Prozent des Blutkreislaufs in Anspruch – alles in allem 25 Prozent der menschlichen Energie.
- Die synaptische Effizienz ist groß: Je nach Signalstärke und -dauer passen sich die Synapsen in ihrer Größe an. So beträgt der tägliche Energieverbrauch des Gehirns eines Erwachsenen trotz der präzisen Speicherung großer Mengen an Informationen lediglich energieeffiziente 20 Watt (Bartol et al. 2015).

Dafür ist das Gehirn nie inaktiv, nie im Stand-by-Modus (vgl. Sokoloff 1985). Ungenutztes würde das Gehirn schnell abbauen.

Bei Nichtbenutzung werden neuronale Verbindungen ab- oder rückgebaut, bei Verwendung verbessert, vermehrt und verstärkt. Zwischen den Nervenzellen werden diese durch Gliazellen, einem Stützgewebe des Nervensystems, unterstützt und ernährt. Durch diese lebenslang mögliche Plastizität und Anpassung auf der Mikroebene entsteht Lernen, wird dieses sogar erst möglich.
Das Gewicht eines Gehirns, ca. 1,2 kg bei Frauen, 1,4 kg bei Männern, ergibt keine Hinweise auf den Zusammenhang von Form, Größe, Hirnvolumen und Intelligenz. Korrelationen lassen sich innerhalb eines Intervalls von 1000 bis 2000 cm^3 nicht feststellen, selbst Gewichte unter 1 kg führen nicht zu messbaren Intelligenzdefiziten und schließen Normal- oder Hochbegabung nicht aus.

Die sprachbezogenen Neurodidaktik fokussiert ausschließlich sprachenrelevante Hirnareale.

Das gesamte Hirn in allen physiologischen Aspekten darzustellen obliegt z.B. medizinischen und biologischen Anatomie-Atlanten. Einer sprachenbezogenen Neurodidaktik steht es gut an, sich auf die wesentlichen, sprachrelevanten Details zu konzentrieren, um mit einer solchen Übersicht den Boden für das Verständnis von Sprachaufnahme, -verarbeitungs- und -produktionsprozessen zu bereiten.
Der Hirnstamm, ein Art neuronaler Kommandoraum, durch den beispielsweise alle versorgenden Verbindungen laufen, sowie das Kleinhirn sind in Bezug auf das Sprachenlernen nur bedingt erforscht. Zumindest beim Kleinhirn gibt es jedoch bereits Hinweise, dass es bei Sprachprozessen eine Rolle spielt, bei denen es auf Millisekunden ankommt, so etwa bei der Unterscheidung von Konsonanten wie p und b oder t und d oder bei der Modifikation von Silbenlängen.
Das Zwischenhirn, ebenfalls für das Sprachenlernen noch zu erschließen, wirkt fast wie eine Relaisstation für die Informationen auf dem Weg in die spezialisierten Großhirnbereiche: Es ist für bewusstes Denken verantwortlich, somit auch für kognitive sprachliche Denkvorgänge. Dies ist jedoch zunächst der einzige indirekte Hinweis auf eine Beteiligung an Sprachverarbeitung und Sprachproduktion. Sein größter Teil ist der Thalamus, eine für die Sprachaufnahme wichtige Schaltstation, die eingehende auditive und visuelle Informationen prüft und an den Kortex zur bewussten Weiterverarbeitung weiterleitet. Ein kleinerer Teil, der Hypothalamus, steuert die biologischen Grundfunktionen des Körpers.

Die Orientierung im dreidimensionalen Gehirn erfordert genaue Begriffe.

Die folgenden Beschreibungen erheben somit keinen Anspruch auf generelle Vollständigkeit und beschränken sich auf die anatomische Einheit des Großhirns sowie die funktionale des Limbischen Systems.
Zur räumlichen Orientierung sollen diese lateinischen Angaben dienen:

dorsal	=	zum Rücken hin gelegen
ventral	=	zum Bauch hin liegen
kaudal	=	vom Gehirn kommend nach unten („Richtung Schwanz“)
kranial	=	zum Schädel hin
rostral	=	zur Kopfvorderseite hin („rüsselwärts“)
okzipital	=	zum Hinterkopf hin gelegen
frontal	=	zur Stirn hin gelegen
temporal	=	zur Schläfe hin gelegen
lateral	=	zur Seite hin gelegen

3.1 Großhirn (auch: Cerebrum, Telencephalon, Endhirn)

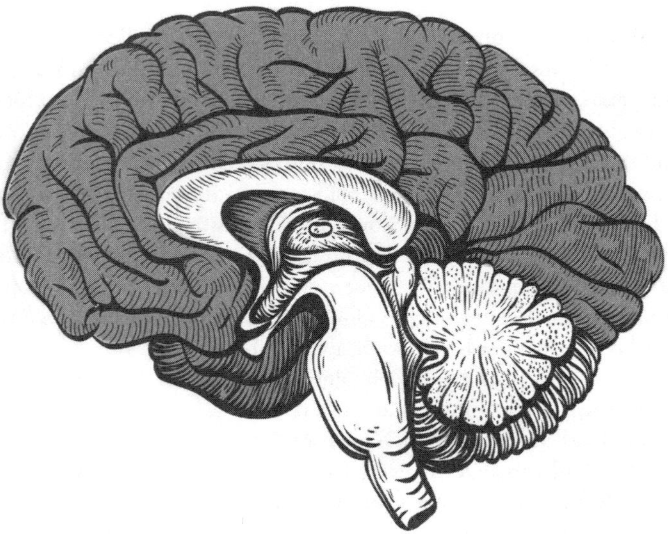

Abb. 17: Großhirn

Das Großhirn (Telencephalon) umgibt mit seiner Masse das Zwischenhirn (Diencephalon), Teile des Hirnstamms und des Kleinhirns (Cerebellum). Das Großhirn gliedert sich zunächst in zwei Hemisphären. Die beiden Großhirnteile werden durch eine Furche entlang der Längsachse (Fissura longitudinalis cerebri) getrennt.

Der sogenannte „Balken" (Corpus callosum) als Hauptverbindungsbrücke zwischen den Hemisphären besteht aus dicht zusammenliegenden Nervenfasern (Kommissurenfasern), die gleichartige bzw. prozessbezogene Hirnteile auf beiden Seiten verbinden.

Die Verbindung zwischen dem Großhirn und tieferen Hirnstrukturen schaffen sogenannte Projektionsfasern. Diese kreuzen auf Höhe des Hirnstamms, um z.B. den motorischen Zentren der linken Hemisphäre die Kontrolle der Bewegungen der gegenüberliegenden (kontralateralen) rechten Körperhälfte und umgekehrt zu ermöglichen.

Die sogenannten „grauen Zellen" sind zu Lebzeiten rötlich.

Die ja nur wenige Millimeter starke Hirnrinde des Großhirns besteht aus speziellen Neuronen, der sogenannten grauen Substanz oder auch „graue Zellen", nur wenige

Millimeter dick: Zwischen 1,5 Millimeter (Bereich Lobus occipitalis) und 4–5 Millimeter (Gyrus präcentralis). Diese Bezeichnung ist nicht korrekt: Erst post mortem färbt sich die eigentlich rötliche Masse grau.
Durch ihre Faltungen ist die Oberfläche des Kortex insgesamt stark erweitert (etwa 0,5 qm). Unter ihr befindet sich eine weiße Substanz mit zahllosen verbindenden Nervenfasern, sogenannten Axone (vgl. Kap. 4.1.2), die mit einer Schutzschicht mit hohem Fettanteil, dem Myelin, ummantelt sind. Dieses lässt den unter dem Kortex liegenden Teil des Großhirns hell erscheinen (vgl. Kap. 5.3.5).

Das Großhirn bildet den größten Teil der Gehirnmasse.

Das Großhirn umfasst ein Viertel der Gehirnmasse und lässt sich strukturell in 47 Kortex-Areale unterteilen, die hier nicht weiter spezifiziert werden sollen. Die Oberfläche ist durch Furchen (Sulci) und Windungen (Gyri) strukturiert.
Systematisch grob werden vier Hirnlappen (Lobi) unterschieden:
– Stirn-/Frontallappen (Lobus frontalis)
– Scheitellappen (Lobus parietalis)
– Schläfenlappen (Lobus temporalis)
– Hinterhauptslappen (Lobus occipitalis)

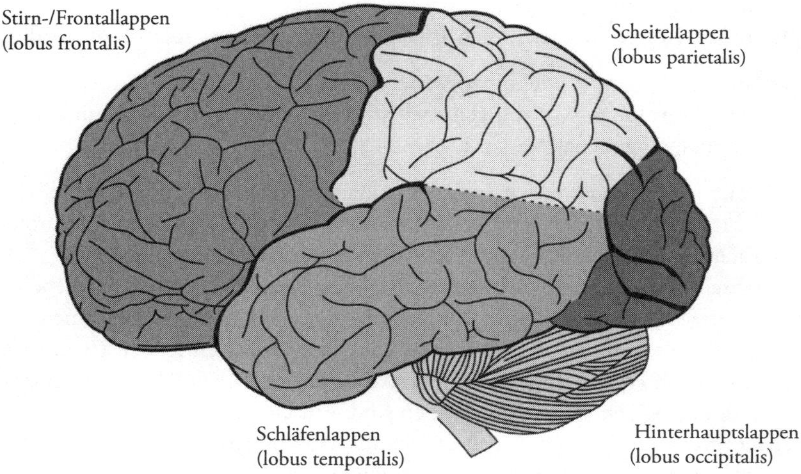

Abb. 18: Überblick Einteilung des Gehirns

3.1.1 Stirn-/Frontallappen

Generell lassen sich dem Stirn- oder Frontallappen zwei Funktionen zuordnen, das Zentrum für Assoziationen (präfrontaler Kortex) sowie das Entstehungsareal für willkürliche motorische Bewegungen (motorischer Kortex).

3.1.1.1 Präfrontaler Kortex mit Stirnlappen

> Dem Stirnhirn werden kognitive und exekutive Funktionen zugeschrieben. Es reguliert sich selbst und bildet eine zentrale Verbindungsstelle.

Der präfrontale Kortex, das Stirnhirn, ist verantwortlich für kognitive Operationen, für Exekutivfunktionen wie das Planen, Entscheiden, Ausführen und Bewerten von Handlungen: Konzentration, Motivation und das Kurzzeit- bzw. Arbeitsgedächtnis. Man könnte ihn auch als Geschäftsführer des Gehirns bezeichnen, ein kognitives Zentrum, die oberste Steuerungszentrale, indem nach Übung und Wiederholung sprachliche Informationen gespeichert werden, Handlungsplanungen und Entscheidungen stattfinden sowie Antizipationen, das Vorhersehen von Handlungen, ablaufen. Übungen führen zu Automatisierung/Habitualisierung: Neue Verhaltensmuster aktivieren zu Lernbeginn größere Areale im Kortex. Je häufiger neue Muster wiederholt werden, desto stärker bildet sich der belegte Bereich im Kortex zurück, die neuen Erfahrungen werden in subcortikale Bereiche und damit in das Unbewusste verlagert.
Der präfrontale Kortex entwickelt sich am langsamsten und erst zuletzt vollständig.

Für das Sprachenlernen ist wichtig zu wissen, dass der präfrontale Kortex, in Verbindung mit Hormonausschüttungen, Selbstbeherrschung ermöglicht und über Konzentrationsspannen entscheidet.

Der präfrontale Kortex ist durch Fasern mit nahezu allen Gehirngebieten direkt oder indirekt verbunden. Er erhält Informationen aus diesen Gebieten und projiziert zu ihnen zurück, um aktivierend oder hemmend auf sie einzuwirken.
Alle sprachrelevanten Lernerfahrungen werden im Kortex scheinbar weitgehend landkartenartig organisiert: Häufig Vorkommendes wird mit mehr Neuronen repräsentiert als Seltenes. Ein *Brain mapping* mit Untereinheiten jedoch ist nur als Überblick tauglich (vgl. Poeppel 2005), zumal bisher uneinheitliche Unterteilungen in der einschlägigen Literatur zu finden sind. Ein Überblick:

- Lateraler präfrontaler Kortex: Arbeitsgedächtnis, Handlungsplanung und -konzeption, Erfahrungswerte, Bewusstsein für Geschichte und Zukunft, Antizipation
- Medialer präfrontaler Kortex: Sprachhandlungsplanung, Sprachstrategien, Motivation, Problemlösungen

– Orbitaler präfrontaler Kortex: Sozialverhalten, Aggression, Annährung, Konzentration und gezielte Aufmerksamkeit, langfristige Denk- und Verhaltensmuster

Die wichtigsten Furchen, die den Kortex gliedern und den Stirnlappen begrenzen, sind die Roland'sche Furche (Sulcus centralis) und die Sylvische Furche (Sulcus lateralis, Fissura Sylvii). Wesentliche sprachrelevante Bereiche liegen direkt an der Sylvius- und Rolando-Furche oder in der näheren Umgebung dieser Furchen.

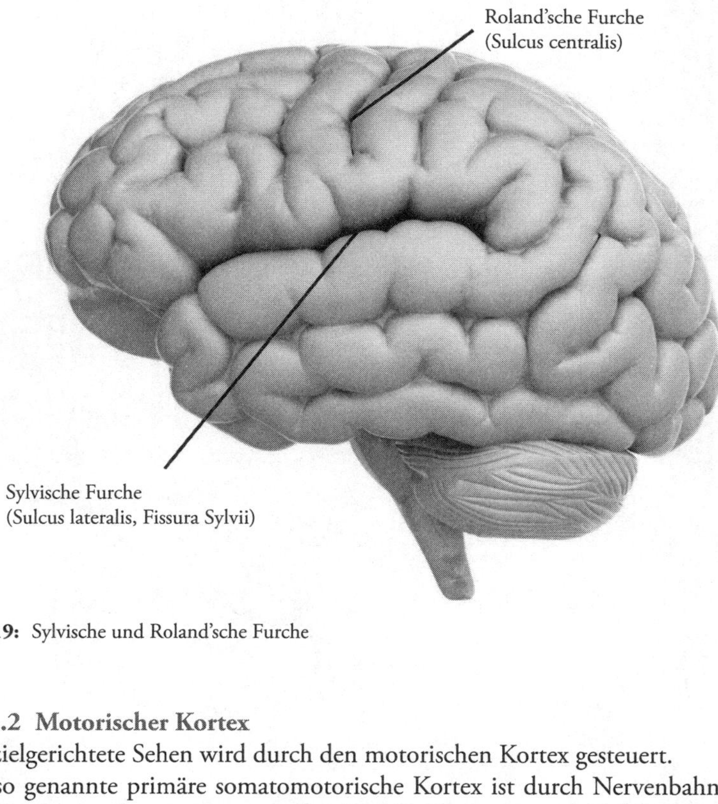

Abb. 19: Sylvische und Roland'sche Furche

3.1.1.2 Motorischer Kortex

Das zielgerichtete Sehen wird durch den motorischen Kortex gesteuert.
Der so genannte primäre somatomotorische Kortex ist durch Nervenbahnen mit dem Rückenmark sowie motorischen Exekutivorganen, wie z.B. der Muskulatur verbunden.
Mit der gebotenen Vorsicht vor verfälschender Generalisierung kann gesagt werden, dass sich alle Körperteile nahezu wie auf einer Landkarte auf dem motorischen Kortex abbilden.

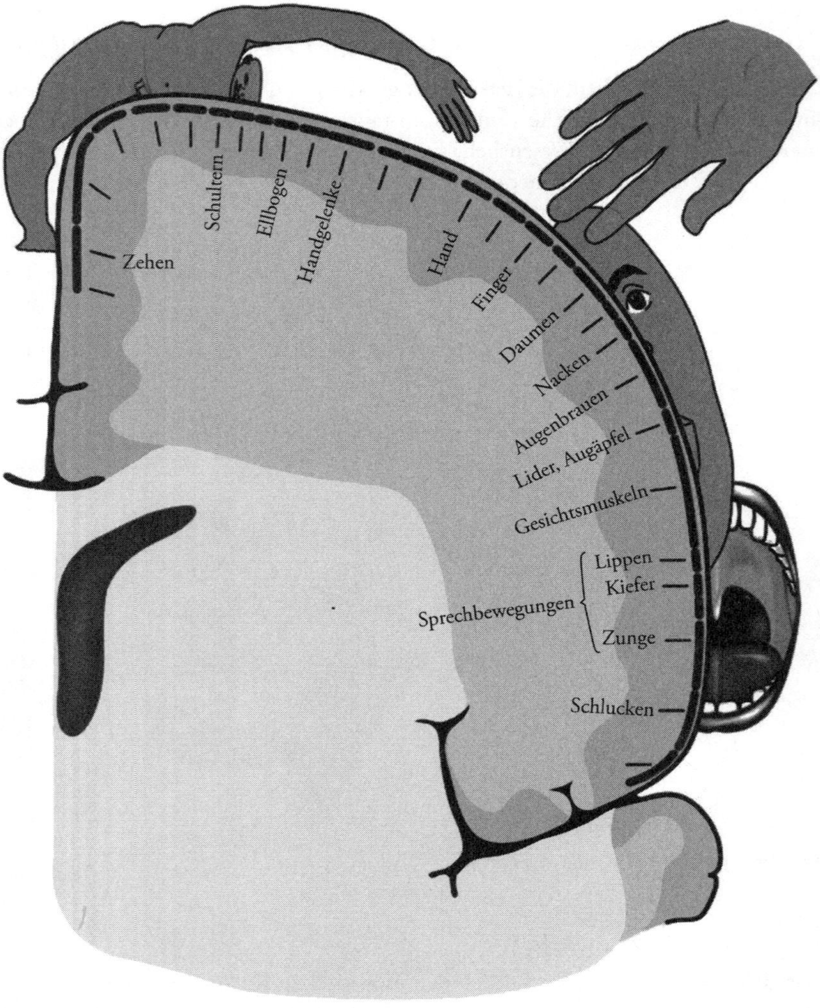

Abb. 20: Homunculus (motorischer Kortex, frontale Sicht)

So wird beispielsweise das direkt vor dem motorischen Kortex liegende frontale Augen- oder Blickfeld auf ihm repräsentiert; er sorgt für die willentliche Steuerung von Blickrichtung, Augeneinstellung und Lidbewegungen.
Am Ende des relativ langen Sprachverarbeitungsprozesses erhält der motorische Kortex Impulse, die über Bewegungen (z.B. der sprachrelevanten Muskulatur) zur Sprachproduktion führen.

Das Broca-Zentrum verarbeitet sprachliche Informationen.
Unter dem motorischen Kortex grenzt in der Regel in der dominanten linken Hirnhälfte das motorische Areal „Broca-Zentrum" an, das sprachliche Informationen verarbeitet.
Das Broca-Zentrum sendet keine Impulse direkt an die sprachrelevante Muskulatur, es gilt vielmehr als der neurologische Ort, an dem Sprache entsteht und komplexe Satzstrukturen verarbeitet werden. Es zeichnet verantwortlich für die Verarbeitung sprachlicher Informationen, insbesondere für Sprachmotorik, Lautbildung, -analyse, -artikulation und die Bildung abstrakter Wörter. Es ist darüber hinaus aber auch bezüglich Echo- bzw. Spiegelneuronen, Sprachwahrnehmung, Satzbildung, -bewegung und -konstruktion, Satzbedeutung, Arbeitsspeicher und kognitiver Sprachkontrolle aktiv (Hickok & Poeppel 2009). Eine ganz strenge Zuordnung scheint überholt zu sein.

Imitation ist im Broca-Areal repräsentiert.

Die Echoneuronen im Broca-Areal sind eigene Nervenzellen, die zu den noch nicht vollständig erforschten Spiegelneuronen gehören. Sie reagieren auf bestimmte Signale anderer Menschen und regen wohl an, diese nachzuahmen. Für sprachliche Handlungen wäre dies die Imitation. Babys und Kinder beispielsweise sehen beim Hinhören auf den Mund der Bezugsperson – die Imitation spielt für sie eine frühe (lebens-)wichtige Rolle.
Der Spiegelmechanismus kann zumindest eine grundlegende Erscheinung der Kommunikation erklären – das direkte gegenseitige Verstehen zweier Menschen, wenn diese einer Botschaft dieselbe Bedeutung beimessen. Direktes Verstehen benötigt keinerlei Vorabsprachen, auch nicht in Form von Zeichen.

Später müssen Hirnregionen hinzutreten, die den Inhalt des Gehörten verarbeiten und Sprechimpulse direkt an das motorische Zentrum weitergeben. Diese Erweiterung des Hirnnetzwerks spricht für eine zweite Bahn zur höheren Sprachverarbeitung (vgl. Kap 3.1.1).
Das Broca-Areal beteiligt sich an der Syntaxanalyse von gehörter Sprache, an der Verarbeitung einzelner Sprachlaute, sowie am Heraushören von prosodischen Informationen in der Sprache, da Musiksequenzen ebenfalls dort verarbeitet werden.

Kinder verarbeiten melodische Sprachelemente besonders gut in den ersten Lebensjahren.

Informationen mit durch Betonung und Satzrhythmus erzeugter Emotion verbessern die Sensibilität für Ironie und Humor. Mütter sprechen oft mit singender Stimme, Kinder verarbeiten so gerade in den ersten Jahren melodische Sprachelemente besonders gut. Werden Babys mit monotoner und modulierter Stimme besprochen, erfolgt bei letzterer Variante eine Aktivierung der rechten Hirnhälfte.

3.1.1.3 Wichtige Verbindungen

Anschließend an solche Verarbeitungsprozesse werden die Impulse an andere motorische Areale weitergesandt, die die entsprechenden Muskelgruppen innervieren.

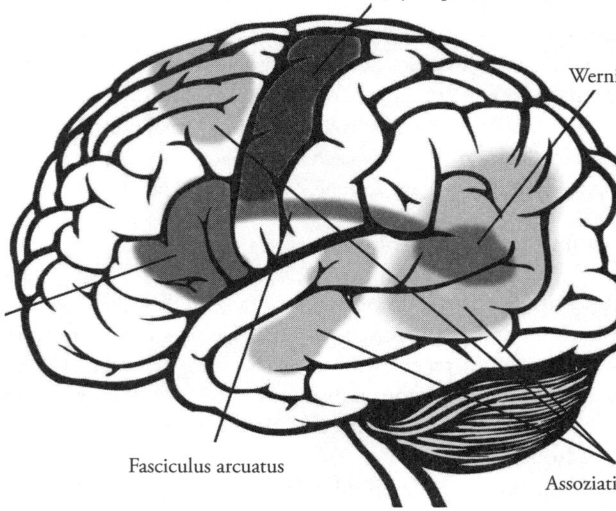

Abb. 21: Assoziative Areale

Der assoziative Kortex beinhaltet die Sprachzentren und führt höhere kognitive Funktionen aus. Die Unterscheidung bzw. Verbindung zwischen motorischen Kortex und assoziativem Kortex ist ebenfalls sprachenrelevant, die Sprachzentren zählen zu letzterem. Der assoziative Kortex führt wie beschrieben höhere kognitive Funktionen aus, identifiziert sensorische Informationen und plant motorischer Aktivitäten. Die ihn bildenden Zellen verbinden sich über die Assoziationsfaserbündel, Fasciculi. Das wichtigste Bündel für Sprech- und Sprachfunktionen ist der Fasciculus arcuatus.
Die Fasern stellen die Verbindungen zwischen temporalen und frontalen kortikalen Gebieten her und dienen z.B. als Leitung zwischen sensorischem (Wernicke) und motorischem (Broca) Sprachzentrum.
Dieses Modell der menschlichen Lautkommunikation mit nur zwei Zentren in der Großhirnrinde, dem Broca- und dem Wernicke-Zentrum, ist für die Funktionsbeschreibung des Sprechens einerseits und des kognitiv höherrangigen Sprachverstehens allein nicht ausreichend. Aktuell geht man von einem Zweikanal-/Zweischleifen-Modell (*Dual ventral stream)* (vgl. Goodale & Milner 1992; Hickok & Poeppel 2004) mit zwei Assoziationsbahnen aus (vgl. Abb. 58). Beide besitzen eigene Verarbeitungsfähigkeiten. Der obere (dorsale) Kanal dient u.a. der Vokalisation von unwillkürlichen, emotionsgesteuerten akustischen Signalen. Beim Menschen

sind das vor allem das Lachen und das Weinen. Der zweite (ventrale) Kanal ist der Sprachkanal, der für eine viel virtuosere Lautproduktion verantwortlich zeichnet. Dafür braucht das Großhirn allerdings Hilfe von zwei tiefer gelegenen Hirnregionen: den Basalganglien und dem Kleinhirn.
Die Basalganglien geben den Takt beim Verstehen und Produzieren von Sprache vor und sind deshalb bedeutend. Sie bestehen aus Strukturen, die unterhalb des Kortex liegen.

3.1.2 Scheitellappen

Die Verarbeitung jeglicher Sinneseindrücke geschieht im Scheitellappen.

Alle körperlichen Wahrnehmungen, z.B. durch Tasten, werden im Parietallappen verarbeitet. Neben der Kontrolle über die Körperlage durch Rezeptoren, beispielsweise an der Hautoberfläche, werden durch vorab verarbeitete auditive und visuelle Informationen die Orientierung im Raum sowie die Bewegung in ihm ermöglicht. Auch das eigene Sprechen wird hier registriert, kontrolliert und bei Bedarf korrigiert. Über eine Feedback-Schleife (vgl. Hickok & Poeppel 2009; Hickok 2009) entscheiden bestimmte Nervenzellen über entsprechen Bewegungen zur Lautbildung.

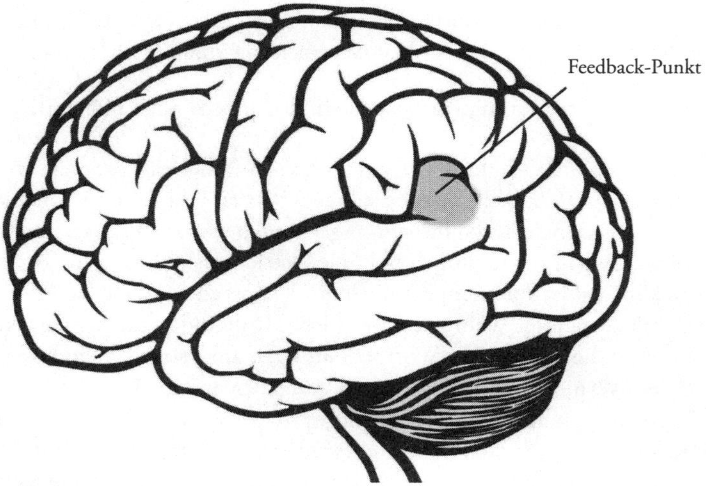

Abb. 22: Feedback-Punkt

Relevante Sprachoperationen und -aspekte wie (Vor-)Lesen, selektive Aufmerksamkeit, Integration sensorischer Informationen, und visuelle Steuerung von Bewegungen sind im Parietallappen verortet. Das Langzeitgedächtnis scheint ebenfalls insbesondere im Scheitellappen angesiedelt zu sein (vgl. Kap. 3.2).

3.1.3 Schläfenlappen

Die Verarbeitung von Gehörtem erfolgt im Schläfenlappen.

Das auditive Informationszentrum, die Hörrinde, sowie assoziative Areale liegen im Temporallappen (vgl. Kap 3.1.1.3).
Alle auditorischen Impulse, also beispielsweise sprachliche Laute jeder Art, Lautimpulse, Musik finden über die räumlich (tonotopisch) angeordneten Zugänge den Weg in die Hörrinde. Dies bedeutet, dass jede Tonfrequenz eigens auf ihr repräsentiert ist und durch die dortigen Nervenzellen speziell verarbeitet wird.
Auch der Fluss der gesprochenen Sprache z.B. wird dort in einzelne Segmente, beispielsweise nach Lauten und Lautmustern, aufgeteilt und noch völlig ohne bewusste, sinngebende Interpretation verarbeitet. Erst nach Weitergabe an die sekundäre Hörrinde kommt es zur Sinngebung, wenn die vorgeordneten Eindrücke kontrastiert werden mit bereits Bekanntem, mit bereits gespeicherten Sinneseindrücken aller Art. Diese Fähigkeit macht die sekundäre Hörrinde zu einem Assoziationskortex.

Die sekundären Hörrinden beider Hirnhälften sind funktional unterschiedlich.
Die nicht-dominante Hörrinde ist holistisch angelegt, verarbeitet alle Sinneseindrücke ganzheitlich. Das Empfinden und „Verstehen" von Musik ist ebenso dort angesiedelt wie menschliches Verständnis, das weniger eine singuläre als eine vielseitige Betrachtungsweise und Informationsverarbeitung voraussetzt.

Die rationale Verarbeitung von Sprache findet in der linken Hörrinde statt.

In der dominanten, meist linken Hörrinde hingegen findet eine rationale Verarbeitung von Sprache statt. Sprach- und lexikalisches Wissen und das daraus resultierende Sprachverständnis bauen sich hier im so genannten sensorischen Sprachzentrum, dem Wernicke-Zentrum, vermutlich über die Gedächtnisbildung auf.
Das Wernicke-Areal ist vor allem für die logische Sprachverarbeitung und die auditive Sensorik zuständig. Während die vordere Hirnwindung dabei vornehmlich den Satzbau und die mittlere die Wortbedeutungen analysiert, scheint die hintere Windung des Wernicke-Areals bei beiden Aufgaben mitzuwirken. Wahrscheinlich ist sie für die grammatikalische Verknüpfung und Interpretation zwischen Wortbedeutung und Satzstellung verantwortlich (Friederici & Wartenburger 2010). Sie wäre dann für Interferenzfehler im Gebrauch der Fremdsprache verantwortlich.

Vernetzte Lese-und Höraufgaben werden in der sekundären Hör- und Sehrinde verarbeitet. Gesehenes und Gehörtes sind stark miteinander verknüpft. Dies geschieht physiologisch durch den Gyrus angularis, der sekundäre Hörrinde und sekundäre

Sehrinde (vgl. Kap. 3.1.3) verbindet und die unterschiedlichen Sinneseindrücke auf das Wernicke-Zentrum richtet. Die Verarbeitung von Lese- und Hörtexten wird so gemeinsam verarbeitet, in die assoziativen Areale geleitet, dort mit Bekanntem und Erlerntem abgeglichen sowie mit Sinn versehen.
Diese visuelle Diskrimination (über die sogenannte „Was-Bahn", vgl. Kap. 3.1.4) ermöglicht das Erkennen von Objekten, Farben, Formen, Gesichter sowie Mimik und Gestik, alles sprachunterstützende, teil emotional verbundene Sinneseindrücke. Über das Broca-Zentrum (vgl. Kap. 3.1.1) wird dann Sprache im motorischen Kortex umgesetzt und produziert. Im mittleren Schläfenlappen ist auch der Hippocampus situiert (vgl. Kap. 3.2.1), verantwortlich für mittelfristig ausgerichtete Gedächtnisprozesse (vgl. Kap. 7.3) und teil eng verknüpft mit den entsprechenden Arealen. Die genauen Dimensionen von Broca- und Wernicke-Areal sind in ihrer gegenseitigen Wechselwirkungen noch nicht erforscht und sollten nicht zu einseitig festgelegt werden auf Sprachverarbeitung bzw. Spracherkennung.
Über den Balken, das Corpus callosum (vgl. Kap. 3), sind Broca- und Wernicke-Areal auch mit der rechten Hemisphäre bezüglich Musik und prosodischer Sprachelemente kommunizierend verbunden (vgl. Koelsch et al. 2003, Di Virgilio & Clarke 1997: 347).

3.1.4 Hinterhauptslappen

Im Okzipitallappen liegt die Sehrinde. Bei diesem Sehzentrum handelt es sich um einen Assoziationskortex, der visuelle Sinneseindrücke aufnimmt, mit bekannten Informationen vergleicht und wiedererkennt.

Das Auge gehört entwicklungsbiologisch zum Gehirn.

Die entscheidende Rolle spielt von Beginn des Sehprozesses an das Auge, genauer dort der Augenhintergrund mit der Netzhaut. Entwicklungsbiologisch bewertet gehört das Auge quasi zum Gehirn. Topografisch angeordnet sind spezielle Netzhautpunkte in repräsentativen Arealen der Sehrinde. Die Stelle schärfsten Sehens heißt Fovea centralis und wird in beiden Hemisphären des Hirns abgebildet. Von dieser Stelle aus in die Netzhautperipherie werden die räumlichen Sehinformationen zunehmend unschärfer. Dieses periphere Sehen besitzt beim Lesen eine entscheidende Bedeutung (vgl. Kap. 6.4).
In enger Zusammenarbeit mit dem Parietallappen (vgl. Kap. 3.1.2) für die räumliche Zuordnung von Objekten (über die sogenannte „Wo-Bahn") und dem Temporallappen für das Erkennen von Objekten (über die sogenannte „Was-Bahn") über den Gyrus angularis ist die Sehrinde für das sinnentnehmende Lesen und produktive Schreiben zuständig. Von dieser Kooperation hängt im Grunde genommen der Erfolg dieser sprachlichen Operation ab.

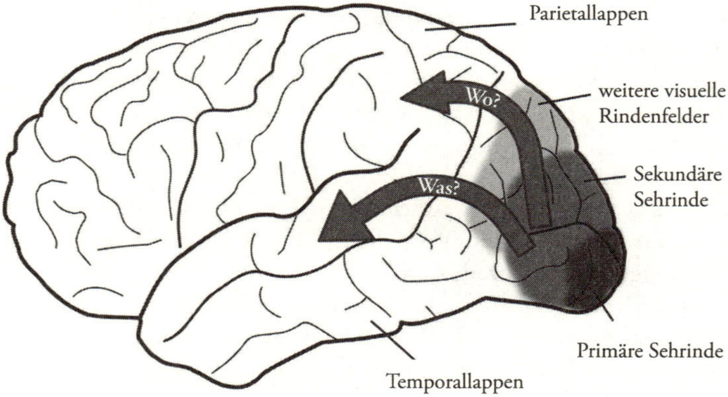

Abb. 23: Was- und Wo-Bahnen

3.2 Limbisches System

Das Limbische System ist vor allem eine funktionale Einheit und gehört zu den ältesten Teilen des Gehirns. Das Limbische System ist weniger eine anatomische Einheit, als vielmehr eine funktionale.
Zum Limbischen System gehören die in der folgenden Abbildung benannten Bereiche:

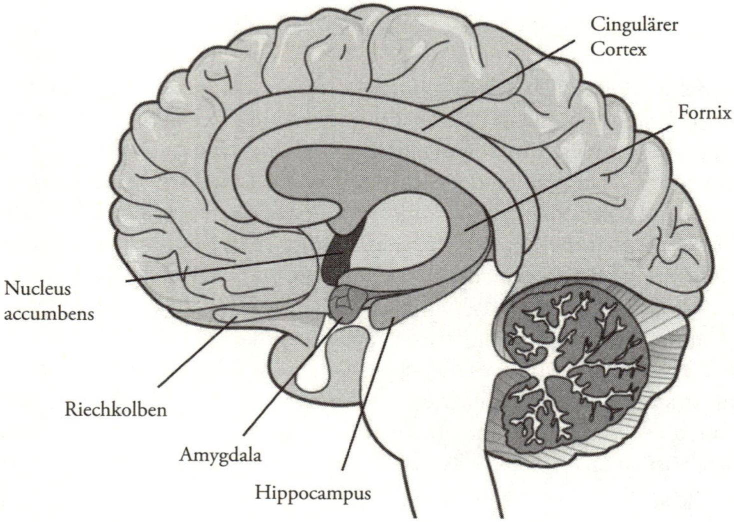

Abb. 24: Limbisches System

Für den Sprachenerwerb jedoch sind hauptsächlich nur zwei Bereiche von größerer Bedeutung:
Der Mandelkern (Amygdala) sowie der Hippocampus.
Im Limbischen System wird deutlich repräsentiert, wie eng Lernen, Gedächtnis, Motivation und Gefühle zusammenhängen. Das Limbische System ist eine ringförmige Anordnung verschiedener Hirnareale mit Filterfunktion: Sie entscheiden hauptsächlich, ob und welche Inhalte im Langzeitgedächtnis in der Großhirnrinde abgespeichert werden. Dabei spielen Emotionen, Motivationen, Relevanz und Präferenzen eine entscheidende Rolle.

3.2.1 Hippocampus

Der Hippocampus, das „Seepferdchen", liegt subkortikal am Schläfenlappen und grenzt an der Amygdala, dem Mandelkern an. Die enge Beziehung zwischen diesen beiden Arealen ist folgende:
Die Amygdala bewertet ganz allgemein emotionale Signale, der Hippocampus sorgt für das Speichern solcher Einschätzungen und verarbeitet die Emotionen – ein emotionales Gedächtnis also, mittelfristig bis langfristig angelegt.

Der Hippocampus kann ein Leben lang wachsen, wenn er gefordert wird.

Der Hippocampus kann lebenslang neue Neuronalverbindungen herstellen und bei mangelndem Gebrauch zurückbauen. Im Hippocampus können neue Nervenzellenverbindungen ausgebildet und alte, nicht mehr benutzte abgebaut werden. Diese lebenslange Neuroplastizität (Synaptogenese) ist nirgendswo im Hirn stärker ausgeprägt und nutzungsabhängig: Werden die Zellen gebraucht und durch immer neue Lernprozesse stimuliert, bleiben sie dauerhaft erhalten.
Die neuen Nervenzellen lassen den Hippocampus so flexibel in der Aufnahme und Verarbeitung von neuen Reizen sein, machen ihn aber auch anfällig für schädliche äußere Einflüsse (Draganski et al. 2006).
Der Hippocampus ist für Sprachlernprozesse ganz entscheidend. Er speichert Informationen erfolgreich, sortiert diese und organisiert sie, wenn sie in einem positiven emotionalen Kontext stehen bzw. vermittelt werden.
Parameter für die Speicherentscheidung über Erinnern und Vergessen, teils nach einmaligen Hören oder Lesen, sind Neuigkeitsgrad und Bedeutsamkeit. Singuläre Fakten hingegen, die nicht als Beispiele für allgemeine Zusammenhänge stehen, sind nur sehr selten relevant und verzichtbar. Die gespeicherten Informationen werden, wenn vorher geübt und vertieft, oft nachts aufgerufen und langsam in den Kortex transferiert. Dort werden sie langfristig gespeichert und sind frei verfügbar.

3.2.2 Amygdala

Ein wichtiger, sprachrelevanter subkortikaler Kern mit mandelförmiger Struktur ist die Amygdala, der Mandelkern (Corpus amygdaloideum), ein anteilig kleiner Teil des Limbischen Systems. Die Aufgabe des Mandelkerns ist es, die wahrgenommene Welt mit Gefühlen auszustatten.

Der Mandelkern markiert negative Lernerfahrungen lebenslang.

Amygdala markiert beispielsweise Wissen und Lernprozesse, auch Sprachenlernen, mit einem dafür kontraproduktivem, lebenslang negativen emotionalen Etikett oder Marker, wenn Gefühle wie z.B. Angst oder Stressempfinden involviert und assoziiert werden. Dabei zählt der erste Eindruck, der im Hippocampus als negativ konnotiert gespeichert wird.
In der Folge steigen Puls und Blutdruck sowie der Muskeltonus, der Botenstoff Glutamat aktiviert zwei Alarmzentren im Hirn: Den Hypothalamus und den Hirnstamm (vgl. Kap. 3), wo das Stresshormon Cortisol ausgeschüttet wird und Alarmbotenstoffe freigesetzt werden. Panik kann auftreten, Fluchtreaktionen sind die Folge. Cortisol hat Nebenwirkungen, es schwächt Hirnzellen oder lässt diese sogar absterben. Bezüglich der Gedächtnisleistungen: das Stresshormon kann den Abruf von Informationen blockieren.
Für das Sprachenlernen sind dies Prüfungsängste oder restriktive, psychischen Druck erzeugende Lernkontexte, das Resultat sind Lernblockaden oder die Flucht nach innen, so dass Sprechen wie Sprachenlernen nicht mehr möglich sind.
Nur geübte kognitive Strategien und schnell verfügbaren Handlungsroutinen können gegensätzlich wirken. Kreative sprachliche Lösungen mit z.B. Transferleistungen in entsprechenden Aufgabenformaten sowie leichtes Assoziieren sind jedoch nicht beliebig abrufbar.
Restriktionsfreie Lernkontexte verhindern kontraproduktive Aktivitäten des Mandelkerns, der assoziierte Kortex wird in seiner kognitiven Leistungsfähigkeit nicht behindert. Autoritäres Memorieren kann demnach nicht funktionieren, gleichwohl sind Belohnung und Strafe, auch durch Notensysteme, nach wie vor ein wesentlicher Bestandteil des institutionalisierten Sprachenlernens.

3.3 Dopamin aus dem Mittelhirn

Eine sprachrelevante Besonderheit der Hirnanatomie sei hier erwähnt: Der Botenstoff Dopamin wird in einem bestimmten Areal des so genannten Mittelhirnes hergestellt, der „Substantia nigra“, wobei es sich um eine Region handelt, die sich in radiologischen Untersuchungen des Gehirnes schwarz darstellt.

Das Gehirn belohnt sich selbst bei eigenem Erfolg und schafft so die Voraussetzung für weitere Lernerfolge.

Dopamin wirkt logisch: Ein Lernerfolg, z.B. das Verstehen einer Sprache, Freude über das Verknüpfen von altem Wissen und neuen Erkenntnissen, führt zur weiteren Lernverstärkung und zu mehr Erfolg (*Nothing succeeds like success)* – das Gehirn belohnt sich in diesem Falle selbst durch Ausschüttung so genannter Botenstoffe, vor allem winzige Mengen Dopaminmoleküle. Klappt dieser Prozess nicht, hat das Konsequenzen: Mit negativen Gefühlen lernen nicht nur Kinder schlechter, sondern auch Erwachsene, auch Sprachen.
Dopaminneuronen reagieren aber auch antizipativ: Reize, die mögliche oder tatsächliche Belohnungen versprechen, aktivieren sie.

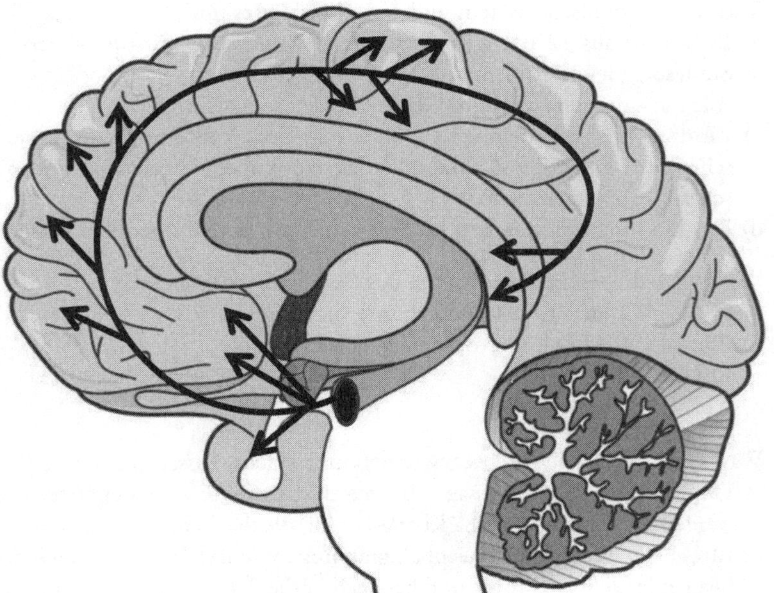

Abb. 25: Dopamin-System

Drogen können die Effekte des Dopamin imitieren (Dopamin-Agonisten) bzw. die dopaminergene Aktivität steigern: Dazu gehören abhängig machende Genussmittel wie Koffein, Alkohol und Nikotin sowie die Drogen Heroin und Kokain. Mit erfolgreichem Sprachenlernen haben diese Stoffe allerdings nichts zu tun.

Test 1: Kapitel 2 und 3

1. Aus welchen Teilen besteht ein menschliches Gehirn hauptsächlich?
   a) Aus 3 Teilen: Oberhirn, Unterhirn und Seitenhirn
   b) Aus 9 Teilen, davon kennt man 4: A-Hirn, B-Hirn, C-Hirn und D-Hirn
   c) Aus 5 Teilen: Großhirn, Kleinhirn, Mittelhirn, Zwischenhirn und Vorderhirn
   d) Das Gehirn ist ein einziger Komplex aus Neuronen ohne Trennung in Bereiche.

2. Welche Zentren sind für die Verarbeitung von Sprache hauptsächlich zuständig?
   a) Brocascher Bereich und Wernickescher Bereich
   b) Das Limbische System
   c) Kleinhirn und Zwischenhirn
   d) Es gibt viele Bereiche, vor allem an der hintersten Seite des Großhirns.

3. Was ist das Limbische System und wozu befähigt es uns?
   a) Es besteht aus 12 paarigen Gehirnnerven und sorgt für die Steuerung der Sinnesorgane im Gehirn.
   b) Alle sensorischen Fasern im Gehirn werden so genannt.
   c) Zu dieser Funktionseinheit gehören Teile des Großhirns, Mittel- und Zwischenhirn. Es ist die Zentralstelle des endokrinen, vegetativen und psychischen Regulationssystems.
   d) Das Limbische System tritt bei Stress in Kraft, es sitzt über dem Kleinhirn.

4. Welche Methoden kennen Sie, um das Gehirn zu untersuchen?
   a) EAS, AAG, anisotropische Kernuntersuchung
   b) PSP, MSM, AEG und Protonenlaserspektroskopie
   c) EEG, PET, MRI, RT
   d) ATP, Leu, Phe, Cys, Gly

5. Was ist ein EEG, wie wird es gewonnen und welche Aussagen macht es?
   a) Das EEG macht eine Aussage über die elektrische Aktivität des Gehirns. Dazu werden Elektroden am Schädel angebracht, die die Gehirnströme messen.
   b) EEG heißt Endogenes Encephalograbbing System. Man leitet durch die Gehirnrinde kleinste Ströme und beobachtet die Anregung der Neuronen.
   c) Ein EEG ist ein Proteid der Zirbeldrüse und regelt den Tag/Nacht-Rhythmus.
   d) Mit dem EEG misst man die Herztöne durch Anlegen von Elektroden an den Brustraum.

Antworten: 1c, 2a, 3c, 4c, 5a

4 Evolution und Revolution im Kopf: Frühe Hirn- und Sprachentwicklung

Mit der befruchteten Eizelle, einer Menge Stammzellen, beginnt alles. Lange vor der Geburt werden im Gehirn Neuronen im Überschuss produziert, mit einer Wachstumsgeschwindigkeit von etwa 500 000 Nervenzellen pro Minute.
Sie finden sich, genetisch programmiert, zusammen zu geordneten Zellhaufen und Zellschichten, dann treten sie über Fortsätze miteinander in Verbindung. Gelingt ihnen dieser Prozess nicht, werden ihre ungenutzten Fortsätze und letztlich sie selbst wieder abgebaut.

> Das Gehirn entsteht durch Zellteilung, Verknüpfungen und funktionalen Ausdifferenzierungen.

Wo es gelingt, bilden sich durch erneute Teilungen, Verknüpfungen und Differenzierungen die für den menschlichen Organismus nötigen Organe und Gewebe, auch das Gehirn. Zuerst bilden sich dazu drei Schichten von innen nach außen, das Entoderm, das Mesoderm und das Ektoderm. Aus letzterem, der äußersten Schicht, entwickelt sich u.a. das Nervensystem.
Mit der nun anschließenden, spezialisierten Entwicklung des Gehirns geht auch die Bildung von Sprache in allen seinen Aspekten einher.

Im Folgenden wird die parallele Entwicklung von Gehirn und Sprache aus systematischen Gründen generell getrennt. Die Zeitleisten machen jedoch in den beiden Kapiteln eine Orientierung leicht möglich. Wo es Meilensteine für die Neuro-Sprachendidaktik zu identifizieren gilt, wird dies eigens ausgewiesen.

4.1 Hirnentwicklung

Die Zeitangaben in der Ablaufbeschreibung sind als regelmäßige Orientierungshilfe für einen Prozess zu sehen, der schon früh höchstwahrscheinlich sehr individuell verläuft, in dieser ersten Entwicklungsphase jedoch gemeinsame Plateaus aufweist. Eine Übersicht:

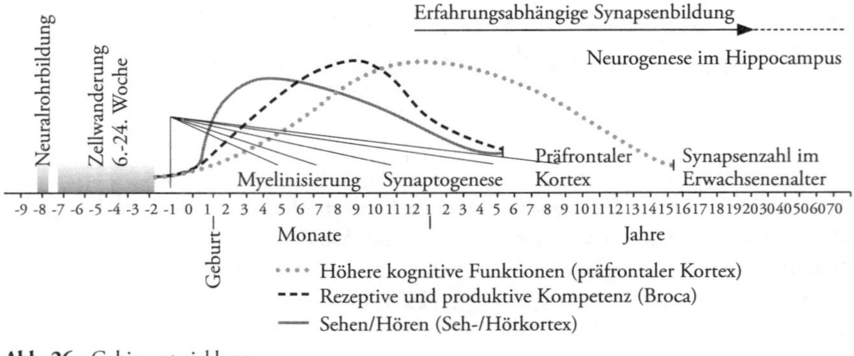

Abb. 26: Gehirnentwicklung

4.1.1 Pränatale Entwicklung

Der vorgeburtliche Wachstumsprozess ist hinsichtlich des Spracherwerbs noch nicht erforscht, obwohl sich die radiologische Technik diesem weitgehend unbekannten Terrain nähert. Bekannt ist – unter Berücksichtigung individueller Entwicklungstoleranzen – der nachfolgend dargestellte Verlauf.

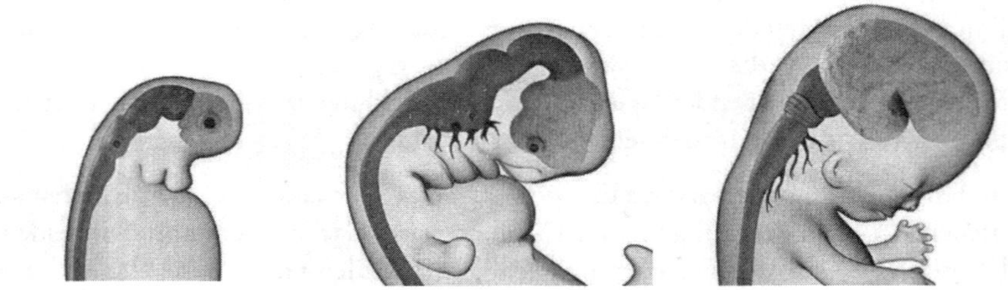

Am Rücken des Embryos entwickelt sich ein Rohr als Grundlage des Nervensystems.
3 Wochen

Nun sind Wülste erkennbar, aus denen später Groß- und Kleinhirn entstehen.
7 Wochen

Das Großhirn wächst, es bilden sich mehr Hirnzellen als später gebraucht werden.
11 Wochen

Abb. 27: Entwicklungsschritte eines Embryos

Nach 3 Wochen: In der dritten Woche nach der Befruchtung des Eis faltet sich eine dünne Schicht des Ektoderms, die Neuralplatte, und bildet zunächst am Rücken des Embryos eine gekrümmte Neuralrinne, dann einen Zylinder. Dieses Neuralrohr verschließt sich, aus ihm entstehen Gehirn und Rückenmark. Die in der Flüssigkeit des Neuralrohrs weiter entstehenden Neuronen bewegen sich schnell zu ihrem Bestimmungsort.

Nach 5 Wochen: Wenn sich 2 Wochen später das Neuralrohr vom Ektoderm löst, entstehen drei Hirnbläschen, Verdickungen, aus denen sich Gehirnabschnitte ausbilden. Die parallel dazu sich längs des Neuralrohrs verteilenden Neuronen verästeln sich im übrigen Embryo und formen das zentrale Nervensystem.

Nach 7 Wochen: Der Embryo reagiert nun, wenn die Mutter über ihren Bauch streicht. In ihm sind jetzt Wülste erkennbar, aus denen Groß- und Kleinhirn entstehen werden.

Die ersten Sinneswahrnehmungen entstehen nach wenigen Wochen.

Die Neuronen des Neuralrohrs spezialisieren sich weiter sehr differenziert, unterteilen sich in fünf Abschnitte. Zusammen sind diese gerade einmal 5 Millimeter groß, bilden Groß- oder Endhirn (Telencephalon), Zwischenhirn (Diencephalon), Mittelhirn (Mesencephalon), Hinterhirn (Metencephalon) und Nachhirn (Myelencephalon) (vgl. Kap. 3).
Das Großhirn entwickelt wachsende Fortsätze, die die Kommunikation zwischen der Großhirnrinde und anderen Abschnitten des Nervensystems wie dem Rückenmark ermöglichen. Diese Fortsätze sind die beiden später sprachrelevanten Bereiche der so genannten weißen Substanz (die grauen Substanz bildet die Zellkörper der Neuronen) und der Balken (Corpus callosum), der für die Kommunikation der beiden Gehirnhälften sorgt.
Das Kleinhirn bildet sich aus dem Hinterhirn und erfüllt zukünftig eine wichtige sprachliche Funktion in der Abstimmung unserer Gesten und dem Sprechen. Es entsteht aus dem vierten Abschnitt, dem Hinterhirn (Metencephalon). Die Seiten des Neuralrohrs verdicken sich dort und bilden zwei klare Massen, die schließlich zusammenwachsen und so zum Kleinhirn werden.

Nach 10 Wochen: Etwa 100 Milliarden Hirnzellen bildet das Neuronalrohr aus, die in Wochenfrist an ihren Platz in der künftigen Hirnrinde, dem Kortex, wandern. Nervensignale können bereits jetzt mit über 400 km/h die Fasern des bereits gut ausgebildeten Rückenmarks entlang rasen und schnelle Reaktionen auf Umgebungsveränderungen (z.B. bei Gleichgewichtsverlust) ermöglichen. Diese Reflexe werden nicht mehr im Gehirn, sondern direkt im Rückenmark verarbeitet.

Nach 11 Wochen: Das Großhirn wächst weiter und bildet in den kommenden Lebenswochen ca. 250 000 Neuronen pro Minute, deutlich mehr, als später gebraucht werden. Sie wandern vom Produktionsort in der Mitte des Gehirns zu ihrem Bestimmungsort, dabei wird eine unzählige Menge aber auch wieder abgebaut.

Nach 15 Wochen: Klein- und Mittelhirn sowie der Balken werden fertig ausgebildet. Die beiden Großhirnhälften wachsen schnell nach hinten (okzipital), verdicken und verfurchen sich. Haben die Neuronen ihre endgültige Position erreicht, sind schon zu diesem frühen Zeitpunkt alle wichtigen Gehirnstrukturen ausgebildet. Sie formen Axone und Dendriten, sowie anschließend kurz vor der Geburt die Myelinscheide, welche die Axone isoliert. Dieser Prozess dauert zunächst bis zum zweiten Lebensjahr an (vgl. Kap. 5.3.5).

Nach 24 Wochen: Im letzten zeitlichen Drittel der Schwangerschaft werden dem Ungeborenen über die Sinne Hören, Schmecken und Riechen erste Eindrücke von der Außenwelt verschafft, die durch die mütterliche Bauchdecke sowie die Nahrung der Mutter wahrgenommen wird.

Nach 32 Wochen: Tiefe Schlafphasen inkl. des REM-Schlafes sind beobachtbar, der Fötus kann nun auch sehen. Erste Formen eines kurzzeitigen Gedächtnisses sind wohl vorhanden, in dem wiederholte, laute Audiosignale von außen abgespeichert werden. Es könnte in diesem Fall von einem frühen Bewusstsein gesprochen werden.

Nach 35 Wochen:

> Kurz vor der Geburt hört der Fötus die Stimmen seiner Mutter und ihr naher Personen.

Die Stimmen und Sprachen der Eltern werden wahrgenommen – ein erster Hinweis auf die Möglichkeit, dass pränatal bereits Einflüsse auf das spätere Sprachenlernen, insbesondere das der Muttersprache, bestehen.

4.1.2 Postnatale Entwicklung

Nach neun Monaten Schwangerschaft beträgt die Größe des frühkindlichen Gehirns zwar nur ein Viertel des eines Erwachsenen, bezüglich der Neuronenzahl gleichen sich beide jedoch mit rund 100 Milliarden annähernd. Es ist nun ca. 300 Gramm schwer.
Die Gehirnzellen des Neugeborenen sind noch nicht ausgewachsen oder vollständig vernetzt, das Gehirn ist noch ein Grundgerüst und unreif. Die rechte Hemisphäre ist schon etwas weiter entwickelt als die linke. Einzig der Hirnstamm, der die Vitalfunktionen Herzschlag und Atmung kontrolliert, ist bereits komplett verschaltet. Die Nervenimpulse können sich noch nicht mit Endgeschwindigkeit bewegen, sind 16mal langsamer als im Erwachsenenalter. Dies liegt an den vielen Leitungsbahnen und sechsmal mehr Synapsen (15000) pro Neuron, die die Erregungen noch nicht zielgerecht bzw. auf dem kürzesten Weg transportieren.

> Das Gehirn entwickelt sich abhängig von der natürlichen, sozialen und kulturellen Umwelt.

Die Gehirnentwicklung des Neugeborenen wird spätestens ab jetzt abhängig sein von der natürlichen, sozialen und kulturellen Umwelt, die erst sensual, zunehmend vor allem über den Sehsinn, dann motorisch erkundet wird.
Die Basis des Sprachenlernens wird gelegt, wenn sich nun die Sinnessysteme austauschen und bei der differenzierten Wahrnehmung sowie der Bewältigung der wachsenden Anforderungen der nahen Umwelt helfen (Streri & Gentaz 2004: 11; Lewkowicz 2000: 281).

Erste Tage: Die Spracherkennung ist bereits bei zwei bis fünf Tage alten Neugeborenen vorwiegend in der linken Gehirnhälfte angelegt (Pena et al. 2003), vermutlich ist diese Asymmetrie angeboren. Mit zunehmenden Alter werden sich sprachrelevante Bereiche des Gehirns immer gleichmäßiger auf beide Hemisphären verteilen (Szaflarski et al. 2006).

Erste Monate: In den ersten Monaten nach der Geburt bilden die Neuronen der Hirnrinde, insbesondere in der Hör- und Sehrinde, weiter verstärkt Axone, an deren Ende Synapsen wachsen, und erweitern die dortigen Netzwerke und Schaltkreise billionenfach. Sicher ist, dass die elterliche Fürsorge eine positive Auswirkung auf diesen *boost* der Synapsen hat. Genauso erwiesen ist, dass Zugewandtheit und Zärtlichkeit mit der Ausschüttung des Hormons Oxytocin gekontert werden, welches wiederum eine zentrale Rolle beim Entstehen sozialer Bindungen spielt. Für das Sprachenlernen, das auch immer Beziehungslernen ist, eine frühe Orientierung. Am Ende des ersten Lebensjahres wiegt das kindliche Hirn schon 750 Gramm.

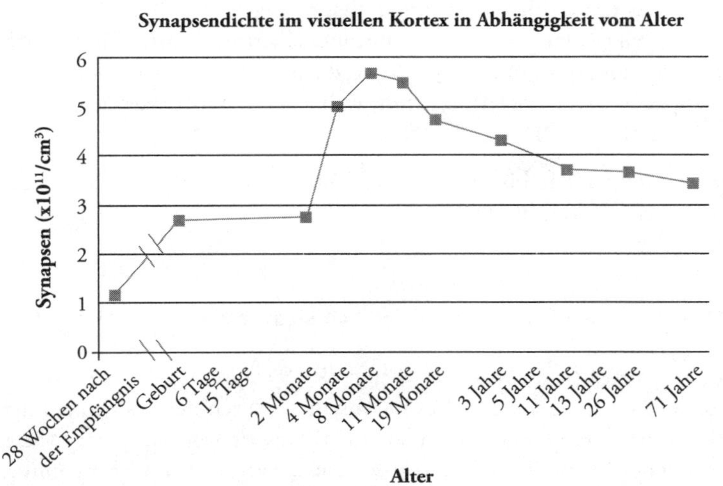

Abb. 28: Synapsendichte im visuellen Kortex abhängig vom Alter

Interaktionen des Neugeborenen, vor allem sprachliche durch die Eltern, wirken sich deutlich positiv auf die Entwicklung synaptischer Netzwerke aus (Hüther 2009).

2 Monate:

> Nach 2 Monaten sorgt eine „Mini"-Pubertät für einen ersten deutlichen Spracherwerbsschub.

Die so genannte „Mini"-Pubertät setzt ein: Babys weisen in dieser Zeit hohe Konzentrationen des Sexualhormons Östroradiol auf, die mit denen in der Pubertät und teilweise sogar im Erwachsenenalter vergleichbar sind. Spracherwerbsrelevante vokale Leistungen stehen damit in direktem Zusammenhang (Wermke et al. 2014). Demnach üben Babys beim Weinen Melodien, deren individueller Komplexitätsgrad Rückschlüsse auf die Entwicklung der späteren semantischen Sprachverarbeitung zulässt. Dies gilt auch für männliche Babys, deren Östroradiolgehalt individuell deutlich über dem gleichaltriger Mädchen liegen kann (vgl. Kap. 5).

4 Monate: Die Fähigkeit, zwei Ereignisse scheinbar bewusst miteinander zu verknüpfen, entsteht nach bisheriger Erkenntnis vergleichsweise spät, zwischen dem vierten und sechsten Lebensmonat. Einzelne Befunde (vgl. Slater 2002: 57ff.) zeigen jedoch, dass über gezieltes Konditionierungstraining Neugeborene dazu gebracht werden können, neutrale Töne mit etwas Gesehenem in Beziehung zu setzen.

7 Monate: In der Hörrinde (superior temporal gyrus), im Broca-Areal, im Kleinhirn und im motorischen Kortex können Aktivitäten ausgemacht werden, die darauf hindeuten, dass das Gehirn Kleinstkinder lange Zeit vor der ersten Wortproduktion (mit etwa einem Jahr) innerlich plant, modelliert und ausprobiert, welche Bewegungen notwendig sind, um Wörter zu produzieren (Kuhl et al. 2014).
Worte und Wortteile werden bereits erkannt, wenn sie im Satz präsentiert werden (Kooijman et al. 2005; 2009)

12 Monate: Im Alter von ein bis zwei Jahren kommt es zu einer sprunghaften Zunahme der synaptischen Verbindungen.

2 Jahre:

> Schon ab dem zweiten Lebensjahr prägen sich kognitive Kompetenzen aus.

Mit zwei Jahren entspricht die absolute Menge der Synapsen derjenigen von Erwachsenen, sie nimmt in den ersten drei Lebensjahren durch neue Wahrnehmungen und Erfahrungen stetig weiter deutlich zu. Ein zweiter synaptischer Wachstumsschub geschieht im präfrontalen Kortex, dem Zentrum für Wahrnehmung, Gedächtnis und Handlung (vgl. Kap. 3.1.1.1). Greifen und Begreifen sind in dieser Phase parallele Entwicklungen.

4.1.3 Kindergartenalter

Der Eintritt ins Kindergartenalter markiert eine hochsensible Phase in Hirnentwicklung und Spracherwerb. Bedeutende Meilensteine diesbezüglich zeigen, wie wichtig ein neurodidaktisch kindgemäßer Umgang mit den kindlichen Potenzialen ist.

3 Jahre: Die etwa im dritten Lebensjahr erreichte Anzahl von Synapsen bleibt bis zum Ende des ersten Lebensjahrzehnts relativ konstant, beträgt mit etwa 200 Billionen Synapsen bereits das Doppelte der Adoleszenz. Das Gehirn eines Dreijährigen ist vergleichsweise mehr als doppelt so aktiv, hat folglich einen doppelt so hohen Glukoseverbrauch und benötigt bis zu 50 Prozent des täglichen Kalorienbedarfs (Erwachsenen etwa 18 Prozent).

Mit dem dritten Lebensjahr beginnt das Sich-erinnern-können.

Weiter entstehen immer mehr Kontakte, und erste Erinnerungen können abgespeichert werden. In dieser Hochphase werden bedeutend mehr Synapsen gebildet als abgebaut. Die Sinneseindrücke werden dabei in der assoziativen Hirnrinde auf ihre Bedeutung hin analysiert und mit anderen Erfahrungen in Beziehung gesetzt. Die Höchstzahl der Synapsen in den assoziativen Bereichen des Kortex (vgl. Kap. 4.2.2) wird erst mit etwa drei Jahren erreicht.

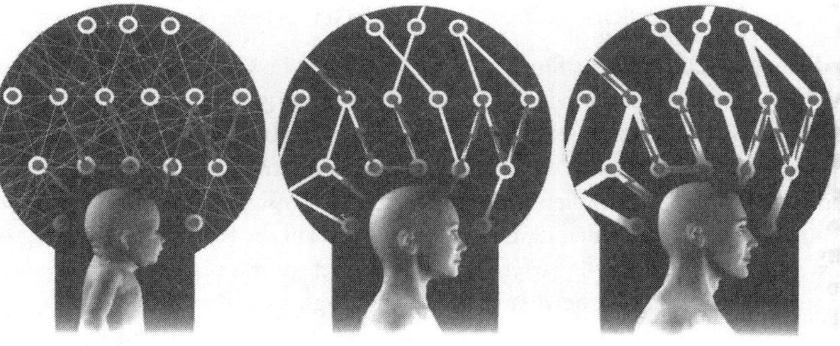

Abb. 29: Entwicklung der Synapsen im Gehirn

Erst ab dem Alter von drei oder vier Jahren kann zwar auf das Gedächtnis erstmals bewusst zurückgegriffen werden, dennoch können Erfahrungen und Erlebnisse aus den ersten Lebensjahren noch nicht abrufbar in das Langzeitgedächtnis überführt werden. Das erklärt, warum es später wegen dieser so genannten infantilen Amnesie keine Erinnerungen an die ersten drei Lebensjahre bzw. nur recht wenige an das 4., 5. und 6. Lebensjahr gibt.

4 Jahre: Im Alter von vier bis fünf Jahren treten im Gehirn nachweislich wichtige Neuronen für Lern- und Erinnerungsprozesse auf, die erhöhte Lern- und Erinnerungskapazitäten beim Kind möglich machen. Gleichzeitig nimmt die aktive Verbindung beider Hemisphären deutlich zu. Kognitive Prozesse, so auch Denken sowie der Gebrauch von Sprache werden durch diese Entwicklung positiv beeinflusst. Im selben Alter verändert sich der Blutfluss im Gehirn. Die linke Hälfte, in der Regel dominant beim Spracherwerb, wird stärker durchblutet als die rechte. Die Kommunikation zwischen beiden Hemisphären verbessert sich. Dies ermöglicht die Integration der analytischen und der intuitiven Seite des Kindes. Es wirkt klüger und kann nun zwischen Schein und Wirklichkeit unterscheiden. Dies ermöglicht eine weitere deutliche Zunahme der Sprachfähigkeiten. Somit lässt sich in diesem Alter eine besonders positiv prädispositionierte Zeit für das Erlernen einer zweiten Sprache identifizieren.

> Die Entwicklung der neuronalen Strukturen vollzieht sich ab dem 4. Lebensjahr deutlich differenziert.

Auf neuronaler Mikroebene kommt es zu einer sprachrelevanten und genderspezifisch unterschiedlichen (vgl. Kap. 5) Entwicklung: Die Myelinisierung, die Ummantelung der Axone mit einer weißen Proteinschicht in manschettenartigen Abschnitten, nimmt proportional stark zu. Elektrische und chemische Impulse können mit nun deutlich erhöhter Geschwindigkeit geleitet werden.

5 Jahre: Ungefähr ab dem fünften Lebensjahr wird die Gesamtzahl der Neuronen dann langsam kleiner, die intellektuelle Leistung nimmt weiter zu. Nicht die Zahl der Nervenzellen ist also entscheidend, sondern deren Verbindungen an den richtigen Stellen. Das Gehirn wiegt zu diesem Zeitpunkt durchschnittlich 1,3 Kilogramm.
Neurotransmitter, chemischen Botenstoffe des Gehirns, verändern sich. Serotonin beispielsweise, welches einen dämpfenden Einfluss auf die neuronale Erregung hat, führt dazu, dass das Kindergartenkind ungeordnete Impulse nun besser hemmen und sein Verhalten besser bewusst steuern kann (vgl. auch Kap. 6.1).

4.1.4 Schulkindalter

Viele sprachrelevante Gleise sind buchstäblich gelegt beim Eintritt in das strukturierte, institutionalisierte Lernen. Die kindlichen Gehirne machen weitere eine gewaltige Entwicklung durch, alle bisherigen Erfahrungen des Schulkindes haben synaptische Verknüpfungen ergeben. Entscheidend für weitere Erfahrungs- und Lernprozesse ist nun die Stärkung relevanter Verbindungen, damit diese nicht abgebaut werden.
Die schulkindlichen Potenziale sind sehr differenziert und individuell, die Generalisierung von hirnphysiologischen Entwicklungen ist nur als grober Anker zu verstehen.

6 Jahre: Das Grundschulkindesalter beginnt hirnphysiologisch mit dem Ausbau der Plastizität: Bei sechs- bis zwölfjährigen Kindern vermehrt sich die graue Gehirnsubstanz auch stark in den hinteren Hirnregionen. Die sprachlichen Fähigkeiten und das räumliche Vorstellungsvermögen verbessern sich.
Die zunehmende Reifung des präfrontalen Kortex (vgl. Kap. 3.1.1.1) erleichtert Urteilsfähigkeit und bewusstes Verhalten. Spezielle Neuronen des Hirnstamms, Dopaminrezeptoren, ermöglichen längeren Aufmerksamkeitsspannen und Erfolgserlebnisse.

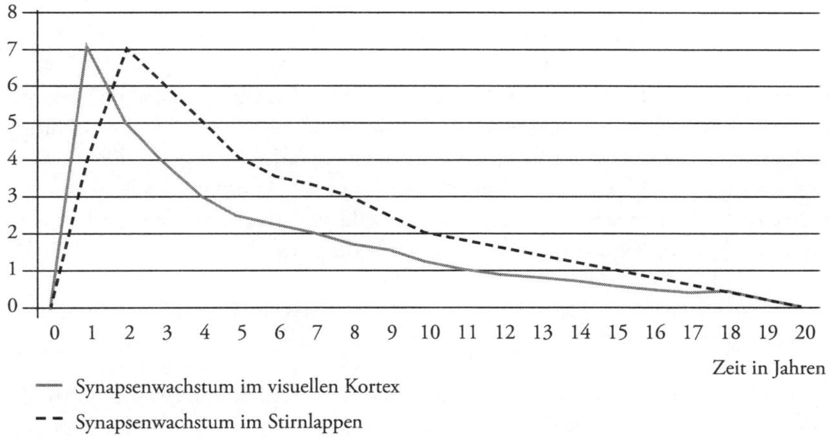

Abb. 30: Synapsenwachstum im visuellen Kortex und Stirnlappen

Ab dem 10. Lebensjahr: Die größte Beschleunigung des Hirnwachstums wird etwa im Alter von 10 angebremst, wenn sich das Gleichgewicht zwischen Synapsenentwicklung und deren Atrophie abrupt verschiebt. Im präfrontalen Kortex erreichen die assoziativen kognitiven Leistungen spätestens mit dem 12. Lebensjahr eine Art Plateau (vgl. Abb. 30).

Nach dem ersten Lebensjahrzehnt bauen sich die ungenutzten Zellverbindungen ab.

Das Gehirn verliert nun die schwächsten Verbindungen, die relevanten werden weiter deutlich gestärkt. Dieses sehr sensible Lernalter scheint genetisch vorprogrammiert: Durch visuelle, emotionale und wohl auch kognitive Stimulation von Genen, die Wachstumsfaktoren fördern, überleben die relevanten Synapsen, andererseits kodieren andere Gene die Zerstörung nicht-stimulierter synaptischer Verbindungen.

Das sich seit dem 6. Lebensjahr entwickelnde Urteilsvermögen bleibt bis zum 15. Lebensjahr weiter eingeschränkt. Bis zum Ende der Pubertät, etwa im Alter von 18 bis 19 Jahren, wird das Gehirn weiter ausreifen, seine Fähigkeit zur Plastizität jedoch selbst reduziert haben.
Im Erwachsenenalter bilden sich kaum noch neue Hirnzellen, doch der synaptische Umbau im Netzwerk geht weiter – abhängig von Lernförderung und Anforderungen an das Gehirn.

4.2 Sprachentwicklung

Die Entwicklung des kindlichen Spracherwerbs zu beschreiben, ist nur bedingt möglich, denn schon ihr Beginn schwankt von Kind zu Kind. Die Entwicklungsphasen bzw. einzeln zu identifizierenden zeitlichen Marker sind genereller Konsens der Entwicklungspsychologie und der Spracherwerbsforschung. Sie alle stellen sensible zeitliche Phasen dar, die keinesfalls das Bild von sich schließenden Entwicklungsfenstern oder verpassten Gelegenheiten bedienen sollen.

> Die Sprachentwicklung verläuft von Geburt an unterschiedlich schnell, intensiv und erfolgreich.

Es ist noch zu wenig bekannt von individuellen Verläufen einzelner Aspekte der kindlichen Sprachentwicklung. So, wie Eltern und Verwandte, ebenso wie Betreuer und Lehrkräfte immer wieder von der Rasanz der Progression überrascht werden, sind auch Forscher vieler involvierter Wissenschaften quasi gezwungen, Hypothesen neu zu formulieren.
In diesen sensiblen Phasen mögen Aspekte des Spracherwerbs wie des Sprachenlernens besonders natürlich und leicht erscheinen. Bekannt ist dabei,

- dass es keinen Beweis für pränatale Förderung, auch keinen so genannten Mozart-Effekt, gibt,
- in den ersten drei Monaten eine intensive Gehirnentwicklung durch Erfahrungen stattfindet,
- Sprachenlernen im Erwachsenenalter schwerer fällt,
- und sich keine Spracherwerbsfenster schließen.

Der Spracherwerb ist in der Regel zunächst biologisch vorprogrammiert. Verschiedene Bedingungen lösen Lernprozesse aus, beispielsweise zur Entwicklung des Sprechens. Dies kennzeichnet ein sogenanntes privilegiertes Lernen, das beim schulischen Unterricht nicht oder nur sehr indirekt generiert werden kann. Lesen und Schreiben hingegen sind evolutionär betrachtet sehr junge Fertigkeiten bzw. Kulturtechniken, für die das Gehirn nicht originär ausgestattet wurde. Sie müssen quasi „nicht-privilegiert" erlernt werden (vgl. Kap. 8.3).

Zwischen den Begriffen „Sprachentwicklung“ und „Spracherwerb“ ist vorab zu differenzieren: Erster beschreibt den Prozess der Entfaltung einer biologisch-genetischen Disposition, der Sprache, letzterer die aktive kindliche, sukzessive Übernahme eines gesellschaftlich angebotenen Mediums zur Kommunikation. Spracherwerb kann – neurodidaktisch bewertet – auch als Einschränkung eigentlich doch unbegrenzter neuronaler Verknüpfungen gesehen werden, wenn beispielsweise die Artikulation der Muttersprache allein habitualisiert wird.

Sprachen erwerben und Sprachen lernen sind zwei verschiedene Konzepte.

Vom Erlernen eine Sprache, insbesondere dem institutionalisierten, unterscheiden die beiden obigen Begriffe sich noch einmal, obwohl indirekt doch mit ihm verbunden.

Die Sprachentwicklung verläuft im Wortsinne normal, wenn keine
- Schädigungen oder Verletzungen des Gehirns durch Traumen oder Epilepsie,
- geistige Retardierung,
- Deformierung der Mechanik des Sprechapparates oder
- Störungen emotionaler oder sozialer Art

vorliegen. Hinweise darauf ergeben Verzögerungen oder gar Stagnation bei der Sprachentwicklung bzw. Einschränkungen der Sprachkompetenzen. Diese Aspekte werden in dieser Schrift nicht behandelt.

Der Startpunkt dieses Kapitels soll bei der Geburt liegen. Bekannt ist zwar, dass die Hörsysteme eines Fötus in den letzten Wochen im Mutterleib sehr gut entwickelt sind, davor ab dem 5. Schwangerschaftsmonat Sprachmelodien wahrgenommen werden können, inwiefern dies aber letztlich zum pränatalen Spracherwerb beiträgt, muss noch Forschungsdesiderat bleiben.

4.2.1 Erste Monate

In den ersten Tagen der ersten Woche werden Sprachen von den Neugeborenen präferiert, in der Regel die Sprache der Mutter. Am liebsten aber diejenigen Sprachen, an die sich das kleine Ohr schon gewöhnt hatte, nicht notwendigerweise immer auch die künftige Muttersprache. Die Spur zu dieser Erkenntnis führt über die Messung der Frequenz von Saugreflexen. Das deutet darauf hin, dass bereits in dieser frühen Entwicklungsphase eine Unterscheidung stattfindet nach der von der Mutter bzw. den Eltern und nach von anderen gesprochene Sprache. Beobachtbar ist schon jetzt, dass Säuglinge beim Hören unterschiedlicher Vokale auch ihre Mundöffnung imitativ verändern (Blakemore & Frith 2006: 60).

Hören können ist von Beginn essentiell und muss sichergestellt sein.

Anschließend sind es die zunehmende Zielgerichtetheit und Komplexität, die die allererste Sprach- und Sprechentwicklung charakterisieren. Vorausgesetzt wird dabei eine gesunde Entwicklung des Gehörs, die über kinderärztliche Untersuchungen diagnostiziert werden kann.

8 Wochen: Im Alter von zwei Monaten können Babys bereits unterschiedliche Phonemlängen (z.B. ba gegenüber baaaa) unterscheiden. Die Schrei-, Lall-, Gurr- und Quietschphase beginnt, in der sie früh Vokalisationen üben und so ihre Fähigkeit, aktiv Sprache zu entwickeln, beginnen.

Sprache wird vom Säugling schon bald nach der Geburt systematisch geübt.

In der Phase kurz vor dem abendlichen Einschlafen werden die Eindrücke des Tages verarbeitet und lautiert. Etwas despektierlich wird dies *Bedroom talk* genannt, ist jedoch eine gezielte, genetisch festgelegte Übungsphase.

12 Wochen: Die Schreie werden in der Regel deutlich weniger als noch mit 8 Wochen. Erste kommunikative, dialogische Zeichen dienen zunächst der Bindung: Wenn zum Baby gesprochen oder genickt wird, lächelt es, lässt für bis zu 20 Sekunden lang helle gurgelnde Gurr-Laute folgen, die einen vokalähnlichen Charakter besitzen und bereits in der Tonhöhe moduliert werden.

Die differenzierte Sprachverarbeitung setzt im dritten Lebensmonat ein.

Werden Kindern im Alter von 2 bis 3 Monaten Wörter vorgesprochen, ist eine Aktivierung des Sprachareals (Gyrus angularis) messbar (Dehaene-Lambertz et al. 2002: 298). Das deutet auf eine frühe differenzierte Sprachverarbeitung hin.

16 Wochen: Das Baby reagiert bei gesundem Gehör eindeutiger auf menschliche Laute, wendet dabei den Kopf zu. Die Augen scheinen die Sprechquelle zu suchen, die über das Gehör grob lokalisiert werden kann.
Die Lautorgane gleichen sich denen der Erwachsenen an, einige Veränderungen sind dabei noch wenig untersucht. Das Wachstum der Artikulationsorgane bestimmt den Verlauf des Spracherwerbs.

20 Wochen: Die zunächst vokalähnlichen Gurr-Laute beginnen sich mit mehr konsonantischen Lauten zu vermischen. Labiale Frikative, Spiranten und Nasale kommen zunehmend vor. Alle Vokalisationen unterscheiden sich immer noch deutlich von der voll entwickelten Zielsprache.
Mit fünf Monaten können Babys bei Wörtern scheinbar unterschiedliche Betonungen unterscheiden.
Babys können nach 6 Monaten gesehene Lippenstellung und gehörten Laut miteinander in Beziehung setzen (vgl. Kuhl 2010; Calvert 1997, Wassenhove 2005). Sie erkennen in Experimenten schon bei vielen Lauten und Silben, zu welcher von zwei gezeigten Mundstellungen das Gehörte passt.

6 Monate: Die zweite Lall-Phase beginnt: Das Gurren wird nun zum Lallen, das einsilbigen Äußerungen ähnelt, weder Vokale noch Konsonaten kehren in der festgelegten Reihenfolge wieder. Die häufigsten Vokalisationen klingen wie z.B. ma, mu, da oder di. Bestimmte Silben werden beim repetitiven Babbeln immer häufiger wiederholt (dadada).
Laute, die bekannt sind, werden erkannt, unbekannte Laute hingegen also solche gehört (Spitzer 2009: 69).

Die erste muttersprachsensible Phase geht nach einem halben Jahr zu Ende.

Das erste halbe Lebensjahr markiert einen besonderen Abschnitt in der Sprachentwicklung der Kleinkinder, er scheint für die Akzentfreiheit beim Erwerb einer Sprache wichtig zu sein: Ab der 27. Lebenswoche sind die Klangeigenschaften, Wortakzente und Intonation einer Muttersprache Gewohnheit geworden.

8 Monate: Verdopplungen oder andauerndere Wiederholungen werden üblich und Intonationsstrukturen deutlich, sie signalisieren Nachdruck und Emotionen.
Die Säuglinge können den Unterschied zwischen allen Sprachen unterscheiden, so z.B. auch bei ihren bilingualen Eltern und sich jeweils auf eine Sprache konzentrieren, trotz aller Umgebungsgeräusche. Wie dieser Übergang funktioniert, ist noch unklar. *Caretaker speech*, *motherese* oder *parentese* als Kommunikationsformen scheinen unterstützend zu wirken. Mütter scheinen dabei eine etwas erhöhte Stimmlage zu verwenden und Vokale etwas länger zu intonieren (Burnham et al. 2002).

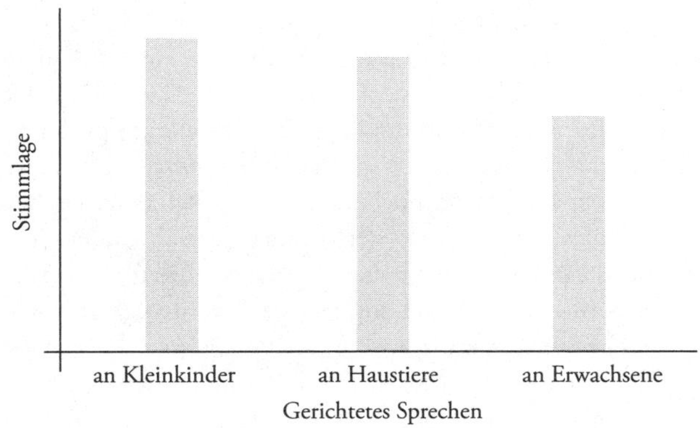

Abb. 31: Gerichtetes Sprechen

Verloren geht jedoch zwischen dem 8. und 12. Monat langsam die Fähigkeit, zwischen unbekannten Lauten zu unterscheiden, etwas, dass sich in den Wochen nach der Geburt so schnell entwickelt hatte. Hier liegt beispielsweise auch der Grund dafür, dass asiatische Kinder, die das in ihrer Muttersprache nicht existen-

te „r" niemals gehört haben, es nun akustisch nicht mehr von einem „l" trennen können. Das produktive Sprechen des „r" ist dann kaum noch möglich, es wird durch das „l" ersetzt.
Die Säuglinge sind nun bereits in der Lage, abstrakte Regeln zu erlernen und anzuwenden (Spitzer 2006: 69).

9 Monate: Mit neun Monaten kann das Baby seine Mundbewegungen bewusst steuern, dabei einzelne Doppelsilben mit Bedeutung formen, z.B. Mama, dennoch wenig zielgerichtet. Lob verstärkt die Unterscheidung von sinnvollen und sinnlosen Lautketten.
Experimentelle Lautspielereien vermischt es mit Gurgeln und Blasenbildung. Es will zunehmend Laute imitieren, die Imitationen gelingen jedoch noch nicht ganz. Mittlerweile beginnt es auch zwischen gehörten Worten durch entsprechend unterschiedliche Reaktionen zu unterscheiden.

12 Monate: Identische Lautsequenzen werden mit höherer relativer Auftretungshäufigkeit wiederholt und Laute erstmals bestimmten Dingen und Personen zugeordnet (z.B. Wauwau).
Erste deutliche Zeichen des Verstehens einiger Wörter und einfacher Aufforderungen (z.B. wo sind denn die Augen?) sorgen bei den Eltern für Freude und Stolz.

> Mit dem Ablauf des ersten Lebensjahres geht die natürliche Sprachwahrnehmungsphase zu Ende.

Mit dem Erreichen des ersten Lebensjahres wird erneut ein markanter Abschnitt des kindlichen Spracherwerbs erreicht. Spielend unterscheiden die kleinen Kinder zwischen den weltweit rund hundert Phonemen. Zwischen dem 9. und dem 13. Monat passt sich diese natürliche Wahrnehmungsfähigkeit dann allerdings der jeweiligen Muttersprache an, und das erstaunliche Talent scheint zunächst verloren zu gehen. Das Gehirn reagiert aber auch später noch auf Lautunterschiede zwischen unbekannten Sprachen, die Fähigkeit zum Hören der Nuancen verschwindet nicht (Karmiloff-Smith 1994). Die Erklärung ist einfach, denn Laute, die nicht zur jeweiligen Muttersprache oder natürlichen Umgebung gehören, werden als unwichtig ausgeblendet und nicht mehr bewusst wahrgenommen.
Wenn eine fremde Sprache dann später erlernt wird, fällt es auch aus diesem Grund schwerer, da die Unterscheidung und Sprachproduktion nicht-muttersprachlicher Phoneme vorzunehmen. Egal, wie die Wörter vorgesprochen oder korrigiert werden, ältere Lerner können sie nicht mehr völlig korrekt nachahmen – weil sie einige Unterschiede erst gar nicht hören. Ein eindeutiges Plädoyer also für die frühe Begegnung mit vielen Sprachen.
Um den ersten Geburtstag werden bei gemeinsamen Aktivitäten mit anderen Kleinkindern erste sprachliche Konventionen erworben.

4.2.2 Erste Jahre

Time flies – dieser englische Ausdruck ist besonders gültig für das Aufwachsen von Kleinkindern aus der Sicht der Eltern und Erziehungsberechtigten. Der Prozess des rasanten Spracherwerbs hält weiterhin an, parallel zur Entwicklung des Gehirns.

18 Monate: Das Repertoire an Wörtern wächst an auf nahezu 50, das Lallen weicht zunehmend schwierigeren Intonationsstrukturen. Erste Worteinheiten wie „Komm her" gelingen, die Fähigkeit zur spontanen Äußerung von lexikalischen Einheiten ist noch nicht ausgeprägt.
Noch gibt es keine Versuche, Informationen gezielt mitzuteilen, und auch keinerlei Frustration, wenn das Geäußerte nicht verstanden wird. Das Verstehen von Wörtern und Sätzen macht schnelle Fortschritte.

> Die Wortschatzexplosion setzt mit der zweiten Hälfte des zweiten Lebensjahres ein.

Ab jetzt explodiert der Wortschatz regelrecht, natürlich unterschiedlich heftig und umfangreich:
Dem Kleinkind wird jetzt deutlich, dass alle Gegenstände in seiner Umgebung benannt werden können. Durch die Hilfe und auf spezielle Dinge gerichtete Aufmerksamkeit der Bezugspersonen (vgl. Bloom & Wynn 1997) die aus Bildwörterbüchern vorlesen oder die Gegenstände benennen, wächst der Wortschatz um täglich durchschnittlich sechs Begriffe. Ein Wort wird dann übernommen, wenn es erkannt wird. Die phonologischen Fähigkeiten wachsen, was über den Spracherfolg zu mehr Neugier führt. Zwei-Wort-Sätze und erste Fragen sind das Resultat. Sie sind Grundlage für die ersten Fragesätze.
Besonders bedeutend: Das eigene Ich wird entdeckt und sprachlich auch so ausgewiesen.

24 Monate: Nach 24 Monaten zeigen Kleinkinder erste Reaktionen bei inkorrekten Sätzen oder Sachverhalten. Der Wortschatz wird spontan zu lexikalische Einheiten. Zwei Wörter werden z.B. experimentell verbunden und eigene Wortschöpfungen kreiert.
Das kommunikative Verhaltens sowie das Interesse an der Sprache wachsen mit der Verfügbarkeit von Wörtern. Singen, Vorlesen und ausgiebige Ansprache lassen über das bestens entwickelte Hörverstehen den Wortschatz anwachsen.

> Eine lebenslang wichtigste kommunikative Kompetenz baut sich auf: die sprachliche Vorwegnahme.

Antizipation spielt bei der Begriffsbildung und dem Wortschatzaufbau ebenfalls eine gewichtige Rolle. Füllwörter wie „Äh" und „Hm" können Kindern helfen, die Bedeutung einer gehörten Äußerung im Zusammenhang zu erahnen. Sie verbinden damit, dass der zwangsläufig folgende Begriff neu und interessant für sie sein könnte.

Bereits ab dem Alter von 15 Monaten nutzen sie das sogenannte, intuitive Kontrastprinzip: Füllwörter dienen dabei für sie als assoziative Marker für einen unbekannten Begriff, einen noch nicht vertrauten Gegenstand. Schon vorsprachlich verstehen sie die Bedeutung des Füllwortes im Satz, wenden spontan den Blick zu dem unbekannten Gegenstand, noch bevor dieser mit dem genauen Begriff bezeichnet wurde.
Die Fähigkeit von Kleinkindern, unbekannte Laute mit Bedeutungen zu verknüpfen, ist größer als bisher angenommen (Kidd et al. 2011). Das Erregungsmuster für eine sprachliche Entscheidung ist später, im Erwachsenenalter, bis zu mehreren Sekunden vorher im Gehirn bereits nachweisbar, bevor die Entscheidung selbst bewusst vorgenommen wurde.
Für Kommunikationssituationen ganz wesentlich wird die Antizipation des Gehörten: Etwa bis zu einer Sekunde im Voraus antizipiert der erwachsene Hörer den Satz des Sprechers und ergänzt so bereits vorab den Sinn. Dies führt dazu, unvollständige Begriffe und Sätze innerlich zu vollenden.

Ein weiterer wichtiger Entwicklungssprung der Kinder beginnt mit der Entdeckung der Syntax: Plurale (meistens mit -s) oder regelmäßige Vergangenheitsformen werden hypothetisch gebildet und über die Korrektur der Bezugspersonen geprüft und angeglichen (vgl. Pinker 1998). Zur Hypothesenbildung gehören auch Übergeneralisierungen, wobei ein Ausdruck für mehrere Dinge gleichzeitig stehen kann.
Verb-Subjekt-Kombinationen entstehen und stellen die erstaunlich frühe erste wirkliche und meist fehlerfreie Grammatikkonstruktion dar, ein deutlicher Hinweis auf kognitive Strukturen im Gehirn.
Sie werden sehr bald durch Dreiwortkonstruktionen abgelöst und gesteigert, das phonetische Vermögen nimmt aber ab hier ab.
Die Verarbeitung von Semantik und Grammatik verläuft unterschiedlich: Die Verarbeitung semantischer Sprachinformationen findet scheinbar ausschließlich beidhemisphärisch statt, genauer im hinteren Gehirnareal, die der grammatischen nur linksseitig (lateral). Das deutet darauf hin, dass es möglicherweise eine sensible Entwicklungsphase für das Grammatiklernen gibt, nicht jedoch für das Wörterlernen (Neville & Bruer 2001; Bailey et al. 2001). Natürlich wird Grammatik auch später noch mit der Verwendung von Strategien gelernt, also kognitiver, anstrengender und weniger effizient.

> Mit zwei Jahren sind erste Prädispositionen für zwei- und mehrsprachiges Lernen grundgelegt.

Die bilaterale Verarbeitung ist zumindest ein deutliches Zeichen für einen außergewöhnlichen und mühsameren Lernprozess im Vergleich zum monolateralen. Hier liegt ein weiterer Beweis für die These, dass früherer, auch bilingualer Spracherwerb, schneller und einfacher verläuft.

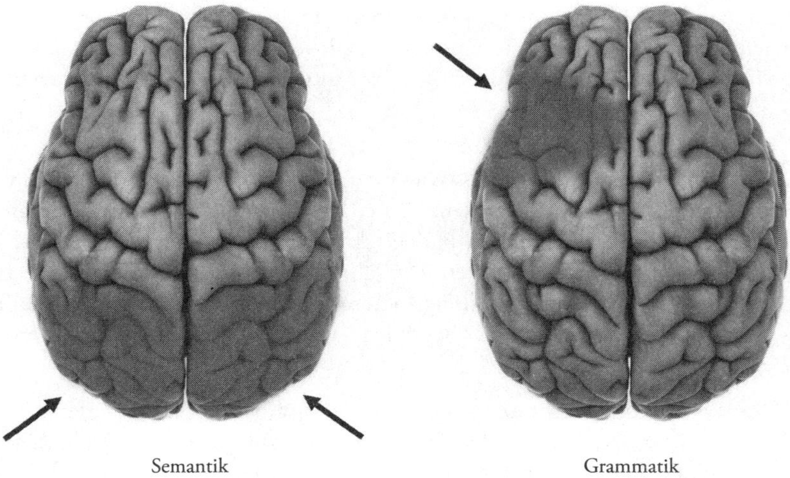

Abb. 32: Semantik und Grammatik

Ein besonderer Kompetenzzuwachs ist der des moralischen Empfindens, den Kinder mit 2 Jahren bereits ausdrücken könne, indem sie verbal trösten sowie teilen und helfen.
Monologische Kommentare, sogenanntes egozentrisches Sprechen, findet in der spielerischen Interaktion mit anderen Kindern statt. Sprechen ist dabei mit Handeln eng verbunden. Im späteren, fremdsprachlichen Lernen ist genau diese Verknüpfung unschätzbar wichtig für die Sprachverarbeitung und das Memorieren von Sprachmaterial.

30 Monate: Täglich kommen weitere Wörter hinzu, abhängig von der individuellen Förderung. Die Äußerungen haben eine kommunikative Absicht. Gelingt sie einmal nicht, sind erste Frustrationsreaktionen erkennbar. Die Kinder scheinen mittlerweile alles zu verstehen, was gesagt wird.
Sätze und Ausdrücke aus teilweise mehr als drei Wörtern werden in typischer Kinder-Grammatik gebildet. Sie sind deshalb nicht immer gut verständlich, außer von den engsten Bezugspersonen, die gegenüber anderen Personen noch oft das Gesagte ins Gemeinte „übersetzen" müssen.
Eigene Bedürfnisse, Wünsche und Ideen führen zur Verbalisierung mit „ich". Verben werden meistens im Infinitiv gebraucht, Adjektive gelingen in der Regel. Alles deutet auf eine sensible Phase für das Lernen der Syntax hin, denn die Art und Weise der grammatikalischen Sprachverarbeitung durch das Gehirn ist deutlich in seiner permanenten Veränderung beobachtbar.

Eine reichere Sprachverarbeitung bei bilingualem Aufwachsen kann nachgewiesen werden.

Wird in dieser Zeit eine zweite Sprache erworben, ist eine über beide Hemisphären verteilte stärkere Hirnaktivität messbar – verglichen mit der monolateral linkshemisphärischen Verarbeitung bei der Erst- oder Muttersprache (Neville & Bruer 2001).

4.2.3 Kindergartenalter

Das vorschulische Alter ist, gemessen an der Progression der Hirn- sowie der Sprachentwicklung, das diesbezüglich sensibelste. Die Kompetenzsprünge sind ganz erheblich, sie basieren auf idealen biologischen Voraussetzungen (vgl. Kap. 4.1.3). Besonders überzeugend, die ersten drei Jahre tatsächlich auch als besonders entscheidend für die Sprachentwicklung zu nennen, ist die Tatsache, dass die Aufnahme von sprachlichen Lauten hier besonders gut und nachhaltig gelingt (Werker & Hensch 2015).

3 Jahre: Der Wortschatz umfasst in der Regel und bei normaler Förderung mehr als 1000 Wörter, 80 Prozent aller kindlichen Äußerungen sind für Außenstehende nun verständlich, nahezu fehlerfrei und entsprechen dem umgangssprachlichen Erwachsenenniveau.
Das zweite, für Erwachsene oftmals anstrengende zweite Fragenalter beginnt: Wie? und Warum? zeugen von kommunikativer Bereitschaft und hohem Interesse. Es geht einher mit der sich entwickelnden Fähigkeit, die Perspektive zu wechseln – und auch zu lügen.
Grammatikalisch gesehen, beginnt die Umformungen von Aussagesätzen, z.B. in Form von Fragen oder Verneinungen bzw. vom Passiv ins Aktiv. Verben werden gebeugt und Zeiten wie auch Fälle richtig verwendet.

4 Jahre: Die Sprache ist jetzt – wiederum bei normaler Förderung durch die Bezugspersonen – gut entwickelt, nur im Stil unterscheidet sie sich noch von der Norm der Erwachsenensprache. Die grammatikalischen Grundlagen werden beherrscht: Die Regeln werden aus der Umgebungssprache extrapoliert, beispielsweise die Regeln zur Pluralbildung. Hypothesen werden zunächst ausprobiert, dann reflektiert, dann korrigiert. Voraussetzungen dazu sind reichhaltiger sprachlicher Input und Zeit zur Verarbeitung, denn dieser Prozess läuft außerschulisch unbewusst ab (vgl. Kap. 4.2.4).

Vierjährige verwenden bereits bewusst grammatikalische Regeln.

Angenommen wird, dass aufgrund der ihrer kognitiven Entwicklung die Fähigkeit zur perfekten Imitation nachlässt, und mit der Zunahme auch das akzentfreie Erlernen einer zweiten Sprache unwahrscheinlicher wird.
Lesen und Schreiben spielen eine erste Rolle, in der Spitze der individuellen Förderung ist sogar die Alphabetisierung in zwei Sprachen in Kombination mit phonologischer Bewusstheit und lautlicher Stützung möglich (vgl. Edith-Stein-Kita in

Wolfsburg). Das Sprachsignal wird dabei ergänzt durch eine visuelle Sprachinformation, einen Buchstabe, ein Zeichen oder eine Bewegung (van Wassenhove et al. 2005). Dies befördert die frühe Sprachverarbeitung im auditiven Kortex deutlich (Calvert 1997).
Der Umgang mit dem Schriftbild markiert auch die Entwicklung der Fähigkeit, symbolische Sprache zu verstehen, also auch abstrakt und kausal zu denken. So entsteht der sprachliche Zusammenhang zeitlicher Dimensionen von Vergangenheit, Gegenwart und Zukunft.

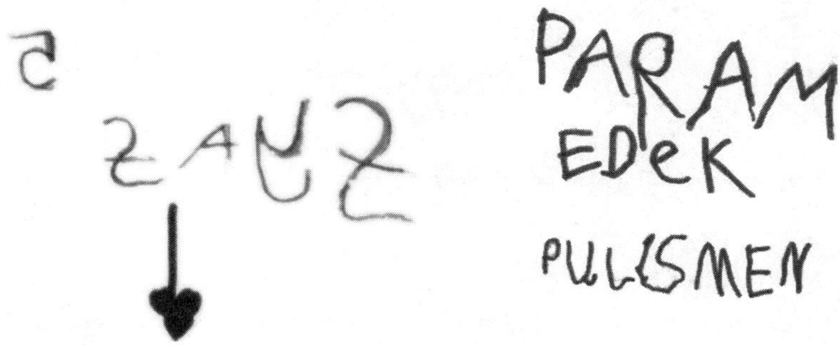

Abb. 33: Schreibproben Vierjähriger

Die Beweggründe anderer Menschen werden mit der wachsenden sprachlichen Kompetenz verstanden, es entsteht Empathie. Die Entwicklung dieser Fähigkeit, Gedanken, Absichten und Gefühle bei sich und anderen zu verstehen, geht einher mit der Sprachentwicklung. Das Kind wird jetzt ein sozialer Mensch und versteht formulierte Werte bzw. kann sie weitergeben – eine deutliche zeitliche Landmarke für Erziehung allgemein, aber auch für erstes interkulturelles Sprachverständnis.

Vorschulkinder haben – trotz aller enormen Entwicklungsschübe – verschiedene Sprachverarbeitungsprozesse noch nicht automatisiert, vergleicht man zeitliche Abläufe im Gehirn Erwachsener mit dieser Altersgruppe. Dies bedeutet, dass ein erhöhter Aufwand bei der Aktivierung des relevanten kindlichen Netzwerks nötig ist (Brauer et al. 2008).

Kinder benötigen mehr Energie für den Spracherwerb als Erwachsene.

Insbesondere der untere präfrontale Kortex, verantwortlich für kognitive Aufgaben, reagiert zeitverzögert im Vergleich:

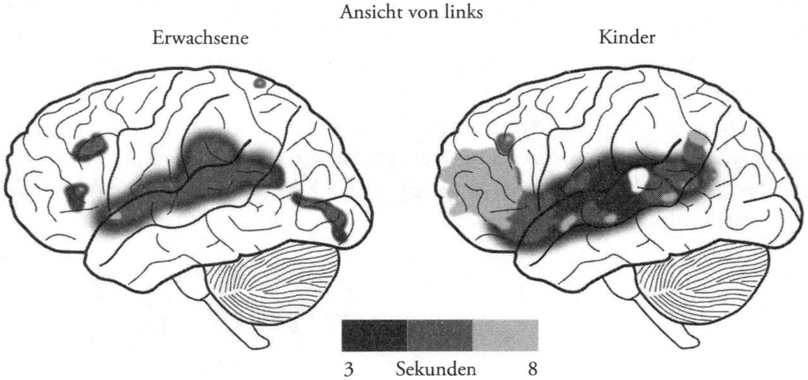

Abb. 34: Vergleich der zeitlichen Aktivierungsabfolge von Sprachbereichen

4.2.4 Schulkindalter

Mit dem sechsten Lebensjahr und dem Eintritt in die Grundschule ist die kindliche Sprache in der Regel in Satzbau und Grammatik von der Erwachsenensprache nicht mehr zu unterscheiden.
Eine einzige Einschränkung scheint entwicklungsphysiologisch bedingt: Sehr komplexe grammatikalische Strukturen bzw. ein schwieriger Satzbau bezüglich des Satzobjekts wie „Das Mädchen sieht der Junge" oder „Das Mädchen sieht den Jungen" werden im Alter von sechs bzw. sieben Jahren noch oft fehlinterpretiert (vgl. Friederici 2011: 26ff.). Dies gilt für fast alle Sprachen.
Bislang haben die Kinder die Muttersprache implizit, quasi im Vorbeigehen, erlernt (Pinker 2000: 39), und dabei allen Begriffen ebenso unbewusst Bedeutungen zugeordnet. Etwa 13 000 Wörter stehen zur Verfügung, mit dem Schulabschluss werden es 60 000 sein, danach bis zu 150 000. Dafür sorgt die vom Lebensalter unabhängige semantische Verarbeitung von Begriffen mit immer typisch gleichen Hirnaktivitätsmustern (Neville & Bruer 2001).

Kinder können nun reimen, verbalisieren gerne lautmalerisch, und sind in der Lage, Wörter in Silben zu zerlegen bzw. zu rekonstruieren.
Es beginnt eine qualitativ neue Phase intellektueller Reife: Die zunehmende Selbstbeherrschung und die Kontrollfähigkeit über die eigenen Gefühle ermöglichen es dem Schulkind, sich besser zu konzentrieren und zielgerichtet zu lernen – insbesondere die wichtigsten der hoch entwickelten menschlichen Fähigkeiten: Rechnen, Schreiben, Diskutieren einschließlich Begründen und Freundschaften schließen.

5 Differenzierung: Gender

Die Geschlechtsunterschiede zwischen Jungen und Mädchen, aber auch zwischen Männern und Frauen sind zahlreich, von der Körpergröße über die Muskelentwicklung bis hin zu endokrinen Funktionen. Neurodidaktische Betrachtungen kommen ohne eine Berücksichtigung dieser Unterschiede nicht aus, zumal sie auch grundgelegt sind im frühen Sprachenlernen (vgl. McCarthy et al. 2012).

Sie im Gehirn aufzuspüren, ist jedoch nicht leicht. Die Dimorphismen sind klein, wenige und meistens mit noch relativ unbekannter Funktion. Es sind bis heute vielfache wissenschaftliche Anstrengungen unternommen worden, um Geschlechterunterschiede im Gehirn nachweisen zu können. Erste fMRT-Untersuchungen bezogen sich vor allem auf die Größenunterschiede des männlichen bzw. weiblichen Gehirns, dazu kommen Aspekte der kognitiven Fähigkeiten in kortikalen und subkortikalen Regionen (Kaiser et al. 2009).

Um es vorwegzunehmen: Bis auf eine einzige – diese aber potenziell bildungssystemverändernde – Ausnahme sind dramatische Unterschiede zwischen Mädchen und Jungen in der frühen Kindheit und Kindheit auf den ersten Blick nicht festzustellen, weder von den Neurowissenschaften, noch von den Erziehungs- und Sprachwissenschaften. Dieser eine Aspekt wird ausführlich im Kapitel 5.3.5 „Myelinisierung" beschrieben und diskutiert.

> Vorhandene spracherwerbsbezogene Genderunterschiede müssen didaktisch berücksichtigt werden.

Die Schnittflächen zwischen allen Forschungslandschaften führen jedoch bei genauem Hinsehen zu einigen wichtigen Implikationen und Änderungspotenzialen in der Sprachendidaktik und -methodik: Der Blick von außen z.B. umfasst pädagogisches und erziehungs- bzw. sprachwissenschaftliches sowie psychologische Beobachtungen des Lernerhaltens. Der zweite Blick direkt ins Zentrum des Denkens und der Entwicklung, dem Gehirn, durch neurologische Untersuchungen ermöglicht nun einen analytischen Abgleich und Kreuzauswertungen der miteinander in Beziehung gesetzten Befunde.

Dabei stellt sich nicht zuvorderst die Frage, *was* und *wie viel* gelernt werden kann, sondern die Frage danach, *wie* Sprachen erworben werden können. Sie ist viel differenzierter zu beantworten als bislang angenommen. Ein Umstand, der möglicherweise aber für in Lehr-/Lernprozessen Involvierte aus eigenen Erfahrungswerten heraus nicht überraschend kommt.

Diese scheinbar marginale, genderspezifische Unterschiedlichkeit der neuronalen Organisation bedeutet nicht weniger als dass Jungen und Mädchen, Frauen und

Männer Sprachen teils offensichtlich völlig unterschiedlich lernen und gebrauchen (Schmithorst et al. 2008: 2): *„Differences in functional activation between boys and girls for various elements of language processing have been shown"* (vgl. auch Plante et al. 2006).
Vieles ist aus dieser Erkenntnis bislang zwar über Erfahrungswerte hinaus in nicht weiter reflektierte didaktische Maßnahmen eingegangen, beweisbasierte sprachendidaktische Differenzierungsmethodiken jedoch sind noch Mangelware und Desiderate für die Zukunft. Das folgende Kapitel soll Hinweise auf eine zukünftige fremdsprachendidaktische Behandlung der Thematik geben.

5.1 Genderforschung evidenzbasiert und cross-sciences

Erkenntnisse der Genderforschung, die auf soziokulturelle Einflüsse wie geschlechtsspezifische Erziehung, Geschlechtsrollenleitbilder, Vorbilder und Medien zurückzuführen sind, und solche, die sich auf das rein biologische Geschlecht beziehen, sind schwerlich voneinander zu trennen:
Gender studies claim that a clear-cut distinction between a biological sex and a social gender does not exist (vgl. Butler 1990; Fausto-Sterling 2000).
Letzteres ist kein rein körperlicher oder materieller Zustand, sondern ist tief verwoben mit den sozialen und kulturellen Strukturen von *gender* (Nitsch et al. 2005); Kaiser et al. 2009).
Die Begriffe *gender* und *sex* werden konsequenterweise oft synonym verwendet. Gender definiert das soziale Geschlecht, die Geschlechterrolle, und besitzt kulturelle und verhaltenstypische Implikationen. Medizinisch wird *gender* von den biologischen Unterschieden der Chromosomen bis hin zu Geschlechtsorganen definiert, was ebenfalls den Begriff *sex*, das biologische Geschlecht, charakterisiert.
Für die Hirnforschung wird es nach der deskriptiven, kartierenden und aktive Hirnareale identifizierenden Forschung (*brain mapping*) im analysierenden, interpretativen Nachgang zunehmend bedeutend, dass Diversitätsbefunde in Hirnstrukturen und -funktionen nicht von sozialer Erfahrung getrennt werden können. Genderspezifische Forschungsdesigns sind zunehmend schwer danach zu differenzieren, spracherwerbliche Aspekte lassen sich nur schwerlich von sozialem Einfluss trennen. Ein Beispiel: Das Forschungsaufgabenformat „Freie Narration" führt zwar zu vielen mündlichen Äußerungen, die inhaltlich aber stark divergieren.

> Genderspezifische Sprachforschung geschieht nicht isoliert, sondern berücksichtigt soziale Erfahrungen.

Die Entwicklung kindlicher und jugendlicher Gehirne geht nach neurowissenschaftlicher Erkenntnis einher mit beständiger neuronaler Plastizität bis ins hohe

Alter (Kaiser et al., 2009), Erfahrungen jeder Art werden biochemisch in bestehende neuronalen Netze eingepflegt bzw. neue gebildet. Dem folgend, sind vermutlich sogar schon vorgeburtliche und vorsprachliche Interdependenzen zwischen *gender* und *sex* zu erwarten. Bezugspersonen und Bezugssituationen verändern und prägen sehr früh, führen aber neben den biologischen Merkmalen zu kaum veränderbaren Geschlechtsmarkern.

5.2 Genderspezifische Befunde der klassischen Spracherwerbsforschung

Kaiser et al. (2009) fassen den nicht spezifisch neurowissenschaftlichen Forschungsstand bis dato wie folgt zusammen:
In der psycholinguistischen Forschung wird konsensual ein weiblicher Vorteil bezüglich Sprachproduktion und Sprachflüssigkeit festgestellt, (u.a. Halpern 1992), während das Verstehen von Wortanalogien männlich dominiert wird (u.a. Hyde & Linn 1988).
Der Zusammenhang von anatomischer Voraussetzung und sprachlichen Fertigkeiten mit möglichen männlichen Vorteilen u.a. bezüglich der absoluten Hirngröße konnte von Wallentin (2009) weder bei gesunden noch kranken Probanden in einer metaanalytischen Untersuchung festgestellt werden.

> Allgemeiner Konsens besteht darin, dass die weibliche Sprachfähigkeit leicht überlegen ist.

Die Sprachverhaltensforschung dagegen macht eine Häufung von vorsprachlichen Fertigkeiten (Rome-Flanders & Cronk 1995) und spontaner Sprechbereitschaft (Craig et al. 2005; Jackson & Roberts 2001) bei jungen Mädchen aus. Dazu tritt eine weibliche Dominanz im Erwachsenenalter bezogen auf Rechtschreibung, generelle Sprachfähigkeit und Grammatikverwendung (Kimura 1999) wie auch beim Wortgedächtnis (Wortlisten unzusammenhängender Wörter, Ziffern, Inhaltsverzeichnisse) (vgl. Heaton, Ryan, Grant, Matthews 1996; Kimura 1999) auf.
Weitere geschlechtsspezifische Unterschiede mit leichten weiblichen Vorteilen bei Wortzuordnungsgeschwindigkeit und Wortlesen (Majeres 1999) wie auch bei visuellem Einfluss auf gehörte Sprache (Irwin et al. 2006) wurden dokumentiert.

> Ein Mythos: Mädchen und Frauen sprechen nicht mehr als Jungs oder Männer, nur die Inhalte differieren.

Überraschend jedoch sind signifikante Befunde zur Anzahl der täglich gesprochenen Wörter. Hartnäckig hält sich der Mythos der weiblichen „Geschwätzigkeit", die Wahrheit jedoch ist eine völlig andere. Kaiser et al. (2009) stellen in ihrer Metaana-

lyse keinerlei Forschungen fest, die einen größeren Unterschied identifizieren im Vergleich der generellen Anzahl von durchschnittlich täglich gebrauchten Wörtern. Mehl et al. 2007 zählten je 16000 Wörter täglich beiderseits, Leaper und Ayres (2007) stellten gar eine leicht höhere Redseligkeit bei Männern fest. Die Analyse von Forschungsergebnissen zum Sprachgebrauch von Männern und Frauen seit den 70er Jahren basiert auf 71 Untersuchungen mit über 6000 Probanden. Allein die Inhalte unterscheiden sich deutlich, männliche Gesprächsthemen sind tendenziell sachlich und unpersönlich, weibliche gefühlsbetonter und persönlicher. Das Fazit von Leaper und Ayres (2007) ist, dass Sprechumfang und Sprechart situationsabhängig sind und so stark von sozialen Einflüssen abhängen.
Pennebaker et al. (2007) kommen zu einem ausgeglichenen Ergebnis mit 400 Probanden, die sechs Jahre lang mithilfe digitaler Aufnahmegeräte alle ihre Alltagsgespräche aufzeichnen ließen. Dieses Forschungssetting ist bedeutend und das Ergebnis höchst signifikant: Einen genderspezifischen Unterschied beim Sprachumfang gibt es nicht. (vgl. Morling 2011: 170)

5.3 Forschungsansätze der Neurowissenschaften

Neurowissenschaftliche Untersuchungen, die die Forschungsbereiche von Medizin, Psychologie und Biologie berühren, setzen modernste bildgebende Verfahren ein. Die beiden wichtigsten sind aktuell die funktionelle Magnetresonanztomographie fMRT sowie die Magnetenzephalographie MEG (vgl. Kap. 2.1.1 bzw. 2.1.2).
fMRT ist ein bildgebendes Verfahren der Radiologie, die die Magnetresonanz von Wasserstoffatomen nutzt. Dies ermöglicht jedoch nicht nur die Darstellung von anatomischen Details des Gehirns, sondern auch eine für die Spracherwerbsforschung relevante Erkundung neuronaler Substanzen der menschlichen Kognitionsfunktionen. Dazu werden die aufgabenbezogenen Veränderungen in zerebralen Regionen bezüglich Blutfluss und Sauerstoffkonzentration visualisiert.

Magnetresonanzgestützte Bildverfahren machen Hirnaktivitäten sichtbar.

Die Magnetenzephalograpie besitzt die Kapazität, Hirnaktivitäten mit zeitlich-räumlichen Auflösungen in Millisekunden und Millimetern zu messen. Sie ist bezüglich des Darstellungspotenzials anderen bildgebenden Verfahren hierin überlegen und definiert diesbezüglich den derzeitigen *state of the art*. Unterschiedliche sensorische Stimulationen des Gehirns erzeugen deutliche auf sie bezogene Magnetfelder, die analysiert werden können. Hirnaktivitäten im Hintergrund können unter verschiedensten Umständen zusätzlich identifiziert werden.
Die Anzahl der genderspezifischen Untersuchungen per fMRT und in jüngster Vergangenheit zunehmend per MEG wächst (vgl. Kaiser et al. 2009) sowohl total als

auch anteilig an allen fMRT-Studien und fMRT-Publikationen weltweit insgesamt. Mittlerweile ist ihre Zahl derart angewachsen, dass bedeutende Meta-Analysen die Befunde auf einer analytischen Höherstufe vergleichen und bewerten können (vgl. Ruigrok et al. 2014).
Dies alles hängt nicht zuletzt mit der ebenfalls bedeutender werdenden Erkenntnis zusammen, dass der Spracherwerb als eine höchst genderspezifische Variable betrachtet wird, insbesondere auch durch die Beobachtung, dass Mädchen und Frauen neue Sprachen anscheinend leichter und schneller lernen und sprechen als Jungen und Männer.

Mädchen und Frauen lernen Fremdsprachen leichter und schneller.

Die Untersuchungsmethoden können zunächst die strukturellen Unterschiede im männlichen und weiblichen Gehirn feststellen und beschreiben. Unterschiede lassen sich aber auch identifizieren durch die fMRT-Forschung mit Fokus auf kognitive Sprachverarbeitung (Burman et al. 2008).
Ausgeklammert müssen dabei die Fragen nach dem Einfluss sozialer Indikationen und Erfahrungen (Schmitz 2006; Leonard et al. 2008) sowie nach Unabänderlichkeit (Jordan et al. 2002) bleiben. Gleichwohl, so stellen Kaiser et al. 2009 in ihrer Metanalyse fest, erscheinen Geschlechtsunterschiede in Bezug auf höhere kognitive Fertigkeiten in der neuronalen Organisation nicht unveränderlich, sondern dem lebenslangen Einfluss von (Lern-)Erfahrungen offen ausgesetzt (vgl. auch Jäncke et al. 2001; Münte et al. 2002; Draganski et al. 2004).
Wie schwierig zu beurteilen die gegenseitige Wirkung von biologischer Prädisposition und einer sozialen Prägung ist, zeigt der Bereich der Lateralisierung (vgl. Kap. 3.2). Hier werten Kaiser et al. (2009) die weibliche Bilateralität sowie die männliche Lateralität eher als verkörpertes Resultat der Sprachsozialisierung durch erlerntes Verhalten im sozialen Kontext, denn als biologisch-strukturellen Unterschied in einer rein materiellen Dimension.

Sprachsozialisation ist ein veränderbares, erlerntes Sprachverhalten.

Neuere Forschungen können diese Annahme verschieben (vgl. Kap. 5.3.2). Es bleibt jedoch als Forschungsstand bestehen, dass genderspezifische Unterschiede während der biologischen Entwicklung eines Menschen auch Teil der Hirnbiologie werden und so *sex* und *gender* schwer isolierbar miteinander verbunden sind (Fausto-Sterling 2000).

5.3.1 Zerebrale Größenunterschiede

Die eigentlich ultimative, ursprüngliche Unterscheidung zwischen männlich und weiblich liegt in den Chromosomen der Eltern. Der entsprechende Genotyp spezifiziert das biologische Geschlecht ganz zu Anfang der menschlichen Entwicklung, noch vorgeburtlich.
Gleich nach der Geburt wachsen die Gehirne von Jungen und Mädchen allgemein weiter unterschiedlich in struktureller, physiologischer und biochemischer Hinsicht. Studien mit Kernspintomographien zeigen, dass dabei einige Bereiche geschlechtsspezifisch schneller wachsen können. Die meisten neuroanatomischen Unterschiede können dabei mit Hirngröße und -volumen erklärt werden. So können noch im Kindes- und Schulalter wichtige Hirnregionen bei Mädchen im Hinblick auf diese Bezugsgrößen und der Form früher schneller reifen (Caviness et al. 1996; Jäncke et al. 1997; Leonard et al. 2008). Im selben Alter schon früh in verschiedenen Entwicklungsstadien, gleichen sich die Entwicklungsverläufe im Laufe der weiteren Jahre an, es kommt zu einer Annährung.

Wenige Variablen können als bislang weitgehend gesichert gelten:
1) Gehirne von Jungen sind etwa 8 bis 13 Prozent schwerer und bis etwa 10 Prozent größer als vergleichbare Mädchengehirne. Das entspricht dem Verhältnis im Vergleich des Körpergewichts und ist völlig normal.
2) Die Hirnrinde ist in allen Bereichen bei Mädchen und Frauen dicker, es existieren mehr Windungen (Gyri).
3) Die Anzahl der Neuronen ist jeweils in bestimmten Bereichen bei Jungen und Mädchen signifikant höher:
   Im Bereich der Sehrinde, im limbischen, kognitiv arbeitenden Teil des Frontallappens sowie im Schläfenlappen, wo wichtige Sprachzentren sitzen, trifft dies auf Mädchen zu.
   Im Scheitellappen, mit Beteiligung an räumlicher Wahrnehmung, sowie im Mandelkern, wo emotionale Reize verarbeitet werden, weisen Jungen eine höhere Neuronendichte auf.
4) Die weibliche Verbindung zwischen beiden Hirnhälften ist dicker, die Mehrzahl an Nervenverbindungen scheint eine bessere Verbindung herzustellen. Diese Brücke (vgl. Kap. 5.3.2) ist schon vorgeburtlich in der weiblichen Variante etwa ein Fünftel größer als in der männlichen, insbesondere das sprachrelevante *Splenum*. Männer haben eine stärkere Verbindung innerhalb jeder Hälfte (vgl. Clements et al. 2006; Haut und Barch 2006). Somit ist auch die neuronale Vernetzungsdichte bei Mädchen in beiden Hemisphären ähnlich, bei Jungen asymmetrisch.
5) Bezüglich des relativen Volumens der Hirnrinde im Vergleich zum Gesamtvolumen des Großhirns erweisen sich Teile der Stirnrinde und des Limbischen Kortex bei Mädchen und Frauen als relativ größer. Andere Regionen sind bei Jungen und Männern deutlicher ausgeprägt (Goldstein et al. 2001: 490ff.)

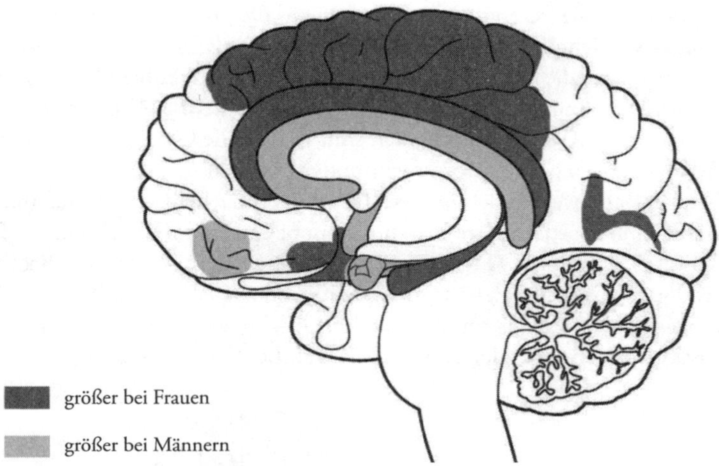

Abb. 35: Unterschiede beim Kortex-Volumen

Ein Gehirn kann zu Lebzeiten nicht als strukturell männlich oder weiblich identifiziert werden.

Trotz dieser vier anatomischen Unterscheidungsbereiche ein Gehirn strukturell als männlich oder weiblich zu identifizieren, ist dagegen nicht möglich (vgl. Preuk 2012). Stoffwechsel und Durchblutung sind weitgehend identisch, auch wenn in weiblichen Hirnen die Blutzirkulation um etwa 15 Prozent höher zu sein scheint (Marano 2003).

Weitere anatomische, chemische und funktionale Unterschiede zwischen den Gehirnen von Jungen und Mädchen sind quer durch das Organ nachzuweisen in Bereichen, die mit Sprache, Gedächtnis, Gefühlen, Sehen, Hören und Orientierung zu tun haben. Wo sie sich rein auf Sprache und den sprachlichen Kompetenzaufbau beziehen, wird dies in den folgenden Kapiteln aufgegriffen.

5.3.2 Lateralisierung

Die Verbindung zwischen den beiden Hemisphären des Gehirns, das Corpus callosum, auch Balken genannt (vgl. Abb. 15), beeinflusst die Symmetrie der Hirnfunktionen bei beiden Geschlechtern. Mit über 200 Millionen Nervenfasern überträgt sie Signale in beide Hirnhälften, kann aber auch Signalströme hemmen. Seine maximale Dichte erreicht der Balken bei Männern zwischen 20 und 30, bei Frauen erst mit 50 bis 60 Jahren (Herschkowitz 2010: 97f.).
In einem bestimmten Teil des Corpus callosum, dem Splenium, findet die Vernetzung der Sprachzentren statt. Das männliche Pendant ist dabei ein Fünftel kleiner (Hoyenga 1979). Die gegenseitige Hemmung der beiden Hirnhälften bestimmt

bei produktiver wie rezeptiver Sprachaktivität die so genannte Lateralisierung, die funktionelle Ungleichheit oder auch zerebrale Asymmetrie der Hemisphären. Dabei übernimmt die linke Hirnhälfte in der Regel die Führung, wenn das Gehirn sprachliche Reize verarbeiten muss, und hemmt die Aktivität der rechten Hemisphäre. Bei Mädchen und Frauen sind es spezielle Geschlechtshormone (vgl. Kap. 5.3.6), die den Hemmprozess vermindern.
Sichtbar gemacht werden kann diese Lateralisierung bereits pränatal mit Ultraschall, ab Geburt wiederum speziell durch ein bildgebendes Verfahren, der Diffusions-Tensor-Bildgebung (DTI, von engl. *Diffusion tensor imaging*) (vgl. Schmithorst et al. 2008: 15). Mithilfe der Magnetresonanztomographie (fMRT) kann die Diffusionsbewegung von Wassermolekülen im Körpergewebe gemessen und räumlich aufgelöst dreidimensional darstellt werden (vgl. Le Bihan et al. 2001).

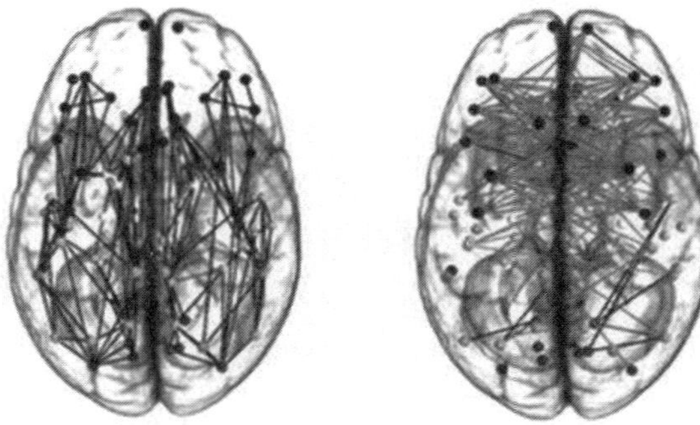

Abb. 36: Lateralisierung mit Diffusions-Tensor-Bildgebung DTI

Eine solche Untersuchung mit 1000 Hirnscans zeigte deutlich die hemisphärenspezifischen Verbindungen, die besonders im Alter von 14 bis 17 Jahren nachweisbar ist (Ingalhalikar et al. 2014).
Weiss et al. (2003) führten funktionelle Konnektivitätsanalysen per fMRT bei sprachlichen Aktivitäten von Probandinnen durch. Die Befunde sagen aus, dass Mädchen stärker und funktionell symmetrischer organisiert beide Hirnhälften einsetzen, um effizienter sprachliche Aufgaben zu lösen:

> „… girls develop a greater reliance on inter-hemispheric connectivity for intelligence with age, while boys develop a greater reliance on specific connectivity with the left inferior frontal gyrus (Broca's area)" (Schmithorst et al. 2008; vgl. auch Sommer et al. 2008, Shaywitz & Shaywitz 2008:13).

Jungen bewältigen sprachliche Aufgaben stärker mit der jeweils darauf spezialisierten Hirnhälfte, also eher links. Klinische Studien (McGlone 1977; Kimura 1983; Hier et al. 1994; Hoyenga 1979) bestätigen dies.

Die Gehirnhälften werden beim Sprachgebrauch genderspezifisch unterschiedlich verwendet.

Mädchen scheinen, so die Ergebnisse, zum *multitasking* zu tendieren, wobei nicht bestätigt werden kann, dass die Hirnkapazitäten dabei auch geteilt werden. Jungen arbeiten effizienter mit einer einzigen Aufgabenstellung. Dies hängt sicher auch zusammen mit der ganz natürlich noch nicht vollkommenen Ausreifung des Stirnlappens. Für die Aufgabenorientierung beim Sprachenlernen bedeutet dies, dass diese sich am Grad der neuronalen Reife orientieren müssen.
Das weibliche Hirn, obwohl ja ca. 13 Prozent kleiner, widmet wohl durch die Lateralisierung 20 bis 30 Prozent mehr Hirnanteile der Sprache (vgl. Brinck 2005; Harasty et al. 2000).

Deutlich ist ein weiterer Genderunterschied zu erkennen, wenn es zu früher empathischer, metaphorischer Lesekompetenz kommt: Mädchen können sich in der Regel etwas früher in Personen einfühlen (Böttger 2014). Regionen in der rechten Hemisphäre, für Emotionen verantwortlich, wurden in Leseversuchen bei Mädchen aktiviert, bei Jungen nicht. Die Bilateralität befördert dies scheinbar (vgl. Kap. 5.3.5). Jungen dagegen verwenden nur die Hälfte der Hirnareale, die Mädchen für gefühlsmäßige Verbalisierungen nutzen.
Auch bei der phonologischen Verarbeitung gelesener Wörter sind bei Jungen nur Aktivitäten im linken Gyrus frontalis messbar, bei Mädchen dagegen zusätzlich der rechten Seite.

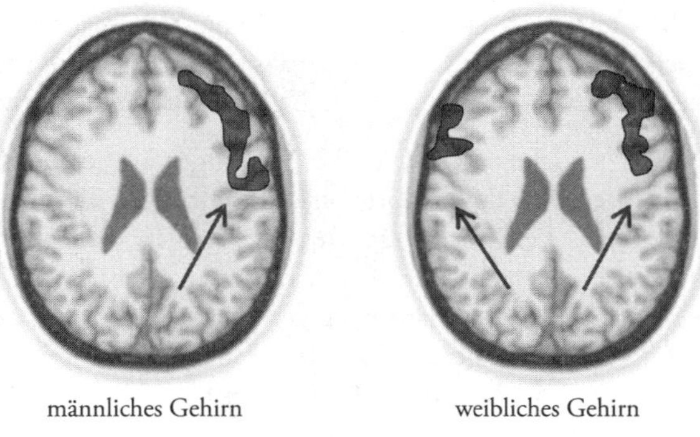

Abb. 37: Laterale phonologische Verarbeitung

Alle Unterschiede bezüglich der Lateralisierung haben allerdings weniger mit einem geschlechtsspezifischen Intelligenzgefälle als mit Fähigkeiten zu tun, auch wenn bei Intelligenzerhebungen zu Teilbegabungen Frauen den sprachlichen Teil der IQ-Tests dominieren (Roth 2009).

5.3.3 Neokortex und die Sprachzentren

Unter Neokortex wird der multisensorische und motorische, sprachrelevante Teil der Großhirnrinde verstanden.

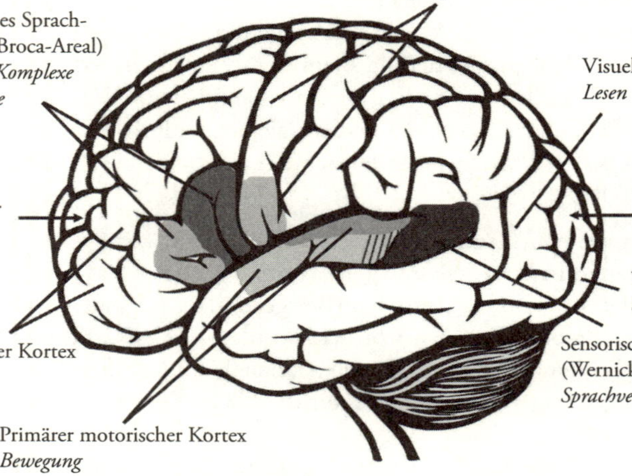

Abb. 38: Sprachzentren der Großhirnrinde

Die Hirnrinde – auch Kortex oder (lat. Kortex, „Rinde"), Hirnmantel oder Pallium (lat. Pallium „Mantel") – ist eine Ansammlung von Nervenzellen, die sich als dünne Rindenschicht am äußeren Rand des Groß- und Kleinhirns befindet. Die Großhirnrinde heißt lateinisch Cortex cerebri, die Kleinhirnrinde Cortex cerebelli.

Ganz generell sind bei Mädchen neuronale Verbindungen früher messbar stärker ausgeprägt – was bedeutet, dass deren Kortex früher reift. Dass dies Auswirkungen auf ein mögliches früheres Lernvermögen hat, zeigt sich im Scheitel-/Temporallappen. Schon ab dem 3. Monat vor der Geburt können weibliche Föten auf auditive Reize zunächst immer gleich, dann weniger und schlussendlich nicht mehr reagieren – man nennt dies „habituieren". Das deutet auf ein Erinnerungsvermögen für detaillierte Sinneseindrücke hin sowie die Fähigkeit, aufmerksam Gehörtes zu verfolgen, speziell auch unterschiedliche Stimmen.

Weibliche sprachrelevante Teile der Großhirnrinde reifen schneller.

Auch die weiblichen Frontallappen entwickeln sich früher. Der präfrontale Kortex, als Geschäftsführer unseres Gehirns, ist für analytische, strategische und organisatorische Belange zuständig.
Räumliches Denken und Problemlösestrategien werden diesem Areal zugeordnet.

Bewusste, vorsätzliche Aktivitäten können Mädchen schon im frühen Schulalter, früher als Jungen, ausführen. Ihre Aufmerksamkeitsspannen sind dann länger und die Übergänge zwischen den Schulstunden und Fächern werden schneller bewältigt (Havers 1995). Eine solche frühe kognitive Kontrolle ist mit der Hormonausschüttung von Serotonin mit dämpfender Wirkung (vgl. Kap. 3.6), die vom Frontallappen ausgeht, zu erklären. Sie sorgt u.a. für das Erkennen von Ursache und Wirkung sowie die Verminderung von Impulsivität.
Jungen nützen die präfrontalen Regionen eher für räumliche und mechanische Funktionen (u.a. Moir & Jessel 1989).

Wichtige, maßgebliche Sprachzentren der linken Hemisphäre liegen im Temporallappen. Das sogenannte Broca-Zentrum (hauptverantwortlich für die Sprachproduktion) sowie das Wernicke-Zentrum (hauptverantwortlich für das Sprachverstehen) sind beide statistisch gesehen bei Frauen um 20 Prozent bzw. sogar um fast 30 Prozent größer als bei Männern (Schlaepfer et al. 1995: 130ff.), besser durchblutet und weisen eine höhere Neuronendichte auf. Sie entwickeln sich bei Mädchen deutlich früher und während des Formulierens und Erfassens von Sprache werden zusätzlich zu ihnen noch weitere Kortexbereiche aktiviert.

> Messbare sprachkognitive Unterschiede zu Gunsten von Mädchen bestehen bereits bei Schulanfang.

Zusammengenommen bieten alle Forschungen mit fMRT tendenzielle Hinweise darauf, dass in Bezug auf Sprachproduktion (Schlösser et al. 1998; Weiss et al. 2003; Kaiser et al. 2007), Spracherkennung (Pugh et al. 1996; Frost et al. 1999; Kansaku et al. 2000; Phillips et al. 2001; Baxter et al. 2003) sowie allgemein in verbaler Kommunikationskompetenz und Ausdrucksvermögen Mädchen Jungen in der Regel übertreffen, d.h. höhere Wortschatzumfänge verwenden und früher sprechen sowie über Sprache nachdenken – schon zu Schulanfang gibt es da messbare Unterschiede. Die Mädchen waren auch etwas besser darin, sich neue Wortlisten zu merken und später wiederzugeben. Der frühe Vorteil bezüglich des Wortschatzumfangs wird im Erwachsenenalter ausgeglichen.
Nicht geklärt ist, ob Unterschiede in der Neuronenzahl der Geschlechter auch unterschiedliche kognitive Fähigkeiten bedeuten, und ob die höhere Neuronendichte in der weiblichen Hörrinde mit besseren Testergebnissen bei Sprachflüssigkeit korreliert.

5.3.4 Limbisches System

Das Limbische System ist ein uralter Teil des Gehirns, dem funktional u.a. die Steuerung der Funktionen von Antrieb, Lernen, Gedächtnis, Emotionen sowie vegetative Regulationsprozesse zugeordnet werden. In Bezug auf genderspezifische Unterschiede, mit dem Fokus auf Spracherwerb, sind zwei Strukturen besonders interessant: Der Gyrus parahippocampalis, der sogenannte Hippocampus, sowie der Corpus amygdaloideum, der Mandelkern oder auch Amygdala (vgl. Kap. 3.2.2).

Der Hippocampus ist für Lernvorgänge von entscheidender Bedeutung, auch, da er als einzige Hirnregion neue Nervenzellen bilden kann. Sie bleiben dann erhalten, wenn sie verwendet werden (Draganski et al. 2004).
Neue Impulse können bei emotional-positiver Stimmung schnell zur Speicherung und zum Behalten aufbereitet, über Übung und Wiederholung stabilisiert und anschließend, meist nachts, in die Großhirnrinde (Kortex) transferiert werden.
Untersuchungen belegen durchweg, dass der Hippocampus bei Frauen größer und auch aktiver ist. Dieser Umstand würde den Befund stützen, dass somit auch das Gedächtnis, speziell in Bezug auf Wortschatz, Namen, Gesichter, Bilder, Objekte und Alltagsbegebenheiten generell besser zu sein scheint. Zusätzlich ist die Aktivierung der linken Seite des Hippocampus bei Mädchen und Frauen stärker ausgeprägt als bei Jungen und Männern, was auch durch die Nähe zum Sprachenzentrum kognitives Überlegen und Argumentieren beeinflusst: Sie verwenden mehr verbale Strategien, wenn es gilt eine Aufgabe zu lösen, die kognitives Denken erfordert (Frings et al. 2006).

Der Mandelkern, eine beidhemisphärisch vorhandene mandelförmige Struktur, reagiert vornehmlich auf emotionale Informationen. Sind dies negative, z.B. Prüfungsangst und Restriktionen, werden sie mit einem negativen emotionalen Etikett versehen. Für jeden Lernprozess ist das kontraproduktiv, die Reaktion sind u.a. Flucht (auch quasi nach innen), Blockaden und Angst. Der Mandelkern ist bei Jungen messbar größer, insbesondere in der linken Hemisphäre.

Emotional verbunden Gelerntes wird leichter und dauerhafter memoriert.

Emotional bewegende Ereignisse, jedoch nur wenn positiv im Hippocampus konnotiert, werden allgemein – ohne genderspezifische Unterschiede – eher im Gedächtnis gespeichert. Bei Mädchen ist dabei – neben dem vergleichsweise beidseitig größeren Hippocampus (Konrad et al. 2013) eine erhöhte Aktivierung des Limbischen Systems festzustellen, im sowieso bereits dichter vernetzten kognitiven wie limbischen Teil des Stammhirns. Somit ist nicht überraschend, wenn die meisten Jungen Gefühle und Worte anders erleben als Mädchen (Blum 1998; Moir & Jessel 1989).

5.3.5 Myelinisierung

Das Neuron, die Nervenzelle, ist die funktionale Basiseinheit des Hirnsystems, wobei sie aber nicht die einzige Zellart im Körper ist. Axone leiten die elektrischen Nervenimpulse weiter, wobei die Leitungs- und Kommunikationsgeschwindigkeit zwischen den Zellen durch die Dicke der Markscheiden (des Myelin-Mantels) definiert wird (vgl. dazu Barkovich 2000).

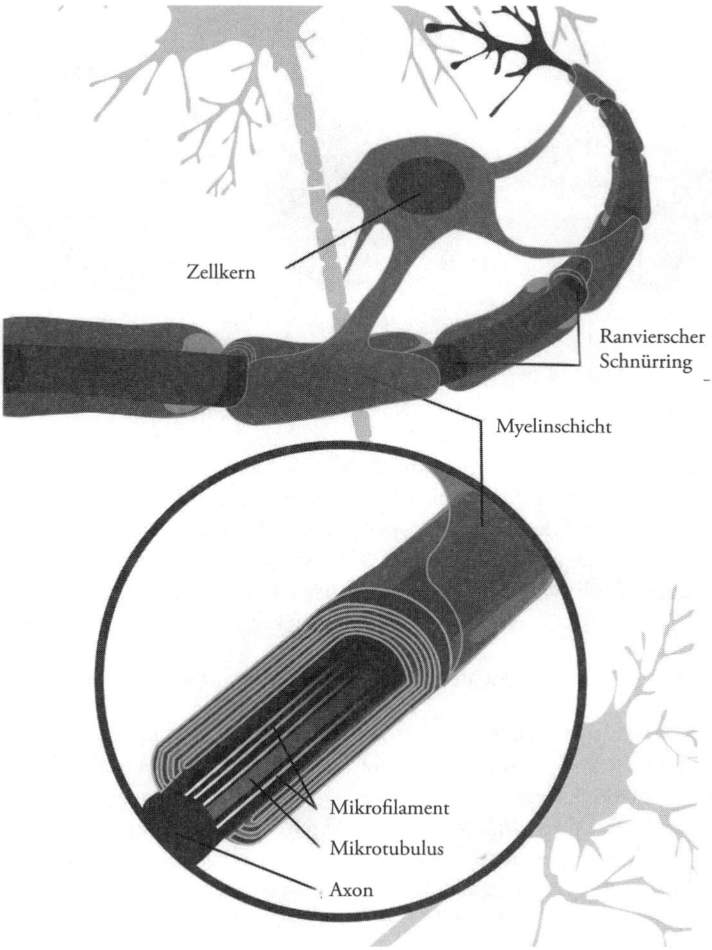

Abb. 39: Leitungsverstärker Myelin

Wenn das Gehirn sich entwickelt und reift, werden diese Nervenfasern nach und nach mit Myelin überzogen (vgl. Konrad et al. 2013; Carmody et al. 2010; Reiss et al. 1996), bis etwa zum 30. Lebensjahr. Die Myelinisierung verläuft zuerst über die primären sensorischen und motorischen Areale des Kortex, insbesondere solche für das Hören, Sehen und Fühlen, sowie Bewegungen. Erst in der Pubertät sind am Ende dieser Entwicklung alle Teile des präfrontalen Kortex mit den anderen Hirnarealen verbunden.

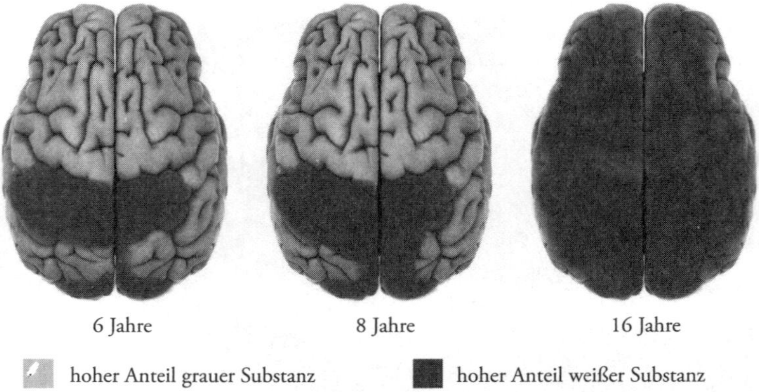

Abb. 40: Zuwachs an weißer Substanz bei zunehmendem Alter

Myelinisierte Axone bilden die sogenannte weiße Substanz. In den ersten 3 Lebensjahren (Carmody et al. 2004; Paus et al. 1999) dem *critical step* (Pujol et al. 2006), sowie zwischen dem 10. und dem 20. Lebensjahr, scheint die diesbezügliche Entwicklungsprogression am steilsten zu sein (Kotulak 1998); vgl. dazu Giedd et al. 1999). Die Verarbeitungsgeschwindigkeit steigt ebenfalls schnell an, womit sich u.a. die Performanz im Arbeitsgedächtnis (vgl. Kap. 7.1.1) zügig entwickelt (Chevalier et al. 2016).

Myelinisierung ist entscheidend für den Grad der Sprachentwicklung.

Später lassen sich nicht mehr so leicht Verbindungen zwischen den Nervenzellen knüpfen, ihre Flexibilität und damit die Lernfähigkeit nehmen ab. Vorhandene Verbindungen jedoch werden optimiert.
Menschliche Intelligenz hängt – genetisch determiniert – qualitativ stark von der Beschaffenheit der Axone ab, dort vor allem von der Dicke bzw. der damit verbundenen Leitungsgeschwindigkeits-Kapazität der isolierenden Myelinschicht ab, „... *which may account for differences in reaction times, processing speed, and intellectual performance across subjects*" (Chiang et al. 2009). Messbar sind dabei Geschwindigkeiten von 100m/sek.
Die Myelinisierung in den für Sprache zuständigen Regionen findet genau in dem Zeitraum statt, in dem der erste Rückgang des Lernvermögens beobachtet wird. Angenommen wird, dass dies sehr früh geschieht (vgl. Hyltenstam und Abrahamsson 2005). Hinweise gibt es für die Entwicklung der Lesefähigkeit:

> „The fibres that cross over in the posterior mid-body region of corpus callosum interconnect the parietotemporal regions and undergo extensive myelination during the typical years of reading acquisition (i.e. 6–10 years of age; Thompson et al. 2000). (...) One may therefore speculate that acquiring reading and writing skills at the appropriate age shapes not only the morphology of the corpus callosum and the corresponding interhemispheric connectivity

but also the pattern of interaction between the interconnected inferior parietal regions. Thus there might be a causal connection between reading and writing acquisition, the development of the corpus callosum, and the hemispheric differences“ (Petersson et al. 2007: 797).

An dieser Stelle wird der Genderunterschied deutlich:

> „It is well known that the acquisition of certain language skills is delayed in boys relative to girls“ (Schmithorst et al. 2008: 11). „The language centre in boys is myelinated later than in girls and this means generally they develop language skills slightly later“ (Macintyre 2009). Und: „The process of maturation is completed faster in girls than it is in boys, both with respect to progressive myelination and volumetric increases“ (Seeman 2013: 1245).

Myelinschichten entwickeln sich in weiblichen Gehirnen früher.

Es besteht ein enger Zusammenhang von Lesekompetenz und dem Grad der Myelinisierung:

> „... myelination is suspiciously coincident with the timing of early language/cognitive development“ (Bates et al. 2003; Nagy et al. 2004).

Lange Nervenbahnen, für das Lesen und Schreiben als eindeutig zuständig identifiziert, werden bis zum Alter von 30 Jahren ebenfalls mit einer Myelinschicht verstärkt. Im Alter von 4 bis 8 Jahren vollzieht sich dieser Prozess hormonell bedingt genderunterschiedlich stark, mit „dem achten Lebensjahr erreichen diese Prozesse ein relativ stabiles Plateau“ (Zach und Künsemüller 2001: 7). Mädchen sind diesbezüglich in dieser Zeitspanne hormonell bedingt deutlich weiter entwickelt (Benes et al. 1994). Der Vorsprung kann bis zu 3 Jahre betragen.

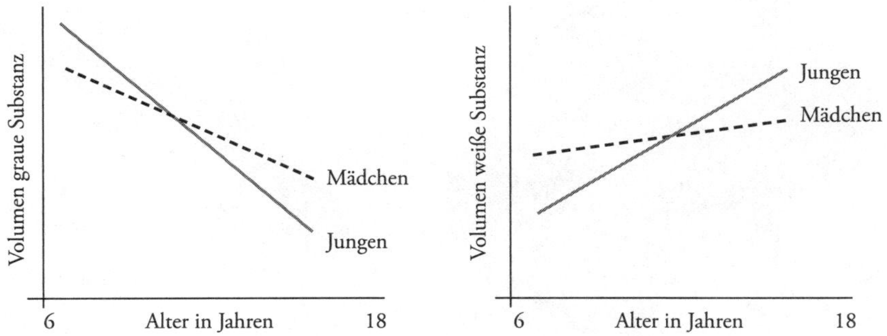

Abb. 41: Entwicklung des Volumens von grauer und weißer Substanz)

Another neural difference that has consequences for language and literacy comes from myelination. (...) Reading happens when groups of brain structures work in concert, and research has found that critical cortical regions (...) get myelinated more slowly in boys than they do in girls“ (Zambo & Brozo 2009: 26; vgl. dazu auch Morisset et al. 1995).

Hirnareale, denen feinmotorischen Fertigkeiten und Koordinationsfähigkeiten wie die Handschrift zugeordnet werden können, entwickeln sich bei Mädchen bis zur Pubertät ebenfalls bis zu 6 Jahre früher (Denckla et al. 2014; Anokhin et al. 2000). Ein Übergewicht an Dyslexie wird in klinischen Studien parallel hierzu vor allem Jungen zugeordnet. Erst um das 18. Lebensjahr nivelliert sich diese Schieflage (Sax 2004).
Vor einer Verallgemeinerung der Rolle der Myelinisierung ist jedoch zu warnen:

> „First, myelination is not the only factor that is necessary for language development. Second, even if it were the only necessary factor, myelination was not measured in other brain regions that could have been more important than Wernicke and Broca areas" (Aslin & Schlaggar 2006; vgl. dazu auch Chiang et al. 2009).

5.3.6 Hormone

Hormone sind Botenstoffe, die die biologischen Abläufe im Körper, das Verhalten – also auch das Sprachverhalten – und die Empfindungen eines Menschen entscheidend beeinflussen. Männliche (Androgene) und weibliche (Östrogene) Hormone finden sich in unterschiedlichen Konzentrationen in den beiden Geschlechtern wieder. Hormone induzieren den Großteil aller Geschlechtsunterschiede.

Eine zentrale übergeordnete Rolle bei der Regulation des Hormonsystems spielt die Hypophyse, eine tropfenförmige Hormondrüse an der Unterseite des Gehirns. Sie ist quasi eine Schnittstelle, über die das Hirn mit der Freisetzung und Reduzierung von Hormonen Vorgänge wie Wachstum und Stoffwechsel reguliert.
Ihre Befehle bekommt die Hypophyse direkt vom Hypothalamus.

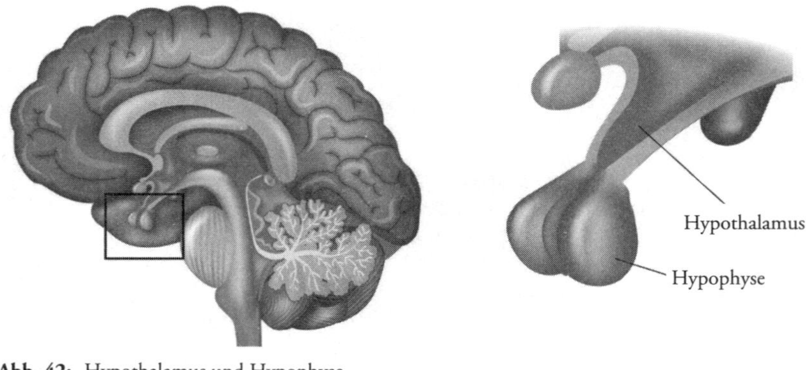

Abb. 42: Hypothalamus und Hypophyse

Schon vorgeburtlich entwickeln sich die Gehirne von Ungeborenen unter dem Einfluss verschiedener Hormoncocktails völlig unterschiedlich.
Das biologische Geschlecht ist bereits ab dem Zeitpunkt der Befruchtung festgelegt: Die weibliche Eizelle enthält das Geschlechtschromosom X, das männliche Spermium

X oder Y. Eizelle und Spermium verschmelzen, neues Leben entsteht mit den Kombinationen XY (= Junge) oder XX (= Mädchen). Auf den Chromosomen sind Gene verantwortlich für die Hormonbildung sowie für die Bildung der Geschlechtsorgane. Hormone beeinflussen das Wachstum der Nervenzellen, die Neuronendichte verschiedener Hirnareale sowie Organisation und Vernetzung des sich entwickelnden Organs. Nach der Entwicklung der Geschlechtsorgane formt sich in der zweiten Schwangerschaftshälfte im Fötus ein männliches oder weibliches Hirn.

Im sich nun schnell entwickelnden Gehirn führt der Einfluss von Testosteron zur Ausbildung spezifisch männlicher Synapsen und fördert das Wachstum von Nervenfasern. Männliche Babys weisen so viel Testosteron wie ein 25-jähriger Mann auf (McCarthy 2011). Der Testosteron-Spiegel fällt danach bis zum Beginn der Pubertät, formt jedoch weiter das wachsende männliche Gehirn.

Mädchen produzieren ebenfalls pränatal Testosteron, jedoch nicht annähernd so viel wie Jungen (Berenbaum & Bryk 2008). Als wichtigste weibliche Hormone gelten das zu den Östrogenen zählende Östradiol sowie das Progesteron.

Östrogene und Testosteron haben vielfältigen Einfluss auf das neuronale System. Insgesamt sind die Hormonspiegel beider Geschlechter über die Lebenspanne individuell sehr unterschiedlich und unterliegen zusätzlich zahlreichen Schwankungen – Jahres- und Tageszeit, Alter, Gewicht, oder dem weiblichen Zyklus. Vorsicht ist in jedem Fall geboten bei Übergeneralisierungen, z.B. Aussagen über den noch weitgehend unklaren genauen hormonellen Einfluss auf kognitive Funktionen und Entwicklungen (vgl. Schaadt et al. 2015: 70ff.).

Hormone sorgen für einen *verbal boost* bei Mädchen.

Den Zusammenhang zwischen Geschlechtshormonen, kognitiven und emotionalen Fähigkeiten bzw. den Unterschieden in der neuronalen Verarbeitung untersuchten zahlreiche Studien. Die Befunde kurz zusammengefasst:

1. Die höheren Hormonspiegel von Oxytocin und Östrogen befördern die Sprachfähigkeit bei Mädchen. Die Forschung spricht gar von einem frühen *verbal boost*.
2. Da Jungen weniger Serotonin und Oxytocin im Blut und Hirn aufweisen, sind sie physisch auch impulsiver, Mädchen sind biochemisch weniger impulsiv (Moir & Jessel 1989; Taylor 2002).
3. Sexualhormone können die Kommunikation zwischen den beiden Hirnhälften beeinflussen und so auch die weibliche zerebrale Asymmetrie verändern. Während der Menstruation hemmen Bereiche des Frontallappens der sprachdominanten linken Hirnhälfte tatsächlich entsprechende Areale auf der rechten Seite, das Hirn arbeitet eher männlich. Wenn Tage vor dem Eisprung der Östradiolspiegel ansteigt, nimmt diese Blockade messbar ab – die Hirnorganisation wirkt wieder weiblich, die sprachliche Ausdrucksfähigkeit steigt.

5.4 Bedeutung der Befunde – mögliche neurodidaktische Schlussfolgerungen

Aus jedem einzelnen neurologischen Befund bezüglich des (Fremd-)Sprachenlernens eine didaktische Schlussfolgerung ziehen zu wollen, ist unrealistisch und auch wissenschaftlich unredlich.
Das Bild einer gehirngerechten, und damit wirklich lernerorientierten Didaktik jedoch wird schärfer, wenn es sich gleich einem Puzzle aufbaut. Einzelinformationen erweitern sich dabei über zusätzliche, passende Details, die dann zu immer größeren didaktischen Handlungsfeldern werden.

> Genderspezifische Unterschiede beim Spracherwerb erfordern differenziertes unterrichtliches Handeln.

In jedem Fall jedoch erfordern strukturelle, genderspezifische Unterschiede in der neuronalen Organisation ebenso individuelle Differenzierungsverfahren im Fremdsprachenunterricht (vgl. Fine 2010).

5.4.1 Voraussetzungen schaffen

Einstellung der Lehrkräfte: Der erste Schritt in diese Richtung ist zunächst ein Haltungswechsel der Lehrkräfte wie der Lerner.
Diskriminierung, Stigmatisierung, Zurücksetzung und Nicht-Beachtung von Kompetenzen oder noch fehlenden Kompetenzen sind gesellschaftlich vorhandenen Stereotypen von *sex* und *gender* geschuldet bzw. der sozialen Erwartungshaltung, die sie transportieren. Diese zu überwinden, bedeutet ausreichende Kenntnisse zu erlangen über die biologischen Genderunterschiede, die Lernbedürfnisse der Mädchen und Jungen insbesondere in Bezug auf das (Fremd-)Sprachenlernen. Erst dann kann ein deutlich vorhandenes genderspezifisches Verschiedensein zur bewussten Bereicherung der Lernkontexte führen.

Bezugspersonen: Eine nicht zu überschätzende Rolle bei diesem Prozess können im Sinne eines balancierten Bezugspersonensettings männliche Mentoren und Rollenmodelle spielen, z.B. Väter, Großväter und weitere freiwillige männliche Lehrpersonen. Immer noch sind es – aus vor allem gesellschaftlichen Gründen – Tagesmütter, Kindergärtnerinnen und Lehrerinnen, die die ersten sechs institutionalisierten Lernjahre von Kindern und Jugendlichen begleiten.

Lernräume: Lernräume, genderdifferenziert ausgerichtet, halten neben ausreichendem Platz ein Mobiliar vor, das den Bewegungsbedürfnissen von Jungen zur Steigerung ihrer vergleichsweise geringeren Konzentrationsspannen gerecht wird, das flexibel anzuordnen ist, aber auch mögliche Rückzugsräume zum individuellen Lernen in jeglicher Körperhaltung bietet – sitzend, stehend, liegend, schaukelnd, laufend. Eine besondere Bedeutung kommt einem solch mobilen Raumdesign zu Beginn der Schulzeit zu, wenn in der Regel Jungen motorische Vorteile haben.

Methodische Verfahren: Auf methodischer Ebene findet diese Unterschiedlichkeit geeigneter Weise durch kreative, experimentelle, kinästhetische und performative Aktivitäten Berücksichtigung. Beispiele aus dem frühen Englischunterrichts sind:

- Theaterstücke, kreative Dramen
- Lernspiele: Bewegungsspiele
- Pantomime
- Film- und Videoproduktion
- Anleitungen
- Projekte
- Spielshows

Es gilt nach der ersten genderbalancierten strukturellen Ausrichtung jedes institutionalisierten Lernraumes sowie der Bereitschaft der Lehrkräfte, gezielte Fördermaßnahmen zu organisieren. Erforderlich scheint eine Gender-Balance-Systematik, die gleichermaßen weitgehende Chancengleichheit beim fremdsprachlichen Kompetenzaufbau von Mädchen und Jungen ermöglicht, und beiden im wahrsten Sinne des Wortes gerecht wird.

5.4.2 Strategische Kompetenzen

Der unterschiedliche Entwicklungsstand des jungen männlichen präfrontalen Kortex, der langsamer reift als der von Mädchen, weist auf einen Bedarf an Unterstützung der *higher level thinking skills*, hier speziell Lernstrategien, auf.

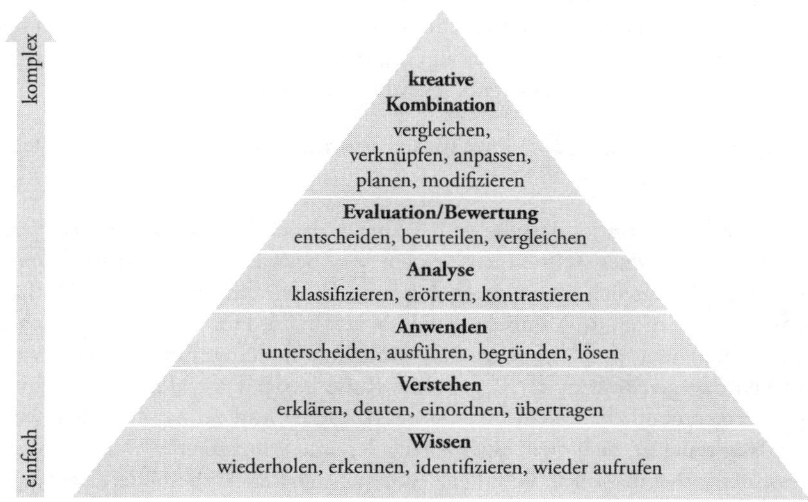

Abb. 43: Higher level thinking skills

Organisation: In einem frühen Stadium des Sprachenlernens ist es zunächst die Organisation von Lern- und Arbeitsmaterial, sowie ganz pragmatisch das Packen der Schultasche oder des Rucksacks. Beispielhaftes Vorgehen und etwas Trockenübungszeit ist sinnvoll, um eine Organisationsroutine zu entwickeln und schneller auf die vielfältigen Medien als Informationsträger von (Fremd-)Sprache und die vertiefenden Übungsmaterialien zurückgreifen zu können (vgl. Kap. 3.6).

Verhalten und Haltung: Jungen reagieren hormonell gesteuert eher impulsiv als Mädchen. Die kognitiven Fähigkeiten zum Schaffen von Einsichten sind früh vorhanden, so ist die reine Erklärung bzw. Hinweise (*reality check*) auf Handeln und Konsequenzen hilfreich. Überschätzung ist ein wesentliches Merkmal für viele diskussionswürdige männliche Handlungen.
Im Gegensatz dazu unterschätzen sich Mädchen, die eigene Selbstwahrnehmung muss in der Regel durch das Entwickeln und Unterstützen von „Can do"-Haltungen aufgebaut werden. Die kompetenzorientierte Ausrichtung von Lehrplänen und Aufgabenformaten unterstützt dies nachhaltig (vgl. Eliot 2000).
Verhandlungs- und Diskussionsstrategien z.B. in Rollenspielen und *assessment centers*, das Üben und Einnehmen von Führungsrollen, auch in Gesprächen, ermutigen dazu, vorhandene verbale Fähigkeiten nicht zurückzuhalten, sondern bewusst einzusetzen.

Konzentration: Das Anwenden von Sprache, Mutter- wie Fremdsprachen, ist ein ganz wesentlicher Bestandteil des täglichen Schullebens und seiner Arbeitsformen. Einen nicht unerheblichen, wenn nicht größten Teil verbringen Schülerinnen und Schüler sitzend, zuhörend, in Teams an Gruppentischen oder allein am Platz arbeitend, an Computern recherchierend, lesend und schreibend.

> Falsche Bewertungen der Konzentrationsspannen von Jungen führen schnell zur Stigmatisierung.

Die nötige Konzentrationsspanne ist bei Jungen dabei messbar kürzer. Das Erreichen des Endes dieses Zeitrahmens, einem sog. neuralen Pausenstatus (*neuronal rest status*), kündigt sich oft an durch Augenverdrehen, das Beenden von Notizen, das Spielen an Stiften, rhythmisches Klopfen etc. in der Hoffnung, damit wach zu bleiben, und endet im schlimmsten Fall mit dem kompletten Einnicken.
Mädchen dagegen sind in der Regel ohne Pause in der Lage, dem Unterricht zu folgen, zeigen deutliche Zeichen der Aufmerksamkeit und Teilnahme, auch, wenn ihnen langweilig ist. Sich quasi aktiv aufzuladen und selbst zu erholen ist für sie im Lernprozess scheinbar ohne äußerliche Aktivität möglich. Insbesondere bei langen verbalen Instruktionen scheinen diese Erholungsstrategien zu funktionieren, nicht jedoch bei Jungen. Je länger der verbale Input dauert, desto schneller wechseln diese in den beschriebenen Pausenstatus.

Jungen diese Tatsache bewusst zu machen, hilft ebenso wie das Stützen von Gesagtem mit räumlich-visuellen Hilfen – Bildern, Symbolen, Diagrammen, Objekten etc. (Gurian & Stevens 2005). Die fremdsprachlichen Aufgabenformate sind geeigneter Weise konkret und strukturiert. Lange Instruktionen zu kürzen und nicht länger als etwa eine Minute anzuweisen, bedeutet unterrichtlich genderspezifisch zu agieren. Die ja eigentlich normalen Konzentrationspausen situationsangemessen zuzulassen, ist aber ebenfalls eine hirnbasierte Alternative: Da das Gehirn auch im Schlaf nie ruht, ist davon auszugehen, dass die Pause als neuronales Lernplateau genützt wird und neue gedankliche Verknüpfungen entstehen – eine Voraussetzung für Kreativität.

5.4.3 Sprachliche Fertigkeiten

Im Bereich der rezeptiven Fertigkeiten Hör-/Sehverstehen und Leseverstehen ist der Forschungsstand noch nicht umfassend genug, um direkte Konsequenzen für eine genderspezifische Differenzierung auf der methodischen Ebene zu bewerben.

> Genderspezifische neurosprachendidaktische Konsequenzen beziehen sich vor allem auf das Sprechen und Schreiben.

Die bereits erwähnten unterschiedlichen Konzentrationsspannen gilt es in jedem Fall zu berücksichtigen, und es empfiehlt sich, beispielsweise vielfältige, individuelle, teils medial gut gestützte Erarbeitungsmöglichkeiten eines Textes zuzulassen. Audio-, Video- oder Printvorlagen von Texten sind dabei in inhaltlich geeigneter Weise emotional mit der Lebenswelt der Kinder und Jugendlichen verbunden, sind herausfordernd, authentisch und in bestem Sinne bedeutend.

Die produktiven Fertigkeiten, das Schreiben und Sprechen in den verschiedenen Sprachen, müssen in Zukunft anders als rezeptive Fähigkeiten von Anfang an genderspezifisch unterschiedlich auf vielen Ebenen berücksichtigt werden – zu groß sind die beweisbaren Unterschiede von Mädchen und Jungen in der Entwicklung mündlich-produktiver Sprachkompetenzen und *Literacy*.

Literacy: Im Folgenden geht es nur um den rein sprachlichen Erwerb des Lesens und Schreibens (*Functional Literacy*), einem engeren Begriffsverständnis. Darüber hinausgehende Kompetenzen wie Textverständnis, Vertrautheit mit Medien und Literatur, sowie Leseerfahrungen sind neurodidaktisch mit vorhandenen erziehungswissenschaftlichen und sprachendidaktischen Befunden nicht bewertbar.

> „It should be emphasized that reading and writing skills are learned cognitive capacities of a different kind than natural language per se, the latter being a human universal, acquired by all normal humans in a largely spontaneous unsupervised fashion (Petersson et al. 2007: 797).

Wenn feststellbar ist, dass sich die Gehirne von Mädchen im Grundschulalter in Bezug auf verbal-emotionale Funktionen schneller entwickeln, sie dazu noch die frühe Fähigkeit stillzusitzen besitzen und sich auf gestellte Aufgaben ohne kognitive Anstrengung lange konzentrieren zu können, hat dies zwangsläufig Auswirkungen: Nicht nur fremdsprachliche Lernerfolge insgesamt sind größer, besonders der Auf- und Ausbau des kompetenten Umgangs mit dem Schriftbild gelingt schneller und intensiver (Whitmire 2010: 56; Conlin 2003).

Viele schulische Misserfolge lassen sich von Schulbeginn an aus Misserfolgen beim Schreiben und Lesen ableiten, insbesondere dann, wenn Lernaufgaben und Lernmaterialien zunehmend den Wechsel von *„learning to read"* (vgl. Shaywitz und Shaywitz 2008: 1330) hin zu *„reading to learn"* einleiten. Dass eine frühe Intervention notwendig ist, zeigt eine Longitudinalstudie:

> „Over the last 20 years the reading skills of 17-year-old boys have been in a steady decline. Each year since 1988 the gap between boys' and girls' reading skills has widened a bit more" (Whitmire 2010: 31).

Schreib- und Leselehrgänge in Mutter- und Fremdsprachen – wenn überhaupt generell vorhanden – müssen deshalb genderspezifisch überdacht und neu strukturiert werden.
Die frühe unterschiedliche Myelinisierung (siehe Kap. 3.5) bei Mädchen und Jungen mit Differenzspannen in der Entwicklung von bis zu 3 Jahren machen eine gezielte Differenzierung im Aufbau der Alphabetisierung unbedingt notwendig. Für den Bereich der frühen Fremdsprachen sind zuvorderst drei Beispiele zu nennen.

> Unterschiedliche Myelinisierung bedeutet einen erheblichen Differenzierungsbedarf bei der Alphabetisierung.

1) Der spielerische, experimentelle und individuelle Umgang mit der Rechtschreibung im Sinne einer *interlanguage*: Rechtschreibfehler werden dabei als intelligente Anpassung an die Schreibnormen angesehen, Modelle und Selbstkorrekturen führen von der eigenen Schreib- und Lesehypothese der Kinder zur Zielform. Das erfordert einen zeitunabhängigen Lernprozess, Restriktionen wie z.B. Negativkorrekturen führen zu neuronalen Gegenreaktionen und sind deutlich kontraproduktiv.
2) Unterschiedliche Textangebote, sogenannte *boy books*, z.B. omnipräsent in den Leseecken und bei den Freiarbeitsmaterialien platziert, enthalten Themen wie Wettbewerb, Abenteuer, Sport, Science Fiction, Erklärungen, aber auch Kriegsgeschichten und *fictional violence*. Ebenso *stuff about slime, bacteria and bugs* – um es ein wenig adressatenspezifisch zuzuspitzen. Es geht um motivationale Zugänge zu eben für Jungen biologisch schwierigen Hirnfunktionen im Grundschulalter.
3) Ab der Sekundarstufe 1 sind dann in allen Schularten fremdsprachliche *Literacy*-Förderkurse geeignete Differenzierungsmaßnahmen für Jungen und Mädchen am unteren und oberen Ende der entsprechenden Kompetenzen.

Weitere Konkretisierungen der methodischen Ebene, genauer der methodischen Verfahren, der Material- und Medienauswahl, der inhaltlichen Gestaltung liegen als zukünftige Aufgaben an.

Speaking: Die sprachproduktiven Fähigkeiten unterscheiden sich bei Jungen und Mädchen deutlich, mit klaren frühen Vorteilen für das weibliche Geschlecht. Der höhere Wortschatz ermöglicht eine ausgefeiltere, differenzierte Ausdruckmöglichkeit, diese wiederum führt zwangsläufig zu einer sich schnell entwickelnden verbalen Kommunikationskompetenz – insbesondere zur spontaneren Sprechbereitschaft. Jungen und Mädchen entwickeln auch deshalb früh sprachlich verschiedene Erzählstile (Gilligan 1982).
Diese Umstände zusammengenommen gehen dann noch einher mit sich wohl parallel ebenfalls zügiger entwickelnden kognitiven Vorteilen bezüglich Sprachvergleichen. Diese haben somit eine nicht unbedeutende Auswirkung auf das weitere Fremdsprachenlernen, wodurch vergrößert die Leistungslücke zwischen Jungen und Mädchen im frühen (Fremd-)Sprachenlernen sich weiter deutlich vergrößert.
Drei Handlungsfelder lassen sich binnendifferenzierend identifizieren.

1) Der unterschiedliche produktive Wortschatzumfang – mit frühen Vorteilen für Mädchen – korreliert sehr stark mit den festgestellten Differenzen bei den darauf bezogenen Speicherkapazitäten von verbundenen und unverbundenen Wortlisten. Stark visualisierte Stützung durch *Wordwebs*, Objekte, Bilder, Symbole etc. konkretisieren den Wortschatz für Jungen und bereiten die Verfügbarkeit vor. Gezielte Memostrategien, z.B. spielerisches „Abfotografieren“ mit den Augen, unterstützen dies.

Abb. 44: Beispiel *Wordweb*

2) *Literacy*-Kompetenzen ermöglichen erst den Aufbau von passivem Wortschatz. Passives Verfügen führt über Übung und Verbalisierung zur produktiven Verfügbarkeit.
   Oben genannte Fördermaßnahmen zur *Literacy* sind demnach auch für den mündlichen Fremdsprachengebrauch unverzichtbar.
3) Die emotionalere Bindung an Sprache bei Mädchen führt dazu, dass diese leichter verbalisieren, was sie fühlen. Jungen entwickeln dies nachweislich später, können aber in der Regel konkret beschreiben, was sie getan haben, tun oder tun werden. Da das Gehirn Dinge, die konkret getan werden, zudem höher hierarchisiert als passiv rezipierte, spricht viel dafür, dass neben dem Angebot gezielt aktiver, persönlicher Formulierungen (*chunks, idioms*) auch sprach-/sprechhandlungsorientierte Aufgabenformate in bester Hinsicht genderdifferenzierend sind (vgl. Eliot 2000).

Nahezu alle vorgeschlagenen Differenzierungsfelder richten sich zwar zunächst im Schwerpunkt auf die Förderung von entwicklungsspezifischen, wenngleich kurzfristigen, Nachteilen von Jungen in der Sprachverwendung. Sie sind jedoch notwendig, um in den vorhandenen eher linear als spiralcurricular angelegten Lernprogressionen in den Fremdsprachen nicht schon früh Jungen bewusst, unbewusst oder wider besseren Wissens zurückzulassen. Gleichzeitig dürfen für die Sprachentwicklung von Mädchen nicht durch limitierte Anforderungen, Aufgabenformate, Sprachumfänge oder fehlende individuelle sprachliche Begabtenförderung „Deckeneffekte" (Böttger 2013a) eingezogen werden.

Genderspezifische Aufgabenformate verhindern Über- wie Unterforderung.

Dies würde eine unnötige Verzögerung und Verschleppung der hohen Sprachpotenziale von Mädchen bedeuten. Genderspezifische Unterschiede dürfen nicht zu Diskriminierungen jeglicher Art – auch durch die schulische Didaktik beispielsweise – führen, sondern müssen als Bereicherung angesehen werden.

6 Hirngerecht Sprachen lernen und lehren

Dieses Kapitel knüpft eng an die vorherigen an, greift die bisherigen Resultate auf, fokussiert aber bereits mögliche erste sprachendidaktischen Maßnahmen über die genderspezifische Differenzierung hinaus.
Diese werden insbesondere für die einzelnen sprachlichen Fertigkeiten und Kompetenzen entwickelt, aufgezeigt und begründet (Kap 6.2 bis 6.4). Wichtig zu sagen ist an dieser Stelle, dass es dabei nicht um eine methodische Rezeptologie handeln soll, sondern um eine beweisbasierte didaktisch-methodische Grundstruktur und Basis des gehirngerechten Sprachenlernens.

> Beweisbasiertes sprachendidaktisches Handeln ist keine Rezeptologie mit Methodenhörigkeit.

Die Vorschläge müssen weiter quasi übersetzt werden in sprachenmethodische Aktivitäten auf der unterrichtlichen Ebene.

Eine Art Bestandsaufnahme vom Wissen über Lernprozesse zeigt, dass in der Sprachlehr-/-lernforschung wissenschaftsübergreifend wichtige Forschungsdesiderata bleiben:

1. Die genaue Funktion des Konzeptes „Lernen“ bzw. „Sprachenlernen“ ist in keiner Wissenschaft abschließend und allumfassend beschrieben.
   Förderliche wie ungeeignete Prädispositionen sind durch Beobachtungen jedoch weitgehend bekannt. Aus ihnen entstehen pädagogische und didaktische Vorstellungen vom Weg zum erfolgreichen Sprachenlernen. Grundsätzliche Beweise fehlen in der Regel, Hypothesen überwiegen. Denken und Lernen überlappen sich, können jedoch nicht als bedeutungsgleich dargestellt werden.
2. Für das Sprachenlernen notwendige Speicherprozesse sind in ihrem Ablauf nur grob bekannt, insbesondere die Verknüpfung von Erinnerungen und Erfahrungen zu Sprachkompetenz und Sprachwissen.
   Sprachliche Erfahrungen bilden dabei eine Rolle als Teilmenge auf dem langen Weg zum Sprachganzen, der Grundmenge bzw. der optimalen Sprachkompetenz. Bedeutungskontexte, Neugier und Interesse, Wiederholungen und Zeit und spielen eine große Rolle bei der Sprachaufnahme, -verarbeitung und Behaltensleistung (vgl. Kap. 6.1).
3. Institutionalisiertes Lernen, so z.B. unterrichtlich organisiertes bzw. angeleitetes, geht, ebenso wie nicht institutionalisiertes, z.B. natürliches, implizites Lernen, in der Regel langsam vor sich und ist bezüglich der langfristigen Verfügbarkeit

auch aus diesem Grund störanfällig. Sprachexploration und -experimente sind ohne ausreichend Zeit, z.B. zum Formulieren eines Satzes, nicht denkbar.

4. Das Entstehen kognitiver Leistungen (z.B. Begriffsbildung und die Generierung von Bedeutung) mit Bezug auf Sprache ist nicht umfassend erforscht.

Die Grundlagen neuronalen Lernens sind aus neurobiologischer Sicht unstrittig.

> Der Ablauf von Sprachlernprozessen ist im Wesentlichen neurobiologisch nachvollziehbar.

Die Aufgabe des Gehirns ist es, sich adaptiv zu verhalten, vorherzusagen, Hypothesen zu bilden, zu interpretieren und zu antworten bzw. zu reagieren. Aus hirnphysiologischer Sicht werden Reize aufgenommen, verarbeitet und gespeichert. Die Wege dieses Prozesses sind weitgehend geklärt. Zwischen 1988 und 2007 durchgeführte Studien (37) wurden dazu miteinander verglichen (Jung & Haier 2007). Demnach erfolgt die Sprachinformationsverarbeitung einem festgelegten Verlauf (Colom et al. 2010: 492; Haier 2009):

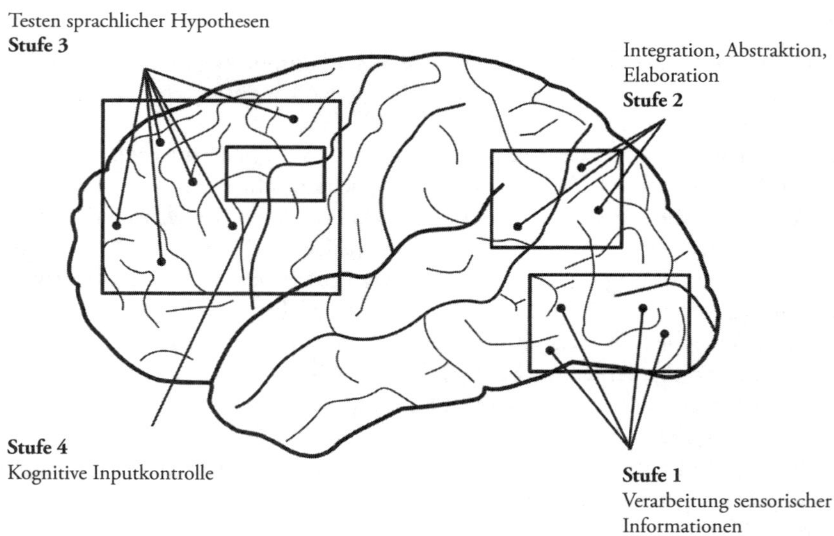

Abb. 45: Prozess der sprachlichen Informationsverarbeitung

1) Okzipitale und temporale Gebiete des Gehirns verarbeiten sensorische Informationen in einer ersten Verarbeitungsstufe. Diese sind beteiligt an der Erkennung visuellen Inputs sowie an der Analyse auditiver Signale.

2) Die zweite Verarbeitungsstufe findet in parietalen Hirnarealen statt. Hier werden die sensorischen Informationen integriert und abstrahiert, ihnen wird eine Bedeutung zugemessen.
3) Im dritten Schritt interagieren parietale Areale mit den Frontallappen. In dieser Wechselwirkung werden sprachliche Probleme gelöst, der Input ausgewertet und sprachliche Hypothesen getestet.
4) Im anterioren Cingulum, unterhalb des Kortex im Limbischen System (vgl. Kap. 6.4.1), findet die kognitive Kontrolle über den Input statt: Die Auswahl der sprachlichen Reaktion auf den Input wird hier entscheiden, anschließend werden dann alternative Reaktionen unterdrückt.

6.1 Bedingungen neuronalen Lernens

Zusammengefasst werden die neuronalen Strukturen in der Schwangerschaft grundgelegt, entwickeln sich in den ersten zwei Lebensjahren explosionsartig und reduzieren sich anschließend nutzungsabhängig (vgl. Kap. 4.1.2).
An dieser Stelle spielt eine Rolle, wann und wie schnell die Axone der einzelnen Hirnareale von Myelin ummantelt werden (vgl. Kap. 5.3.5). Die anschließende Stabilisierungsphase dient auch der Entwicklung von bewussten Prozessen im Gehirn sowie dem Aufbau eines Gedächtnisses (vgl. Kap. 6.1.3). Eine erhebliche Rolle spielt das Limbische System, in dem über emotionale bedeutende Prozesse erste Erfahrungen zu Bewusstsein führen.
Hirnphysiologisch beschrieben werden Sinneswahrnehmungen als Reize verarbeitet, in elektrische und chemische Impulse umgewandelt. Eiweiße tragen dann dafür auf Zellebene Sorge, synaptische Verbindungen auf- und auszubauen, wobei sie an den Nervenenden (Dendriten) neue Sprossen oder Dorne bilden (*spines*). Durch deren Mengenzuwachs wiederum können vermehrt Botenstoffe (Transmitter) in die Synapse gelangen, die Weiterleitung des Reizes gelingt leichter und schneller: Bereits nach einer halben Stunde kann eine Dornbildung nach Reizung, z.B. durch einen Lernimpuls, nachgewiesen werden. Die für das Lernen besonders bedeutsamen Neurotransmitter sind aus über insgesamt Hundert diese sechs:
1. Acetylcholin (wirkt zentral für die Aufmerksamkeitssteuerung)
2. Noradrenalin (dient der Informationsverarbeitung, befördert Angst und Emotionen)
3. Dopamin (das Belohnungssystem, anregend, treibend)
4. GABA – Gamma-Amino-Buttersäure (dämpft Erregung und beruhigt)
5. Serotonin (aktiviert Wohlbefinden, dämpfend)
6. Glutamat (schärft Sinneswahrnehmungen)

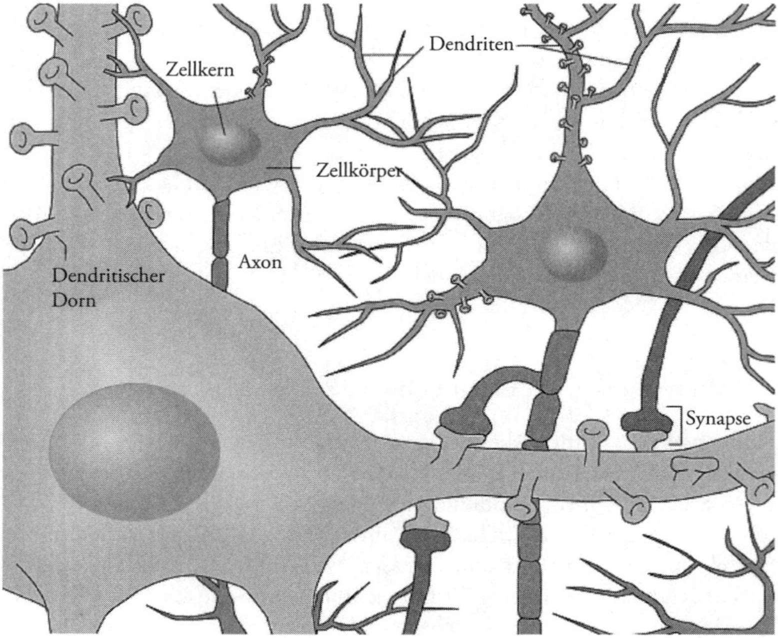

Abb. 46: Hirnphysiologische Verarbeitung von Reizen auf Zellebene

Die Folgen sind ein zunehmend differenzierter Aus- und Aufbau von genetisch vorgegebenen Neuronenverbänden und aus bisherigen Erfahrungen weiterentwickelte neuronalen Netzwerken. Sie synchronisieren sich progressiv und bedingen sich gegenseitig. Ein weitere Folge ist die sich zunehmend erhöhende Übertragungsleistung und -stärke.

> Je mehr bereits vorhandenes Wissen, desto schneller und höher ist der Lernzuwachs.

Solche Prozesse der neuronalen Reorganisation und Umstrukturierung (vgl. Spitzer 2000) verbildlichen den Umstand, dass neues Wissen an bereits vorhandenem andockt.

Auf das Sprachenlernen bezogen bedeutet dies, dass z.B. neuer Wortschatz im Gehirn verglichen wird mit bereits gefestigten Neuronenverbänden (oder vorhandenen Wissensbeständen), immer vorausgesetzt, das Limbische System lässt den Reiz durch bis in Bereiche unterhalb des Kortex.
Schematisch vereinfacht sieht der Lernprozess so aus:

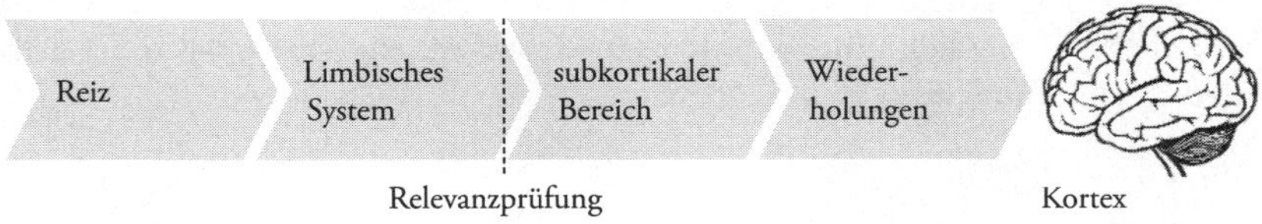

Abb. 47: Lernprozess schematisch

Sind ähnliche Wörter, z.B. aus Wortfamilien vorhanden, ist die Speicherung gewährleistet. Ist kein Vergleich möglich, sichert Wiederholung und vor allem positive Konnotation den Transfer des neuen Reizes, des neuen Wortes, zum neuen Wissensbestand. Eine feste Verankerung im Kortex ist erst nach einer hohen Zahl an Wiederholungen möglich – mindestens 50 und mehr (vgl. Apeltauer 2010: 15).

Erst zu Beginn der Pubertät lässt diese Entwicklung aus hormonellen Gründen etwas und zeitlich begrenzt nach.
Hier entsteht der Eindruck für spezielle Lernphasen, Zeitfenster, in den besonders gute neuronale Bedingungen für das Lernen zu bestehen scheinen. Insbesondere im Sprachenlernen wird dann auch von kritischen oder sensiblen Phasen gesprochen: So scheint nach der Pubertät ein akzentfreies Sprachenlernen nicht mehr möglich oder werden im Kindesalter auch fremde Sprachlaute mühelos richtig gebildet, die später nicht mehr in dieser Leichtigkeit imitierte werden können.
Beobachtungen und neurowissenschaftlicher Befunde decken sich hier:
Die Verstärkung neuronaler Verbindungen und effizientere neuronale Verschaltung bei Gebrauch fällt in umschriebene Hirnentwicklungsphasen, die von begrenzter Dauer sind (vgl. Kap. 4.1). Ebenso der Rück- und Abbau als Anpassungsprozess bei Nichtbenutzung durch
– Synaptogenese (*Use it or lose it*) und
– *Pruning*, der selektiven Eliminierung von Synapsen.

Diese Prozesse führen zur spezialisierten Organisation des Gehirns, je nachdem, bei welchen Prozessen bestimmte Neuronen und Nervenbahnen wie oft aktiviert werden. Auf neurobiologischer Ebene ist hiermit das Sprachenlernen repräsentiert. Grundvoraussetzungen für all diese Veränderungen, Lern- und Anpassungsprozesse auf neuronaler Ebene sind gelungene, also entwicklungsadäquate oder bedeutende Interaktionen mit der Umwelt sowie die konzentrierte und emotional positive Prädisposition des Gehirns (vgl. Kap. 3.2.1).

Stress unter einer bestimmten Schwelle (positive Aufregung) ist lernförderlich.

Negative Einflüsse, z.B. übermäßiger, über ein förderliches, mittleres Niveau hinaus gehender Stress, behindern sie dagegen nachweislich, Hippocampus und Synaptogenese werden behindert. Die Balance zu finden zwischen Stress und motivierender

Herausforderung sowie dem Lernerfolg ist ein schwieriges Unterfangen. Zu viel Ausschüttung eines Steroidhormons führt zum Misserfolg, ein Mittelmaß dagegen ist förderlich (vgl. Sandi 2011):

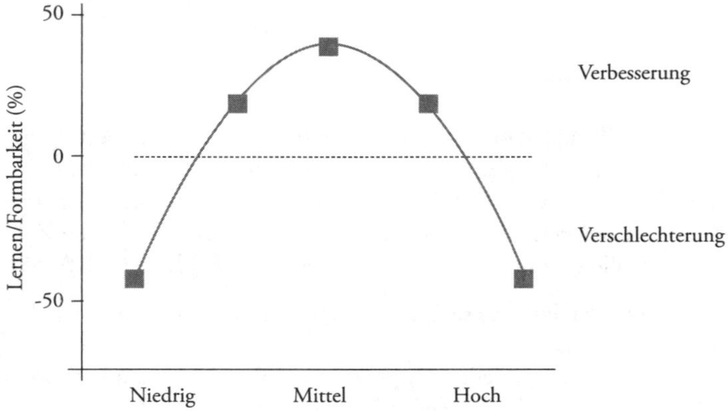

Abb. 48: Lernleistung abhängig von Stressbelastung

6.1.1 Motivation und Emotion

Motivation und Sprachenlernen bedingen einander. Über Motivation werden zu erlernende Spracheinheiten relevant, ungeachtet dessen, ob dies über die lernpsychologischen Kategorien intrinsische (die innere, aus sich selbst entstehende) oder extrinsische (die durch äußere Reize hervorgerufene) Motivation erfolgt. Sind sie erst relevant, also von Bedeutung für den Lerner, werden sie auch leichter behalten (vgl. Kap. 7).

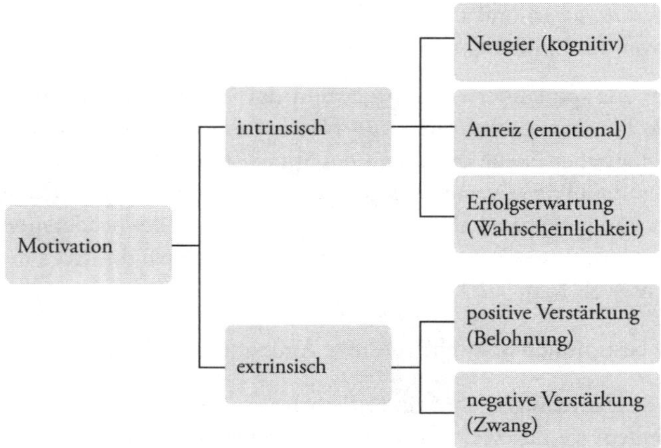

Abb. 49: Motivationstypen

6.1.1.1 Extrinsische Motivation

Die extrinsische Form der positiven Verstärkung, z.B. durch Lob, Belohnung oder positives Feedback, weist zunächst den stärksten neuronalen Bezug auf: Der Neurotransmitter Dopamin, das Hormon Oxytocin und das endogene Opioid Endorphin bilden als Botenstoffe ein körpereigenes Belohnungssystem, das z.B. bei positiver Zuwendung und Rückmeldung über Geleistetes aktiviert wird. Sie werden deshalb landläufig auch „Glückshormone“ genannt.

Bei der Belohnungserwartung, der bewussten oder unbewussten Antwort auf die Frage, warum man etwas tut, ist Dopamin im Spiel. Wird dieser Stoff in einer bestimmten Konzentration ausgeschüttet, steht sicher eine Belohnung in Aussicht. Erfolgt die Belohnung tatsächlich, werden andere hirneigene Drogen produziert, sogenannte endogene Opioide.
Dopamin wirkt positiv auf Wohlbefinden und Gedächtnisleistung, steigert Konzentration, Neugier und Aktionsbereitschaft. Oxytocin wirkt vertrauensbildend und sozial bindend, Endorphin stimmungshebend und schmerzlösend. Verantwortlich für die Ausschüttung der drei Botenstoffe in einer Kettenreaktion mit dem Opioid am Ende ist auf neuronaler Ebene das Gebiet des Mittelhirns, das das Limbische System bis in die Großhirnrinde aktiviert. Sie docken an Synapsen an, lösen bestimmte Gefühle und Handlungen aus.

Kleinkinder erleben bis zu fünfzigmal am Tag größte Begeisterung mit entsprechender Aktivierung der emotionaler Zentren und Ausschüttung der Botenstoffe. Die aktivierten neuronalen Netzwerke werden dabei stabilisiert und bilden weitere neuronale Fortsätze aus. So werden Wachstums- und Umbauprozesse, also Lern- und Erfahrungsprozesse befördert. Die Frequenz der „Begeisterungsstürme“ nimmt zunehmend ab, in Korrelation zur fortschreienden Synaptogenese.

> Positive Sprachlernerlebnisse sind die beste Lernmotivation und nicht ersetzbar.

Bleiben die positiven Effekte der Motivationsbotenstoffe allerdings aus, sucht sich das Gehirn Alternativen und Ersatzreize. Diese können auch Suchtmittel sein. Bleiben Wertschätzung, Beachtung und Zuwendung aus, kommt es dazu noch zu Konflikten oder Ablehnung, wirkt körperlicher und seelischer Stress kontraproduktiv.

Motivation lässt sich nicht unterrichten und nur bedingt als Strategie erlernen. Spiele gezielt in den Unterricht zu integrieren, gleicht diesen Nachteil wieder etwas aus. *Gamification*, das „Verspielerischen“ eigentlich formal-starrer Lernabläufe, ist für den Sprachunterricht ein didaktisch willkommenes Gesetz: Jedes Spiel, Rollenspiel, Brettspiel, Ratespiel etc. birgt neben hoher Motivation auch ein gewaltiges Potenzial an implizitem Lernen (vgl. Kap. 3) auf.

In der Regel basiert das Anstrengungsverhalten sprachenlernender Kinder auf das Vermeiden von Sanktionen in Form von schlechten Noten oder negativen Rückmeldungen, kleinschrittigen Korrekturen und indirekten Bestrafungen.
Diese Art extrinsischer Motivierung ist für das Sprachenlernen kontraproduktiv und wird, meist lebenslang, negativ konnotiert. Der neuronal relevante Ort: Amygdala (vgl. Kap. 3.2.2). Wenn Bedeutsames wiedererkannt wird, schüttet der Mandelkern kleine Mengen Endomorphine aus. Je mehr solcher positiven Emotionen stattfinden, desto höher ist der Lernerfolg. Ohne Mandelkern sind Gefühle, und damit Lernen, nicht möglich.

Der Einsatz extrinsischer Motivation funktioniert beim Aufbau von Sprachkompetenzen nur so lange, wie sie aufrecht erhalten werden kann, sie als Produkt der Interpretation durch den Motivierten positiv wahrgenommen wird und sie konstruktiv, nicht destruktiv ist: Vertrauen und Wertschätzung des Motivierenden durch den Empfänger sind dazu – insbesondere bei einem Beziehungslernprozess wie dem Sprachenlernen – die Grundvoraussetzung.

> Positives Feedback ist der erste Hinweis auf einen erfolgreich verlaufenden Sprachlernprozess.

Wenngleich durch positive Verstärkung die Lernbereitschaft bzw. Sprachlernneigung kurzfristig begünstigt wird, so verlieren Anreize, seien es Druck, Lob, Belohnungen, Begünstigungen und Versprechen etc., schnell an Wert oder werden durch zu häufige Anwendung inflationär. Sie wirken keinesfalls nachhaltig. Der biologische Hintergrund: Im Tegmentum, der „Haube" im Bereich des Hirnstamms, vergleichen dopaminerge Zellen permanent Ist- und Sollzustand, habituieren bei immer gleicher positiver Verstärkung und gewöhnen sich an sie. Wechsel dagegen aktivieren sie neu. Der Gewöhnungsprozess kommt sehr schnell, neue Anreize müssen bereitgehalten werden.
Für das frühe Sprachenlernen bedeutet dieser Prozess, dass klare Lernziele mit einem Anreiz verbunden zu Lernerfolg führen können.

6.1.1.2 Intrinsische Motivation

Intrinsische Motivation setzt auf eine selbstwirksame langfristige Perspektive, auf eigenes inhaltliches Interesse, auf Hingabe und Begeisterung.
Dies erfordert Selbstvertrauen bezüglich des eigenen Könnens, ist quasi eine aus extrinsischer Motivation resultierende Selbstmotivation. Ein solches positives Selbstkonzept erfordert Entscheidungsfähigkeit und Problemlösekompetenzen. Der präfrontale Kortex (vgl. Kap. 3.1.1.1) ist der Ort für kognitive Fähigkeiten wie Handlungsplanung, Kontrolle, Empathie, Verantwortungsbereitschaft, Frustrationstoleranz und Selbstdisziplin.

Der Eigenantrieb für das Sprachenlernen hängt von wenigen Faktoren ab.

Intrinsische Motivation beim frühen Sprachenlernen zu fördern ist in beschränktem Umfang möglich. Marksteine des Aufbaus einer gezielten, kindgerechten intrinsischen Motivation beim Sprachenlernen sind die sich gegenseitig bedingenden Prinzipien der Sinnhaftigkeit der Inhalte, der Selbstverantwortung des Sprachhandelns, der Wertschätzung durch Lehrkräfte, der Stolz auf die eigene Sprachperformanz sowie des *Flow*-Erlebens nach einer sprachlichen Anstrengung (vgl. Engeser et al. 2005).

Abb. 50: Intrinsische Motivationsförderung

6.1.1.3 Angst

Bei Angst, insbesondere Prüfungs- und Versagensangst und Stress werden die chemischen Substanzen Adrenalin und Noradrenalin ausgeschüttet. Sie verhindern die Erzeugung chemischer Transmitter, die den Kontakt zwischen den Synapsen herstellen. Dort kann dann kein physischer Kontakt mehr entstehen, Denken ist nicht mehr möglich, Denkblockaden entstehen. Dazu steigen Puls und Blutdruck. Für Tests jeder Art, auch sprachliche Tests, ist dieser Zustand kontraproduktiv.

Der Hypothalamus veranlasst dazu mit den Hormonen CRH und ACTH über die Hypophyse und die Nebenniere die Zufuhr des Stresshormon Cortisols in den Blutkreislauf. Die körperliche Reaktion ist ein erhöhter Stoffwechsel, wenn nicht der Hypothalamus dort den Cortisolspiegel reguliert und einstellt.

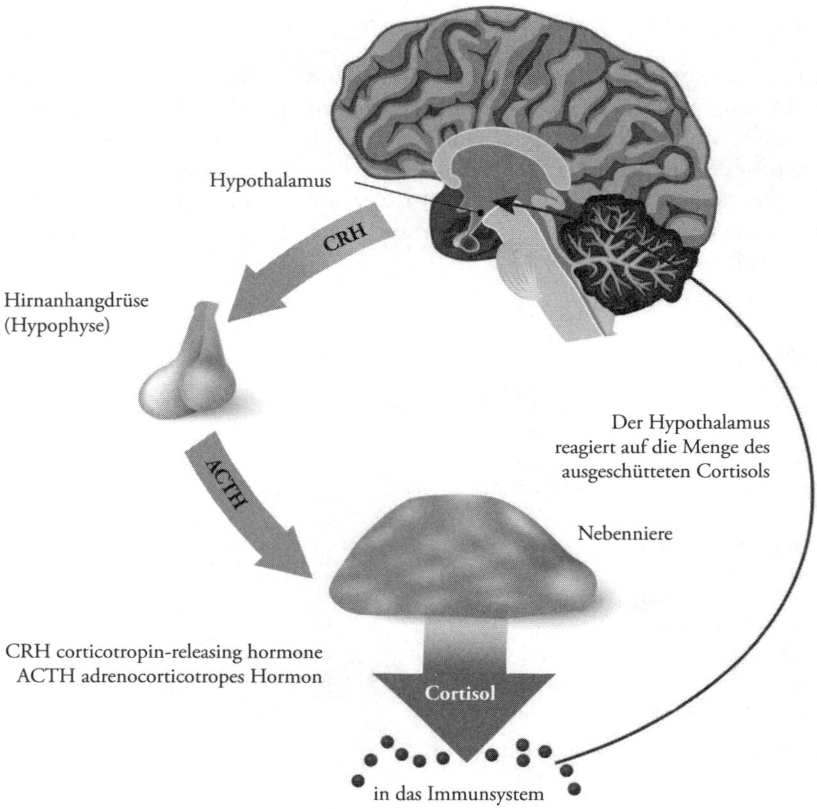

Abb. 51: Stressregulierung

Angst, Restriktion und psychischer Druck sind für Lernprozesse, insbesondere auch sprachliche, kontraproduktiv. Wissen, das unter Stress erworben wird, wird sofort vom Mandelkern mit einem negativen emotionalen Etikett oder Marker versehen, mit dem es untrennbar verbunden ist, teils ein Leben lang.

Mit Angst kann keine Sprache gelernt werden.

Für das Sprachenlernen gilt deshalb, dass Lernen, auch Sprachenlernen, nur in positiver Laune erfolgreich erfolgen kann (vgl. Kap. 3.2.1). Insbesondere kreative Sprachleistungen wie das freie Bilden von Sätzen zur Lösung sprachlicher Kommunikationen als Problemstellung sind ausschließlich so möglich:
Angst in unterschwelliger Ausprägung, d.h. ohne Ausschüttung hemmender Stoffe kann zwar auch treibende Kraft sein, die Fantasie und Kreativität (Bandelow 2009) befördert.

Angst im überschwelligen Bereich jedoch findet im kognitiven Bereich statt, erleichtert dadurch zwar das Ausführen einfacher, bereits erlernter und automatisierter Routinen, verhindert jedoch kreative Problemlösungen, auch im sprachlichen Bereich. Erst Angstfreiheit z.B. fördert freies und flüssiges Sprechen.

6.1.2 Motorik – Bewegung und Stoffwechsel

Sprachenlernen ist vor allem auch motorisches Lernen. Körperliche Aktivität hat einen positiven Einfluss auf die Fähigkeit des Gehirns, neuronale Verbindungen zu stärken bzw. neue zu bilden. Bewegung verbessert die Hirnleistung, hellt die Stimmung auf und steigert die Lernleistung (vgl. van Praag et al. 2005; Voss et al. 2013).

Im Hippocampus als wohl einzigem Ort des Gehirns mit ständigem Nervenzellenwachstum wird z.B. über Bewegungen, Ausdauer- und Koordinationstraining und körperliche Reaktionen die Entwicklung neuer Blutgefäße (Angiogenese) gefördert, nicht also nur in den großen Muskelgruppen. Lungen- und Herzfunktion profitieren von dieser Entwicklung.
Die neuen Blutbahnen, entstanden durch den so genannten vaskulären endothelialen Wachstumsfaktor VEGF, transportieren z.B. Nervenwachstumsfaktoren wie BDNF (*brain-derived neurotrophic factor*), VGF (*vascular growth factor)* oder der insulinähnliche Wachstumsfakor IGF-1 dadurch deutlich besser und unterstützen so die Bildung neuer Neuronen aus Stammzellen (Neurogenese). An diesem Prozess ist der Botenstoff Serotonin beteiligt, der über eine positive mentale Stimmung zu weiterer körperlicher Aktivität anregt (Petty et al. 2009).
Im anterioren cingulären Kortex, gleich hinter dem präfrontalen (Kap. 3.1.1.1) sind positive Wachstumsveränderungen bei sportlich-physischer Betätigung nachweisbar. Diese Region zeichnet verantwortlich für rationale Vorgänge wie sprachlichen Entscheidungsfindungen oder die Aufrechterhaltung der Konzentration sowie das Ignorieren von Störungen (Colcome et al. 2004). Emotional ist sie involviert in die Konttrolle von Impulsen.

Mittels körperlicher Aktivität günstige neuronale Entwicklungsbedingungen zu schaffen bekommt auch eine für das Sprachenlernen direkt relevante Bedeutung. Beim Erlernen einer bewegungstechnisch anspruchsvollen Fertigkeit (wie z.B. das Zusammenspiel von Auge, Hand und Schläger beim Golfabschlag) wachsen die dafür zuständigen Hirnareale, z.B., im supplementären motorischen Kortex nachweisbar und konkret messbar an der vermehrten grauen Hirnsubstanz (Jäncke et al. 2001). Für die Koordination relevanter motorischer Funktionen (z.B. Mundmuskulatur beim Sprechen), für kognitive Prozesse wie sprachliche Entscheidungsfunktionen sowie für das Erlernen von feinmotorischen Bewegungsabläufen (z.B. bei schriftlicher Sprachproduktion) ist dies notwendig.

Bewegung besitzt eine hohe Relevanz für das Sprachenlernen.

Der physiologische Effekt lässt sich bei regelmäßiger und ausdauernder Übung verstärken: Neuronen werden dann über die Hirnkapillaren kontinuierlich und gezielt mit Sauerstoff und Energie versorgt, die für die ständige Auf- und Umbauarbeit an ihnen dringend gebraucht werden (Freund et al. 2013). Auswirkungen auf Gedächtnisleistungen (van Praag et al. 2008) und die Hirnplastizität sind relevant für schulisches Lernen, also auch Sprachenlernen.

Schon früh, im Kleinkindalter, wirken sich schnelle, aber nicht überfordernde Bewegungen positiv auf das Gehirn aus. Schaukeln, Wippen und Wiegen sowie Rutschen trainiert vor allem in den ersten beiden Lebensjahren sowohl den Gleichgewichtssinn als auch über diesen die Stabilisierung des Blickfelds. Die Koordination zwischen diesen zwei verschiedenen Sinnen verstärkt die kognitive Entwicklung (Waldfahrer 2015: 6).

Für das Sprachenlernen sind lernunterstützende Bewegungen bedeutsam und wirksam: Beispielsweise lassen sich zu lernende Wörter und Sätze leichter aufnehmen, speichern und verarbeiten, wenn sie nicht nur gehört und gesehen werden, sondern begleitende, sinnstiftende Gesten und Bewegungen die Präsentation oder Übung begleiten (Freund et al. 2013).
Auch bei der Reproduktion bzw. dem Wiederaufrufen aus dem Gedächtnis sind Gesten erfolgreich: Sprach- bzw. Sprechblockaden werden so leichter überwunden, bereits gelerntes Sprachmaterial ist schneller produktiv verfügbar (vgl. Kap. 7).
Beim Abrufen von Wörtern, die mit Gesten erlernt wurden, werden Hirnregionen des motorischen Kortex aktiviert, trotz fehlender Bewegungen (Mayer et al. 2015). Zumindest das Wortschatzlernen scheint deutlich erleichtert zu werden.

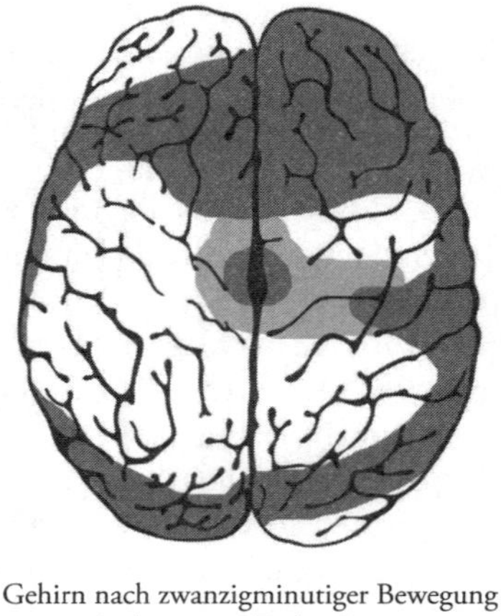

Gehirn nach zwanzigminutiger Bewegung
Auslösen von Endorphinen

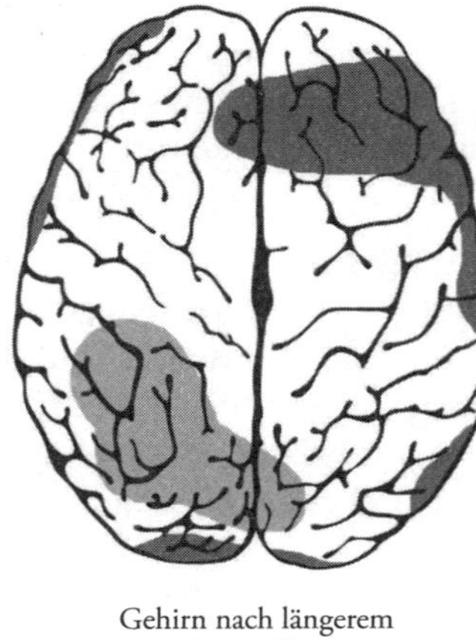

Gehirn nach längerem
ruhigen Sitzen

Abb. 52: Freisetzung von Endorphinen durch Bewegung

Die Verbindung von sportlichen Übungen, z.B. gymnastischen Bewegungen, und Lernprozessen scheint eine günstige zu sein. Alle sprachlichen *Total physical response*-Aktivitäten des primaren Sprachenlernens beeinflussen dieses positiv.
Ein direkter Zusammenhang von Motorik und Sprachenlernen im Bereich der Fertigkeiten ist nachweisbar: Insbesondere aerobe Ausdauer unterstützt den Aufbau von Leseleistungen (CDE 2001). Metaanalysen zeigen (vgl. Sibley et al. 2003), dass physische Fitness im Alter von 4 bis 18 Jahren im Zusammenhang steht u.a. mit positiver verbaler Performanz, Gedächtniszuwächsen und Wahrnehmungsfähigkeiten. Schwierige sprachliche Exekutivfunktionen mit erhöhtem Konzentrationsbedarf, z.B. bei der Aufnahme und Auswahl von Sprachinformationen, können Kinder im Schulalter ebenfalls besser entwickeln, wenn sie sich gleichzeitig sportlich betätigen (Diamond & Lee 2001).

6.1.3 Multisensorik – mit allen Sinnen lernen

Multisensorisches Sprachenlernen ist gerade für den frühen institutionalisierten Spracherwerb ein konstituierendes Prinzip. Dies bezieht sich vor allem auf die beiden Sinne, die auch die sprachlichen Fertigkeiten repräsentieren: Hören und Sehen. Auf sie wird insbesondere in Kap. 6.2 Bezug genommen. In der folgenden Zusammenstellung wird deutlich, dass weitere menschliche Sinne zur Verfügung stehen, deren Leistungsfähigkeit für das Sprachenlernen jedoch noch nicht erschöpfend erforscht worden ist.
Sinneswahrnehmungen entwickeln sich in sensiblen Zeitfenstern, das Lernvermögen junger Lerner somit in verschiedenen Altersstufen unterschiedlich ausgeprägt. Ein Überblick liefert diese Grafik (vgl. dazu auch Kap. 4):

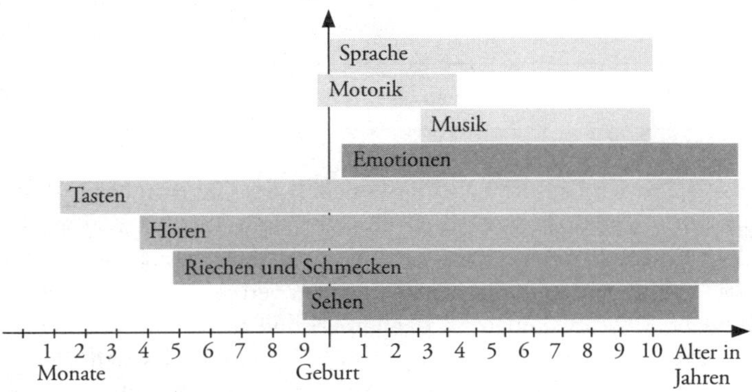

Abb. 53: Sensosensible Phasen

Unterschiedliche Reize, Sinne, lassen sich allgemein differenzieren. Analoge, also optische, akustische, haptische und olfaktorische Signale treffen in den zugehörigen Sinnesorganen Auge, Ohr, Finger und Nase auf entsprechende Rezeptoren. Ihnen nachgeschaltete Neuronen wandeln sie digital um, so kann sie das Gehirn erkennen. Über die Synapsen (vgl. Kap. 7.2) werden die Reize von Neuron zu Neuron mit Botenstoffen weitergeleitet. Erfolgen die gleichen Reize öfter und wiederholt, werden dieselben Neuronen erneut aktiv und bilden weitere Synapsen aus. Dies bedeutet, dass die Ausbildung von Synapsenkonnektivität ebenso wie die nachweisbare Größe der Neuronenpopulation (vgl. Spitzer 2000) von der Wiederholung gleicher oder ähnlicher Reize abhängt. Im auf das Sprachenlernen übertragenen Sinne bedeutet dies, dass erst die Faktoren Zeit und Übung zum Lernerfolg (= Speicherung der Reize im Gehirn, Aufbau innerer Repräsentanzen) führen.

Zeit + Übung = Sprachlernerfolg

Neben den bereits beschriebenen stehen weitere Sinne zur Verfügung:

Tab. 1: Alle Sinne

Sinnesorgane bzw. Sinne	**Sinnesmodalität**	**Anzeigeart**
Sehsinn Hörsinn Geruchssinn Geschmackssinn Gleichgewichtssinn	visuell auditiv olfaktorisch gustatorisch vestibulär	optisch akustisch
Drucksinn Berührungssinn Vibrationssinn, Hautsinn Kältesinn, Tastsinn Wärmesinn Schmerzsinn	taktil	haptisch
Stellungssinn, Propriozeptoren Kraftsinn	kinästhetisch	

Fällt ein Sinn aus, zeigt sich erst die Leistungsfähigkeit des Gehirns: Mangelnde Sehfähigkeit z.B. kann durch die Schärfung des Hör- und Tastsinnes ausgeglichen werden. Die Fähigkeit des Gehirns zur Neuroplastizität macht es zudem über Konzentrationsübungen möglich, den Tastsinn zu verbessern (Philipp et al. 2015). Die Fähigkeit, sich abhängig von der Umgebung neu zu strukturieren, sich über Übung und Training ohne jede physische Stimulation plastisch zu verändern, lässt darauf schließen, dass auch andere Sinne sich entsprechend schärfen ließen. Relevante neurodidaktische Forschungen mit Bezug auf das Sprachenlernen sind generell ausstehend, für den olfaktorischen Sinn jedoch bestehen transferierbare Erkenntnisse.

Die Vermischung der Sinneseindrücke bietet weiteres zukünftiges Erkenntnispotenzial, nicht nur für das Sprachenlernen: Erste Forschungen weisen darauf hin, dass synästhetische Beziehungen von spezielle Sinne repräsentierenden Hirnregionen bestehen. Töne können gleichzeitig Bilder schaffen, Farben können schmecken oder hörbar sein.

> Miteinander kombinierte Sinnesreize besitzen hohes Potenzial für das Sprachenlernen.

Ein visueller Reiz durch Buchstabenlesen beispielsweise, im Hinterhauptslappen verortet, löst gleichzeitig die Aktivierung der Hirnregionen für das Lesen im Temporallappen (vgl. dazu auch Kap. 3.1.1.3) wie auch der für die Interpretation von Farben (Goodhew et al. 2015).
Der auditorische Kortex, verantwortlich für bewusstes Hören, erhält einen nicht unerheblichen Teil der Informationen aus Hirnregionen für den Tast- oder Sehsinn. Letzteres begründet die Entwicklung der sprachlichen Kompetenz Hörsehverstehen logisch. Das Hörzentrum kann bei enger Verbindung zu einem visuellen Reize schon auf diesen reagieren, bevor das Audiosignal eintrifft (Gonzalo et al. 2000).
Die Synästhesie als neurologisches Phänomen stützt in weitestem Sinne den Ansatz der Multisensorik und Multimodalität beim Sprachenlernen. Strategien, die dieses Potenzial gezielt nützen, sind noch zu entwickeln.

6.1.3.1 Ein mächtiger Sinn: Riechen

Von allen Sinnessystemen hat der olfaktorische, der Riechsinn, die stärksten und direktesten Verbindungen zum Limbischen System. Direkte Nervenbahnen reichen vom Riechkolben (dem Bulbus olfaktorius) nicht nur in den Kortex, sondern zur Amygdala und zum Hippocampus, wo Emotionen, Gefühle, Instinkte und Triebe lokalisiert sind, aber auch Gedächtnisinhalte gespeichert und die Freisetzung von Hormonen gesteuert wird. Somit wird verständlich, warum Gerüche besonders starke Assoziationen, lange zurück liegende Erinnerungen und positive wie negative Emotionen hervorrufen können. Amygdala ist dabei für die Bewertung von Informationen in dieser Hinsicht verantwortlich (vgl. Kap. 3.2.2). Der Geruchssinn (wie auch der Geschmackssinn) ist an chemische Substanzen als stoffliche Überträger gekoppelt, sind quasi chemische Sinne. Die zugrunde liegenden molekularen Prozesse gehen von Erkennungs- und Verstärkungsproteine aus, die deren hohe Leistungsfähigkeit Geruchssinns ermöglichen. Letztlich gelangt ein Teil der Duftinformation in die Großhirnrinde und erreicht das Bewusstsein. Dort wird der Geruch als gut oder schlecht kategorisiert.

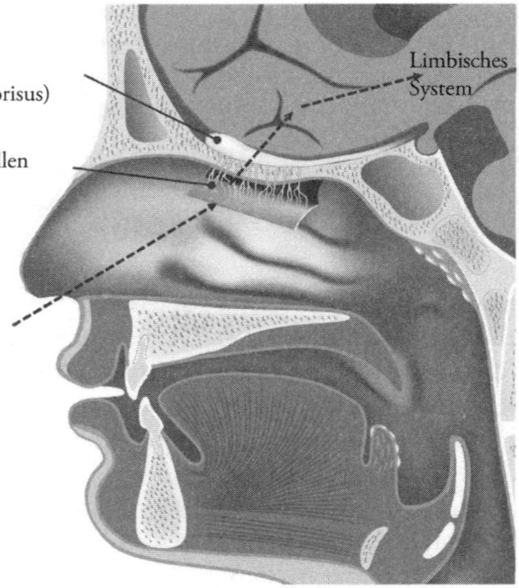

Abb. 54: Das Riechhirn

Für das frühe Sprachenlernen scheint es möglich, Gerüche in Beziehung zu setzen zu Sprachmaterial. Schwierige Lernwörter oder Sätze beispielsweise mit einem Geruchsmarker hervorzuheben, kann zu einer höheren Behaltensleistung (experimentell nachgewiesen bis ca. 10 Prozent) beitragen. Der Geruch muss spezifisch für eine Lernsituation sein (Rasch 2008; vgl. auch Schroer 2011, Schumacher 2014).

6.1.4 Implizite Informationsaufnahme

Kinder lernen Sprachen offensichtlich von sich selbst aus. Ihr Gehirn ist wie das von Erwachsenen in der Lage, im Unterbewusstsein Informationen abzuspeichern, ohne dass sie von diesem Prozess wissen. Solche unterbewusste Informationen können bewusste sprachliche Entscheidungen (Wahl des Wortschatzes, der idiomatischen Redewendungen, sprachlicher Versatzstücke, grammatikalischer Formen etc.) steuern, gleichzeitig aber auch über Speicherung zu Sprachwissen führen, das nicht willentlich beeinflussbar ist, also unwillkürlich aufgenommen, verarbeitet und gespeichert wird. Dabei arbeitet das Gehirn im ökonomischen Sinne effizient: Es speichert Muster ab und merkt sich Ausnahmen über gemachte Fehler, anstatt jedes sprachliche Phänomen einzeln zu erlernen.

Sprachenlernen im Vorübergehen – das Gehirn ist bestens präpariert dafür.

Das Phänomen des intuitiven, unbewussten Aufnehmens von Informationen wird als subliminales oder implizites Lernen bezeichnet: Reize von nur wenigen Millisekunden werden von den Sinnesorganen, meistens den Augen, registriert und je nach Relevanz gespeichert (vgl. Kap. 6). Die Entscheidung darüber, ob die Information bedeutend ist und vom Kurzzeit- ins Langzeitgedächtnis transferiert wird, ist ebenfalls unbewusst.

Sprachenlerner, denen während des Lernprozesses nicht bewusst ist, dass dieser gerade stattfindet oder stattgefunden hat, lernen also implizit, inzidentiell oder *en passant*, nebenbei. Ihre Wahrnehmungen sowie ihre eigene Gedächtnisleistungen bleiben ihnen verborgen.
Obwohl oft das unsichere Gefühl entsteht, teilweise nur erraten zu können, was in einer fremdsprachlichen Kommunikationssituation gesagt wird, so ist die positive Überraschung über die eigenen Kompetenzen bezüglich Regel-, Wort- und Hörverstehen meist groß: Die Kontrolle über das eigene Können ist beim impliziten Lernen nicht vorhanden, das Gefühl, nichts zu lernen, überwiegt in der Regel. Fakt ist jedoch, dass sich das Gehirn Dinge merkt, die man selbst nicht einmal bewusst registriert.

Eine Grundvoraussetzung für das implizite, prozedurale Sprachenlernen ist, dass genügend sprachliche Situationen angeboten werden, die für den unbewussten Lerner in Zusammenhang von Ursache und Wirkung erkennbar sind.

Selbstkonstruktive Aufgaben initiieren implizites Sprachenlernen.

Regelhaftes muss dabei nicht erklärt werden. In ganz jungen Lernjahren wäre dies aus entwicklungspsychologischer Sicht sowieso nicht möglich. Ein Beispiel ist das Erkennen grammatikalischer Regularien: Ein Kind weiß sehr wohl sehr bald, dass das Partizip Perfekt von „bauen" „gebaut" sein muss, von „reparieren" aber „repariert". Die innere Hypothesenbildung führt schnell zur Erkenntnis, dass Verben, endend auf -ieren, im Partizip Perfekt nicht mit dem Präfix ge- gebildet werden.
Ähnlich verläuft die Bildung von regelmäßigen und unregelmäßigen Verben im Englischen: Zunächst treten Fehler auf durch eine Übergeneralisierung der schnell begriffenen Regelmäßigkeit der Endung -ed beim Übertrag auf die unregelmäßigen Verben, dann werden diese als gegeben erkannt und gespeichert. Eine explizite innere Repräsentation grammatischer Regeln ist demnach nicht existent (vgl. Spitzer 2000: 33). Der grammatikalische Lernprozess ist vor allem die Anwendung von Gelerntem bzw. von Erfahrungen auf neue Situationen, also das Streben nach Generalisierung.
Bei diesen und vielen weiteren Beispielen wird deutlich, dass das Gehirn nicht in erster Linie ein Datenspeicher ist, sondern vor allem ein Datenproduzent. Es geht nicht darum, durch institutionelles Sprachenlernen möglichst viel zu „füllen", sondern durch gezielte Aufgabenformate neue neuronale Verbindungen und Bedeutungen zu schaffen bzw. vorhandene zu verstärken
– durch den Vergleich von bereits bekanntem Sprachmaterial mit neuem,
– in möglichst natürlichen sprachlichen Beispielen, Situationen und Kontexten sowie
– in ganzheitlichen Kontexten, in denen Regelhaftigkeiten parallel verarbeitet werden können.

Institutionalisierte Lernprozesse zielen jedoch in der Regel gerade auf diese bewusste, deklarative Verarbeitung von Informationen ab: Auditiv (über das Hörverstehen) oder visuell (über das Leseverstehen) aufzunehmendes (= zu erlernendes) Sprachmaterial soll über eine didaktische Präsentation erfasst und memoriert werden, damit es bei Bedarf erneut abgerufen werden kann.

Linearität und Progression im Fremdsprachenunterricht müssen überdacht werden.

Die Realität zeigt immer wieder, dass solch planbare, scheinbar lineare und beherrschbare Sprachlernprozesse didaktisches und pädagogisches Wunschdenken von Lehrenden ist. Aus neurobiologischer Sicht sind Sprünge, Stagnationen und Regressionen normale subjektive Lernprozesse, werden irrtümlicherweise im institutionellen Sprachenlernen als nicht anstrebenswert interpretiert. Individualität wird zwar didaktisch immer wieder bemüht berücksichtigt, auf struktureller Ebene jedoch bleibt der notwendige Paradigmenwechsel bisher aus (vgl. altershomogene Klassen, Curricula, mehrgliederiges kategorisiertes Schulsystem etc.).

Erst das Bereitstellen von Aufgabenformaten für implizite Sprachlernprozesse übt, sich in einer komplexen sprachlichen Umwelt orientieren zu können, ohne sich aller vorhandener Sprachkompetenzen immer auch bewusst zu sein: Sprachhandlungen wie Konversationen können dann im Idealfall intuitiv und automatisch verlaufen. Solche Aufgabenformate zu entwickeln, ist eine wichtige zukünftige Aufgabe für die Sprachendidaktik (vgl. Kap. 10).

6.2 Hören lernen

Die Fertigkeit, eine Sprache hören und verstehen zu können, bedeutet fähig zu sein, detaillierte Informationen aufnehmen und weiterverarbeiten zu können.
Es reicht dabei für ein erfolgreiches Kommunizieren nicht aus, einen Sprecher nur zu hören, sondern ihm muss aktiv zugehört werden. Der Unterschied zwischen Hören und Zuhören wird im Englischen durch die Worte *hear* und *listen* sehr präzise zum Ausdruck gebracht. Vom Zuhörer wird Aufmerksamkeit und Konzentration verlangt, um das Gesagte zu verarbeiten, es zu verstehen, zu interpretieren, zu bewerten und gegebenenfalls angemessen darauf zu reagieren (vgl. Ur 1984: 8).
Neben der reinen Dekodierungs- und Entschlüsselungsleistung werden also die Intention sowie die Wirkung des Gesagten vom Hörer eingeschätzt.
Zusätzlich können je nach Hörmedium unter anderem formal- und außersprachliche Elemente, akustische Bedingungen und parasprachliche Elemente wie Stimmqualität, nichtsprachliche Äußerungen durch Mimik und Gestik, sprachliches Zögern und Stimmlage des Gesprächspartners bzw. eine entscheidende Rolle für

den Kommunikationserfolg im Allgemeinen und das Hörverstehen im Speziellen spielen.

Grundlegende Wahrnehmungsleistungen sind im Einzelnen,
- die auditive Aufmerksamkeit (die Fähigkeit, sich auf Gehörtes konzentrieren zu können und sich auf auditive Reize einzustellen),
- die auditive Lokalisation (die Fähigkeit, Geräusche räumlich einzuordnen),
- die auditive Merkfähigkeit (die Fähigkeit Gehörtes abzuspeichern, um es zu einem späteren Zeitpunkt wiederzuerkennen und abzurufen),
- die auditive Diskrimination (die Fähigkeit, Ähnlichkeiten und Unterschiede zwischen Lauten zu Erkennen und richtig Zuzuordnen),
- die auditive Figur-Grund-Unterscheidung (die Fähigkeit, auditive Informationen aus Hintergrund- und Nebengeräuschen herauszulösen), und
- das Verstehen von Sinnbezügen (die Fähigkeit Inhalte und deren Bedeutung sowie gesamte Sinnzusammenhänge zuordnen zu können)

Der Hörverstehensprozess kann also scheitern, wenn
- einzelne sprachliche Laute nicht richtig gehört werden, weil sie noch gar nicht oder nur etwas anders aus der Muttersprache bekannt sind,
- Betonung und Melodie der Sprache noch nicht vertraut sind,
- ähnlich klingende Wörter verwechselt werden,
- Vokabeln und Ausdrücke nicht bekannt sind,
- der Hörer sich ablenken lässt,
- das Gesagte falsch interpretiert wird,
- grundlegende Fähigkeiten wie Themenerkennung oder Antizipation der möglichen Entwicklung des Themas nicht ausgeprägt sind, der Lerner also gar nicht weiß, worum es eigentlich geht, und
- der Lerner aus unterschiedlichen Gründen nicht zeigt, wenn er nicht genug verstanden hat.

Für die Lernumgebung gilt, dass beim konzentrierten, fehlerfreien Hörverstehensprozess idealerweise vollkommenen Ruhe und Störungsfreiheit herrschen, jedoch leise Beschallung mit geringer oder gar keiner Verständlichkeit der Hintergrundsprache oder -musiktexte kaum kontraproduktiv sind (Schlittmeier et al. 2008: 715ff.).

6.2.1 Physiologische Grundlagen des Hörens

Die komplizierte Anatomie des Ohres mit seinem filigranen Aufbau sowie die Physiologie des Hörvorgangs an sich sollen im Folgenden zusammenfassend dargestellt werden, um ein Bild der Vorstufe zum Verstehen zu erhalten. Der komplexe Hörverstehensprozess ist nicht abschließend erforscht, die bisherigen Erkenntnisse jedoch reichen für eine weitreichende sprachenneurodidaktische Bewertung aus.

Aus dem Wissen um den Hörverstehensprozess selbst und die möglichen Schwierigkeiten ergeben sich geeignete didaktisch-methodische Maßnahmen

- zum gezielten Auf- und Ausbau des Hörverstehens,
- zur gezielten Leistungsdiagnose dieser sprachlichen Teilfertigkeit und
- zur Behandlung von Defiziten in diesem Bereich.

6.2.1.1 Ohr

Das Ohr ist ein sensibles Sinnesorgan. Es ermöglicht Geräusche aus der Umwelt wahrzunehmen, wichtige Signale zu hören und an Kommunikation teilzunehmen. Sein anatomischer Aufbau ist komplex und vielfältig.

Der anatomische Aufbau des Ohres ist ebenso komplex wie seine vielfältigen Funktionen. Die Ohrmuschel besteht aus Knorpelgewebe und ist einmalig wie etwa ein Fingerabdruck.

Der Gehörgang, der etwa 2,5 cm lang ist und einen Durchmesser von nur 7 mm hat, besteht im vorderen Teil aus Knorpelgewebe, kleine Härchen transportieren zusammen mit dem Ohrenschmalz Staub und Fremdkörper nach außen. Im hinteren Bereich wird die Haut zunehmend dünner, empfindlicher und liegt direkt auf dem Knochen auf. Ohrmuschel und Gehörgang bilden zusammen das äußere Ohr.

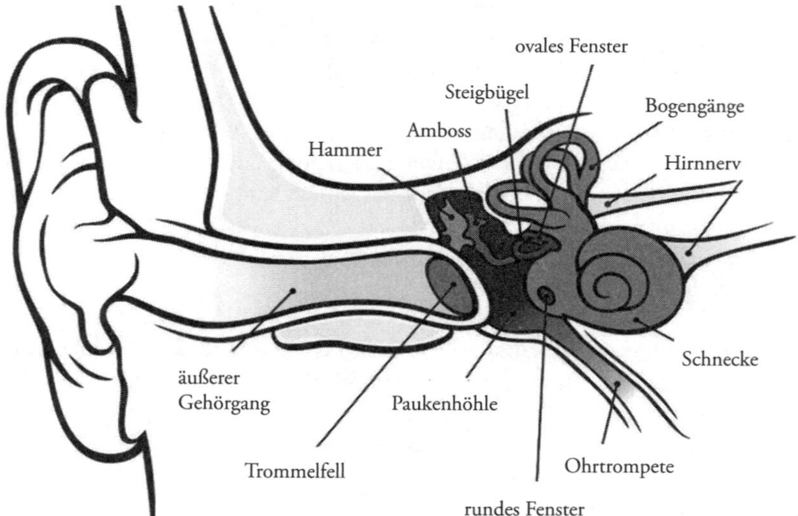

Abb. 55: Aufbau des Ohres

Der Gehörgang wird am Übergang zum Mittelohr verschlossen durch das Trommelfell, eine hauchdünne, 0,1 mm starke Membran mit einer Fläche von 85 mm².
Das Mittelohr selbst ist ein luftgefüllter Hohlraum mit den kleinsten Knochen des

menschlichen Körpers: Hammer, Amboss und Steigbügel. Sie bilden die Kette der Gehörknöchelchen, auf der einen Seite mit dem Trommelfell verwachsen, auf der anderen Seite ein Fenster zum Innenohr verschließend.
Hinter dem Steigbügel beginnt das flüssigkeitsgefüllte Innenohr, bestehend aus den Bogengängen mit dem Gleichgewichtsorgan und der Hörschnecke. In ihrem Inneren befindet sich ein dünner, häutiger Schlauch (Basalmembran) mit ca. 15 000 kleine Haarsinneszellen auf seinem Boden, dem Herzstück des Ohrsystems. Diese Zellen sorgen dafür, dass Tonlagen zwischen 16 Hz und 16 000 Hz gehört und ca. 600 einzelne Töne unterschieden werden können. An den unteren Enden sitzen kleine Kontaktstellen, die mit Nervenfasern verbunden sind, die zusammen den Hörnerv bilden.

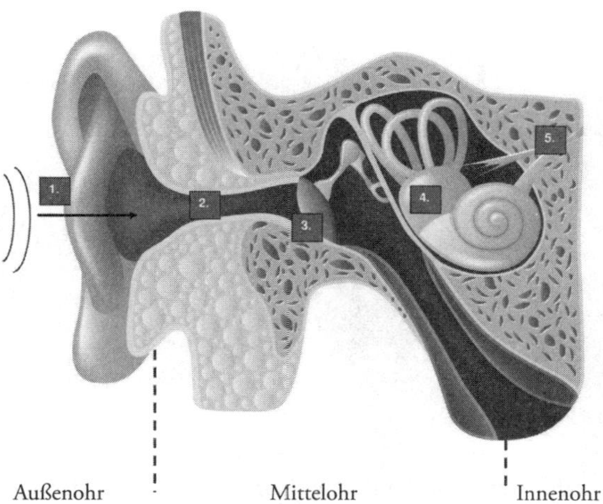

1. Die Ohrmuschel sammelt den Schall.
2. Im Gehörgang wird der Schall weitergeleitet.
3. Der Schall lässt das Trommelfell schwingen und wird durch die Gehörknöchelchen verstärkt.
4. In der Schnecke wird der Reiz in elektrische Signale umgewandelt.
5. Der Hörnerv leitet die Signale an das Gehirn weiter.

Abb. 56: Weg des Audiosignals durch das Ohr

6.2.1.2 Hörvorgang

Schallwellen bilden ein so genanntes Schallereignis, das mehrere Stationen vom äußeren Ohr bis hin zum Hörzentrum im Gehirn durchläuft, wenn es tatsächlich gehört werden soll.

Lokalisation: Woher das Schallereignis kommt, wird zunächst durch die Lage beider Ohren identifiziert: Kommt der Schall von links, wird er mit dem rechten Ohr etwas leiser gehört. Im Hirnstamm (vgl. Kap. 3.1) wird der auditive Input beider Ohren verglichen und in Richtungsinformationen übertragen. Da die Intensität des Schalldrucks abhängig von der Entfernung der Schallquelle abnimmt, kann diese an gleicher Stelle im Gehirn eingeschätzt werden. Die Lokalisation von tiefen

Tönen kann wegen der Beschaffenheit des Schalls mit langen Wellenlängen nur mit dem Laufzeitunterschied errechnet werden, wenn er beispielsweise an einem Ohr um Bruchteile von Millisekunden früher eintrifft als beim anderen. Ebenfalls eine Rolle diesbezüglich spielt die individuelle Beschaffenheit des Kopfes und der Ohrmuscheln, die z.B. von hinten kommenden Geräusche dämpfen.

Schall: Die Ohrmuschel fängt zunächst die Schallwellen wie ein Trichter auf und leitet sie in den Gehörgang hinein. Die Eigenresonanz der Gehörgangröhre verstärkt wichtige Sprachanteile.

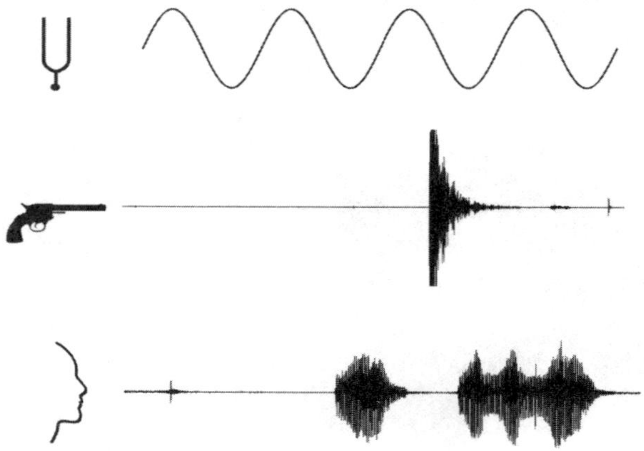

Abb. 57: Wellenmuster des Schalls

Am Ende des Gehörgangs trifft der Schall auf das Trommelfell. Die erzeugten Schwingungen entsprechen exakt dem Rhythmus der Bewegung der Luftteilchen. Die drei Gehörknöchelchen nehmen die Bewegung des Trommelfells auf und leiten sie weiter bis zum Steigbügel. Die Kraft der Schallwellen wird durch die Flüssigkeit im Innenohr zwar gebremst, aber auch am Steigbügel auf ein 265stel der Fläche des Trommelfells gebündelt und somit verstärkt. Die Haarsinneszellen dort nehmen hohe und tiefe Töne wahr, je nach Lage zu Beginn des Schneckenganges (hohe Töne) oder am Ende (tiefe Töne).
Hören können ist demnach, Schwingungen zeitlich-räumlich zu verarbeiten und relevante Hörobjekte zu identifizieren.
An dieser Stelle entsteht dann der Hörverstehensprozess.

6.2.1.3 Verstehen

Hören und Verstehen von Sprache sind zwei unterschiedliche, eng miteinander verbundene Vorgänge.

Schallenergie der Sprache

Sie beginnen bereits bei der Sprachproduktion des Kommunikationspartners. Bei gesprochener Sprache beispielsweise wird Atemluft gegen die Stimmbänder gepresst. Die elastischen Bänder stoßen dann die Luftteilchen an, die sich durch unterschiedlichen Luftdruck (= Schalldruck) bzw. Druckschwankungen fortsetzen wie bei einer Kettenreaktion. So werden immer neue Luftteilchen wellenartig in Bewegung versetzt, der breitet sich im Raum ausbreitet. Je höher der Luftdruck, desto lauter das Signal, je schneller Hoch- und Niedrigdruckbereiche abwechseln, desto höher der Ton.

Töne zwischen 16 Hz und 16 000 Hz werden vom menschlichen Ohr wahrgenommen. Wie laut ein auditiver Reiz empfunden wird, entscheidet sich im Tieftonbereich bis etwa 1000 Hz. Zum Verstehen nötige Informationen werden nur zu 5% in diesem Frequenzbereich aufgenommen, 95% werden oberhalb von 1000 Hz im Hochtonbereich wahrgenommen.

Einzelne Buchstaben in einem gesprochenen Wort definieren das Sprachverstehen in erheblichem Maße:

- Vokale beinhalten viel Schallenergie, liegen im Tieftonbereich und definieren die Lautstärke eines Wortes.
- Stimmhafte Konsonanten, z.B. „m" oder „l", entscheiden ebenfalls über die Lautheit eines Wortes in der gesprochenen Sprache.
- Stimmlose Konsonanten, z.B. „s", „k" oder „f", liegen im Hochtonbereich und besitzen vergleichsweise wenig Schallenergie.

Tiefe Töne wirken auf das Empfinden für Lautstärke, hohe Töne sind für die Verständlichkeit bzw. das Verstehen verantwortlich.

Neuronale Differenzierung und Spezialisierung

Schallwellen verschiedener Geräusche, z.B. Sprache, Musik oder ein Knall, überlagern sich und sind ein scheinbar unübersichtliches Durcheinander von Frequenzen und Amplituden. Die komplizierten Wellenformen werden im Ohr, in der Basalmembran, aber genau analysiert und voneinander getrennt, in ein neurologisches Signal übersetzt und weitergeleitet.

An Fußende der Sinneszellen in der Basalmembran wird dazu bei Aktivierung ein Botenstoff freigesetzt, der dann zur nächsten Nervenzelle wandert. Die zentrale Nervenbahn verläuft vom Innenohr über mehrere Stationen bis zur Hörrinde im Großhirn. Unterwegs dorthin werden die auditiven Reize bezüglich Unterschieden bei Lautstärke, Tonhöhe und Laufzeit verarbeitet und fein differenziert. Die Spezialisierung der beteiligten Neuronen ist hoch: Manche bleiben z.B. aktiviert, solange ein Ton in einer bestimmten Frequenz erklingt, weitere nur am Anfang und Ende dieses Tons, manche vergleichen die Schallreize beider Ohren, viele identifizieren spezifische Lautmuster.

Die Hörrinde: Der Weg dorthin ist bereits in etwa erforscht: Die so genannten Cochleariskerne im Hirnstamm, das Corpus geniculatum mediale im Zwischenhirn, dann die auditorischen Areale des Kortex (vgl. Rauschecker 2011; Leaver et al. 2010). In der Hörrinde, dem auditiven Kortex, werden diese mit bereits gespeicherten Mustern verglichen, und beispielsweise ein spezifisches Geräusch, ein Buchstabe, ein Wort, Sätze oder Musik erkannt. Weitere individuelle Reaktionen folgen je nach emotionaler Bewertung: Störend empfundene Reize z.B. lösen Stressreaktionen aus, positive Konzentration und Fokussierung.
Im auditorischen Kortex verlaufen zwei Bahnen, die dorsale und die ventrale Bahn (vgl. Abb.58).
Zum Scheitellappen (Parietallappen) führt die dorsale Bahn, die räumlich-akustische Informationen transportiert („Wo-Bahn"). Die ventrale Bahn führt zum Sulcus temporalis superior im Schläfenlappen (Temporallappen) und dient offensichtlich der Identifikation menschlicher Sprache („Was-Bahn") (vgl. Kap 3.1.3 – 3.1.4). Die getrennten Verarbeitungswege sind noch nicht abschließend bestätigt.
Neuere Forschungen nehmen auch für die Sprachverarbeitung zwei Verarbeitungsstränge an (vgl. Hickok/Poeppel 2004, 2007) (vgl. Kap. 3.1.1.3). Demnach dient der ventrale Strang weitgehend auch der Spracherkennung und Bedeutungszuordnung, ein linksdominanter dorsaler Strang der Sprachwahrnehmung und der Verbindung von akustischen Sprachsignalen mit artikulatorischen Netzwerken im frontalen Kortex.

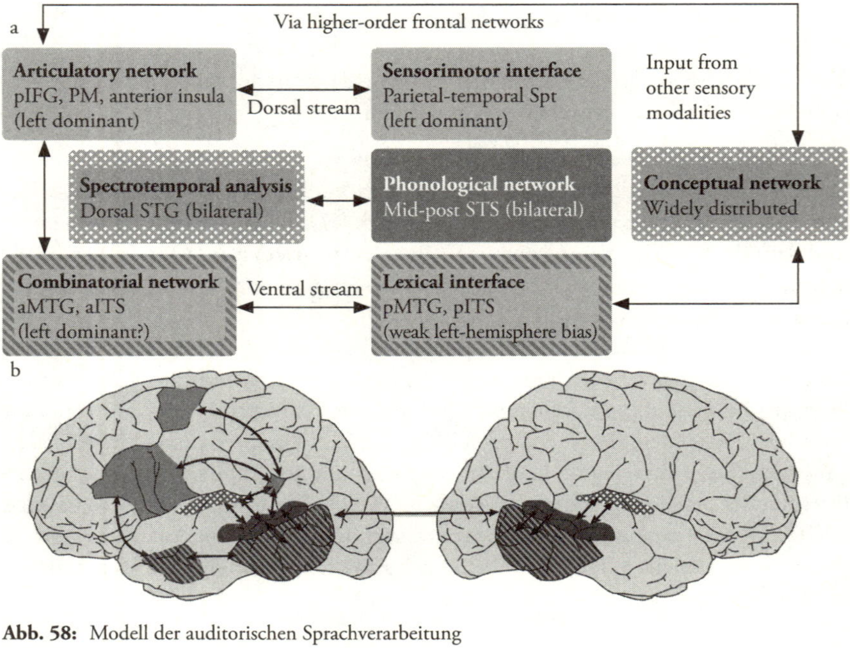

Abb. 58: Modell der auditorischen Sprachverarbeitung

Scheinbar sind die Verbindungen, verglichen mit dem Erwachsenenalter, im Kindesalter noch nicht so weit entwickelt, was auf einen weiteren Zusammenhang von Alter und kognitiver sprachlicher Entwicklung schließen lässt (Friederici 2011: 119; vgl. dazu Kap. 4.1.4).

Forschungsdesiderata

An dieser noch hypothetischen Stelle muss in der Darstellung der physiologischen Zusammenhänge des Hörens und Verstehens eine Neurodidaktik enden, die Forschungsbedarfe bleiben weiterhin bedeutend.

Für das Sprachenlernen sind all diese unterschiedlichen und hoch differenzierten Wahrnehmungsmöglichkeiten bedeutend: In Gesprächssituationen können so neben den rein sachlich-sprachlichen Informationen z.B. Stimmungen am Klang der Stimme, oder emotionale „Zwischentöne" identifiziert werden. Das „Zwischen-den Zeilen-Lesen" gibt es auch beim Hören. Dieser Bereich enthält noch viele Forschungsdesiderata.

6.2.2 Hören und Verstehen früh systematisch üben

Im frühen Spracherwerb wird zunächst die elementarste Form des Hörverstehens geschult und geübt, zuerst in der Muttersprache und in der Folge auch im weiteren Sprachenlernen. Sie führt zur mündlichen Sprachproduktion und gehört zu den rezeptiven sprachlichen Fertigkeiten.

Sprachenlernen allgemein, auch das Erlernen der Muttersprache, sowie speziell die Fähigkeit zur differenzierten Aussprache, funktioniert nur bei gesundem Gehör ohne Einschränkungen. Hinzu kommt eine ausreichende Konzentrationsfähigkeit. Erlernt werden muss zunächst das in der entsprechenden Sprache Gesprochene zu entschlüsseln, zu interpretieren und dann im ersten Schritt nonverbal zu erwidern, z.B. durch Zeichen des Verstehens (z.B. Kopfnicken oder Markieren). Das geschieht durch einen zunächst eher intuitiven Zugang, dem phonetischen Grundkurs, und wird dann ergänzt durch kognitive Übungen zur phonetischen Sprachbewusstheit.

6.2.2.1 Phonetischer Grundkurs

Zu erlernende Sprachen klingen anfangs fremd, weil bestimmte Laute noch nicht bekannt sind und teilweise nicht einmal die Wort- beziehungsweise Satzgrenzen in einem gesprochenen Text ausgemacht werden können. Zu Beginn des Aufbaus von Hörverstehen als sprachliche Fertigkeit steht deshalb der Aufbau von Wahrnehmungsleistungen, der phonetische Grundkurs (vgl. dazu Böttger 2006[1],2006[2], 2009).

> Auditive Wahrnehmungen können systematisch und gezielt geübt und verbessert werden.

Immersionsübungen: Eintauchen in den Sprachklang

Bei der Immersions- oder Eintauchübung zum ersten Hören wird zuerst in den Klang der Sprache quasi eingetaucht, ohne unbedingt Inhalte verstehen zu müssen.

Dies soll zum Einfühlen in die Fremdsprache beitragen. Ein Verstehen ist in diesem frühen Stadium durchaus schon möglich, abhängig von den bis dato gemachten Spracherfahrungen (vgl. Kap. 6.4.2).
Die Hauptaufgabe dieser Übungen besteht jedoch darin, dass sich die Lernenden intuitiv und implizit (vgl. Kap. 6.1.4) an die Besonderheiten der fremden Sprache gewöhnen. Bei diesem natürlichen Zugang werden gesprochene Texte mit verschiedensten Lautfärbungen gewählt. Dabei ist nicht der Inhalt des Textes bedeutend, sondern der Effekt, dass die Hörer Melodie, Rhythmus und Sprechtempo der fremden Sprache erfassen und aufnehmen.
Diskriminations- und Identifizierungsübungen gehören im weiteren Sinne ebenfalls zu den Immersionsübungen, da der Inhalt des Textes ebenfalls nicht an erster Stelle steht. Sie bereiten jedoch durch ihren erweiterten Wort- bzw. Satzkontext den Übergang zu solchen Höraufgaben, in denen dies der Fall ist. Das lässt sich schon nach den Aufgabenstellungen zu den Übungen erkennen.

Diskrimationsübungen: Minimal pairs
Große Bedeutung kommt der Schulung der Lautunterscheidung von bedeutungsverändernden Phonemen zu. Dies kann verdeutlicht werden, indem *minimal pairs* vorgestellt werden. Bei diesen muss genau auf die Aussprache geachtet werden, um die Worte nicht zu verwechseln. Im ersten Schritt wird der Unterschied bewusst gemacht, indem die Wörter korrekt vorgesprochen und anschließend nachgesprochen werden. Ein Beispiel für solch ein minimal pair im relevanten Wortschatzbereich bilden die englischen Wörter *pen* und *pan*. Hier ändert sich die Bedeutung durch leichte Variation des Vokals von /e/ zu /æ/.
Bedeutungsverwechslungen können ebenfalls auftreten durch die zu harte beziehungsweise zu weiche Aussprache eines Konsonanten wie bei *bed* und *pet*.
Spielerische Möglichkeiten, minimal pairs zu üben, sind z.B. Bingo, Reime, Sprüche oder Zungenbrecher.

Identifizierungsübungen
Den Diskriminationsübungen zu Klängen und Lauten folgt idealer Weise deren Identifikation. Identifizierungsübungen mit visuellen Reizen und Impulsen, z.B. Bild- und Signalkarten, erzeugen die höchste Aufmerksamkeit und Motivation.
Konkrete Übungen sind beispielsweise das Erkennen bestimmter, auch mehrerer Laute in einem Wort oder das Markieren von Betonungen im Wort oder Satz. Das Erkennen kann durch auditive Signale wie Klatschen, oder schriftliche Markierungen wie Unterstreichen oder Erstellen von Betonungsmustern geschehen.

Unbekannte Laute
Laute, die in der Muttersprache nicht bekannt sind (zum Beispiel das englische *th*), müssen gesondert beigebracht werden. Die richtige eigene Aussprache hilft dabei, etwas auch richtig hören zu können. Die Befähigung, in flüssig gesprochenen

Wortfolgen Wort- und Einzellaute unterscheiden zu können, kann mit der intensiven Beschäftigung mit dem Hören der fremden Sprache trainiert werden. Obwohl später in Hörtexten nicht immer jedes einzelne Wort verstanden und übersetzt werden muss, sollen sie isoliert doch genau verstanden werden können. Der Grund liegt darin, dass bei der Verwechslung ähnlich klingender Wörter im Englischen der gesamte Verstehensprozess verlangsamt wird oder ein Verstehen gar nicht mehr möglich ist.

6.2.2.2 Aufbau phonologischer Bewusstheit

Die Laute einer Sprache müssen bewusst sein, um das Alphabet zu erlernen und Wörter kategorisieren zu können. Eine solche phonologische Bewusstheit bedeutet im engeren Sinne die bewusste Fähigkeit, die Lautstruktur von Wörtern zu analysieren, z.B. Anlaute zu erkennen, verschiedene Laute zu einem Wort zu formen oder umgekehrt ein Wort in seine Einzellaute zu zerlegen. Im erweiterten Sinn gehören dazu konstruktive und rekonstruktive Fähigkeiten, z.B. Wörter in Silben oder laute zu zerlegen bzw. diese zu einem Wort zusammenzufügen (vgl. Küspert et al. 2007). Phonologische Bewusstheit als metalinguistische Fähigkeit hilft die Grundsprachfertigkeiten wie Hörverstehen aufzubauen und zu festigen.

Bewusstes Hören können ist für die Alphabetisierung äußerst bedeutend.

Dazu kommt, dass verminderte phonologische Bewusstheit ausschlaggebend sein kann für Lese-/Rechtschreibschwächen. Messbar sind deutlich geringere neuronale Aktivitäten im temporal-parietalen Hirnbereich, die bei besserer Lesefähigkeit deutlich zunehmen (Simos et al. 2002; Shaywitz et al. 2002).
Phonologische Bewusstheit kann früh relativ systematisch geübt werden (vgl. Kap. 4.2.2). Nachfolgend werden Beispiele aus dem frühen Englischlernen genannt.

Erste Unterscheidungsübung (differentiation)

Bei *Differentiation*-Aufgaben muss die klangliche Übereinstimmung von zwei vorgegebenen Wörtern unterschieden werden, d.h., ob sich die vorgesprochenen Worte gleich oder unterschiedlich anhören. Diese Rezeptionsleistung testet die phonologische Bewusstheit im engeren Sinn:

bean	boot
cherry	Sherry
father	further
gun	gum
moon	spoon
plate	pear
rain	rain

Segmentierungsübung (segmentation)

Bei Segmentationsaufgaben müssen die Worte durch Klatschen in ihre Silben untergliedert werden und die Anzahl der Silben genannt werden. Dies ist eine Produktionsleitung der phonologischen Bewusstheit im weiten Sinn:

apple	app – le
banana	ba – na – na
gooseberry	goose – ber – ry
sausage	sau – sage
cucumber	cu- cum- ber
sheep	sheep
potato	po- ta- to

Zweite Unterscheidungsübung (rhymes)

Bei dieser Aufgabe muss unterschieden werden, ob sich zwei Worte reimen oder nicht. Die dazu nötige Rezeptionsleistung übt die phonologische Bewusstheit im weiten Sinn.

grape	ape
frog	fog
bean	pear
spice	rice
funny	money
moon	spoon
lamp	band

Bestimmung des Wortbeginns (onset specification)

Bei der *Onset Specification* muss der Anlaut eines vorgelesenen Wortes bestimmt werden. Diese Produktionsleistung prüft die phonologische Bewusstheit in engerem Sinn:

airplane	ai…rplane
orange	o…range
eagle	e…agle
afternoon	a…fternoon
bird	b…ird
soap	s…oap
Molly	M…olly

6.2.2.3 Weiterführende Hörverstehensübungen

Reime spielen eine nicht unbedeutende Rolle beim Aufbau von Lese- und Schreibkompetenzen, insbesondere im Englischen (Goswami 1999). Eine sich entwickelnde Sensibilität für Reim mag ein Zeichen der Reifung der sprachenrelevanten Hirnareale sein.

Eine bewährte, Sicherheit gebende und durch ihren logischen Aufbau gehirngerechte Grundstruktur von Hörverstehensstunden im institutionalisierten frühen und auch weiterführenden Englischunterricht ist die folgende:

– *Pre-listening activities* bereiten auf die Höraufgabe oder auf den folgenden Hörtext vor, dazu gehören u.a. Konzentrationsübungen, Bildimpulse, Ratespiele oder *Scaffolding* des Hörtexts (z.B. durch Kollokationen wie *morning-breakfast-get up-bed*).
– *While-listening activities* können im Grunde nur in ganz begrenztem Umfang durchgeführt werden, Hinweise auf Multitasking-Fähigkeiten sind nicht gegeben (vgl. Kap. 6.1.3). Nonverbale parallele Aktivitäten sind in eingeschränkten Maße jedoch möglich (z.B. Bilder zuordnen oder beschriften, *Total physical response*).
– *Post-listening-activities* mit sich steigernden Aufgaben runden die Lernphase ab und spiegeln den Lernerfolg wider: Richtig-falsch-Zuordnungen, Lückenfüllen, Fragen, Reproduktionen oder Zusammenfassungen in der Muttersprache sind nur einige Beispiele.

6.3 Sprechen lernen

Das Sprechen in der Fremdsprache stellt eine komplizierte, mehrdimensionale Fähigkeit dar, bei der viele Teilprozesse parallel ablaufen. Sich erfolgreich in fremdsprachlichen Alltagssituationen mitteilen können, seine Sprache der jeweiligen Gesprächssituation und darüber hinaus besonderen Kontexten anpassen zu können, erfordert ein konzertiertes und konzentriertes sowie kompetentes Zusammenspiel der Sprachkomponenten

- verständliche Aussprache,
- Satzmelodie (Prosodie),
- Intonationsfähigkeit,
- ausreichender Grundwortschatz,
- relevante Grammatikstrukturen,
- ausgebildetes Hörverstehen,
- sinnvoller Satzbau,
- kommunikative Sprechflüssigkeit,
- Sprechstrategien wie Memorieren und Umschreiben,
- Pragmatik sowie
- sprachliches Selbstvertrauen.

Sprechen hat im Grunde zwei bedeutsame Funktionen, die interaktionale zur Pflege sozialer Beziehungen sowie die transaktionale zur Informationsvermittlung.

6.3.1 Unterschiede zum Muttersprachenerwerb

Es gilt als erwiesen, dass muttersprachliches und fremdsprachliches Lernen – von einigen Berührungspunkten abgesehen – grundsätzlich anders verlaufen.
Das Erlernen der Muttersprache geschieht omnipräsenter und erfahrungsbasierter als das Fremdsprachenlernen. Der Hauptunterschied besteht darin, dass das Erlernen des Hörens und Sprechens, des Zuordnens von Phonemreihen und suprasegmentalen Elementen wie Prosodie und Intonation zu Bedeutungen des Gebrauchs, des sozialen und später individuellen Lebens sehr früh geschieht. Kinder können sich schon etwa zwischen dem 4. und 6. Lebensjahr nicht mehr in den Zustand zurückversetzen, in dem sie über diese Grundfertigkeiten nicht verfügten. Ein dem muttersprachlichen Erwerb ähnlicher fremdsprachlicher Lernprozess ist deshalb ausgeschlossen.
Gleichzeitig mit dem Erlernen der Muttersprache verläuft die Bewusstseins- und Begriffsbildung. Dieser Vorgang lässt sich nie mehr wiederholen, alle weiteren Sprachen erlernt der Mensch auf dem Hintergrund seiner Muttersprache.

Zeit ist ein stark begrenzender Faktor für das spätere Fremdsprachenlernen.

Der Zeitfaktor ist beim Erlernen der Muttersprache grundsätzlich verschieden von dem beim Erlernen der ersten Fremdsprache. Das Kind ist mit der Muttersprache ständig konfrontiert, solange es wach ist. Es erhält keine planmäßige Unterweisung, sondern wird nur gelegentlich korrigiert. Die Aneignung von Analogien ergibt sich eher zufällig.
Das Erlernen einer Fremdsprache verläuft ab dem Eintritt in die Schule in der Regel gesteuert und explizit. Während ein Kind seine Muttersprache nur durch Imitation und Analogie erlernen kann, wird der Lernprozess einer Zweitsprache strategisch geplant. Dies ist unerlässlich, es sei denn, der junge Lerner hat etwa das sechste Lebensjahr noch nicht erreicht und erwirbt seine fremdsprachlichen Kenntnisse innerhalb der fremdsprachlichen Sprachgemeinschaft etwa im Kindergarten des entsprechenden Landes.

6.3.2 Grundlagen des Sprechens

Grundvoraussetzung für den Aufbau der Sprechfertigkeit ist, dass der Einstieg in die Fremdsprache über die gesprochene Sprache erfolgt. Sowohl aus spracherwerbstheoretischen, sprachwissenschaftlichen als auch aus sprachpsychologischen sowie pädagogischen Gründen besteht Konsens darüber, dass im Fremdsprachenunterricht in der Regel zunächst die gesprochene, und dann erst die geschriebene Sprache vermittelt wird. Leistungsstärkere Lerner können dagegen einen frühen parallelen Aufbau der Fertigkeiten problemlos meistern.

Kommunizieren und Interagieren: Sprachliche Verständigung ist immer Verständigung mittels eines Systems. Bei der Sprachverwendung geht es um die Beziehung zwischen den Mitteilungen einerseits und den Charakteristiken der diese Mitteilungen sendenden und empfangenden Lerner andererseits. Der sprachliche Kommunikationsprozess sieht schematisch so aus:

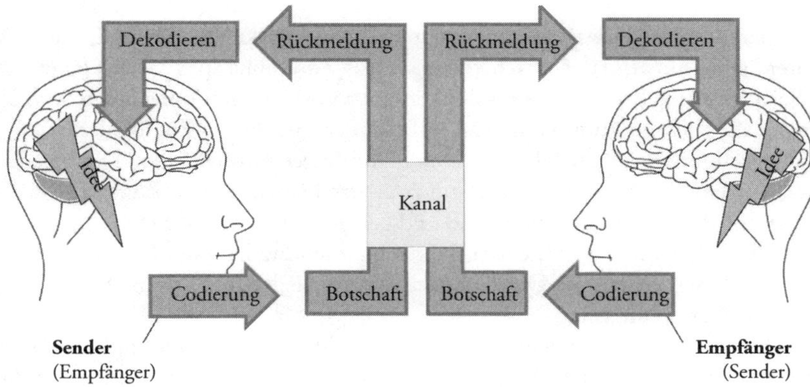

Abb. 59: Einfaches Kommunikationsmodell

Sprache bzw. Sprechen ereignet sich in einem sozialen Feld, das durch die beiden Pole Sprecher und Hörer (oder schematisch gesprochen: Sender und Empfänger) bestimmt wird. Durch die Mitteilung sind sie beide miteinander verbunden. Die Mitteilung oder Nachricht ist jener Teil des *Output* des Sprechers, der gleichzeitig Teil des *Input* des Hörers bildet. Die Aktion des Sprechers, durch welche die Mitteilung aufgebaut, redigiert und auf den Weg geschickt wird, wird als Enkodieren bezeichnet; die Tätigkeit des Hörers, die auf der anderen Seite aus dem Gehörten einen Sinn filtern, wird Dekodieren genannt.

Sprachen sprechen lernen folgt den Bedingungen von Kommunikation.

Aus neurolinguistischen Befunden ist zu folgern, dass die Bemühungen um den Aufbau der Sprechfertigkeit im fremdsprachlichen Anfangsunterricht sich an den beschriebenen Vorgängen des Kommunikationsprozesses ausrichten sollten.
Dekodieren und Enkodieren spielen sich jeweils gleichzeitig auf mehreren Ebenen ab, da das Gehirn des Hörers niemals isolierte Einzelelemente der Mitteilung entschlüsselt. Das Gehirn des Sprechenden enkodiert zudem nicht Laut für Laut oder Wort für Wort.
Deshalb muss sich der frühe (fremd)sprachliche Unterricht ebenfalls um den Aufbau komplexer Vorgänge beim Hören/Verstehen und Sprechen bemühen. Dies bedeutet, er muss die Lerner von Anfang an das Verstehen und danach an das Sprechen von zusammenhängenden Äußerungen im sinnvollen Kontext gewöhnen.
Auf diese Weise wird auch die störende Interferenz der Muttersprache ausgeschaltet, die entsteht, wenn der Schüler einen Übersetzungsvorgang zwischen Hören und

Verstehen einschiebt und dem fremdsprachlichen Encodieren ein muttersprachliches voranstellt. Dieses Verfahren ist viel zu zeitraubend und kann deshalb nur zu unzusammenhängendem Stammeln, nie jedoch zu flüssigem Sprechen führen.

Enkodieren: Sprechen ist eine sehr komplexe neuromuskuläre Tätigkeit, die über mehrere Jahre hinweg erlernt werden muss. Das Zusammenspiel vieler Organe ist am Sprechvorgang beteiligt, sie müssen für einen normal funktionierenden Sprechvorgang alle auch funktionsfähig sein, insbesondere bei jungen Englischlernern.
Bei der Produktion von Sprache sind Ohren und Augen unverzichtbar. Der Mensch hört seine selbst produzierte Sprache auf zwei verschiedene Arten: Zum einen wird die Sprache durch die Luft übertragen und gelangt somit zum Ohr. Zum anderen besteht die sogenannte Knochenschall-Leitung, die innerhalb des Kopfes ins Mittelohr führt. Sie erreicht das Ohr demnach zu verschiedenen Zeitpunkten und mit unterschiedlicher Intensität.
Über ihre Augen nehmen Kinder die Umwelt differenziert wahr und erweitern so permanent, im Umfang nicht kontrollierbar, ihren Wortschatz. Indem sie die Sprechbewegungen der Mundbereiche Anderer genau beobachten und imitieren, verbessern sie ihre eigenen und nähern sich einer korrekten Lautbildung an.

> Sprachliche Selbstreflexion und genaue Beobachtung verbessert die Sprechperformanz.

Bekannte Laute auszusprechen ist normalerweise einfach. Schwierigkeiten bereitet es dagegen nicht nur deutschen Kindern unbekannte Laute zu enkodieren, die in deren Muttersprache nicht vorkommen. Das betrifft z.B. in der Regel die Laute „th", „l" und „w", die stimmhaften „s" und „j", sowie sprachenabhängig weiche und harte Auslaute.
Die phonologische Produktion bzw. Lautbildung beginnt im Broca-Areal (= 1 in Abb. 60), der motorische Vorgang der Artikulation (= 2) und die motorische Ausführungskontrolle (= 3) läuft dann im (sprech-) motorischen Kortex ab. Das auditive Feedback und das phonologische Monitoring, eine Art kognitiver Kontrolle und Korrektur des eigenen Gesagten (vgl. Kap. 3.1.2), erfolgt im oberen temporalen Lappen (= 4).

Dekodieren: Über den eigentlichen Vorgang der Sprachaufnahme ist immer noch sehr wenig genau bekannt (vgl. Hickok/Poeppel 2007). Dekodiert wird in den sprachverarbeitenden Hörzentren des Gehirns nahezu gleichzeitig in phonologischer Hinsicht, dann in grammatischer und darauf in semantischen Bezügen: Der Empfang der Laute beginnt im Ohr, sie werden zum primären Hörzentrum (auditiver Kortex = 5) geleitet. Von dort aus gelangt die kommunikative Nachricht zur phonologischen, grammatischen und semantischen Erkennung und Entschlüsselung ins Wernicke-Areal (= 6).

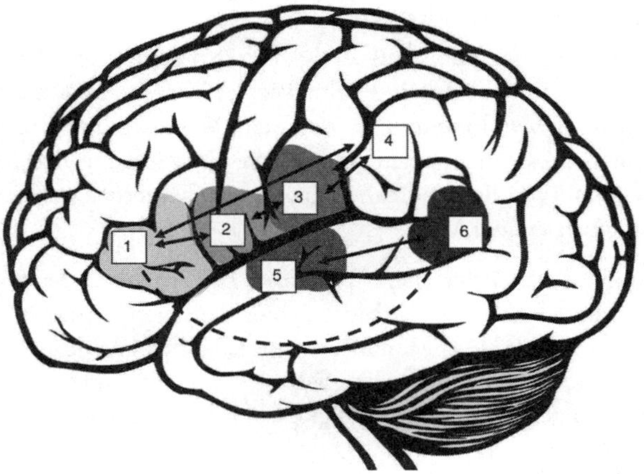

Abb. 60: Verarbeitungswege in der mündlichen Kommunikation

An einem Entschlüsselungsprozess sind auch außersprachliche Faktoren beteiligt, d.h. Gegebenheiten und Hinweise aus einer Situation, in der eine Äußerung erfolgt. Zuerst wird nur die formale Bedeutung, dann die situative Bedeutung erfasst. Bei der Entschlüsselung gesprochener Sprache spielt auch die Redundanz eine wichtige Rolle. Sie bezeichnet den Unterschied, den der Informationsumfang einer Nachricht oder Mitteilung theoretisch haben könnte und den er andererseits tatsächlich hat. Die gesprochene Sprache besitzt eine sehr hohe Redundanz; sie wird allgemein mit etwa 50 Prozent des Gesagten eingeschätzt. Bei Telefongesprächen und in realen Unterhaltungssituationen werden Teile der Lautinformation oft gestört, überdeckt oder nicht übermittelt.

Hohe sprachliche Fähigkeiten ermöglichen sprachliche Antizipation wie auch Rekonstruktion.

Ein Muttersprachler ist mit dem Kodierungssystem seiner Sprache so gut vertraut, dass er eine Nachricht auch aus einer unvollständigen Übermittlung rekonstruieren kann. Wer früh eine Fremdsprache lernt, muss sich diese Fähigkeit erst erwerben. Sie ist für die rezeptive Kommunikation, z.B. beim Verstehen von Fernsehsendungen, beim Hören von Aufnahmen, bei Informationen, die durch Lautsprecher übertragen werden (z.B. auf Flugplätzen) und bei Telefongesprächen in der Fremdsprache besonders wichtig.
Zur Kommunikation gehört außer dem geschilderten Kommunikationsprozess die Kommunikationssituation, die dadurch entsteht, dass sich Sprecher und Hörer zueinander und zu ihrer nichtsprachlichen Umwelt in Beziehung setzen, sowie Dialogstützendes wie Intonation, Lautstärke, Gestik, Mimik. Dabei interagieren beide Hemisphären zeitnah miteinander (Friederici 2011: 110).

6.3.3 Sprechkompetenzen gezielt aufbauen

Sprechen entwickelt sich nur langsam und stetig. Der Kompetenzaufbau dieser Fertigkeit erfordert Geduld und höchst individualisiertes Vorgehen. Was sich im natürlichen, muttersprachlichen Erwerb mit viel Zeit, Wiederholung, sensibler Korrektur durch permanentes Vorsprechen und an die Entwicklung des Kindes angepasst entwickeln kann, unterliegt im frühen Fremdsprachenlernen schnell dem strukturellen Zeitdruck curricularer Vorgaben.

Memorieren: Imitation ist dabei der allererste Schritt beim Erwerb der Sprechfertigkeit und bildet einen wesentlichen didaktisch-methodischen Aspekt im Englischunterricht der Grundschule. Das Memorieren und dann folgende Aus- bzw. Nachsprechen von Lauten, Wörtern, Satzteilen, Sätzen, Textteilen und ganzen Texten stellt hohe Anforderungen an die Merkfähigkeit einerseits und die Fähigkeit, artikulieren zu können andererseits.
Sich etwas merken zu können, ist eine ganz eigene Lern- und Arbeitstechnik. Kinder, die früh Fremdsprachen lernen, probieren solche Strategien aus und finden heraus, welche für sie am besten geeignet ist. Es geht in erster Linie darum die Kinder zu befähigen, nicht nur Inhalte zu verbalisieren, sondern auch im Gespräch echte Kommunikation herzustellen.

Memorieren bedeutet im Sprachunterricht, sich Sprachmaterial einzuprägen und zu behalten, es also auswendig zu lernen (vgl. Kap. 6.4).
Der sprachliche Inhalt, der memoriert werden soll, muss unbedingt verstanden worden sein, um sich mit ihm auseinandersetzen zu können. Denn: Sätze zu sprechen, die nicht verstanden wurden, oder Regeln aufzusagen, die nicht angewendet werden können, ist sinnlos.
Das Gehirn ist zwar durchaus in der Lage, auch ohne inhaltliche Kenntnis zu speichern, für den Fremdsprachenunterricht an Grundschulen jedoch beispielsweise ist jedes „papageienhafte Nachplappern“ absolut zu vermeiden. Sinnlose Imitation würde die Kinder in ihrem Lernprozess wenig ernst nehmen. Auch zum Aufbau einer positiven Lernhaltung auch für das spätere Fremdsprachenlernen muss der Lernaufwand einsichtig und nachvollziehbar sein.

Aussprechen: Das Gemerkte dann auch richtig aussprechen zu üben, ist der Fokus der intensiven Ausspracheschulung und somit ein grundlegender, wichtiger und dennoch in der Praxis oft vernachlässigter Aspekt des Englischunterrichts an Grundschulen. Zu den Bausteinen von Aussprache gehören
– die Betonung,
– die Intonation,
– die Laute sowie
– die Sprechflüssigkeit.

Schon in einer frühen Phase des Wortschatzlernens müssen die nachzusprechenden Wörter gleich richtig imitiert werden, um der *fossilization*, der nachhaltig falschen und außerordentlich schwer umlernbaren fehlerhaften Einprägung und Internalisierung einer Wortaussprache, zu begegnen. Defizite in diesem Bereich können sich später zu Kommunikationshemmern ausweiten, wenn sich beispielsweise die Bedeutung eines Wortes dadurch ändern kann, dass ein einziger Laut in ihm anders ausgesprochen wird. Wird ganz generell undeutlich ausgesprochen, kann dies die Aufmerksamkeit des Kommunikationspartners so stark binden, dass das Gesagte inhaltlich für ihn nicht oder nur durch Nachfragen verstehbar wird.

> Sprachliche Bedeutung entsteht nahezu ausschließlich durch sprachlichen Kontext.

Jede Imitationsleistung fällt zudem besser aus, wenn nicht Silben ohne Sinn und Zusammenhang, sondern Bedeutungseinheiten zugrunde gelegt werden. Das Hörverständnis durch gezielte Spezialübungen, etwa zur Diskrimination einzelner Laute, sollte parallel dazu gründlich geschult und dabei auch wesentliche Unterschiede in das Bewusstsein der Lerner gehoben werden, um so Interferenzerscheinungen zum Lautsystem der Muttersprache einzudämmen.

Ein ganzheitlicher Ansatz ist besonders wichtig, wenn man sich den Aufbau echter Sprechfertigkeit zum Ziel gesetzt hat. Da es sich beim Verstehen und Sprechen um sehr komplexe Vorgänge handelt, die in der Muttersprache und auch in der Fremdsprache auf mehreren Ebenen gleichzeitig verlaufen, würde es zu großen Schwierigkeiten beim Transfer führen, wollte man Aussprache, Intonation, Sprachrhythmus, Wortschatz und Strukturen zunächst isoliert und übertrieben üben in der Hoffnung, die Sprechfertigkeit auf diese Weise auszubilden.

6.3.4 Vom reproduzierenden zum produktiven Sprechen

Wer frei sprechen können will, muss nach dem Imitieren und Wiederholen von Wörtern, Satzteilen und Sätzen schnell in Kommunikationssituationen wie (zunächst noch gelenkten und vorgegebenen) Dialogen oder Mediation etc. üben. Das bedeutet, sich auch längere Bedeutungseinheiten merken zu können – eine kognitive, lernstrategische Leistung. Von Beginn an nicht singulär Wortschatz aufzubauen, sondern in sprachlichen Versatzstücken, idiomatischen Redewendungen und gehäuft benachbarte Auftreten von Wörtern, z.B. Verb-Präposition (Kollokationen) Englisch zu lernen, wird sich an diesem Punkt positiv auswirken.

Wichtig für den Sprachenunterricht ist dabei zunächst der ganzheitlich-strukturelle Charakter des Sprechenlernens. Das Ziel, die Sprechfertigkeit in der Fremdsprache, ist keine Addition von isolierten Fähigkeiten, sondern gehört zu den *Integrated Skills*. Sprechen kann in erster Linie durch Sprechen erlernt werden; dies bildet die Grundlage für die Fertigkeiten Lesen und Schreiben. Die konsequente, auf das Mündliche als Ausgangspunkt ausgerichtete Unterrichtsführung muss es möglich machen, Sprache in sinnvollen, bedeutsamen und kommunikativen Situationen zu gebrauchen, dabei Fehler zu machen und diese in gezielten Übungen zu überwinden. Solche Fehler bei der schon freieren Sprachproduktion weisen auf den Stand der Sprechfertigkeit des Lerners hin und dienen der Lernstandsdiagnostik.

Monologisches Sprechen wie dialogisches Sprechen, rahmenartig gestützt durch mediale Reize, können durch authentische Situationen, relevante Inhalte und Themen und gezielte Hilfestellungen zum kommunikativen Erfolg führen. Werden dabei zunächst erlernte Sprachstrukturen reproduziert, bilden sie in einer nächsten Entwicklungsstufe die Basis für kreative, konstruktive Sprechakte.

> Sprachliche Automatisierung spielt eine erhebliche Rolle für das freie Sprechen.

Eine Weiterentwicklung auf dem Gebiet der neurolinguistischen Forschung dürfte wohl auch den zitierten Automatisierungsprozess fremdsprachlicher Sprachmuster durchschaubarer werden lassen, der heute allgemein als Voraussetzung für den Aufbau und die Förderung der Sprechfertigkeit gilt. Was sich dabei im Einzelnen genau neuronal vollzieht, ist noch nicht erkannt worden, als erwiesen gilt hingegen, dass spontanes freies Sprechen erst nach Abschluss dieses Automatisierungsprozesses möglich ist.

Neurologisch nachgewiesene Feedbackschleifen im Gehirn (vgl. Kap 3.2.1), Kontrollsysteme also, mit denen Sprecher ein Versprechen meist sofort korrigieren, bilden sich mit zunehmender Beherrschung auch im fremdsprachlichen Bereich heraus (vgl. Hickok & Poeppel 2007). Jeder verfrühte Versuch, die Lerner zum freien Sprechen anzuregen, verleitet zum Stammeln, zum fehlerhaften Sprachgebrauch, der beim Fremdsprachenlernen meist auf Interferenzstörungen der Muttersprache zurückzuführen ist.
Die automatische, spielerisch-leichte Verwendung von sprachlichen Versatzstücken ermöglicht es dem Sprecher, diese mit wenig Aufmerksamkeit und nahezu fehlerfrei auszuführen und damit die Grundlage für die bewusste Ergänzung der sprachlichen *frameworks* zu bilden. Die Automatisierung steigert zudem die neuronale Verarbeitungsgeschwindigkeit im Gehirn und erweitert die Sprachkapazitäten. Kreatives Sprechen setzt voraus, dass grundlegende Muster sprachlichen Wissens automatisiert wurden, damit nachfolgend überhaupt erst ausreichend kreative Sprachkapazitäten frei werden können (vgl. Schneider & Chein 2003).

Sinnvolle Sprechmuster immer wieder zu vermitteln, sie quasi – wenn auch spielerisch – redundant einzuschleifen, steht in der Unterrichtspraxis am Beginn des Aufbaus der Sprechfertigkeit. Diese erste Phase, die Automatisierung richtiger Gewohnheiten (*speech habits*), ist ein mechanischer Prozess.

Bei diesem (auch im muttersprachlichen Lernprozess so angelegten) mechanischen Prozess werden mit Hilfe von Imitationsübungen, *Pattern Drills*, Substitutionsübungen, Frage- und Antwortketten, Auswendiglernen usw. die Grundlagen geschaffen, die in einem späteren Stadium den Übergang zum fehlerfreien Sprechen ermöglichen. Es wäre völlig verfehlt, wollte man diesen mechanischen Automatisierungsprozess richtiger Sprechmuster frühzeitig abbrechen, weil die Richtigkeit des späteren Sprachgebrauchs nur auf dieser Grundlage gewährleistet ist. Dass dies nicht mit sturer Monotonie bei der methodischen Durchführung gleichzusetzen ist, versteht sich von selbst. Variabilität gehört gerade hier zu den vordringlichsten Aufgaben einer erfolgreichen Unterrichtsgestaltung.
Ein konkretes Beispiel dafür ist der Aufbau der Dialogisierung. Erst werden die basalen Sätze des Dialogs auswendig gelernt und im gespielten Dialog wiedergegeben. Erweiterungen, Änderungen und freier kreativer Umgang individualisieren den dialogischen Sprechakt, der über Formen der Simulation z.B. in szenischen Spielen möglicherweise in kommunikativen Alltagssituationen verfügbar wird.

Mögliche fremdsprachliche Sprechhemmungen der jungen Sprachenlerner relativieren sich in dem Moment, in dem sie erfahren und vor allem erleben, dass Kommunikation eben nicht ausschließlich gebunden ist an einen lückenlosen, schier unübersehbaren Wortschatz oder die Kenntnis bestimmter grammatischer Strukturen. Kontinuierliche, sensible positive Rückmeldungen sind auch nach neuesten Erkenntnissen der Hirnforschung unabdingbar für den kommunikativen Erfolg.

6.4 Schreiben und lesen lernen

Kinder können und wollen früh lesen und schreiben – in ihrer Muttersprache und jeder weiteren Sprache, mit der sie konfrontiert werden (vgl. Böttger 2013[2]: 4ff.). Enthält man es ihnen vor, versuchen sie sich selbstständig daran, konstruieren selbst, machen sich quasi ihren eigenen „Reim darauf". Der Nachteil dabei: Fehler fossilisieren, können später nur mit viel Aufwand korrigiert werden, wenn überhaupt.
Beides, erstes Lesen und Schreiben, geschieht sogar deutlich früher, als das bislang in den schulischen Curricula der Bundesländer vorgesehen ist und früher, als viele es bisher für möglich gehalten haben, nämlich etwa ab dem 3. Lebensjahr.
Langjährige Erfahrungen in vielen bilingualen Programmen, etwa das der Katholischen Kindertagesstätte Edith Stein in Wolfsburg, sowie empirische Befunde der Spracherwerbsforschung (z.B. Karolij & Nehr 1996: 120f.) zeigen deutlich, dass

1. ohne die Förderung der Alphabetisierung die volle Entwicklung der Erstsprache nicht garantiert werden kann,
2. darauf basierend insbesondere wegen des sprachlichen Transfers davon ausgegangen werden muss, dass der Erfolg in der Zweitsprache maßgeblich von der Entwicklung der Erstsprache abhängig ist, und

3. die kognitiven Potenziale der Kinder unter bestimmten Bedingungen, wie z.B. die Verknüpfung von Buchstabenbild, Laut und Bewegung, für einen gleichzeitigen Aufbau der Alphabetisierung auch über die Kontrastierung möglich und dringend nötig sind.

Es geht im Folgenden darum, diese Potenziale der Kinder zu verdeutlichen, darüber hinaus aber auch darum zu zeigen, warum und wie frühe Lese- und Schreibkompetenzen im Englischen entwickelt und systematisch geübt werden müssen und können.

6.4.1 Was das Hirn leisten muss

Eigentlich ist das junge Hirn noch nicht ganz bereit für die enorme Herausforderung des Umgangs mit dem Schriftbild, einem künstlichen, fast unnatürlichem Konstrukt. Die langen Wege im Hirn bei der Verarbeitung zeigen, dass die Erfindung des Schriftbildes erst vor gerade einmal etwa 6000 Jahren zwar unmittelbar die Organisation unseres Gehirns veränderte, der Mensch aber nicht dafür geboren wird.

Lesen und Schreiben sind nur über viel Wiederholung und Übung zu erlernen, auch muttersprachlich.

Im „Lesesaal des Gehirns" findet als Reaktion auf äußere Veränderungen immer wieder eine Anpassung statt, die Elastizität und Plastizität hilft, bereitet aber auch Schwierigkeiten. Die Flexibilität aber, die das Gehirn beim Lesen von Buchstaben, ganzen Wörtern und Sätzen zeigt, ist dieser Anpassung nach vielen Stunden des Übens und Lernens geschuldet.

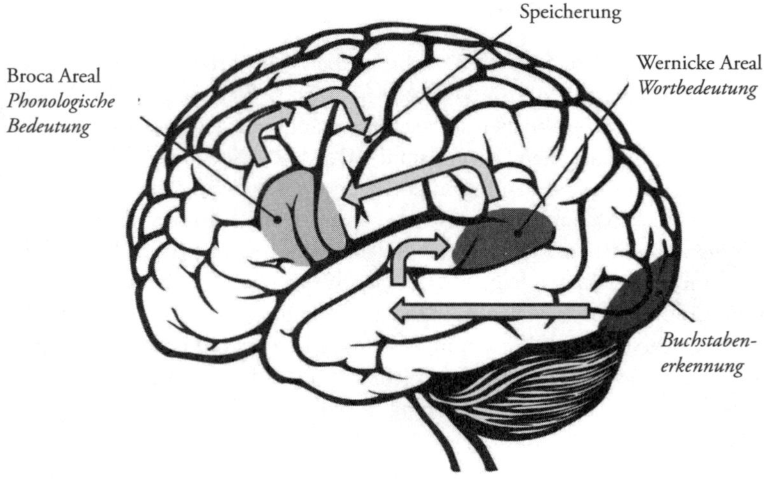

Abb. 61: Linke Hirnseite

Eine Voraussetzung für den erfolgreichen Aufbau von Kompetenzen im Bereich Lesen und Schreiben sind narrative Kompetenzen (Blakemore et al. 2006: 75). Selbstständige mündliche Ausdrucksformen wirken sich auf die schriftliche Formulierung aus.

Gehirnphysiologisch gesehen, sind der linke, ventrale occipito-temporale Kortex und die verbundene weiße Masse wesentlich für das Lesen (Price 2013: 131; vgl. auch Yeatman et al. 2013). Drei Wege mit hohem Anteil an weißer Masse bzw. Myelin befördern wohl Lesesignale:

> „(I) the inferior longitudinal fasciculus (ILF) that links occipital Kortex to the anterior and medial temporal lobes;
>
> (II) the inferior fronto-occipital fasciculus (IFOF) that links occipital Kortex to the ventrolateral prefrontal Kortex; and
>
> (III) the vertical occipital fasciculus (VOF) that projects dorsally to the lateral occipital parietal junction including the posterior angular gyrus and lateral superior occipital lobe. The cortical endpoints of the VOF are particularly dense in the ventral reading regions making this an important white matter target for future investigations." (Price 2013: 131)

Die langen Wege der visuellen Impulse werden durch entsprechende Nervenzellen abgesichert.

Bei Kindern entwickeln sich Teile dieser Zellen noch, werden die Nervenfasern nach und nach mit Myelin überzogen, wenn das Gehirn reift (vgl. Kap. 5.3.5). Dank dieser Isolierschicht werden elektrische Impulse schneller geleitet. Sie ist auch absolute Bedingung für den Leseprozess.

Unterschiede sind diesbezüglich früh feststellbar: Kinder mit besseren Lesebereitschaft-Fertigkeiten (u.a. phonologische Bewusstheit – vgl. Kap. 6.2.2.2 – und Wortlesefähigkeit) aktivieren ein weites Netzwerk der leserelevanten Hirnbereiche, insbesondere funktionelle Verbindungen von orthographischem Input und sprachenbezogenen Hirnbereichen, und zeigen letztlich eine bessere Leseperformanz (Pugh et al. 2013: 173–183; Yeatman et al. 2013: 146–155).

Frühe Leseförderung ermöglicht eine deutliche Steigerung der Leseleistungen: Im linken vorderen Kortex werden die vorher schlechten neuronalen Leitungsdispositionen verbessert (Keller & Just 2004). Die dortigen Bestandteile der weißen Substanz, Myelinschichten um die impulsleitenden Axone (vgl. Kap 4.1.2), entwickeln sich vergleichsweise stärker.

Frühes Lesenlernen verbessert die Schnelligkeit der Gehirnaktivitäten.

Im hinteren Teil des Balkens (Corpus callosum), also den Nervenfasern, die die Hirnhemisphären verbinden, entwickeln sich bei frühen Lesern ebenfalls stärker und sind im Erwachsenenalter deutlich dicker als bei leseungewohnten Erwachsenen (Caldas 1999) (vgl. auch Abb. 15).

Die verschiedenen am Lesen beteiligten Areale des Gehirns verbinden während des komplexen Leseprozesses die reale Welt mit der Lesewelt. Wenn beispielsweise die Handlungsträger in den Texten einen Tätigkeitswechsel vornehmen oder den Handlungsort wechseln, scheint es so, als bewegten sich die Leser in der realen Welt und nicht nur gedanklich in einer imaginären.
Beim Aktions- und Handlungswechsel, z.B. mit einem neuen Gegenstand, ist es der prämotorische Kortex, der an Bewegungsplanungen und -ausführung beteiligt ist (Speer 2009).
Der Ortswechsel in der imaginären Welt regt bei Lesern verstärkt eine Kortexregion nahe dem Hippocampus an. Der parahippocampale Gyrus ist auch auf das Erkennen und Erinnern von räumlichen Begebenheiten spezialisiert.
Die mentalen Simulationen (vgl. Spiegelneuronen Kap. 6.5) echter Beobachtungen, Wahrnehmungen oder Bewegungsabläufe deuten darauf hin, dass Lesen bzw. Leseverstehen keinesfalls nur eine passive, rezeptive (fremd-)sprachliche Kompetenz ist. Vergleichbare reale Handlungen, auch feinmotorische, sprachrelevante, werden durch nahezu identische Hirnregionen quasi geübt.
Der stärkere Informationsaustausch der verschiedenen Hirnareale bei der Verarbeitung der sensorischen Leseimpulse verändert nicht nur die neuronalen Aktionsfelder, sondern hinterlässt anatomische Spuren (vgl. Daheaene 2010).

So funktioniert die Verarbeitung von Schriftbildern im Hirn grob:

- Zunächst werden die Schriftzeichen über die Augen (1) aufgenommen, gesehen. Das Hirn geht dabei relativ schnell (nach weniger als 250 ms) vom Detektieren des Optischen zum allgemeinen Sprach-Verarbeiten, dem Verknüpfen mit Sinn, mit anderen Erfahrungen etc. über.
- Über etwa 100 Millionen Sinneszellen auf der Netzhaut (2), und über den Sehnerv (3) und zugeordneten Bahnen an die primäre Sehrinde im Hinterkopf, den visuellen Kortex, (Hinterhauptslappen (4)) weitergeleitet.
- In einem ganz auf geschriebene Wörter spezialisierte Hirnareal, dem visuellen Wortformareal (Dehaene 2010) zwischen Hinterhaupts- und Schläfenlappen, werden die Buchstaben dann als Zeichen erkannt oder wiedererkannt und zu Buchstaben zusammengesetzt. Bei gesprochenen Wörtern bleibt es ohne Reaktion. Das Areal ist bei allen Menschen und für alle Sprachen örtlich und funktional gleich.
- Eine Buchstabenfolge wird im Wernicke-Zentrum (5) zwischen Hinterhaupts- und Schläfenlappen als Wort oder Satz mit Bedeutung zu Sprach- bzw. lexikalischem Wissen konstruiert. Hier bekommen Wörter einen Sinn zugewiesen, wird entscheiden, ob zwei Wörter synonym sind, und wenn eine bestimmte Bedeutung aus mehreren Wörtern ausgewählt werden muss. Hier werden z.B. folgende Bedeutungseinheiten unterschieden:

DAS WEISS ICH AUCH – DAS WEISS AUCH ICH
WEISS AUCH ICH DAS – WEISS ICH DAS AUCH
AUCH DAS WEISS ICH – AUCH ICH WEISS DAS
WEISS DAS AUCH ICH – WEISS ICH DAS AUCH

Hier wird das Lesen sofort mit einem Bedeutungsgewinn verbunden – Lesen ohne zu verstehen ist fast nicht möglich. Wörter werden ganz unwillkürlich gelesen und einer Bedeutung zugeordnet, Wörter, denen man begegnet, können quasi nicht *nicht* gelesen werden.

- Weiter vorne, im Broca-Zentrum (Schläfenlappen (6)), findet die phonologische Verarbeitung statt, werden Artikulation und Wahrnehmung grundgelegt. Auch an der Analyse komplexer Sätze ist das Areal wohl ebenfalls beteiligt. Die Informationen kommen hierher über Faserbündel, die für eine hohe Verarbeitungsgeschwindigkeit sorgen.
- Für die Speicherung des verarbeiteten Sprachmaterials unter anderem hauptverantwortlich sind Bereiche des motorischen Kortex (7), der Großhirnrinde.
- Soll beispielsweise vorgelesen werden, steuert die Information nun den motorischen Kortex an, der die verschiedenen Sprechorgane befehligt. Gelingt der ganze Ablauf störungsfrei, klingt das Vorgelesene so, als ob es spontan gesprochen werden würde.

6.4.2 Lesen und Schreiben systematisch üben

Grundsätzlich gelten für die Einführung des Schriftbildes im Englischunterricht an Grundschulen gleiche Bedingungen:

1. Viel Zeit für Exploration, entdeckendes Lernen, Erspüren und Nachspüren von Sprachmaterial wie Buchstaben, Worte, Sätze.
2. Selbstständiges Lernen mit vielfältigen Möglichkeiten der Selbstkontrolle.
3. Multisensorische, dreidimensionale Zugänge zum Zeichensystem mit haptischem Fokus, um buchstäblich zu begreifen.
4. Individuelle, differenzierende Aufgabenformate.
5. Hohes Angebot an Schreib- und Leseaktivitäten in der (vor-)schulischen Lernumgebung.
6. Berücksichtigen sinnvoller, authentischer Inhalte und Zusammenhänge.
7. Regelmäßiges Üben in angemessenen Zeitrahmen.
8. Visualisierung und phonologische Unterstützung des Zeichensystems, auch durch gedächtnisstützende Bewegungen (z.B. *Jolly Phonics*).
9. Kontrastierung des Schriftbilds mit dem Lautbild, im besten Fall Laut vor Schrift.
10. Übungserfolge verstärken: Nichts jedoch lässt sich beschleunigen: Die feinmotorische Entwicklung des Motorkortex, des Zentrums für Bewegungen, benötigt einfach Zeit, individuell unterschiedlich.

Buchstaben wiedererkennen
Beim Lesen vollbringt das Gehirn eine wahre Meisterleistung: Innerhalb weniger Sekunden entziffert es eine wahre Zeichenflut. Was so selbstverständlich erscheint, beruht auf erstaunlich komplexen, unbewussten Vorgängen.

> Buchstaben zu erkennen ist eine Meisterleistung des Gehirns – Übung führt dazu.

Zunächst wird Buchstabe für Buchstabe analysiert. Nicht geklärt ist bisher, ob der ganze Buchstabe als Bild erkannt wird, oder, was wahrscheinlicher ist, markante Details je Buchstabe zum Erkennen ausreichen.
Der erste Leseprozess hängt in jedem Fall maßgeblich von der Unterscheidbarkeit jedes einzelnen Zeichens ab. Eine stark differenzierte Schrift erleichtert dies, deshalb sind für das frühe Schreiben und Lesen nicht nur im Englischen Schriften mit gut differenzierten Buchstabenbildern (z.B. Antiquaschriften) zu empfehlen.

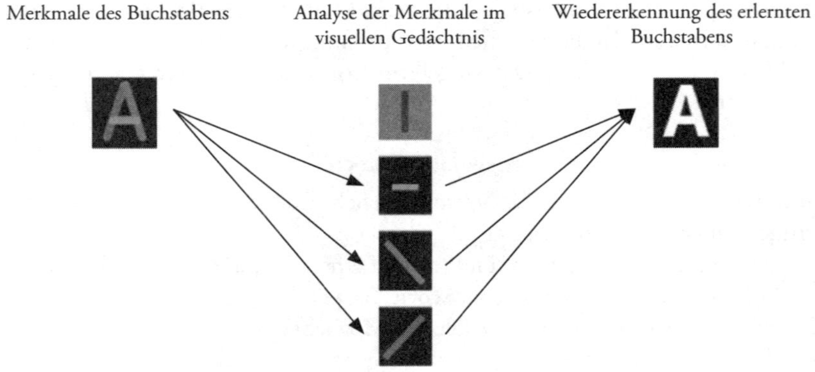

Abb. 62: Buchstaben-Erkennungsprozess

Die grundlegenden Merkmale der Zeichen werden dabei von spezialisierten Rezeptoren im Hirn erkannt. Wenn diese so zusammengefügt werden, dass sie einem im Gedächtnis vorhandenen Zeichen entspricht, wird der Buchstabe erkannt. Je ähnlicher sich dann zwei Buchstaben sind, desto schwieriger ist dies (z.B. bei „P" und R").

Antizipieren – auf den Wort-Kontext schließen
Sind die Buchstaben und Buchstabenkombinationen in einem Wort gut memoriert, werden Nachbarbuchstaben antizipiert, z.B. das „h" nach vorherigem „sc". Ohne systematische Leseübungen geht dies nicht, in keiner Sprache.
Wie weit das aber entwickelt werden kann, kann in Selbsttests wie dem folgenden reflektiert werden:

7H15 M3554G3
53RV35 7O PR0V3
H0W 0UR M1ND5 C4N
D0 4M4Z1NG 7H1NG5!
1MPR3551V3 7H1NG5!
1N 7H3 B3G1NN1NG
17 WA5 H4RD BU7
N0W, 0N 7H15 LIN3
Y0UR M1ND 1S
R34D1NG 17
4U70M471C4LLY
W17H 0U7 3V3N
7H1NK1NG 4B0U7 17.

Abb. 63: Automatische Antizipation

Eine solche Fähigkeit der Antizipation zu entwickeln, ist physiologisch angelegt und findet unbewusst statt, wenn genügend Beispiele zur Wortreproduktion gespeichert sind.

Nur mit einem kleinen Ausschnitt der Netzhaut, nämlich mit der Fovea centralis, kann gelesen werden. Dabei werden nur etwa vier Buchstaben gleichzeitig scharf abgebildet.

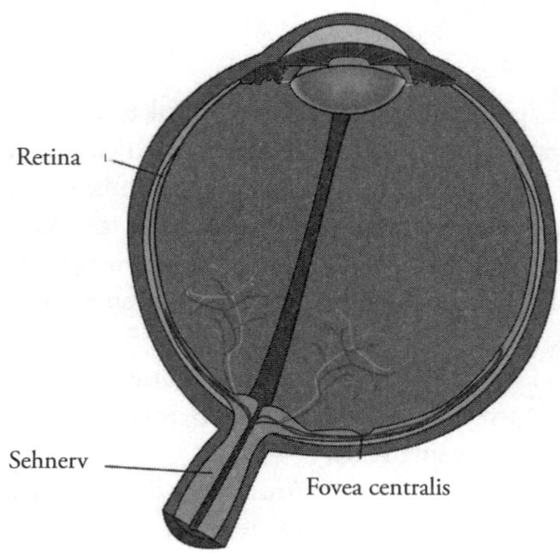

Abb. 64: Der Punkt schärfsten Sehens: Fovea centralis

Leseanfänger, die Zeichen für Zeichen lesen, müssen also alle vier Buchstaben einen Lesestopp, eine sogenannte Fixation des Textes vornehmen. Erst in dieser Ruhephase kann ein scharfes Abbild entstehen. Dann springt das Auge vier Zeichen – eine Sakkade – weiter, um die nächsten vier Zeichen abzutasten.

Blickspanne erweitern

Anfangs müssen noch mehr Fixationen gemacht, Buchstabe für Buchstabe analysiert werden. Jeder Buchstabe wird dabei scharf abgebildet.

Abb. 65: Leseverhalten des ungeübten Lesers

Die ungelesenen Bereiche werden bei systematischer Übung größer und können dann aus dem Wortkontext und der Lese- und Spracherfahrung erschlossen werden. Das Auge macht nun etwa alle 8 Buchstaben eine Fixation, nicht jeder Buchstabe wird mehr scharf auf die Netzhaut projiziert. Nun ist ein flüssiger Leseprozess möglich.

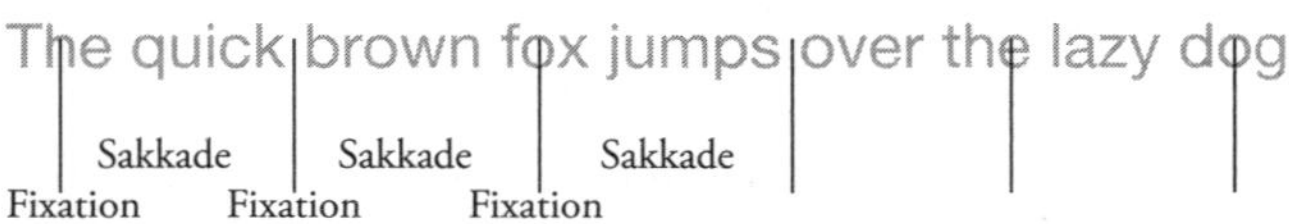

Abb. 66: Leseverhalten des geübten Lesers

Voraus lesen üben

Erwartungen an Satzaufbau, Grammatik, Syntax und Vokabular eines Textes helfen beim flüssigen Lesen. Dabei werden Inhaltswörter wie Adjektive, Adverbien, Nomen und Verben länger fixiert, Funktionswörter wie Konjunktionen, Artikeln und Präpositionen werden genauso wie wiederholt vorkommende Wörter kürzer und seltener fixiert. Insgesamt 60 Prozent aller Artikel, Präpositionen und Konjunktionen werden wohl gar nicht gelesen. Geübte LeserInnen lesen etwa 20 Prozent eines Textes gar nicht mehr.

Wird zu schnell gelesen, lässt die Fixation keine eindeutige Identifikation zu oder gehen die Sakkaden so weit voraus, dass sich der Satz nicht mehr erschließt, muss gestoppt und zurückgegangen werden (Regression).

Je grösser die Sakkadenweite, je geringer die Anzahl der Regressionen und je kürzer die Fixationszeiten desto höher die Lesegeschwindigkeit.

Strategisch lesen und schreiben

Kinder wollen nahezu immer wissen, „wie" etwas geht. Das betrifft auch Lernprozesse, die sie gerne selbst mitgestalten und -bestimmen möchten. Bedeutsam ist diese konstruktive Grundhaltung, basierend auf den vorhandenen kognitiven Fähigkeiten der jungen Lerner, somit auch für den frühen Fremdsprachenunterricht.

Alphabetisierung ist ein kognitiver Prozess, den Lernstrategien unterstützen.

Kinder können ab dem ersten Lernjahr die Kontrolle über ihren eigenen sprachlichen Lernprozess steigern, wenn ihnen kindgerechte Lernstrategien vorgestellt werden, wenn sie diese dann einsetzen und ausprobieren können, und wenn sie dabei feststellen, welche ihnen besonders helfen. Die Entscheidung für eine Lernstrategie ist höchst individuell, quasi ein früher, aber richtungsweisender demokratischer Vorgang in der Sprachenlernbiographie der Grundschulkinder.

Abstrakte Lernstrategien konkretisieren sich in operationalisierenden Mikromethoden, den Lern- und Arbeitstechniken. Im Vergleich zu Makromethoden wie der Projektarbeit, dem Stationenlernen etc. sind sie ganz konkret und präzise benannt.

Lern- und Arbeitstechniken für das erste Lesen und Schreiben in allen Sprachen gibt es wenige:

1. Memorieren: Sich ein gelesenes oder geschriebenes Wort merken können.
2. Benutzen von Bildwörterbüchern zum selbstständigen Erschließen von Wortfeldern.
3. Notieren: Selbstständig erste Merkhilfen anwenden, z.B. ein Wort aus dem Bildwörterbuch herausschreiben.
4. Herstellen von Arbeitsmitteln: Zum Beispiel ein Lernposter im Team gestalten oder Notizen strukturiert anordnen zu einem Cluster.
5. Sprachmittel: Auf Englisch Gelesenes und Verstandenes jemandem in deutscher Sprache und eigenen Worten wiedergeben.
6. In englischen Wörtern Übereinstimmungen und Ähnlichkeiten mit dem Deutschen suchen.
7. Umgang mit Bild-Wort-Karteien zum ersten Nachschlagen.

Lesen beginnen

Bei der Lesefertigkeit muss ein wichtiger Unterschied gemacht werden zwischen

- dem lauten Lesen, einem imitativen Vorgang, sowie dem
- Leseverstehen, einem sinnentnehmenden Prozess.

Das laute Lesen eines Buchstabens, Wortes oder Satzes dient vornehmlich der Ausspracheschulung, wird dabei aber realisiert über die Wiedererkennung der Schriftzeichen und dem Umsetzen in einen Laut bzw. Lautstrom. Dies muss von Anfang an geübt werden, beginnend mit einzelnen Buchstaben und kurzen Wörtern. Ein höchst individueller Prozess, in dem die Kinder ganz unterschiedliche Fortschritte machen. Von Lehrkraftseite bedarf es eines wiederholten Vorsprechens/Vorlesens und Lautvorbilds sowie der genauen Korrektur des Imitierten, um nicht Falsches einzuschleifen. Später ist die muttersprachliche Alphabetisierung weit fortgeschritten und es kann immer wieder zu Interferenzerscheinungen beim Lesen englischer Wörter kommen. Diese werden dann mit deutscher Aussprache gelesen.

Einsichten schaffen heißt kognitive Sprachpotenziale nützen.

Leseverstehen hingegen ist eine Fähigkeit, einem Schriftbild eine Bedeutung zuzuordnen. Von Beginn an, unabhängig von der Jahrgangsstufe, ist den Kindern unbedingt die Bedeutung eines Wort-/Satzbildes zu verdeutlichen. Papageienhaftes Nachplappern ist wie schon beim Aufbau von Sprechfertigkeit zu vermeiden (vgl. Kap. 7.2.3).
Das bereits vorhandene kognitive Potenzial muss durch Einsichten berücksichtigt werden. Für kurze Texte gilt dabei nicht unbedingt das Wort für Wort-Verstehen, jedoch ein globales Verstehen, die Kenntnis über den allgemeinen Sinn des Erlesenen bzw. Nachgesprochenen.

Der Aufbau von Lesekompetenz wird idealerweise progressional organisiert und strukturiert. Wegen der unterschiedlichen Entwicklungstempi kommt differenzierenden Maßnahmen eine besondere Bedeutung zu.
Eine grobe Skizze des Progressionsaufbaus:

1. Buchstaben und einzelne Wörter vorlesen und nachsprechen. Ähnlichkeiten (*bed-bad*) und Unterschiede (*teach-pear*) früh thematisieren.
2. Wiedererkennen und Reproduzieren von Buchstaben und Wörtern.
3. Lesen (und Verstehen) bekannter Sätze, anfangs sehr kurz, dann immer länger.
4. Lesen (und Verstehen) unbekannter Wörter, anfangs insbesondere mit Ähnlichkeiten zu bereits bekannten. Am besten integriert in einen schon bekannten Satzkontext.
5. Lesen von unbekanntem Sprachmaterial mit zunehmender Länge – dann auch ganze Storybooks.

Die Progression beinhaltet auch immer wieder nötige Rückschritte bzw. vermehrtes Üben, wenn der nächste Schritt nicht sofort gelingen will. Motivation spielt dann eine nicht unerhebliche Rolle bei der Bereitschaft zu anstrengenden Leseübungen. Vor allem durch vielfältige, spielerische und visuell gestützte Aktivitäten wird dies gesichert.
Selektierende Aktivitäten hingegen, wie beispielsweise das Fehlerlesen, wirken nachhaltig kontraproduktiv.

Eine Schwierigkeit bildet der Unterschied von Schreibung und Lautung im Englischen. Die lautliche Gestalt eines Wortes muss zusammen mit der genauen Rechtschreibung gespeichert werden, sonst entsteht große Verwirrung. Methodisch kindgerechte Verfahren wie Jolly Phonics oder ganz generell die Entwicklung der phonologischen Bewusstheit (vgl. Kap. 6.2.2.2) gewährleisten dies.

Schreiben beginnen

Wie das Lesen ist auch das Schreiben generell als Lehrgang noch nicht ausführlich genug durchstrukturiert. Nachfolgend die wichtigsten Schritte:

1. Schreiben beginnt ab der ersten Klasse, bei paralleler Alphabetisierung mit dem Deutschen, mit dem Nachspuren und Nachkonstruieren von Buchstaben und Wörtern. Dabei werden Buchstaben oft noch verwechselt, eigene Schriftbilder – scheinbar wenig passend zu den Lautbildern – kreiert, also sinnvoll und kognitiv experimentiert und konstruiert. Wichtig sind gute Vorbilder, Korrekturen nur bedingt nötig.

Abb. 67: Erste hypothetische Schreibversuche Vierjähriger

2. Sind die Buchstaben bekannt, sind Abschreibübungen, didaktisch sinnvoll organisiert von kurz zu länger, unbedingt notwendig. Beim imitativen Schreiben muss viel korrigiert werden, die Gefahr ist bekannt: Fossilierung.
   Spielerische Formen wie das Laufdiktat schulen hingegen sogar noch strategische Kompetenzen, das Memorieren der gelesenen Wörter. Gleichzeitig wird eine *language awareness* bezüglich des Schrift-Laut-Kontrastes aufgebaut, der wiederum mit dem Deutschen verglichen werden kann.
3. Reproduktion als nächste Stufe wird erreicht, wenn mit zeitlicher Verzögerung geschrieben wird, Wörter beispielsweise in einen bekannten Text eingefügt werden.
4. Vor dem freien Schreiben sind semikreative Aktivitäten mit sprachlichem Framework notwendig, z.B. Weiterschreiben von Wort- bzw. Satzanfängen und Texten, Satzstreifen ergänzen, Dialoge rekonstruieren.

Kinder ernst nehmen

Lesen und Schreiben kommt nicht von selbst und ist höchst individuell. Jede Art von Hilfestellung ist bei allen Bemühungen willkommen, Bildwörterbücher mit Audioteilen, Buchstabensetzkästen und Magnettafeln zum Wörter- und Satzkonst-

ruieren, *Storybooks* mit Hördateien zum Mithören und Umblättern an der richtigen Stelle und vieles mehr.
Erstaunliche Fortschritte sind vorprogrammiert, wo Kinder für das Erforschen des englischen Schriftbildes eines bekommen: Angebote, Zeit und Hilfe.

6.5 Wichtigste Prinzipien

Ganz allgemeine Aspekte erfolgreichen Sprachenlernens sollen in diesem Kapitel nochmals auf wenige Punkte, quasi als *take home message* zugespitzt zusammengefasst werden. Dies ist wegen der Fülle an relevanten neurobiologischen Detailerkenntnissen und den daraus zu ziehenden Folgerungen notwendig. Die einzelnen sprachenneurodidaktischen Impulse überlappen sich allerdings, beziehen sich aufeinander und bedingen einander.

6.5.1 Neugier wecken

Bedeutendes erfahren zu wollen ist Menschen angeboren und auf der neuronalen Netzwerkebene fast bildlich repräsentiert. Etwas, das nicht von Belang oder in seiner Relevanz für den Lerner erklärungsbedürftig ist, regt auch nicht zu Neugier an. Forschendes Sprachenlernen mit den entsprechenden Aufgabenformaten, in denen nicht einfach frontal Vermitteltes nur geübt, sondern in denen sprachliche Situationen selbst gelöst werden können, wirken dem Nachlassen von Neugier stark entgegen. Für die Bewältigung einer solchen Situation nötige Wörter mit geeigneten Medien selbst herauszufinden zu wollen, wäre ein Beispiel für ein gelungenes aufgabenorientiertes Format.

6.5.2 Relevanz herstellen

Das Limbische System bewertet aufgenommene sprachliche Informationen nach folgenden Kriterien (vgl. Kap. 5.3.4):

- wichtig/unwichtig
- bedeutend/unbedeutend
- nützlich/nicht nützlich
- wünschenswert/nicht wünschenswert
- angenehm/unangenehm

Dieser interne Test entscheidet über die Speicherung im emotionalen Erfahrungsgedächtnis. Ein Faktor erfolgreichen Sprachenlernens ist in jeder Altersstufe somit eine positive Ausgangssituation, eine persönliche, erkennbare *Win-Win*-Situation – durch relevante sprachliche Inhalte und Zieldimensionen. Diese wiederum führt verstärkend zu einem emotionalen Lernprozess: Das positive Sprachlerngefühl führt zum besseren Identifikation mit den sprachlichen Inhalten, somit zum besseren Behalten, damit wiederum zu mehr Sprachlernerfolg, zu mehr Spaß. Der Neurotransmitter Dopamin belohnt diesen Erfolgskreislauf geglückter sprachlicher Lösungen: *Nothing succeeds like success.*

6.5.3 Restriktionsfrei lehren

Neugier und Kreativität entfalten sich nur ohne Leistungsstress und Versagensängste (vgl. Kap 6.1.1.3). Eine entspannte, restriktionsfreie Atmosphäre ermöglicht Selbstbewusstsein, eine Voraussetzung, die für kommunikative, also auch sprachliche Situationen unerlässlich ist. Negative Konsequenzen z.B. von sprachlichen Fehlern, insbesondere schlechte Noten, können entmutigen. Lob, positive Verstärkung, sachliches Feedback und permanente Ermutigung führen zur für die Gedächtniskonsolidierung notwendige Entspannung und Zeit.
Fehler spielen eine besondere Rolle, zumal im schulischen Kontext: In der sprachlichen Performanz sind sie zwangsläufig, bleiben bei sprachlichen Konstruktionen wie Satzbildung und Wortwahl in der Regel nicht aus. Die zum produktiven Sprachlernen notwendige sprachliche Hypothesenbildung wird im Idealfall durch angemessene, konstruktive Korrektur revidiert. Auf neuronaler Ebene passen sich die sprachlich relevanten Gehirnzellen an, indem sie neue Verbindungen eingehen (vgl. Kap. 6.1) und somit erst eine langfristige, selbstbewusste Sprachverwendung anbahnen.

> Diagnostizieren hilft beim Sprachaufbau weiter, Bewerten und Benoten verlangsamen ihn.

Positive, effektive und bereichernde, weil herausfordernde Testformate dienen der individuellen diagnostischen Lernstandskontrolle und somit langfristig der Kompetenzsteigerung. Mit ihrer Hilfe können individuelle Zielsetzungen vereinbart werden.

6.5.4 Individualität fördern

Lerner haben unterschiedlich effiziente Lernphasen. Sie variieren in der Lebensspanne, in Schuljahren, jeden Tag und in jeder Unterrichtstunde. Dies prägt sich in sensiblen frühe Lernphasen aus (vgl. Kap. 4): Für manche sprachliche Kompetenzen besteht nur ein kleines sogenanntes optimales Zeitfenster, für andere die lebenslange Chance der Erwerbbarkeit.
Der Faktor Zeit ist in jedem Fall konstituierend: Sprachenlernen kann nur mit viel Zeit erfolgreich sein, die neurobiologischen Abläufe lassen sich nicht beschleunigen. Wenn wesentliche sprachliche Informationen, die in einer ersten Konsolidierungsphase im Kurzzeitgedächtnis gespeichert werden sollen, nicht in der richtigen zeitlichen Abstimmung aufeinander erfolgt, besteht keine Chance einer Übernahme ins Langzeitgedächtnis.

Das Organisieren von institutionellen Sprachlernprozessen mit Zeitdruck erzeugt hingegen im schlimmsten Fall Angst vor dem Versagen, in jedem Fall aber sicher die eigene strukturelle Erfolglosigkeit.
Individuell zugemessene Anforderungen in ebenso individuell von den Kindern selbst bestimmten Arbeits- als Lernzeiten verhindert Unterforderung etwa durch Langeweile wie auch Überforderung und somit Sprachlernmisserfolge.

6.5.5 Bereichernde Aufgabenformate vorhalten

Problemlösende, musische oder motorische sprachliche Aktivitäten, die sowohl bewältigt werden können als auch sinnvoll sind, stimulieren mehrere Sinneskanäle (vgl. Kap. 6.1.3). Durch Analogien und Ähnlichkeiten knüpfen sie am besten an individuell Bekanntem an, werden quasi eingebettet. Die Wissenserweiterung geschieht dabei im präfrontalen Kortex (vgl. Kap. 3.1.1.1), wo gespeicherte mit neuer Information assoziiert und integriert werden. Neue Verknüpfungen stabilisieren sich so, wenn sie helfen Probleme lösen zu können, die vorher als herausfordernd eingeschätzt wurden. Das gilt beispielsweise auch für sprachliche Kommunikationssituationen. Lebens-und praxisnahe, einfache Beispiele sowie die Beleuchtung eines Inhalts aus unterschiedlichen Perspektiven stellt die beschriebene sprachliche Anschlussfähigkeit her.
Besteht gar kein Vorwissen, sind neue Inhalte gar zu fremd, bleiben sie häufig singulär und irrelevant, werden in der Folge ignoriert oder abgelehnt. So z.B. neue Wortschatzlisten, die keinen gemeinsamen Bezug aufweisen.
Hirngerechte Aufgabenformate unterstützen das Aufstellen und Testen von sprachlichen Hypothesen. Das Gehirn als Regelerzeuger erlernt so Regelhaftes, aber mit höherem Zeitbedarf. Was nur kurzfristig bis zum nächsten Leistungstest gespeichert und reproduziert werden muss, ist danach fast alles wieder weg.

> Offene sprachliche Aufgabenformate entsprechen ganzheitlichen, nicht singulären Ansätzen.

Projektarbeit beispielsweise konkretisiert diese neurodidaktische Forderung nach impliziten Lernvorgängen. Ebenso aber auch ganzheitliche Konzepte wie *Integrated Skills Activities* (Böttger 2005): Der Ansatz des *Integrated Skills Approach* entspricht einer engen Verflechtung von Wissen und Können im fremdsprachlichen Unterricht mit den Ziel einer möglichst authentischen Kommunikation. Werden einzelne Fähigkeiten geübt, aktiviert oder gar isoliert gelernt, ist das vergleichbar so, also ob alle Fäden eines Teppichs parallel zueinander gelegt würden, ohne stabilisierende Querverbindungen. Sprachliche Ziele werden als Activities realisiert, in denen schnelles Auffassen, Verarbeiten, Produzieren und auch Interaktion in der Fremdsprache gefragt ist. Der Fokus dabei liegt weniger auf formalsprachlichen Kriterien als vielmehr auf der Bedeutung der sprachlichen Information.

6.5.6 Wiederholen und üben integrieren

Erwartete Resultate, z.B. einer Sprachhandlung, werden neuronal gefestigt. Permanentes Wiederholen und Üben von sprachlichen Inhalten geben Sicherheit durch eine solche antizipierte Erfolgsgewissheit. Viele Gelegenheiten dazu ergänzen die beschriebenen konstruktivistischen Aufgabenformate sinnvoll. Sie ermöglichen erst die Neubewertung und Vertiefung des Sprachmaterials auf einer gesicherten Erfahrungsgrundlage, führen anschließend zur Erweiterung des Wissens und Könnens, wenn das dann Bekannte mit Neuem verknüpft wird. Sprachliche Informationen, die exaktes Wissen betreffen, und Vermutungen oder Schätzungen dazu werden im Gehirn nicht rein rational verarbeitet, sondern mit mehreren, scheinbar unlogischen Kategorien verknüpft. Diese sprachliche Experimentierfreudigkeit ist bedeutsam. Allerdings darf die – auch neuronal repräsentierte – Diskrepanz zum Bestehenden und Gesichertem nicht zu groß sein oder völlig unerwartet kommen. Im sprachlichen Lernprozess sollte nach Möglichkeit somit immer beides möglich sein, die bewusste Reflexion über neues Wissen und das freie Assoziieren von sprachlichen Inhalten.
Da die Konzentrationsphasen begrenzt sind, werden mentale und physische Pausen notwendig. Pausen beim Sprachenlernen ermöglichen Anspannung und Entspannung im Wechsel, ohne solche bewusst zwischengeschaltete Phasen der Entspannung kann auch keine Konsolidierung auf Lernplateaus stattfinden, ähnlich den Trainingsphasen beim Leistungssport.

6.5.7 Bilder sprechen lassen

Die wirksamsten Bilder sind Metaphern, sie wirken indirekt und unbewusst. Sie aktivieren im Gedächtnis ein Netzwerk von starken Assoziationen, die wiederum kognitive Entscheidungen beeinflussen. Die Sprachbilder strukturieren und heben Sprachinformationen hervor, die ins Sprachkonzept passen. Sie aktivieren auch solche Areale im Gehirn, die mit der wörtlichen Bedeutung der Begriffe verknüpft sind. Sowohl wörtlich gemeinte als auch metaphorische Sätze, in den Bewegungen vorkamen, z.B. *Pablo kicked the ball/the bucket*“ (Pablo schoss den Ball/biss ins Gras), setzen sowohl den präfrontalen Kortex für die Bedeutungsverarbeitung als auch den motorischen Kortex für die tatsächliche Bewegung in Gang. Gedankliche und körperliche Reaktion sind miteinander verknüpft. Im Gehirn schwingt bei sprachlichen Bildern demnach die wörtliche Bedeutung mit (Schramm und Wüstenhagen 2012), entsprechende eng beieinander liegende Hirnbereiche haben sich entwicklungsphysiologisch so vernetzt. Ein Beispiel ist die Verknüpfung von Hören und Sehen: Das „schreiende Blau“.

> Gedankliche Multi-Repäsentationen formen einzelne Gedanken zum Netzwerkdenken.

Das Forschungsfeld im Bereich der Beziehungen von Denken, Wahrnehmen und Motorik wird *Embodied Cognition* genannt, verkörpertes Denken. Sprachenlernen findet in dieser Hinsicht nicht eindimensional statt, ist ein Flechtwerk solcher Aspekte: Gesten beispielsweise, die raumgreifend beim Sprechen eingesetzt werden, wirken positiv auf das Wortgedächtnis (vgl. Kap. 5.2). Solche noch weitgehend unerforschten Zusammenhänge werden in Zukunft das Sprachenlernen weiterentwickeln.

6.5.8 Soziales Sprachenlernen organisieren

Das Gehirn ist in der Regel sozial. Kollaborative und kooperative Unterrichtsformen des Sprachenlernens sind deshalb Grundlagen effizienten Sprachenlernens. Das Phänomen der sozialen Resonanz, der wechselseitigen positiven Beziehung zwischen Lerner und Lehrenden bei hoher Identifikation mit dem *role model*, ist im Gehirn durch ein neurobiologisches Korrelat – die Spiegelneuronen (vgl. Kap. 3.1.2) – repräsentiert. Imitationslernen findet dann umso effizienter statt, je stärker die Zuwendung des Lerners und der Lerner untereinander ist. Hieraus erklärt sich auch warum bei jahrgangsübergreifenden Lerngruppen die kognitive Stimulierung größer ist (Eliot 2001), und *peer-teaching* sowie *tutoring* effiziente Individualisierungsverfahren sind (vgl. Böttger 2012). Die neurobiologische Grundlage für sprachliches Modelllernen könnte durch Spiegelneuronen grundgelegt sein, weitere Forschungen sind notwendig (vgl. dazu Buccino et al. 2004).

Abb. 68: Kinder helfen Kindern: *Tutoring and peer-teaching* für das *gender-balancing*

Die intensive und konzentrierte Beobachtung der Lehrkraft führt zu einer intuitiven, automatischen Übernahme der Innenperspektive durch den Lerner mit gedanklichem Nachvollzug der aufgenommenen Reize sowie der beiderseitigen Aktivierung (Bauer 2005) nahezu gleicher Neuronen bei Lerner wie Lehrkraft.

Kooperation, Kollaboration und Partizipation sichern den kommunikativen Spracherfolg.

Solche Spiegelneuronen legen die Basis für Empathie, dem mitfühlenden Verstehen, der emotionalen Perspektivübernahme. Sie benötigt eine prosoziale Motivation und unterscheidet sich darin von der kognitiven Perspektivübernahme. Ein wichtiger Aspekt für das Sprachenlernen ist der Umstand, dass dies optimal nur funktioniert, wenn ein direkter Kontakt besteht und nicht Medien die Lehrkraft ersetzen. Sprachenlernen ist demnach Beziehungslernen, das durch die Authentizität, Persönlichkeit und Performanz der Lehrkraft verstärkt wird, ebenso durch die Identifikation mit den Lerninhalten als Bedeutungstransporter.
Mit dem Beziehungslernen sind außerdem Aspekte wie Zugewandtheit, Achtsamkeit, Vertrauen und Anerkennung verbunden. Für die Motivation zum Sprachenlernen sind sie bedeutsam – die Liste der Spracherwerbskompetenzen erweitert sich somit um die Beziehungskompetenz. Der erfolgreiche Sprachlernprozess basiert auf ihr (vgl. Abb. 69):

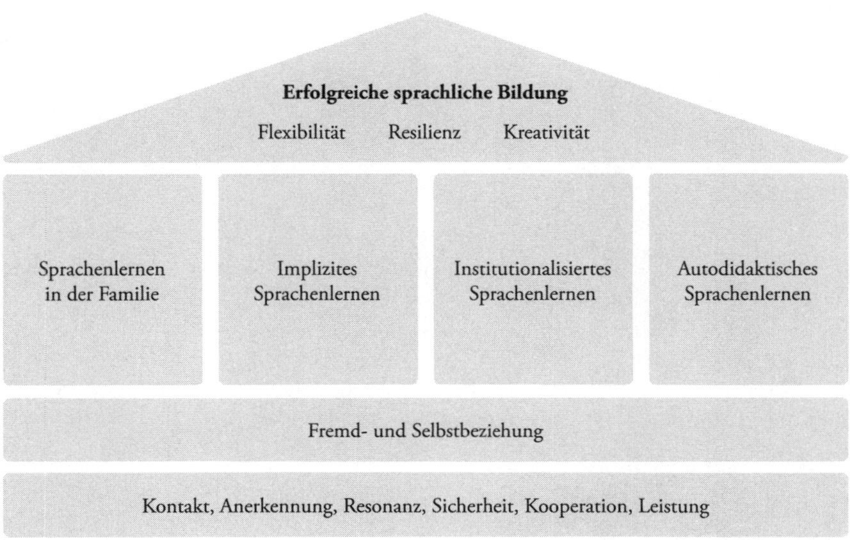

Abb. 69: Beziehungen sichern Sprachentwicklung

Sprachlehrkräfte benötigen fundiertes Wissen und reflektierte Erfahrungen mit einer solchen psychologischen Ebene des Sprachenlernens ihrer Schützlinge. Didaktisch-methodische Entscheidungen, insbesondere bei der Initiierung, Gestaltung, Durchführung und Reflexion von sprachlichen Partner- und Gruppenprozessen sind davon abhängig.
Das frühe Sprachenlernen kann bereits ein erstes Kommunikationstraining beinhalten:
Gezielte Rückmeldungen, Reflexion von Wortwahl und Ausdrucksmitteln, das Aufzeigen von sprachlichen Alternativen sowie situationsadäquates Training z.B. in kindgerechten Rollenspielen überfordern die kognitiven Potenziale der jungen Lerner nicht.

7 Kulturtechnik Behalten: Gedächtnis

Das Gedächtnis ist die am meisten beanspruchte kognitive Funktion. Es dient vor allem als Zeuge für Vergangenes, Erlerntes und Automatisiertes. Das Gedächtnis ist konstituierend für die menschliche Persönlichkeitsentwicklung, aktuelles Handeln wird immer auch gespiegelt an dem, was vorher gewesen ist, und reflektorisch entschieden.
Es ist abhängig von Faktoren wie z.B. emotionaler Stimmung, Status der Konzentration und Grad der Motivation. Der Memoriervorgang, das Einspeichern und Abrufen, geschieht über Assoziationen (vgl. Kap. 6.5), die ein großes Hirnareal aktivieren.
Anatomisch gesehen ist das Gedächtnis durch zwei Gedächtnismodule repräsentiert, den Kortex und den Hippocampus. Ihre funktionale Verbindung in einem neuronalen Netzwerk führt erst zur Erinnerung. Gute Verbindungsstärken zwischen den Neuronen und eine zeitlich langsame Informationsverarbeitung beim Erlernen sind konstituierende Faktoren dafür (Spitzer 2008: 217).

7.1 Gedächtnisarten

DAS Gedächtnis im Gehirn gibt es nicht, eher existieren viele Gedächtnisformen, die jeweils mit spezifischen Gehirnarealen verbunden sind. Der Beitrag neurophysiologischer Forschung kann dabei sein, das Ausmaß der Beteiligung von Hirnstrukturen an Lern- und Erfahrungsprozessen zu beschreiben, oder zu identifizieren, welche Neuronen auf welche Art Informationen bzw. Gedächtnisinhalte abspeichern. Lernen, Behalten und Erinnern als Gedächtniskonzept besitzt immer eine entsprechende Präsenz auf biologischer Ebene.

> Das Gedächtnis ist ein hochkomplexes neuronales Netzwerk, kein einzelner Ort im Gehirn.

Das Gedächtnis zum besseren Verständnis aber in einem ersten Schritt strukturieren zu wollen, ist ein menschlich verständliches Bestreben. Mitnichten bildet eine solche Systematisierung aber auch nur annähernd die hoch komplexen und komplizierten neuronalen Speicherprozesse des Gehirns ab. Die Vorstellung vom Gedächtnis quasi als neuronal klar verortete Einheit, sprichwörtlich realisiert in z.B. „ein gutes Gedächtnis haben", ist ein Mythos.

Eine traditionelle Strukturierungsform des Gedächtnisses verfälscht die funktionale Komplexität jedoch nicht und ist hochgradig spracherwerbsrelevant – die systematische Ordnung nach der Dauer der Informationsaufnahme und -speicherung (chronologisch).
Eine zweite Möglichkeit der Unterteilung und Ordnung ist die nach funktionalen Aspekten.

7.1.1 Dauer der Gedächtnisleistung

Die chronologische Gliederung erfolgt nach
- sensorischem Gedächtnis,
- Kurzzeitgedächtnis/Arbeitsgedächtnis,
- intermediärem Gedächtnis sowie
- Langzeitgedächtnis.

Der zeitliche Verlauf dieser Gedächtnisarten stellt sich visualisiert wie folgt dar:

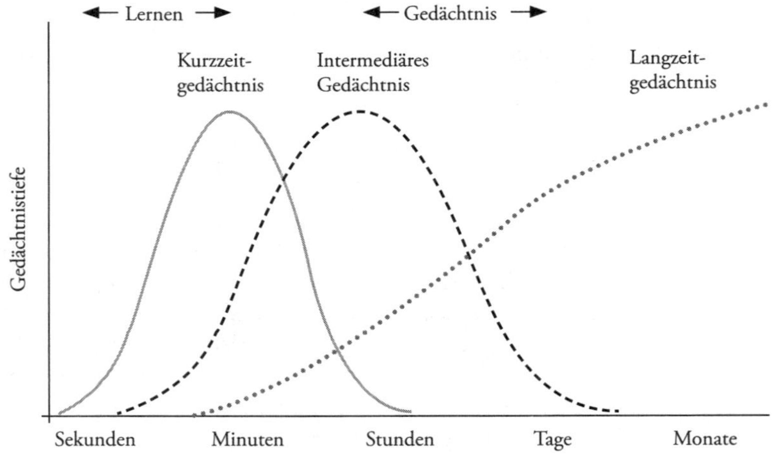

Abb. 70: Zeitlicher Verlauf des Gedächtnisses

7.1.1.1 Sensorisches Gedächtnis

Das sensorische Gedächtnis ist das kürzeste. Es nimmt alle neuen Informationen auf, die innerhalb von wenigen 100 Millisekunden in der direkten Umgebung wahrgenommen werden. Mit dem verbalen Gedächtnis werden Worte oder Wortreihen gespeichert und können Minuten später wiedergegeben werden. Das visuelle Gedächtnis ist vom aktuellen Aufmerksamkeitsvermögen abhängig. Ständig und unbewusst werden visuelle Details in der direkten Umgebung aufgenommen, analysiert und kurz gespeichert.

Zum sensorischen Gedächtnis gehört auch das Augenblicksgedächtnis, mit einer zeitlichen Spanne von ein bis zwei Sekunden sowie einer sehr begrenzten Aufnahmekapazität von zwei bis drei Items. Es ist ebenfalls von Konzentration und Aufmerksamkeit abhängig, und somit störanfällig.

Ihre Relevanz besitzt diese Gedächtnisart beim impliziten, inzidentiellen Lernen. Sie kann nicht durch aktive Aufgabenformate trainiert werden, indirekt über Konzentrationsübungen wohl aber in ihrer Kapazität erweitert werden.

7.1.1.2 Kurzzeitgedächtnis

Vor dem Kurzzeitgedächtnis wird Überflüssiges bereits aussortiert, beim Schließen der Augen verschwinden Informationsdetails sofort. Diese sehr kurze Spanne von ein bis zwei Sekunden, auch Augenblicksgedächtnis genannt, ist mit einer möglichen Aufnahme von bis zu 2 Items extrem begrenzt, sehr störanfällig und nicht wesentlich zu verbessern. Nicht einmal ein Hunderttausendstel aller möglichen aufzunehmenden Informationen erreicht deshalb das Kurzzeitgedächtnis auch wirklich. Das Kurzzeitgedächtnis selbst nutzt kreisförmige neuronale Verknüpfungen der Nervenzellen, funktional vergleichbar mit der kindlichen „Flüsterpost". Erfahrenes oder Erlerntes kann so kurz „behalten" werden.

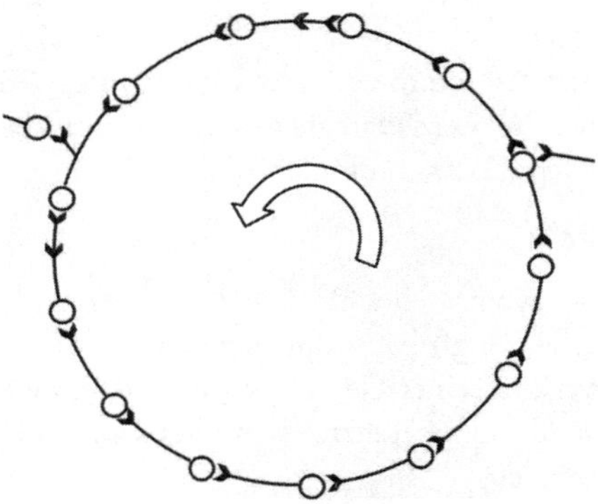

Abb. 71: Neuronaler Kreislauf des Kurzzeitgedächtnisses

Das Kurzzeit- bzw. Arbeitsgedächtnis reicht bis zu 30 Sekunden und ist in seiner Aufnahme mit 7 bis 8 zu merkenden Items und seiner Geschwindigkeit eher begrenzt. Allgemeine Intelligenz scheint mit der Effizienz des Arbeitsgedächtnisses zu korrelieren, genauer mit der Nachweisbarkeit von Geschwindigkeit und Merkspanne bzw. Ressourcen.

> Die kurzzeitige Speicherung von Informationen ist für das Sprachenlernen unverzichtbar.

Es liegt hauptsächlich im präfrontalen Kortex (vgl. Kap. 3.1.1.1) und dient u.a. der kurzzeitigen Ablage von Sprachinformationen, um dann damit arbeiten zu können: So z.B., wenn Wörter oder Sätze gehört oder gelesen werden und kurzzeitig gemerkt werden müssen, damit sie im Kontext inhaltlich verstanden werden können. Sobald dieser Speicher nicht mehr aktiv bearbeitet bzw. Informationen wiederholt werden, verblassen diese. Der präfrontale Kortex wirkt demnach eher wie ein Filter als ein Speicher.

Das kurzzeitige Arbeitsgedächtnis ist für das Sprachenlernen logischerweise unverzichtbar: Die Bedeutung mehrerer Wörter muss abrufbar sein, soll auch die übergeordnete Bedeutung eines Satzes verstanden werden. Auch das Planen von Sprachhandlungen liegt im Bereich des Arbeitsgedächtnisses.

Über Lernstrategien (z.B. Mnemotechniken, vgl. Kap. 7.4) und sprachliche Routineabläufe und Wiederholungen (z.B. *Scaffolding*) sowie einfache Assoziationen lässt sich das sprachliche Arbeitsgedächtnis etwas verbessern. Üben durch Wiederholen von neuen Informationen unterstützt den neuronalen Speicherprozess nachhaltig.

7.1.1.3 Intermediäres Gedächtnis

Diese Gedächtnisart verbindet Kurz- und Langzeitgedächtnis, und deckt die zeitliche Spanne von 3 bis 30 Minuten ab. Es ist noch wenig erforscht, wird fälschlicherweise oft auch als Arbeitsgedächtnis interpretiert, liegt aber – so wird angenommen – zwischen Kurz- und Langzeitgedächtnis.

Für den spracherwerblichen Nutzen des intermediären Gedächtnisses werden wie schon beim Arbeitsgedächtnis gezielte Lernstrategien mit gedächtnisbezogenen Lern- und Arbeitstechniken (vgl. Kap 7.2.3) empfohlen.

7.1.1.4 Langzeitgedächtnis

Das Langzeitgedächtnis ist eher ein dynamisches als ein lokal zu verortendes. Viele Gebiete des Hirns sind verdächtig, langfristig Informationen zu speichern, das neuronale und synaptische Netzwerk in seiner Gesamtheit könnte involviert sein. Es scheint zeitliche und mengenmäßig unbegrenzte, wenn auch individuell stark unterschiedliche Kapazitäten zu besitzen.

Neu aufgenommene Informationen in bereits im Langzeitgedächtnis gespeicherte Inhalte zu integrieren, dauert eine Weile an. Neurobiologisch ist dies mit der Notwendigkeit zur Proteinsynthese (Eiweißbildung) begründbar.

7.1.2 Funktionale Aspekte der Gedächtnisleistung

Die verschiedenen Arten von langfristig gespeicherten Informationen ergeben eine logische weitere, spracherwerbsrelevante Unterteilung (vgl. Abb. 72) in die einzelnen funktionalen Aspekte von langfristigen Behaltensleistungen.

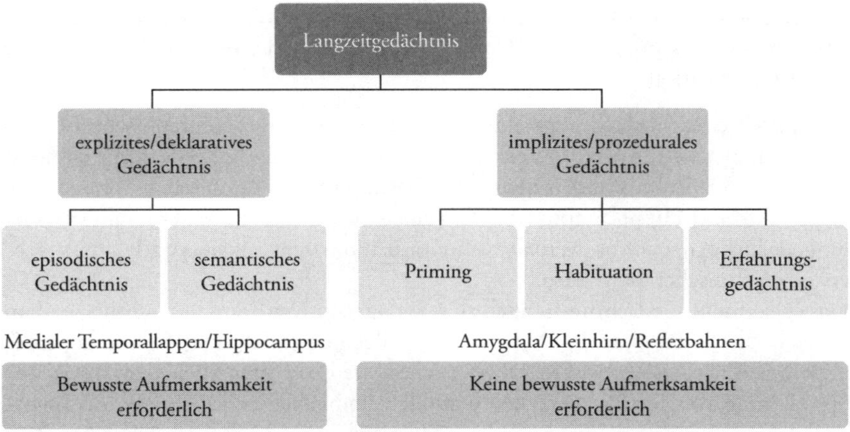

Abb. 72: Langzeitgedächtnis – chronologisch und funktional

Die funktionale Gliederung des Langzeitgedächtnisses unterscheidet

- explizites/deklaratives Gedächtnis mit
  - episodischem Gedächtnis und
  - semantischem Gedächtnis,

sowie

- implizites/prozedurales Gedächtnis mit
  - Priming und Habituation sowie
  - Erfahrungsgedächtnis.

Explizites und implizites Gedächtnis teilen dabei drei gemeinsame Kennzeichen:

1. Beide besitzen Abschnitte und Teilstrecken.
2. Wiederholung überträgt Inhalte des Kurzzeitgedächtnisses ins Langzeitgedächtnis.
3. Das Langzeitgedächtnis erfordert eine neue Eiweißsynthese.

7.1.2.1 Explizites Gedächtnis

Damit sich bleibende Erinnerungen bilden können, enkodiert das Gehirn den frischen Input im expliziten oder deklarativen Gedächtnis zweifach: in den Neuronennetzen des Hippocampus und zusätzlich im Neokortex (vgl. Kap. 5.3.3), dem oberen, evolutionsbiologisch jungen Teil des Gehirns. In ihn werden neuronalen Repräsentationen übertragen. Das explizite Gedächtnis erfordert die bewusste Aufmerksamkeit und Konzentration des Lerners. Sie lässt sich immer nur auf einen einzigen Sachverhalt lenken, kann allerdings schnell von einem Fokus zum nächsten springen.

Der langsame Lernvorgang ähnelt dem langsamen latenten Lernen des prozeduralen Systems. Das implizite Gedächtnis erfordert keinerlei bewusste Fokussierung oder Konzentration.

Im episodischen Gedächtnis werden persönliche und autobiographische Erinnerungen gespeichert, die relevant sind. Das autobiographische Gedächtnis ist meist emotional gefärbt, mit starker neuronaler Beteiligung des Limbischen Systems (vgl. Kap. 5.3.4) mit Hippocampus und Amygdala, sowie Arealen des Frontalhirns. Gelungene Dialoge sowie nonverbale Kommunikationssignale gehören z.B. aus spracherwerbstechnischer Sicht dazu.
Das episodische Gedächtnis ist auch eine Art deklaratives Faktengedächtnis, in dem Tatsachen, Fakten, Namen, Objekte, Orte, allgemeines Schulwissen und generelle Zusammenhänge (Weltwissen) abgespeichert werden. Sprachlich relevant ist die Speicherung von Schrift, Sprache, Symbolen und Zeichen. Dieser Prozess ist natürlich hauptsächlich an einen intakten Hippocampus (vgl. Kap. 3.2.1) gebunden.

> Sprachliches Wissen wird im Gedächtnis ganzheitlich eher repräsentiert als Einzelinformation

Wird episodisches Wissens durch zunehmenden Fortfall des Kontextes gefiltert, entsteht abstraktes, kontextloses Wissen wie Namen, Zahlen, Formeln, isolierte Begriffe etc. Eine solche Entwicklung ist, auf das Sprachlernen bezogen, zunehmend bedeutungslos: Syntax und Semantik sind an und in Kontexte eingebunden, eine ganzheitliche Vermittlung deshalb gehirnorientiert. Zusammenhangsloses Faktenwissen (z.B. isolierter Wortschatz) ist bei der Bildung von Sätzen beispielsweise wenig hilfreich.

Das semantische Gedächtnis ist in höchstem Maße spracherwerbsbezogen: Werden gespeicherte Kontexte irrelevant, werden diese ursprünglich episodischen Erinnerungen in semantische Kenntnisse umgewandelt. Grammatikregeln, interkulturelle Informationen und Wortbedeutungen (z.B. auch mit Zuordnung zu einer Definition) gehören beispielsweise dazu. Das semantische Gedächtnis ist somit auch ein prospektives Sprach- und Konzeptgedächtnis.

7.1.2.2 Implizites Gedächtnis

Explizite Erinnerungen des semantischen und episodischen Gedächtnisses, die bewusst such- und abrufbar sind, werden von quasi automatischen, impliziten Gedächtnismodi (nahezu ohne Beteiligung des Hippocampus) ergänzt. Sie bilden das prozedurale Gedächtnis, in dem Fähigkeiten, Gewohnheiten, Kenntnisse und Erinnerungen zusammengeführt werden zu automatischen Fertigkeiten und konditionierten Reaktionen (Konditionierungsgedächtnis). Sie bleiben unbewusst, wenn ein Reiz beispielsweise so kurz präsentiert wird, dass er unter der Wahrnehmungsschwelle bleibt (Bewusstlosigkeit, Schlaf, Narkose). Trotzdem beeinflussen sie das

Verhalten eines Menschen, das in diesem Fall automatisch und ohne bewusste Steuerung abläuft.

> Je mehr Wissen und Können schon vorhanden sind, desto leichter und schneller kann es erweitert werden.

Eine charakteristische Form des impliziten und damit unbewussten Lernens bzw. Gedächtnisses ist das *Priming* (vgl. Kap. 7.2.1). Es bezeichnet eine Art Grundlegung des Denkens, die Menschen in der Regel nicht bewusst wahrnehmen. Wenn das Gehirn bereits im Voraus über Kontexte und Informationen zur neuen Information verfügt, dann kann das bewusste Erkennen früher einsetzen.

Zum prozeduralen Gedächtnis zählt auch das Wahrnehmungsgedächtnis, mithilfe dessen wiederkehrende Muster und Konzepte wahrgenommen und erkannt werden. Ist das Prinzip einmal verstanden, werden ähnliche Aufgaben leichter gemeistert.
Lernprozesse durch das Schaffen gedanklicher Verknüpfungen, Assoziationen, sowie auch nichtassoziatives Lernen, z.B. durch einen Gewöhnungsprozess nach Wiederholungen (Habituation) sind hier angesiedelt.
Lokalisierbar sind solche Erinnerungen bisher vor allem im Kleinhirn und dem Limbischen System (vgl. Kap. 3.2). Mit Amygdala, Kleinhirn und Reflexbahnen werden vermutlich die speziellen komplexen Gedächtnisinhalte in der Zusammenarbeit weit verteilt liegender Neuronen des Kortex gespeichert.
Das Spielen von Instrumenten oder Fahrradfahren, das habitualisierte Verwenden von sprachlichen *chunks* und Versatzstücken als Satzgerüst gehören dazu. Obwohl diese Handlungen automatisch durchgeführt werden, benötigen sie – auf die Beispiele bezogen – einzelne Kenntnisse wie musikalische Notenkenntnisse, motorische Fertigkeiten und semantisch-syntaktische Sprachkenntnisse, die im Gedächtnis gespeichert sind. Wird aber eine Sprache einmal beherrscht, wird diese nie vergessen.
Neurobiologisch gesehen sind dafür winzige Dornhöcker der Neuronen verantwortlich (vgl. Kap. 6.1), die wenige Tausendstelmillimeter lang sind und während Lernprozessen Kontaktstellen zu anderen Neuronen ausbilden. Wird eine erworbenes Wissen bzw. auch eine Sprache lange nicht verwendet, verkleinern sich die Dornfortsätze zwar stark, bleiben aber bestehen.

Langfristig angelegt ist auch das intuitiv arbeitende Erfahrungsgedächtnis. Alle Erfahrungen werden von Geburt an im Gehirn gespeichert. Sie bilden die Grundlage von Entscheidungen in neuen und wiederkehrenden Situationen, auch sprachlicher Art. Diese werden im Bereich von etwa 200 Millisekunden mit vorhandenen Erfahrungen abgeglichen und beurteilt.

> Sprachliche Intuition ist nicht angeboren, sondern entwickelt sich mit der Fülle an sprachlichen Erfahrungen.

Intuition als trainierbare, nur teilweise genetisch determinierte Begabung, steigt mit der Zunahme an Erfahrungen. Dabei scheint die rechte Hemisphäre des Gehirns auf die Verarbeitung von Neuem spezialisiert, die linke setzt sich mit Dingen auseinander, zu denen bereits viel Erfahrung gesammelt wurde, die intensiv geübt wurden. Dort wird das spontane richtige Einordnen einer neuen Situation, die bestimmte Ähnlichkeiten mit bereits erlebten hat, realisiert.

7.2. Grundlagen des Memorierens von Sprache

Informationen werden im Gehirn wohl über die Lebensspannen gespeichert, auch wenn sie zum Teil nicht mehr direkt abrufbar sind (Korte & Bonhoeffer 2011: 74). Sind beispielsweise einmal erlernte fremdsprachliche Informationen oder Kompetenzen quasi vergessen worden, können sie leichter wieder reaktiviert, quasi von einer höheren Lernplattform neu erlernt werden.

Überlegungen, nicht nur an der Stärkung der synaptischen Verbindungen arbeiten zu wollen, um das Gedächtnis zu stärken, sondern auch strukturelle Entwicklungen in sie mit einzubeziehen, liegen auf der Hand. Einerseits verstärken sich Synapsen, andererseits steigt aber auch ihre Anzahl und Größe bei Lernprozessen, vor allem im Hippocampus.

Anknüpfen an bereits Bekanntes, spiralcurriculares methodischen Vorgehen sowie Wiederholen nach dem ersten Erlernen in kleinen Portionen sind dazu gute didaktische Prinzipien.

Konstituierend für jeden Behaltensprozess sind jedoch

- die Aufmerksamkeit des Lernenden,
- der Neuigkeitswert der Information,
- die emotionale Komponente
- sowie neuronales Timing (Rutishauser et al. 2010: 903ff.).

Letzterer Punkt besagt, dass eine gewisse Prädisposition für das Lernen gegeben sein muss, sich der Lerner schon im „Lernrhythmus" befindet, das Gehirn sich quasi auf den Lernprozess eingestellt hat.

7.2.1 Von der Informationsaufnahme zum Abruf

Eine wichtige Rolle bei erfolgreichen Gedächtnisleistungen spielt der Hippocampus (vgl. Kap. 3.2.1). Er ist an wohl allen funktionalen Abläufen beteiligt und bildet als einziges Hirnareal ständig neue Neuronen.

Die ringförmige Anordnung von Gehirnstrukturen im Limbischen System verarbeitet emotionale und relevante Erfahrungen und Erlebnisse, steht in einem engen Zusammenhang zu subkortikalen Arealen. Entscheidend ist seine Funktion an dem Übergang von Informationen vom Kurz- zum Langzeitgedächtnis hinsichtlich des episodischen Gedächtnisses. Seine Volumenzunahme bei großer Lernbelastung (funktionale Veränderung) ist der für das Gehirn nahezu einzigartige Neuronenzuwachs (strukturelle Veränderung). Die Stärkung von Synapsen geht also einher mit der Zunahme der Anzahl und Größe.

Eine besondere Rolle kommt auch dem Priming, der semantischen Gedächtnisanbahnung zu (vgl. Kap. 7.1.2.2).
Spracherwerblich wichtig ist dieses semantische *Priming*, wenn beispielsweise die Verarbeitung eines Wortes die Verarbeitung eines zweiten nachfolgenden Wortes beeinflusst und zwischen diesen beiden Wörtern eine semantische Beziehung besteht (Beispiel *hospital – nurse*). Im Gedächtnis entsteht ein assoziatives Netzwerk, in dem Wörter in Form von mentalen Repräsentationen gespeichert, strukturiert und organisiert sind – jedoch nicht in einer Art Karteikartensystem oder Kohortenprinzip. Dieser bewusste oder auch unbewusste Vorreiz verändert die Reaktion auf den folgenden Reiz, indem diese schneller, affektiver oder intensiver erfolgt. Vertraute Situationen und Lernkontexte befördern so die bewusste Wahrnehmung schneller, als wenn keinerlei Vorinformationen vorliegen (Melloni et al. 2011). Das hat zu tun mit der sich stetig entwickelnden Fähigkeit, Sprache zu antizipieren, also im Gespräch z.B. mit- und sogar vorauszudenken.

> Bei der Sprachaufnahme antizipiert das Gehirn kommende Sprachinformationen.

Bedeutungen von Wörtern können auch aufgenommen werden, selbst wenn ihnen keinerlei bewusste Aufmerksamkeit geschenkt wird. Nicht bekannt ist allerdings, ob, wie und wie viel das Bedeutungsgedächtnis unter welchen Umständen aufnimmt bzw. aufnehmen kann (Rolke et al. 2001: 165). Jedoch ist sehr wahrscheinlich, dass es vor allem mit der kurzfristigen Speicherung für Stimmigkeit der komplexen sprachlichen Umgebung eines Lerners verantwortlich ist.

Bei der Bildung von Erinnerungen unterscheidet man zwischen drei wichtigen Prozessen:
- Enkodierung
- Speicherung und Konsolidierung
- Abruf

Die Enkodierung ist die Übersetzung der Informationen aus der Außenwelt (oder des Körpers), z.B. auch die Bestandteile von Sprache, in einen neuronalen Code, so dass das Gehirn diese Informationen lesen kann. Darunter wird auch verstanden, dass die Information im Gedächtnis repräsentiert, aber noch nicht dauerhaft gespeichert ist.

Unter Speicherung und Konsolidierung versteht man Prozesse im Gehirn, die zu einer dauerhaften Speicherung der Informationen führen. Dabei werden Synapsen

verstärkt, die Verbindungen zwischen den Nervenzellen, die die zu einer Episode gehörenden Informationen verarbeiten. Dadurch bilden sich Netzwerke von Nervenzellen aus, welche die zu einer Erinnerung gehörenden Informationen gespeichert haben. Wenn man beispielsweise Vokabeln lernt und diese nach einer Stunde und am darauffolgenden Tag wiederholt, so werden die synaptischen Verbindungen zwischen den Nervenzellen verstärkt, die für die Verarbeitung dieser Information zuständig sind. Werden ähnliche Informationen hinzugefügt, so werden Netzwerke zwischen den dazugehörigen Nervenzellen geknüpft und eine Langzeitpotenzierung erreicht.
Bei der Konsolidierungsphase handelt es sich um ein Zeitintervall, in dem neue Erinnerungen ungeschützt sind und leicht verloren gehen können. Weiter zurückliegende Erinnerungen sind relativ stabil und schwer zu beeinträchtigen, neuere Erinnerungen sind anfälliger für Störungen. Dies kann man auch bei Gedächtnisbeeinträchtigungen nach Schädel-Hirn-Verletzungen sehen, da zumeist einige Stunden vor der Verletzung nicht mehr erinnert werden können.

Gespeicherte Informationen werden bewusst oder unbewusst aus dem Gedächtnis abgerufen, z.B. kann ein Wort aktiv in Erinnerung gerufen werden oder kommt bei Assoziationen durch Sinneseindrücke etc. hervor.
Ein besonders starker Sinn ist der des Riechens von Düften. Olfaktorische Eindrücke können manchmal lange verschüttete Erinnerungen aus Kindertagen wachrufen. Selbst im Erwachsenenalter hinterlassen Gerüche, die wir mit einem bestimmten Objekt verbinden, dauerhafte Spuren im Gehirn (Yeshurun et al. 2009). Zwei emotionale Hirnregionen sind dabei besonders aktiv: Hippocampus sowie Amygdala.

> Der Geruch ist der wohl stärkste Sinn des Menschen und löst starke Assoziationen aus. Für das Sprachenlernen kann dies genützt werden.

Das Potenzial von Gerüchen und des Geschmacks, Erinnerungen hervorzurufen, ist sogar scheinbar größer als das anderer sensorischer Systeme (Igarashi et al. 2014: 143ff.). An zwei Stellen im Gehirn, dem für die Verarbeitung von Gerüchen beteiligten sogenannten entorhinalen Kortex sowie erneut dem Hippocampus sind bei entsprechenden olfaktorischen Informationen Reizfrequenzen zu messen. Sie können beschrieben und verbalisiert werden, gehören deshalb zum deklarativen Gedächtnis, liefern so einen interessanten Aspekte für das Lernen allgemein sowie das Sprachenlernen, und für Memorierungstechniken. Gerüche und Geschmack in den Unterricht zu integrieren, ist besonders in der Primarstufe erfolgreich verbreitet.

Die einzelnen Phasen der Erinnerungsbildung werden von einigen Faktoren beeinflusst:

- Enkodierungsprozesse beeinflussen den Behaltenserfolg und den Abruf von gelernter Information.
  Informationen werden besser gespeichert, wenn sie für den Lerner relevant, d.h. von persönlicher Bedeutung sind. Wird ein zu erlernendes Wort in eine Geschichte, einen Kontext eingebettet, kann es leichter abgerufen werden. Einzelne Wörter werden immer zusammen mit Handlungen, Bewegungsmustern und Bildern assoziiert. Das erklärt, dass sich bei bildgebenden Verfahren keine umschriebenen Erregungsareale im Hirn zeigen, sondern die Wortbedeutung über das gesamte Organ aktiviert wird.
- Außerdem hilft es, neue Informationen und Erfahrungen aktiv und ganz bewusst mit bereits erlerntem Wissen und vorhandenen Kompetenzen zu verknüpfen, um sie leichter erinnern bzw. abrufen zu können. Daraus ergeben sich sogenannte spiralcurriculare, also systematisch hierarchisch oder logisch geordnete Inhalte, die immer wieder zu bereits vorhandenen Erfahrungen zurückkreiseln und auf ihnen aufbauen können. Ein einmal gelernter Zusammenhang entspricht einem bestimmten Aktivierungsmuster des neuronalen Netzes und kann nahezu unbegrenzt neu kombiniert werden. So gewinnt die Erinnerungsspirale an Höhe, wächst und stabilisiert sich.
- Gleiche Rahmenbedingungen beim Lernen erleichtern den Abruf. Insbesondere die Erscheinungsform der Information (Wörter, Bilder etc.) wird durch diese Enkodierspezifität deutlich befördert.

In der folgenden Übersicht wird das Zusammenwirken der verschiedenen Aspekte von Gedächtnis in einem zusammenfassenden Konzept von der neuen Information bis zu Speicherung im Langzeitgedächtnis deutlich:

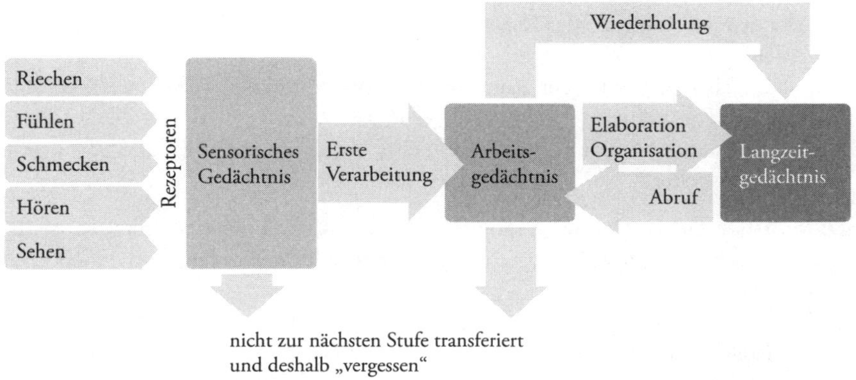

Abb. 73: Gedächtnisspeicherungsprozess

7.2.2 Grundlage von Mnemotechniken

Der Begriff *Mnemo* stammt aus dem Altgriechischen und leitet sich ab von *Mneme* (Gedächtnis, Erinnerung) ab. Spracherwerbsrelevante Mnemotechniken, auch für das frühe Sprachenlernen (vgl. Böttger 2006[1]), ergeben sich konsequent aus den entsprechenden neurobiologischen Erkenntnissen:

Zeitliche Ausgewogenheit der Informationsaufnahme: Informationen, die gespeichert werden sollen, werden günstigenfalls mit zeitlichem Abstand verteilt, anstatt nur ein einziges Mal verarbeitet zu werden. Verstärkt durch vielfaches Wiederholen wird dadurch die molekulare Balance zwischen dem Verhindern von Gedächtnis zur Förderung des Behaltens verschoben. Das Gehirn stellt sich zusätzlich auf regelmäßige Lernzeiten und -rhythmen ein.

Konzentration: Jeder zur Aufnahme vorgesehenen Information muss, soll sie länger gemerkt werden, gezielte Aufmerksamkeit gewidmet werden. Für das Verständnis wesentliche Informationen werden dabei von unwesentlichen getrennt. Zu ähnliche Informationen hingegen überlagern sich und löschen sich möglicherweise gar. Abwechslung ist förderlich: Völlig unterschiedliche Lerninhalte gestalten das Lernen nicht nur interessanter, die Inhalte bleiben auch besser im Langzeitgedächtnis haften.

Bedeutung: Der Inhalt und Sinn einer Information wird genau überdacht, untersucht und auf Relevanz geprüft: Wofür wir die Information genau gebraucht?
Die emotionale Bedeutung der Information wird überprüft. Je größer ihr Bezug, desto besser die Behaltensleistung.

Assoziation: Die Information wird in Kategorien unterteilt: Welche Teile hat sie, lässt sie sich strukturieren?
Es werden Assoziationen zur Information hergestellt:
- Stellt sie eine Routine oder Regelmäßigkeit dar, wann wird sie wieder gebraucht werden?
- Lassen sich Bilder oder ein Kontext zuordnen? Zum Beispiel: in welchen Satz kann das Wort verwendet werden?
- Die Informationsaufnahme wird regelmäßig überprüft und abgefragt: Was wurde schon gespeichert?

Didaktische Fokussierung: Die Vorbereitung von zu lernenden Inhalten ist für alle expliziten Lernumgebungen, beispielsweise Klassenzimmer, von erheblicher Bedeutung:
- Neue Lerninhalte und Lernanforderungen zu reduzieren bedeutet die Effizienz der Gedächtnisleistung zu erhöhen.
- Übersichten und sichtbare Strukturen bereiten das Priming vor, die Anbahnung des Aufnahmeprozesses in das Gedächtnis durch Kontextualisierung, z.B. die Anknüpfung an bereits Bekanntes.

- Die möglichst weitgehend selbstständige, vorbereitende Strukturierung und Organisation (siehe *Konzentration*) des Lernmaterials bzw. der neuen Informationen durch die Lerner erhöhen die Gedächtnisleistung.
- Kooperation und Kollaboration in offenen Lernformen wie beispielsweise Projektorientierung unterstreichen den Aspekt der Relevanz.
- Multimediale Präsentationen neuer Inhalte setzen multiple Aufnahmereize.

7.2.3 Systematisch Sprache behalten lernen

Der sprachliche Inhalt, der memoriert werden soll, muss unbedingt verstanden worden sein, um sich mit ihm konzentriert auseinandersetzen zu können. Sätze also zu sprechen, die nicht verstanden wurden, oder Regeln aufzusagen, die nicht angewendet werden können, ist sinnlos. Das Gehirn ist zwar durchaus in der Lage, auch ohne inhaltliche Kenntnis zu speichern, für den frühen Sprachunterricht jedoch muss jedes „papageienhafte Nachplappern" schon auch aus demokratisch-pädagogischen Gründen vermieden werden. Zum Aufbau einer positiven Lernhaltung auch für das spätere Fremdsprachenlernen muss der Lernaufwand einsichtig und nachvollziehbar sein.
Auswendiglernen jedoch ist beliebt, die Lernweise, Sprachmaterial so lange zu wiederholen, bis es sich eingeprägt hat, führt jedoch nicht automatisch zum Verstehen dieses Materials. Allein die Lautmuster werden übertragen, früher war dies zur Überlieferung von Informationen das wichtigste Kulturmittel.

Auswendiglernen von sprachlichen Informationen behindert Kreativität nicht.

Auswendiglernen involviert Teile des prämotorischen Kortex sowie einen Teil des linkshemisphärischen Frontalkortex, zwei für die Sprachproduktion verantwortliche Sprachzentren (Blakemore & Frith 2006). Die Aussprache des Sprachmaterials steht demnach im Vordergrund der Speicherung. Kontraproduktivität bezüglich Kreativität kann nicht bestätigt werden. Für Wortschatzlernen, das Einprägen längerer Texte eines Dialogs oder eines *Plays* hat das Auswendiglernen eine erste Relevanz. Jedoch tritt die Bedeutung bald in den Vordergrund, es kostet viel Konzentration, sich rein auf formale Elemente von Sprache zu fokussieren. Beim frühen Erlernen einer Fremdsprache hingegen sind junge Lerner in der Lage, beispielsweise ganze Liedtexte auswendig zu lernen, da die sprachlichen Informationen noch nicht verstanden werden. Die Aussprache gelingt in der Regel nahezu authentisch, eine Ablenkung durch das natürliche Bestreben zu verstehen ist dabei nicht gegeben.
Nach disparatem und singulärem Wortschatz-Auswendiglernen ohne Kontext ist der Wortschatz in der Regel schwer abrufbar. Einzig Fachwortschatz lässt sich so gut memorieren.
Die einzuplanende Zeit für das Auswendiglernen lässt sich nicht generalisieren und ist abhängig vom Sprachmaterial. Die Behaltensleistung lässt sich jedoch durch kurze tägliche Intervalle anstatt einmaligem längeren Einprägen erheblich steigern. Ein Bei-

spiel: Ein kurzer Reim wird fünfmal über den Tag verteilt je dreimal hintereinander laut gesprochen. Der Zeitbedarf beträgt dann etwa 5 mal 3 Minuten, also 15 Minuten.

Konzentrationstrainings mit imaginativen Aktivitäten fördern die Vorstellungskraft und damit die Abrufbereitschaft. Das „geistige Auge“ kann – meist bei geschlossenen Augen – vor allem konkrete Dinge visualisieren, Abstraktes nur bedingt. Bringt man z.B. verschiedene Lernwörter miteinander in Beziehung, auch in eine unsinnige, gelingt ihr Behalten besser. Bei abstrakten Begriffen werden vor allem Areale des Temporallappens aktiviert, da sie sich schlecht visualisieren, jedoch mit sprachlichen Codes versehen lassen.
Gedankliches Sprachtraining (*mental rehearsal*) – also allein die Vorstellung, sprachproduktiv und sprachperformativ tätig zu sein, aktiviert die gleichen neuronalen Synapsenfelder wie beim tatsächlichen Sprechen. Als Resultat vergrößert sich das Hirnareal messbar (Pascual-Leone et al. 1995).
Multisensorische Übungen beziehen alle verfügbaren Sinne beim Sprachenlernen ein, rhythmische und musische Übungen erleichtern durch die Bewegung das eigenständige, kindgerechte und gut reproduzierbare Behalten (vgl. Böttger 2006[1]). Multimedialität, auch das eigenständige Erstellen von Erklärvideos (*tutorials*), ist ebenfalls dazuzuzählen.

> Jede Art von Hervorhebung von Sprache aus dem Kontext wirkt positiv auf die Behaltensleistung.

Unterstützend wirken im Sprachunterricht die gezielte Reduzierung von Außenreizen und Fokussierung von wichtigen Lerninhalten durch Emphase (Hervorhebung). Ein Beispiel dafür sind signalgrammatische Orientierungshilfen bei der Einführung einer neuen Struktur. Jedoch können singuläre, isolierte Bestandteile von Sprache noch besser memoriert werden, wenn sie zügig kontextualisiert werden, also Wörter wieder in den Satzzusammenhang integriert oder grammatikalische Versatzstücke kommunikativ angewendet werden können. Verknüpfungen mit bereits Bekanntem, auch institutionalisiert in spiralcurricular angelegten Curricula, befördern Behalten durch Einbettung in einen Gesamtzusammenhang.
Vorstrukturierung von Sprachmaterial ist willkommen, die selbstständige Strukturierung und Organisation soll das Ziel sein: *Note-taking* und *note-making* können beispielhaft genannt werden, aber auch die Organisation von Wortschatz-Dokumentationen.

7.3 Im Schlaf Sprachen lernen?

Konsens besteht von wissenschaftlicher Seite darin, dass kognitive Prozesse, so auch die Sprachverarbeitung, im Schlaf weitergehen. In vielen Studien wurde mittlerweile nachgewiesen, dass die Behaltensleistung in Qualität und Dauer positiv beeinflusst wird, wenn ausgeschlafen gelernt wird bzw. wenn nach dem Lernen und

Einprägen, beispielsweise von Wörtern oder Satzstrukturen geschlafen wird. Die Abwesenheit von Störfaktoren und Reizen von außerhalb begünstigt scheinbar Gedächtnisprozesse und ist somit lernförderlich (Gottselig & Hofer-Tinguely 2004).

7.3.1 Schlafphasen

Schlaf lässt sich grob in zwei Phasen einteilen: In *rapid eye movement*-Schlaf (REM) und *non-rapid eye movement*-Schlaf (NREM). Die Hirnaktivität ist am geringsten, bevor der REM-Schlaf erreicht wird, anschließend steigt sie schnell an. Kinder zirkulieren zwischen diesen Phasen im 30- bis 50-minütigen Abstand, Kleinkinder mit noch höherer Frequenz. Anzunehmen ist, dass der REM-Schlaf sich auf die in diesem Alter progressional hohe Entwicklungsgeschwindigkeit des Gehirns auswirkt bzw. diese durch ihn bedingt ist. Werden die Kinder älter und erreichen das Schulkindalter, nehmen die NREM-Schlafphasen zu, werden länger. Die dann zu messenden langsamen Wellen der Gehirnaktivität scheinen mit dem langsamen Prozess der nächtlichen Sprachverarbeitung zu korrelieren.
Explizite Gedächtnisvorgänge werden wohl durch NREM-Phasen unterstützt, REM-Schlaf entwickelt eher das implizite Gedächtnis (vgl. Kap. 6.1.4) (Marshall & Born 2007). Dies würde für die Gehirnentwicklung von Kindern im Schlaf bedeuten, dass sich zunächst das explizite Gedächtnis besonders entwickelt (vgl. Wilhelm et al. 2008).

Folgende Hirnregionen scheinen im Ruhemodus besonders aktiv zu werden und Energie zu benötigen:
- Der mediale präfrontale Kortex, in dem Entscheidungen gefällt und Wahrscheinlichkeiten berechnet werden,
- der laterale parietale Kortex, einem sprachrelevanten Hirnareal, sowie
- der Gyrus cinguli, der Erinnerungen verküpft und Emotionen aktiviert.

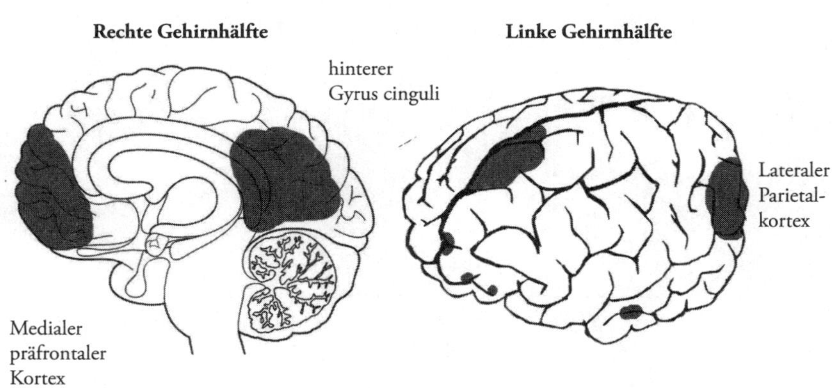

Abb. 74: Gehirnaktivität im Ruhezustand

7.3.2 Replay und tiefe Verarbeitung

Die Aktivierung der Gedächtnisinhalte im Schlaf findet durch eine Art Replay-Aktivität statt, die sich beispielsweise wohl auch durch den traumreichen REM-Schlaf als auch Muskelzuckungen, genauer durch aktive motorische Gehirnareale äußert. Dies ist gültig für implizite, also unbewusst aufgenommene Lernimpulse, wie auch explizites Wissen. Die Hirnregionen, die tagsüber am Lernprozess beteiligt waren, sind auch im Schlaf aktiv.

Konsolidierung (Ji & Wilson 2007) ist durch die elektrische Aktivität des Hippocampus mit Arealen des Kortex, insbesondere auch des präfrontalen, repräsentiert. Scheinbar werden die Erinnerungssequenzen dann – wie wohl auch bei Träumen – im Zeitraffer abgespielt, also zeitlich komprimiert.

Das Gehirn schottet sich im Schlaf regelrecht ab und stabilisiert instabile Informationen.

Der Hippocampus schickt die reaktivierten Informationen dann an den Kortex zur dauerhaften Speicherung und Konsolidierung weiter (vgl. Scullin & McDaniel 2010; Stickgold & Walker 2005). Erst nach diesem Transfer bleiben Fakten und Ereignisse langfristig in Erinnerung. Begünstigt wird dies logischerweise durch die völlige Störungsfreiheit durch weitere Sinneseindrücke aus der Umgebung, die die instabilen, weil gerade zu verarbeitenden Informationen überschreiben könnten. Das Gehirn beschäftigt sich in dieser Phase mit sich selbst.

Neurotransmitter wie Acetylcholin und Stresshormone wie Cortisol unterdrücken den Transfer von Informationen ins Langzeitgedächtnis bei Tag, nachts wird ihr Spiegel abgesenkt.

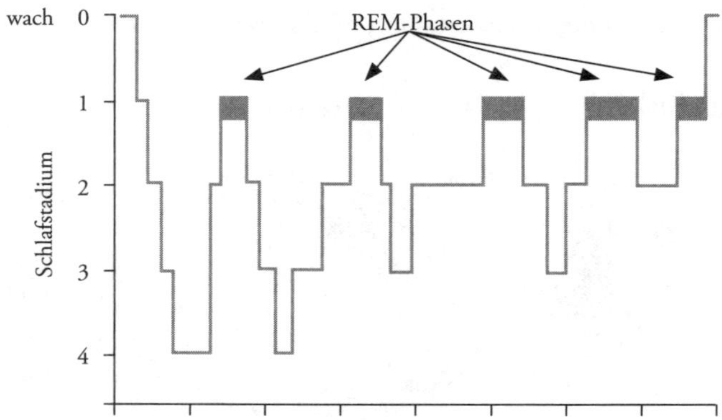

Abb. 75: REM-Schlaf

Im Laufe der Schlafphase nimmt die Replay-Aktivität nach sehr aktivem Beginn sukzessive ab, dies korreliert mit der Habitualisierung beim frühen Lernprozess (vgl. Kap. 3.1.1.1). Dies ist in der Reihenfolge der aufgenommenen Eindrücke rückwärts wie vorwärts möglich.
Für die Konsolidierung und Reorganisation sprachlicher Inhalte ist wichtig, dass deklarative, semantische Inhalte deutlich besser memoriert und verarbeitet werden, wenn das aktive Lernintervall am Abend stattfindet und das Replay spät in der Nacht bzw. früh am Morgen. Für motorische Erinnerungen gilt dies nicht.
Neben dem nächtlichen Schlaf ist auch der Mittagsschlaf bzw. eine kurze Schlafpause tagsüber förderlich: Etwa eine Stunde Ruhe nach vorherigem aktiven Lernen bringt deutliche Vorteile (bis zu 40%) gegenüber dem Wachbleiben (Walker & Stickgold 2006; Studte et al. 2015), bezogen auf das assoziative Gedächtnis, mit dem zwei verschiedene Elemente miteinander in Bezug gesetzt werden können.

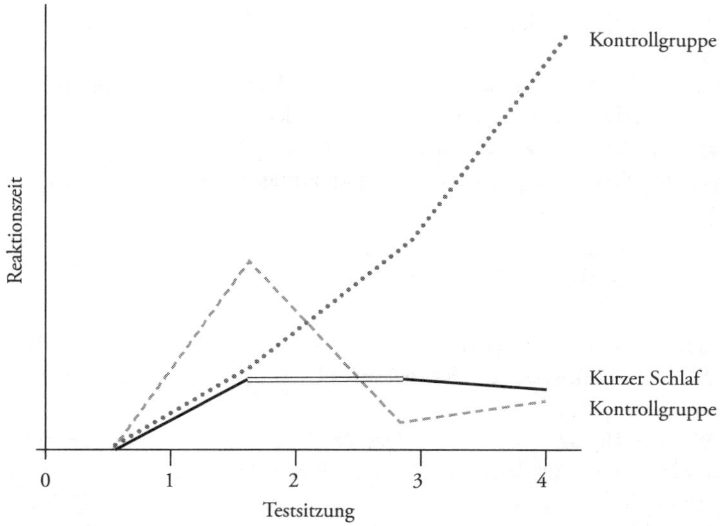

Abb. 76: Reaktionszeitentest

7.3.3 Schlaf und Gedächtnisleistungen

Insgesamt gilt für alle Studien, dass Lernen vor dem Einschlafen langfristig hilfreich bei der Gedächtnisbildung und Erinnerungsleistung ist (Wagner et al. 2006). Schier unlösbare Probleme erscheinen in nicht wenigen Fällen am nächsten Tag völlig klar lösbar, Unzusammenhängendes wird als plötzlich strukturiert empfunden.
Im Alter von 9 bis 14 Jahren spielt die Qualität des Schlafes für die schulische (vgl. Meijer et al. 2000), also auch die sprachliche Entwicklung eine nicht unerhebliche

Rolle. Defizite diesbezüglich beeinträchtigen abstraktes Denken und verbale Kreativität (vgl. Randazzo et al. 1998). Wird 6- bis 8-jährigen Kindern eine Woche lange nur eine Stunde des gewohnten zeitlichen Schlafumfangs gekürzt, lassen Aufmerksamkeit und Sprachverarbeitung messbar nach (Molfese et al. 2013). Schlaflosigkeit hat demnach negative Folgen für sprachliche Einprägungsprozesse (vgl. Beebe et al. 2009).

Zu wenig Schlaf wirkt kontraproduktiv auf das Sprachenlernen.

Die nächtliche Verarbeitung von Informationen im Gehirn dient wohl auch dazu, synaptische Verbindungen zwischen den Neuronen nach starker täglicher Erregung zu lockern (Cirelli & Tononi 2015). Zu fest verschaltet bleibt das Gehirn in einem Zustand der Sättigung und kann Neues am nächsten Tag gar nicht verarbeiten.

Relevante Informationen werden nachts reorganisiert und abgespeichert.

Allerdings verhält sich das Gedächtnis in Bezug auf tägliche Spracheindrücke im Tiefschlaf selektiv.
Vermutlich werden Informationen während der nächtlichen Verarbeitung nach den Kriterien Relevanz oder Spezifität geprüft und nur positiv evaluierte bleiben erhalten. Dies geschieht vor allem in lokalen Clustern, während in den weiteren Schlafphasen eine hirnglobale Weiterleitung der Informationen erfolgt (Spoormaker et al. 2010).

7.4 Vergessen

Hinweise darauf, dass das Konzept des Vergessens ein endgültiges, unwiderrufliches ist, gibt es nur für krankheitsbedingte, irreversible Abbauprozesse auf neuronaler Ebene oder schwere Unfälle.
Ansonsten gilt das allgemeine Prinzip, dass das Gedächtnis ungenutzte Synapsen bzw. die Dendriten, an den sich Dornfortsätze bilden, nicht völlig abbaut, sondern in einen Ruhemodus versetzt bzw. zurückbildet (vgl. Abb. 77). Bereits vergessen Geglaubtes kann nach Jahren reaktiviert werden. Dies gilt für früh erworbene und lange Zeit nicht benützte Erstsprachen, die später akzentfrei und mit dem Kompetenzumfang des lange zurück liegenden Erwerbstopps verwendet werden können.

Die ständigen Umbauprozesse beim Erlernen, Speichern und Abrufen können bewirken, dass früher Gelerntes nicht mehr wiedergefunden wird, da die neuronalen Verbindungen und Vernetzungen schwächer geworden sind. Der präfrontale Kortex wird in diesem Fall der nur noch schwach im Gedächtnis verankerten Informationen deutlich aktiv. Er versucht dann, ähnliche und damit potenziell störende Informationen zu unterdrücken, quasi abrufinduziert bewusst kurzzeitig zu vergessen.

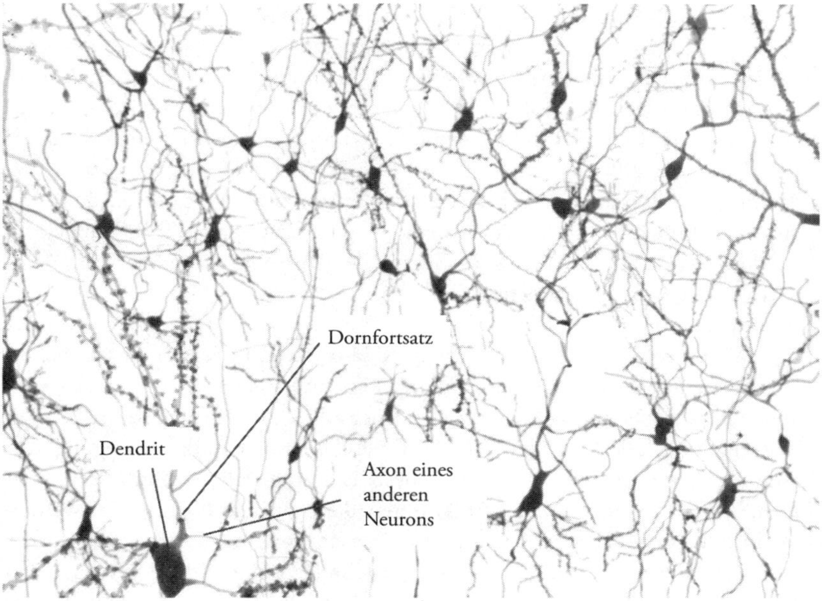

Abb. 77: Permanente Auf- und Abbauprozesse

Synapsen verstärken sich also nicht nur uneingeschränkt, sondern schwächen sich auch ab. Das Entstehen von Gedächtnisspuren im Gehirn geschieht nicht unkontrolliert, würde ansonsten auch zu einem ungesteuerten Zellwachstum, Krebs, führen. Die Funktion der Abschwächung reguliert Überregung und Verstärkung anderer synaptischer Areale.
Neben neurodegenerativen Krankheiten ist ein kognitiver Verfall bzw. nachlassende Gedächtnisleistungen ein normaler Teil des Alterungsprozess, hängt mit stressreichen Ereignissen oder Umständen zusammen, ist bedingt durch Müdigkeit, sinkende Motivation oder negative Emotionen wie Angst oder Schuldgefühle, bei denen Informationen vor dem Bewusstsein aktiv verborgen werden. Selbst die Vorstellung, dass etwas vergessen werden könnte, wirkt kontraproduktiv und teils als selbsterfüllende Prophezeiung.

Ein möglicher Grund für Abschwächungen können sogenannte retroaktive Interferenzerscheinungen sein, die beim Spracherwerb ebenfalls zum Tragen kommen: Neue Informationen überlagern alte Gedächtnisspuren und erschweren so den aktiven Zugriff auf bereits Erlerntes.

Das gesunde Gehirn vergisst einmal Gelerntes nicht.

Dabei können sich sowohl früher Erlerntes als auch später zu Erlernendes gegenseitig beeinträchtigen. Ist der Kontext verloren gegangen, verblasst die Information selbst. Dies wird praktisch deutlich, wenn etwas buchstäblich „auf der Zunge liegt" (*tip-of-the-tongue*-Blockade). Solche Sprachblockaden lassen sich durch Gesten und Bewegungen lösen, wenngleich die genauen Zusammenhänge noch nicht bekannt sind (vgl. Schwartz 2006).
Das Arbeitsgedächtnis ist deutlich an diesem Prozess beteiligt, generell dieselben Hirnareale im linken präfrontalen Kortex wie beim Erinnern an früher abgelegte Informationen (vgl. Maril et al. 2005). Gelingt der Abruf nicht, sind wird das Areal nicht aktiviert, jedoch viele andere.
Gesten sind ganz allgemein beim Formulieren von Sprache in Sprechakten von Bedeutung: Wegebeschreibungen sowie das quasi bildliche Erklären von Sacherhalten mit dem Suchen nach idiomatischem Wortschatz und passenden Strukturen werden erleichtert – auch hier handelt es sich vornehmlich um Abrufprozesse.
Die Überlagerung lässt sich neurobiologisch erklären: Bei starker Erregung von Synapsen aktivieren diese die Proteinsynthese, um eine Langzeitpotenzierung zu erreichen. Treffen in diesen wenigen Minuten dann weitere Signale ein, werden noch mehr Synapsen als Ziel der neu synthetisierten Proteine markiert. Der Effekt kann eine gegenseitige Beeinflussung sein mit Überlagerung und Verfälschung. So wird Gelerntes schnell durcheinander gebracht, im positiven Fall jedoch auch miteinander in Beziehung gesetzt.

Das Gehirn ist dabei kein einfaches Speichermedium, in dem eingehende Daten abgelegt und bei Bedarf wieder hervorgezogen oder gar einfach gelöscht werden. Nicht also zu vergessen, sondern Gedächtnisinhalte zu strukturieren und Unwichtiges von Wichtigem trennen, ist das Ziel von Abschwächungen. Neues wird in Bezug zu Bekanntem gesetzt, interpretiert und auf noch weitgehend unbekannte Weise in eine Art Ordnung überführt. Erst der Ausfall exekutiver Funktionen, z.B. des präfrontalen Kortex, führt letztlich zum Vergessen.

8 Mehr als eine Sprache sprechen

Starke Ähnlichkeiten mit dem Erstspracherwerb weist der natürliche Erwerb einer Zweitsprache im frühen Kindesalter auf.
Frühe oder simultane Bilinguale sind meist schon von Geburt an zweisprachig aufgewachsen, zwei Erstsprachen werden dabei nahezu simultan erworben. Sie werden auch „balancierte" Bilinguale genannt.
Wird die Zweitsprache erst später, beispielsweise ab dem dritten Lebensjahr im Kindergarten (sukzessive Bilinguale) oder in der Schule (späte, serielle bzw. teilweise Bilinguale), erlernt, spielt auch eine wichtige Rolle, wie dies geschieht: Zum Beispiel spielerisch in einer mehrsprachigen Umgebung oder formal in einem (schulischen) Sprachkurs. Davon hängt ab, welche und wie viele Fehler beim Sprechen gemacht werden. Die Erstsprache bleibt in diesem Fall dominant, in ihr wird ein höheres sprachliches Leistungs- und Performanzniveau erreicht als in der später erworbenen zweiten Sprache.
Der zweiten Sprache, meist Englisch, kommt die Funktion einer Brückensprache zu, wenn die Muttersprache eine Migrantensprache ist, die sich von der Umgebungs- oder Landessprache unterscheidet.

Auf der neurobiologischen Ebene hat Bilingualität deutliche Auswirkungen auf die beiden größten Gewebetypen des Gehirns, der weißen als auch der grauen Hirnsubstanz (vgl. u.a. Kap. 5.3.5; 3.1). Grob gesprochen sind es die Zellkörper, die an der Oberfläche des Gehirns, genauer des Kortex organisiert sind, die mit Myelin ummantelten Axone reichen in und verbinden die tieferen Bereiche. Bilingualismus erhöht das Volumen der grauen Substanz (Mechelli et al. 2004) gerade dort, wo Sprachenverarbeitung und Sprachenlernen verortet sind (Stein et al. 2012; Pliatsikas et al. 2014). Da das Management zweier Sprachen eine hohe kognitive Anforderung gerade in jungen Jahren darstellt, müssen sich insbesondere die weißen Substanzen mit Myelin ummantelten Axone vergleichsweise deutlich effizienter entwickeln (Mohades et al. 2012) (vgl. Kap. 5.3.5).

8.1 Frühe bilinguale Anlagen

Die folgenden Abschnitte fokussieren die explizite Sprachentwicklung bezüglich möglicher, spracherwerblich sehr sensibler Phasen für zwei- und mehrsprachiges Aufwachsen. Sie ergänzen und vertiefen dabei die bereits dargestellte allgemeine Sprachentwicklung in Kapitel 4.2.

8.1.1 Vorsprachliche Prädispositionen

Kinder sind sehr früh in der Lage, Sprache zu produzieren.

Die Fähigkeit, aktiv Sprache zu produzieren, ist sehr viel früher vorhanden als bisher angenommen: Der Gebrauch der Sprache beginnt mit dem allerersten Schrei. Neugeborene schreien dabei in ihrer Muttersprache. Der Grund dafür sind vermutlich spezifische Betonungsmuster in den beiden Sprachen, die von den Föten bereits im Mutterleib wahrgenommen und später reproduziert werden. Sie nutzen dabei die Prosodie ihrer Muttersprache, also Betonungsmuster, Variationen der Tonhöhe oder die individuelle Sprechgeschwindigkeit der Mutter. Auch sind sie bereits in der Lage, diese typischen Betonungsmuster zu identifizieren, was belegt, dass Säuglinge im Alter von vier Monaten eine sprachspezifische Gedächtnisrepräsentation der muttersprachlichen Wortmelodie ausbilden (Brauer 2008; Mampe et al. 2009). Solche inneren Repräsentanzen, neuronale Muster im vorgeburtlichen Gehirn, bilden sich auch für alle anderen pränatalen Erfahrungen. Diese und jene einer weiteren Sprache, die in den ersten Lebensmonaten erworben wird, gehen nicht verloren, sondern prägen das Hirn sowie das zukünftige Sprachenlernen dauerhaft (Pierce et al. 2015).

Bereits kurz nach der Geburt üben Säuglinge die tagsüber auf sie eingeströmten und aufgenommenen Sprachstrukturen vor dem frühabendlichen Einschlafen unbewusst aktiv: Der sogenannte „*Baby talk*“ (Isanski 2008), das Brabbeln, Blubbern und Lautieren verschiedenster Lautmuster ist nichts anderes als ein sehr frühes Üben und aktives Verarbeiten der vom Baby gespeicherten kurz- und mittelfristig gespeicherten Sprachimpulse der direkten Umgebung, in der Regel der sprachlichen Zuwendung der Bezugspersonen.
Erst wenn dieser Übungsprozess den Säugling vom Einschlafen abhält, beginnt er zu quengeln und anschließend zu schreien. Präventive, ritualisierte und damit verfrühte elterliche Beruhigungsstrategien wie beispielsweise die Gabe eines Nucklers in der abendlichen vorschlaflichen Lautierphase sind sprachentwicklungstechnisch kontraproduktiv (Isanski 2008).

In den ersten Lebensmonaten nimmt das frühkindliche Gehirn weiter die Wörter und Eigenschaften einer Sprache auf, ohne dass jedoch ein bewusster Lernprozess stattfindet. Bereits nach dem achten Lebensmonat (vgl. Garcia-Sierra et al. 2011) beginnt es jedoch seine Aufnahmefähigkeit und Sensibilität für die fremden Laute schon wieder ganz allmählich zu verlieren (vgl. dazu Kap. 4.1).

Bei bilingual aufwachsenden Kinder bleibt das Gehirn länger flexibel.

Während diese sprachliche Prägungsphase dann bei monolingual aufwachsenden Kindern abgeschlossen zu sein scheint und sie zunehmend nur noch auf muttersprachliche Impulse reagieren, lernen bilinguale Kinder erst etwa vier Monate später, mit dann zehn bis zwölf Monaten die typischen Sprachmuster ihrer beiden Erstsprachen kennen. Offensichtlich legt sich das bilinguale Gehirn erst später fest, bleibt länger flexibel. Der Grund dafür könnte etwa sein, dass die größere Vielfalt unterschiedlicher Sprachlaute in bilingualen Kontexten so besser verarbeiten werden können.

Von einer frühen Retardierung hingegen kann jedoch keinesfalls gesprochen werden. Das Organisieren bilingualer Lernkontexte befördert diese effiziente kognitive Verarbeitungskompetenz (Pliatsikas 2015). Dabei wird z.B. die Muttersprache von den Eltern zuhause gesprochen, in den bilingualen Angeboten und Institutionen dann jeweils die zweite Sprache unterrichtet.
Eine solche Effizienz wird im Gehirn auch örtlich klar repräsentiert: Kinder, die mit nur einer Sprache aufwachsen, jedoch schon frühzeitig einer anderen Sprache ausgesetzt waren, aktivieren dieselben spracherwerbsbezogenen Gehirnregionen wie bei zweisprachigen Personen (vgl. Pierce et al. 2014). Das spricht für eine außerordentlich frühe Sprachbegegnung auch ohne explizit sprachproduktive Anteile.

Dazu kann angenommen werden, dass diese beachtlichen und messbaren positiven, weil effizienten neuronalen Abläufe einerseits lebenslangen Bestand haben können und andererseits nach längerem Nichtgebrauch wieder komplett aktiviert werden können. Der Effekt erscheint so vermutlich auch auf andere, nicht-sprachliche Kompetenzen übertragbar. Inzidentelles Lernen (vgl. Kap. 6.1.4) und unbewusste Einflüsse spielen in den ersten Lebensmonaten eine erhebliche Rolle, sind gleichwohl noch weitgehend unerforscht (vgl. Pierce et al. 2014).

Bereits Babys können unterschiedliche Sprachen auseinander halten.

Bilingual aufwachsende Babys besitzen frühzeitige Entscheidungskompetenzen: Sprachen zu kontrollieren und sie kognitiv auseinanderzuhalten, scheint schon im vorsprachlichen Alter möglich zu sein (Poulin-Dubois et al. 2011). Objekte und Ereignisse haben für sie schnell zwei Bezeichnungen, die zweisprachige Begriffsbildung trainiert das Gehirn beim flexiblen Hin- und Herwechseln. Eine natürliche bilinguale Umgebung mit engen bilingualen Settings (z.B. Krippe/Kindergarten/Schule – zuhause) scheint diese Hirnfunktion messbar zu entwickeln. Im weiteren Verlauf des Sprachenlernens werden mittels Aktivierung präfrontaler Hirnareale effizient ungewollte Interferenzen vermieden und der Sprachgebrauch optimiert. Das sogenannte *Code-switching*, jenes Phänomen, bei dem Sprecher innerhalb einer sprachlichen Performanz zwischen zwei Varietäten wechseln, wird zunehmend vermieden.
Diese Verarbeitungsstrategie wird offenbar auch bei später hinzukommenden Fremdsprachen angewendet (Kovács & Mehler 2009).

8.1.2 Das dritte und vierte Lebensjahr

Dieser bezüglich des bilingualen Aufwachsens positiven Phase im ersten Lebensjahr folgt im Alter von zwei bis vier Jahren eine zweite (O'Muircheartaigh et al. 2013; vgl. Abb. 78). Sie hängt eng zusammen mit der Myelinentwicklung und der Aus-

bildung grauer Hirnsubstanzen in den sprachrelevanten Hirnarealen (Franceschini 2007) (vgl. Kap. 5.3.5) in diesem Altersbereich, die sich anschließend nach dem 4. Lebensjahr deutlich verlangsamt.
In den beiden Jahren vorher jedoch kann davon ausgegangen werden, dass die Verarbeitung neuen Wortschatzes und mehrsprachige Begriffsbildung durch die balancierte bilinguale Umgebung stark beeinflusst wird. Dies ist ein starkes Indiz für die Annahme, dass Kinder bestens im frühen Tageskrippen und Kindergartenalter für das Erlernen zweier Sprachen und das Erreichen von bester Sprachflüssigkeitskompetenz in diesen prädispositioniert sind.
Sprachgesundheitlich präventive Maßnahmen z.B. zur aktiven Intervention bezüglich allgemein verzögerter Sprachentwicklung sind somit ebenfalls bestens vor Erreichen des fünften Lebensjahres zu diagnostizieren und therapieren.

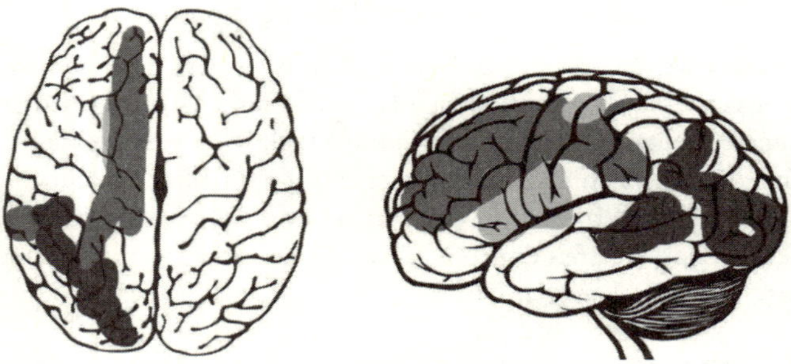

Abb. 78: Erhöhte Myelinisierung in der linken Hemisphäre

8.1.3 Im Schulkindalter

Bilingualität wirkt sich auf die Performanz in der Schule aus: Das Ausblenden von Störeinflüssen durch erhöhte Konzentrationsleistungen ist deutlich beobachtbar. Im Alter von 5 bis 14 Jahren sind solche Kinder mit früh erworbener Bilingualität (vor dem 3. Lebensjahr) bezüglich auch sprachlicher Antwortreaktionen schneller als Monolinguale. Der Vorteil bei der Kontrolle über Exekutivfunktionen (vgl. Kap. 6.1.2) scheint aus dem schnellen Wechsel von einer Sprache zur anderen zu resultieren. Insbesondere beim Hörverstehen ist die Fähigkeit von bilingualen Kindern messbar, relevanten Input von Störgeräuschen zu separieren (Antón et al. 2014).
Ganz generell entwickelt sich bei 8- bis 11-jährigen bi- und trilingualen Schulkindern vergleichsweise deutlich sichtbare Vorteile bei den sprachlichen Lernleistungen (Poarch & Bialystock 2015) gegenüber ihren monolingual aufwachsenden Mitschülerinnen und -schülern.

8.1.4 Die dritte Sprache bei Bilingualen

Frühe balancierte bilinguale Kinder prägen wie erwähnt bei dem späteren Erlernen einer dritten Sprache nicht wie späte Bilinguale oder Lerner einer Zweitsprache ein zusätzliches Netzwerk mit weit auseinander liegenden und geringer spezialisierten Systemen von Sprachneuronen aus, sondern integrieren die dritte Sprache in das erste, und zwar zweisprachige bzw. funktional multilingual angelegte Netzwerk im Broca-Areal.

Bilingualität ist in Bezug auf weiteres Sprachenlernen effizienter als Monolingualität.

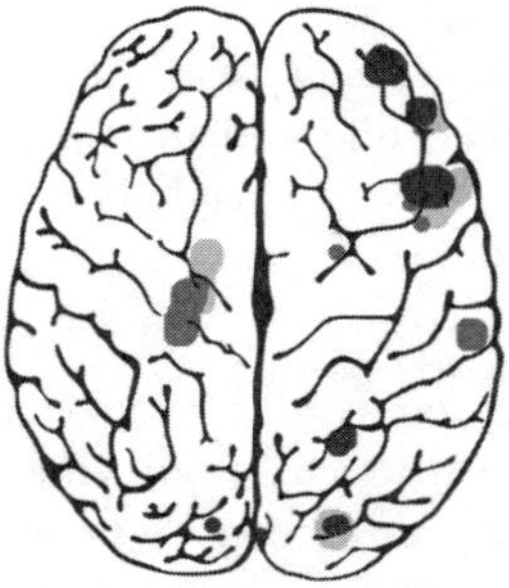

Abb. 79: Neuronale Verarbeitung von Sprache bei früher Mehrsprachigkeit

Dieser Integration von weiteren Sprachen in gleichen Hirnarealen scheint zudem keine grundsätzlichen neurobiologischen Grenzen gesetzt zu sein. Frühe Bilingualität ist somit vermutlich die Grundlage für einen leichteren, späteren Spracherwerb (Wattendorf et al. 2001; Nitsch 2007).

8.2 Spätere Bilingualität

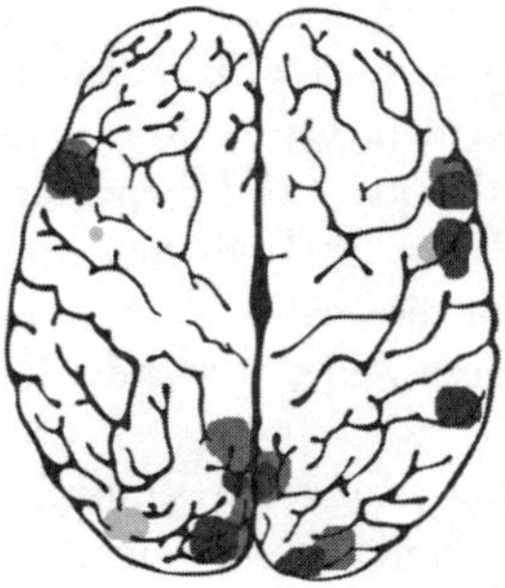

Abb. 80: Neuronale Verarbeitung von Sprache bei später Mehrsprachigkeit

Ältere Sprachenlerner bzw. Spätbilinguale, müssen zusätzliche Hirnstrukturen in getrennten Subarealen aktivieren, wenn sie ihre neue Sprache benutzen.

Diese Teile überlappen nur zu einem geringen Teil. Basalganglien sind dafür zuständig, explizit gelernte neue Regeln durch Übungen zu automatisieren. Sie sorgen dafür, Fremdsprachen flüssiger zu beherrschen und nicht bei jedem Satz nachdenken zu müssen. Die zweite Sprache kann so durch ständigen Gebrauch fast wie eine Muttersprache verinnerlicht werden.
Zu Beginn des Fremdsprachenerwerbs in der Schule jedoch werden sprachlichen Regeln nicht mehr wie beim Erstsprachenerwerb spielerisch und mühelos durch Versuch und Irrtum automatisiert, sondern kognitiv erlernt, die die Regelkonformität in der Sprachproduktion immer wieder überprüft. Das eigene Sprechen wird dazu permanent beobachtet, registriert, kontrolliert und notfalls korrigiert. Über eine Feedback-Schleife (vgl. Kap. 3.1.2) ermitteln entsprechende Neuronen, welche sprachmotorischen Bewegungsmuster notwendig sind, damit ein angemessener sprachlicher Laut entsteht.

Dieses ursprüngliche Sprachverarbeitungssystem kann in späteren Jahren kaum mehr verändert werden, so dass das Gehirn beim späteren Erwerb einer weiteren, dritten Sprache gezwungen ist, neben dem bereits bestehenden System ein neues, neuronales Netzwerk mit wenigen Anknüpfungspunkten anzulegen. Es verarbeitet die Satzbauregeln bei einem späten Spracherwerb anders und beansprucht viel mehr Ressourcen, als dann, wenn die Sprache von Geburt an erlernt wurde. Dies erklärt sich auch durch die sinkende neuronale Dynamik und deutlich erschwerte Fähigkeit zur Synapsenbildung (vgl. Peltzer-Karpf & Zangl 1998: 14).

Unter bestimmten intensiven Bedingungen können Fremdsprachen auch spät hervorragend gelernt werden.

Eine Ausnahme ist dabei zu berücksichtigen, in Abhängigkeit vom Leistungsniveau der Lerner: Je besser die spät erlernte Fremdsprache durch hohen Gebrauch, lange Kontaktzeiten und viel Übung beherrscht wird, desto geringer zeigen sich die räumlichen Unterschiede in der Hirnaktivierung. Besonders stark kann dies in frontalen Regionen der linken Hirnhälfte nachgewiesen werden. Das Gehirn unterscheidet in einem solchen Fall offenbar weniger zwischen Mutter- und Fremdsprache (vgl. Klieme et al. 2006; Weber-Fox & Neville 1996; Pallier 2003). Es entsteht eine späte kognitive Reserve (Bialystok et al. 2012), da sich die weiße Substanz entwickelt; immer vorausgesetzt, die Zweitsprache wird intensiv weiter verwendet (Schlegel et al. 2012; Hosoda et al. 2013).
Ist das Erlernen der zweiten Sprache intensiv und erfolgreich, sind sprachenrelevante neuronale Netzwerke dichter, besser vernetzt und halten somit eine schnellere Sprachverarbeitungsgeschwindigkeit, z.B. beim Wortschatzlernen, vor (Yang et al. 2015). Die Änderungen nähern sich denen von bilingual aufwachsenden Kinder an, auch wenn sie sie nicht erreichen können. Die Effizienz des Sprachlernerfolgs aber ist vorhersehbar, messbar und sichtbar:

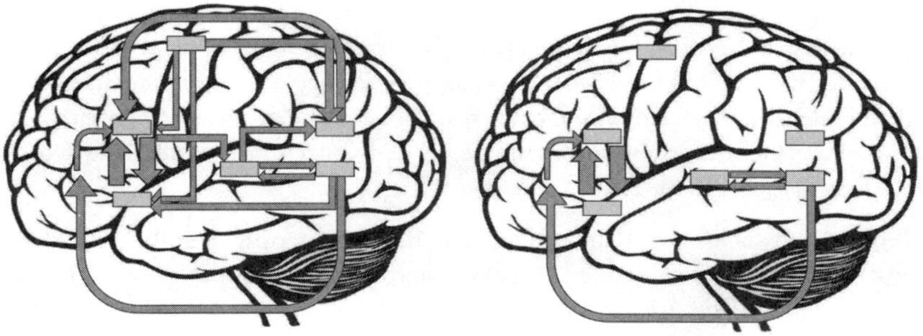

Abb. 81: Zunehmende Vernetzung beim späten Sprachenlernen in Abhängigkeit vom Sprachlernerfolg bei spätem Zweitsprachenerwerb

Immersionskonzepte, die allerdings die Alphabetisierung nicht ausschließen, könnten eine Rolle spielen: Auch bei diesen intensiven Sprachexpositionen wurde die Entwicklung grauer Substanz, ähnlich wie bei bilingual Aufwachsenden, deutlich nachgewiesen (Pliatsikas & Marinis 2013; Pliatsikas et al. 2014).

8.3 Aspekte eines privilegierten Spracherwerbskonzepts

Die Vorzeichen zum frühen Erwerb mehrerer Sprachen sind geradezu günstig: Kinder, die sehr früh, noch vor dem 3. Lebensjahr mit zwei Sprachen aufwachsen, aktivieren bei deren Gebrauch dieselben Hirnareale, die sich zunehmend neuronal verdichten (vgl. 8.1.3). Sie profitieren von der enormen neuronalen Plastizität des Gehirns. Dieser effiziente Gebrauch verstärkt sich beim späteren, auch institutionalisierten Erlernen einer dritten oder vierten Sprache, die ins gleich neuronale Netzwerk integriert wird (Franceschini 2007). Bilinguale Kinder gleichen bei Hirnaktivitäten durch Sprachverwendung schon früh eher bilingualen Erwachsenen als monolingualen.

Bilinguales Aufwachsen ist der Schlüssel zur natürlichen Mehrsprachigkeit.

Monolingual aufwachsende Kinder bilden später eigene und größtenteils getrennte, jedoch nahe beieinander liegende neuronale Sprachennetzwerke aus, müssen also zusätzliche Energien aufwenden, um weitere Sprachen zu erlernen und zu verwenden (Kim et al. 1997; Melzer et al. 2001).

Der große kognitive Aufwand bei der Kontrolle bzw. bei Hemmungs- und Aktivierungsprozessen zweier oder mehrerer Sprachen, die sich nicht gegenseitig beim Gebrauch stören sollen, ist im linken präfrontalen Kortex verortet (Bleser et al. 2003). Die Überwachungsfunktion wird sowohl bei früh Bilingualen als auch bei später Zweisprachigkeit aktiv, wenn z.B. die weniger geläufige oder gerade nicht kommunikativ relevante der beiden Sprachen kontrolliert werden muss. Zweisprachigkeit trainiert das Gehirn zudem insbesondere bei der Konzentrationsfähigkeit (Costa et al. 2015; Bialystok et al. 2012).

Bilingual aufwachsende Kinder scheinen diese Steuerungs- und Aufmerksamkeitsfunktionen auf mehrere Aufgaben verteilen zu können (vgl. (Bialystok 2001), auch z.B. bei nichtsprachlichen Aufgabenformaten, in denen soziale Fähigkeiten gefragt sind. Sie können sich besser in andere Menschen hineinversetzen, da sie gewohnt sind, Bekanntes auszublenden und eine neue Perspektive einzunehmen. Empathiefähigkeit scheint sich demnach bei Bilingualen parallel gut zu entwickeln.

Sprachlosigkeit oder Sprachverzögerungen bei mehrsprachigen Kindern sind somit auch kein retardiertes Sprachverhalten aus neurologischen oder linguistischen Gründen, sondern aus sozialen Bedingungen heraus erklärbar (vgl. auch 8.4). Auch scheinbare Nachteile einer doppelten Muttersprache bei Wortfindung und Sprechgeschwindigkeit sind nicht bewiesen (vgl. dazu Costa et al. 2015).

Bilingualismus ist ein überlegenes Spracherwerbskonzept.

Zusammengefasst zeigen sich im Idealfall bei frühen Bilingualen und frühen sukzessiven Bilingualen folgende Aspekte eines überlegenen Konzepts (vgl. Franceschini 2007):

1. Frühe Bilinguale wenden früh individuelle Lernstrategien an. Sie aktivieren dabei größere Bereiche des präfrontalen Kortex, wo das Arbeitsgedächtnis sitzt und die kognitiven Grundlagen für sprachliche Problemlösungen gelegt werden. Ab etwa dem 3. Lebensjahr ist die Sprachkonstruktion so bewusst möglich, auch eine frühe doppelte Alphabetisierung mit zweisprachigem Lesen und Schreiben ist nachgewiesen (vgl. Böttger 2013b). Ab dem 5. Lebensjahr sind die Begriffsbildungen und die Grammatik beider Sprachen weitgehend abgeschlossen.
2. Frühe Bilinguale entwickeln sprachliche Entscheidungsfunktionen im Hirn besser und früher. Enge bilinguale, balancierte Settings tragen dazu bei, unabhängig von den beiden vorhandenen oder gewählten Sprachen.
3. Werden zwei oder mehrere Sprachen aktiv verwendet, hat das positive Auswirkungen auf die sprachenspezifische Wahrnehmungsfähigkeit z.B. bezüglich Intonation oder Satzbau. Die typischen Sprachmuster dieser zwei oder mehr Sprachen führen nach der Identifikation zur qualitativen kognitiven Verarbeitung. Andere kognitive Prozesse, so z.B. mathematische Berechnungen, scheinen besser unterstützt und verarbeitet zu werden.

4. Frühe Bilingualität scheint ganz natürlich Plurilingualität zu unterstützen. Später zusätzlich institutionalisiert erlernte Fremdsprachen werden mit der gleichen individuellen Strategie verarbeitet, die sich bei ganz jungen Lernern unterschiedlich entwickelt und ausprägt. Die gleichen neuronalen Verarbeitungsfelder machen eine Wort-für-Wort-Übersetzung beim Sprachwechsel unnötig, die Begriffsbildungen erfolgen bilingual.

Im gesundheitsprophylaktischen Bereich ist anzumerken, dass zweisprachig Aufgewachsene im fortgeschrittenen Alter später an Alzheimer oder anderen degenerativen Hirnleiden erkranken als der Durchschnitt der Bevölkerung (Bialystok et al. 2012). Bei den Zweisprachigen setzen die Symptome vier bis fünf Jahre später ein. Das kognitive Training des doppelten Sprachgebrauchs führt scheinbar dazu, dass der natürliche Hirnalterungsprozess sowie der Verlauf neurodegenerativer Krankheiten verlangsamen (vgl. Luk et al. 2011).

8.4 Konsequenzen

Neurodidaktische Konsequenzen aus den für das bilinguale sowie mehrsprachige Aufwachsen beschriebenen Befunden für den Sprachunterricht zu ziehen, wird auch am Ende dieser Thematik der Schwerpunkt des folgenden Kapitels sein. Die neurodidaktische Perspektive, das sei vorab betont, ist dabei keine genuin fachdidaktische, sondern in erster Linie eine allgemeindidaktische. Gerade die potenziellen Handlungsfelder, die sich aus dem bilingualen Aufwachsen unter Berücksichtigung der kognitiven Entwicklung ergeben, weisen auf vorschulische und schulische Konzeptionierungen von Lernen hin, die fachdidaktische Grenzen überschreitet und deutlich fächerübergreifend angelegt ist und Pädagogik, Psychologie und Soziologie mit einschließt.

Lernen in zwei Sprachen

Aus der engen Sicht des Fremdsprachenunterricht oder auch allgemeinen Sprachenunterrichts werden durch das institutionalisierte Erlernen bzw. den Erwerb zweier Sprachen weitere, neue sprachliche und damit interkulturelle Handlungsfelder erschlossen. Der bilinguale Sachfachunterricht, auch etwas schwerfällig und bemüht balancierend *Content and language integrated learning* (CLIL) genannt, ist aus neurodidaktischer Sicht ein wesentlicher Ankerpunkt für die Berücksichtigung von Hirnforschungsbefunden im schulischen Lernen. Ein Kontinuum des lebenslangen Sprachenlernens ist mit dem Aufbau einer frühen oder auch intensiven späteren Zweisprachigkeit gewährleistet.

> Lernen in zwei Sprachen führt weg von starrer linguistischer Progression hin zur Individualisierung von Sprachunterricht.

Da ein indirekter Sprachunterricht wie beim Lernen in zwei Sprachen nicht mehr vordergründig sprachliche Instruktionen anbieten kann, führt die nötige kommunikative Öffnung weg von der Gefahr der methodischen Monotonie durch immer wieder gleiche Übungsrituale und methodische Vorgehensweisen. Es entsteht eine spezielle Dynamik und Flexibilität, durch die das Lernen in zwei Sprachen sowohl den Fremdsprachenunterricht als auch die nicht-sprachlichen Sachfächer bzw. Lernfelder bereichert. Eine starre Progression ist dabei ausgeschlossen, da nichtlinear und sehr individuell Sprache erworben wird.

Frühe Qualitätssicherung

Eine effektive und optimale Förderung in Kindergarten und Schule fokussiert die permanente Diagnose des Sprachstands. Die anschließende, individuelle Sprachförderung begleitet systematisch und andauernd über den gesamten schulischen Bildungsweg hinweg. Die Fördermaßnahmen konzentrieren sich bestenfalls auf eine sprachliche Umgebung mit quantitativ und qualitativ hochwertigen Impulsen, Angeboten und Aufgabenformaten in den Zielsprachen. Dabei gilt auch, dass je öfter und je früher eine bestimmte neuronale Funktion aktiviert wird, umso stärker und schneller die diesbezüglichen synaptischen Verbindungen werden. Die Konzeption von John Dewey (1859) *„Learning by doing"* scheint sich auch neuronal zu bewahrheiten.

In kleinen Fördergruppen wird sichergestellt, dass Kinder den sprachlichen Input überhaupt hören können und sich als Dialogpartner angesprochen fühlen. Gezielter, sinnvoller passiver Konsum beider Sprachen durch geeignete Medien wird ergänzt durch eine interaktive sprachliche Betätigung. Eine große Rolle spielen dabei die Eltern.
Die Verantwortlichen sind im Bestfall entsprechend qualifiziert (BIG 2007), es steht generell ausreichend Lehrpersonal für die individuelle Förderung der Kinder zur Verfügung.

Elternbeteiligung

Eltern sind außerordentlich wichtige Sprachvorbilder für ihre Kinder. Sie aufzuklären über sprachliche Erziehung und sie zu ermutigen, mit ihren Kindern in den Familien-, Erst- oder Muttersprachen zu kommunizieren, bildet zunächst die Grundlage für den notwendigen komplexen, variationsreichen und authentischen Input – in monolingualen wie in bilingualen Familienkontexten. Viele Gespräche und langes Vorlesen sind hierfür Beispiele: neuronale Verarbeitung und Repräsentation von Sprache werden gesichert, wenn ausreichender sprachlicher Input vorgehalten wird. Medialer Ersatz kompensiert dabei in keinem Fall die personale Interaktion, auf die auch aus neurodidaktischer Sicht nicht verzichtet werden kann (vgl. Kap. 1).

Klare personale Zuordnung gegen Sprachmischung und -verwirrung:
One person, one language.

Sprechen die Eltern unterschiedliche Sprachen, greift das Prinzip des „*one person – one language*“. Ist dabei eine Sprache unterrepräsentiert, z.B. durch die berufliche Belastung eines Elternteils, kann diese gezielt durch den entsprechenden altersgerechten Medienkonsum gefördert werden. Als Elternteil die eigene Muttersprache zu verwenden, gleichzeitig aber die Umgebungs- oder Landessprache, beispielsweise Deutsch zu lernen, signalisiert sie die Bedeutung beider Sprachen und des Sprachlernprozesses allgemein. Als Vorbilder auch in dieser Hinsicht können Eltern Neugier wecken, die Sprachlernbereitschaft und somit den Bildungsprozess ihrer Kinder aktiv positiv beeinflussen und unterstützen. In keinem Fall aber darf in bilingualen Familien dilettiert, d.h. den Kindern ein künstliches, oft als Nicht-Muttersprachler reduziertes Sprachmodell zur Verfügung gestellt werden (vgl. Kap. 6.4.1).

Intrinsische Motivation

Nothing succeeds like success. Die intrinsische Motivation ist einer der ausschlaggebenden Faktoren zur Beeinflussung von Lehr-Lernprozessen. Das Glücksempfinden des erfolgreichen Sprachenlernens hängt vom selbst- oder fremdbestimmten Ziel bzw. seinem eigentlichen Motiv ab. Ganzheitliches Sprachenlernen kann auch erfolgreich sein, wenn zunächst in Einzelschritten einzelne Aspekte erlernt werden, z.B. Wortschatzlernen. Im größeren Kontext eingebunden sind es jedoch kommunikative Ziele, für die die Teilziele dienlich sein sollen. Dieser Überblick darf beim Lerner nicht verloren gehen.

Test 2: Wahr oder falsch?

1. Das sensorische Gedächtnis speichert Informationen bis zu 5 Sekunden.
2. Es wird angenommen, dass das Langzeitgedächtnis aus einem expliziten und einem impliziten Gedächtnis besteht.
3. Es gilt als didaktischer Ratschlag, neu erlernte Informationen gänzlich isoliert von vorher Gelerntem einzustudieren. Somit können sich neue neuronale Verbindungen bilden.
4. Da das Gehör als der stärkste Sinn des Menschen gilt, sollten Informationen verstärkt auditiv kodiert werden, um somit schneller abgerufen werden zu können.
5. Um ein erfolgreiches Abrufen von Informationen zu gewährleisten sollten diese vorher in bestimmten Zeitabschnitten aufgenommen werden. Eine massierte Aufnahme hingegen verringert die Möglichkeit zum fehlerfreien Abrufen.
6. Ein ruhiger und ausreichend langer Schlaf hat positive Auswirkungen auf das Memorieren von Informationen.
7. Das Sprichwort „ein Hirn wie ein Sieb haben" hat seine Daseinsberechtigung: weniger oft gebrauchte Informationen werden vom gesunden Gehirn aussortiert und vergessen.
8. Studien belegen, dass erst ab dem Erlernen einer dritten Sprache positive Auswirkungen auf das Erlernen weiterer Sprachen festgestellt werden können.
9. Sprechen beide Elternteile unterschiedliche Sprachen, ist das Prinzip *one person – one language* bei der Kommunikation mit deren Kindern sinnvoll.
10. Späte Bilingualität hat im Vergleich zum frühen Erlernen von zwei oder mehreren Sprachen sogar den Vorteil, dass eine neue Sprache im hohen Alter eher akzentfrei erlernt werden kann, da die Sprecher auf ein bereits ausgebautes Sprachzentrum zurückgreifen können.
11. Um erfolgreich Fahrradfahren zu können muss die Person ihre Aufmerksamkeit bewusst auf die Tätigkeit richten, da es sich dabei um Priming handelt.
12. Damit Informationen leichter abgerufen werden können werden sie zweifach kodiert, nämlich im Neokortex und den Neuronennetzen des Hippocampus.
13. Das episodische Gedächtnis wird als hochgradig spracherwerbsbezogen angesehen.
14. Sprachliche Intuition entwickelt sich durch sprachliche Erfahrungen und ist nicht angeboren.
15. Neben dem Hippocampus werden im präfrontalen Kortex ständig neue Neuronen gebildet, da dort die Entscheidungsfindung stattfindet.

Antworten: 1 falsch, 2 wahr, 3 falsch, 4 falsch, 5 wahr, 6 wahr, 7 falsch, 8 falsch, 9 wahr, 10 falsch, 11 falsch, 12 wahr, 13 falsch, 14 wahr, 15 falsch

9 Brain food: Ernährung beim Sprachenlernen

Über den Zusammenhang von Ernährung und intellektuellen Fähigkeiten, zumal sprachliche Kompetenzen, gibt es nur begrenzt gesicherte Erkenntnisse.

Vorab: Gesichert ist, dass die einzige wirkliche Gehirnnahrung zur Steigerung mentaler Leistungen Wissen ist. Hinweise darauf, dass zusätzlich ausgewählte Nahrung dazu beitragen kann, bereits vorhandene Begabungen voll ausschöpfen zu können, sind ebenfalls vorhanden.

Wo biologische Zusammenhänge nachweisbar zu verbesserten Prädispositionen im menschlichen Gehirn führen, die sich auf eine erhöhte Sprachleistungsfähigkeit oder sprachrelevanten Kompetenzen beziehen, werden sie im folgenden Kapitel beschrieben.

Abb. 82: Brain food

Grundlage aller neurobiologischen Überlegungen ist die Tatsache, dass viele kognitive Funktionen des Gehirns, so Konzentration und Problemlösung, sich aus chemischen und elektrischen Aktivitäten der Hirnneuronen speisen. Die binnenzelluläre Spannungsunterschiede zur Erzeugung elektrischer Impulse für den Informationstransfer sowie den Aufbau kognitiver Prozesse im Gehirn sind abhängig von ständiger Zufuhr an Energieträgern wie Mineralien, Aminosäuren, Vitaminen und bestimmten Fetten sowie Wasser. Bei optimaler Versorgung kann das Gehirn dann genauso optimal funktionieren.

> Die optimale Versorgung des Gehirns führt zu dessen optimaler biologischer Funktionsfähigkeit.

Brain food – Gehirnnahrung – sind für die Entwicklung und die optimale Leistungsfähigkeit sowie Funktion des Gehirns besonders günstige Nahrungsmittel (vgl. Gómez-Pinilla 2008: 568ff.). Ungesundes, unausgewogenes Essverhalten mit ungünstigen Energiebilanzen wirkt sich problematisch auf die generelle akademische Performanz im schulischen Lernen aus (Fu et al. 2007; Benton 2010). Dies ist dann auch für das Sprachenlernen gültig.
Das erste besonders günstige Nahrungsmittel ist geeigneter Weise und in der Regel die Muttermilch. Bereits ab der Geburt wird das Gehirn besonders optimal mit Vitaminen, Mineralien und Spurenelementen durch das mütterlich Stillen versorgt. Der Ernährung der Mutter in der Schwangerschaft und den ersten Lebensmonaten bis zur Ende der Stillphase kommt damit eine entscheidende Bedeutung auf die Entwicklung des Gehirns ihres Kindes zu. Der ausgewogenen Ernährung in Zusammenhang mit Entwicklung, also auch mit (Sprachen-) Lernen, kommt insbesondere bis zum 3. Lebensjahr eine besondere Rolle zu (vgl. Engle & Huffman 2010). Je länger das Stillen anhält, desto besser schneiden Kinder mit acht Lebensjahren bei einem IQ-Test ab (Eliot 2001). Das lässt darauf schließen, dass es bedeutsam für die weitere nachhaltige Gehirnentwicklung und -förderung ist, ab der frühen Kindheit anzuknüpfen mit gesunder, d.h. vitamin- und mineralstoffreicher Ernährung (vgl. Northstone et al. 2012; Tomlinson et al. 2009; Gale et al. 2009).

9.1 Botenstoffe

Botenstoffe, so genannte Neurotransmitter, sorgen für den reibungslosen Ablauf der Informationsvermittlung zwischen den Gehirnzellen. Grundvoraussetzung dafür ist eine ausreichende Durchblutung des Gehirns (etwa 1200 Liter pro Tag) sowie ausreichende Sauerstoffzufuhr (etwa 75 Liter Sauerstoff pro Tag). Der grund-

legende Zusammenhang von Funktionsfähigkeit und permanenter Zufuhr von genügender Flüssigkeit, und auch der Bedeutung von Bewegung wird hier früh deutlich.
Da Gehirn und Neuronen zum größten Teil aus Wasser bestehen, die Fließgeschwindigkeit von Blut ebenfalls von ihm anhängen, ist eine Flüssigkeitszufuhr in dieser Form unterstützend.
Sie allein reicht jedoch grundsätzlich nicht zur dauerhaften Hirnversorgung aus, da etwa ein Fünftel des körperlichen Energiehaushalts zusätzlich benötigt wird (vgl. Kap. 9.1.2).

Tab. 2: Die 3 wichtigsten Neurotransmitter und ihre Baustoffe

Botenstoffe	Funktion	Baustoffe Aminosäuren kommen vor in:
Acetylcholin	Lernfähigkeit, Gedächtnis, Wahrnehmung	Aminosäure Cholin: Eigelb, Soja, Käse, Nüssen, Haferflocken
Serotonin	Ausgeglichenheit, Stimmung, Schlaf-Wach-Rhythmus	Aminosäure Tryptophan: Fleisch, Fisch, Eier, rote Beete, Käse, Weizen, Hülsenfrüchten, Fenchel, Tomaten, Spinat, Bananen
Noradrenalin	Aufmerksamkeit, Konzentration, Lernfähigkeit	Aminosäure Phenylalanin, Lysin, Methionin: Fleisch, Fisch, Käse, Bananen, rotem Gemüse, Fenchel, Vollkornbrot, Nüssen und Rosinen

Neben den Botenstoffen Noradrenalin, Serotonin und Acetylcholin benötigt das Gehirn außerdem Adrenalin, Melatonin und Dopamin, um Nervenzellen zu aktivieren. Manche dieser Botenstoffe kann der Körper selbst herstellen, andere müssen aus dem Stoffwechsel über den Ernährungskreislauf zur Verfügung gestellt werden und benötigen zur Bildung bestimmte Vitamine, ungesättigte Fettsäuren, Mineralstoffe, Sauerstoff und Kohlenhydrate.
Am Beispiel von Serotonin wird deutlich, dass in natürlichen Lebensmitteln wie beispielsweise Bananen, Nüssen und Tomaten Botenstoffe vorkommen, diese nicht aber sofort auch verwertet werden können. Im Gegensatz zur Aminosäure Tryptophan, die auch ein Baustoff von Serotonin ist, kann Serotonin nicht über das Blut ins Gehirn gelangen. Ein direkter Effekt, wie z.B. Glücksgefühle nach der Einnahme bestimmter Lebensmittel, ist damit nicht in jedem Fall auf die Nahrungsmittel selbst zurückzuführen.

Für den Spracherwerb bedeutsam ist eine weitere Aminosäure, das Isoleucin. Es verbessert das Denkvermögen und wirkt sich positiv auf die Psyche, und somit auch auf Lernprädispositionen aus. Isoleucin kommt unter anderem in Fleisch, Thunfisch, Lachs, Weizenkeimen und Nüssen (vor allem Erdnüssen) vor.

9.2 Nährstoffe

Wesentliche, für Hirnfunktionen und sprachliche Aufnahme und Verarbeitung gleichermaßen relevante Nährstoffe sind Kohlenhydrate, Eiweiße, Fette, Vitamine und Mineralstoffe. Sie bilden im Körper Spiegel aus, d.h. Standardlevel ihres Vorkommens, die aufrecht erhalten werden müssen mit gleichmäßiger, regelmäßiger Nahrungszufuhr, um für Hirnoperationen, beispielsweise kognitive Verarbeitungsprozesse von Sprache, bereit zu stehen.

9.2.1 Kohlenhydrate

Kohlenhydrate liefern dem Gehirn Energie.
Die graue Substanz in ihm (vgl. Kap. 3.1) benötigt ca. 125 Gramm Einfachzucker (Glucose/Traubenzucker) pro Tag. Da im Gehirn kein Energiespeicher zur Verfügung steht, muss eine solche Zufuhr mit der kleinsten Einheit der Kohlenhydrate konstant gesichert werden. Die Versorgung wird über das Blut in der Regel sehr gut kontrolliert und hormonell geregelt. Schwankt der Blutzuckerspiegel jedoch stark, hat dies erheblichen Einfluss auf emotionale Stimmung, Denkvermögen und Aufmerksamkeitsspannen. Wichtig ist es daher, den Körper kontinuierlich aktiv mehrmals am Tag mit Energie zu versorgen. Die konstante Höhe des Blutzuckerspiegels im Gehirn verhindert plötzlichen Leistungsabfall und Konzentrationsmangel.
Besonders geeignet zur Sicherung des Blutzuckerspiegels sind Lebensmittel, die vor allem komplexe langkettige Kohlenhydrate und Stärke enthalten, deren Glucose-Bestandteile dazu nach sukzessivem Abbau nur langsam aus dem Verdauungstrakt ins Blut übergehen und den Blutzuckerspiegel nicht plötzlich ansteigen oder bei Aussetzung über Stunden abfallen lassen.

Zucker – für die Hirnversorgung völlig überschätzt und kontraproduktiv.

Einfachzucker aus Traubenzucker, Süßigkeiten oder Süßgetränken bewirken genau diesen Effekt: Der rasche Anstieg des Blutzuckers geht einher mit einer sofortigen starken Insulinausschüttung. Insulin sorgt umgehend für den Abtransport des Zuckers in die Zellen, somit sinkt der Blutzuckerspiegel rapide. Darunter leidet auch die Energieversorgung des Gehirns.
Komplexe, langkettige und langsam abbaubare Einfachzucker sind beispielsweise in Vollkornprodukten, Reis, Gemüse und Obst enthalten.

9.2.2 Eiweiße

Acht der bestehenden zwanzig körpereigenen Aminosäuren, wie z.B. Tyrosin, Phenylalanin, Tryptophan und Glutamin, die Bestandteile der Eiweiße (Proteine) sind, können nicht ebenso vom menschlichen Körper hergestellt werden und müssen demnach zugeführt werden. Sie sind Vermittler der neuronalen Signale und dienen

den Botenstoffen als Bausubstanz und sind somit relevant für eine ausgewogene, hirngerechte Ernährung.
Aminosäuren befinden sich in tierischen wie pflanzlichen Lebensmitteln, hier z.B. in Fisch, magerem Fleisch, Eiern, Milchprodukten, Hülsenfrüchten, Sojaprodukten, Vollkorngetreiden, Nüssen und Gemüsen.
Ein Gramm Protein pro Kilogramm Körpergewicht gilt als Faustregel der gesunden, gehirngerechten Ernährung.

9.2.3 Fette

Fettgewebe schützen Gehirn- und Nervenzellen und sind in diesem Gewebe zu 50 Prozent enthalten.
Für die sprachlichen und kognitiven (vgl. Gómez-Pinilla 2008: 574f.) Funktionen des Gehirns haben die essentiellen ungesättigten Fettsäuren, vor allem die Omega-3-Fettsäuren, eine große Bedeutung. Sie beeinflussen mit insgesamt 66 Prozent des gesamten Fettanteils im Hirn sowohl seine Größe als auch die Neuronenanzahl, sind so maßgeblich am Lernvermögen junger Lerner beteiligt (vgl. Kirby et al. 2010). So bestehen beispielsweise 20 Prozent des Fettes im Gehirn aus Docosahexaensäure, einer Omega-3-Fettsäure. Diese sorgt als Teil der Zellmembranen für die Übertragung elektrischer Impulse. Omega-3- und Omega-6-Fettsäuren stärken zudem die Neuronenhüllen sowie die Myelinschicht um die Axone (vgl. dazu Kap. 5.3.5), für die kindliche Hirnentwicklung im Allgemeinen und damit für die Sprachentwicklung im Besonderen deutlich relevant (Ryan et al. 2010).
Entscheidend für positive Wirkungen von Fettstoffwechseln ist die zugeführte Menge an Fettsäuren. Eine zu hohe Aufnahme an Omega-6-Fettsäuren beispielsweise kann die Wirkung von Omega-3-Fettsäuren stören. In der Regel werden Omega-6- und Omega-3-Fettsäuren in einem Verhältnis von 20:1 mit der Nahrung aufgenommen. Eine Nahrungszusammensetzung von 5:1 lässt nach derzeitigen Erkenntnissen beide Nährstoffe optimal wirken.

Das natürliche Fett Lecithin kann als ein Treibstoff des Gehirns gelten.

Omega-3-Fettsäuren sind vor allem in fetten Fischen wie Makrelen, Heringen, Thunfischen, Lachs, Heilbutt und Sardinen enthalten, aber auch in Pflanzenölen und Nüssen (vgl. Begriff „Studentenfutter“). In Nüssen findet sich zudem das natürliche Fett Lecithin, ein körpereigener Stoff, der insbesondere im Gehirn vorkommt und ihm zur Regeneration immer wieder zugeführt werden muss. Messbar sind wohl positive Effekte von Omega-3-Fettsäuren in Fisch auf die Konzentrationsfähigkeit (McNamara et al. 2010), wenngleich dies nicht in allen Studien bewiesen wird (vgl. Osendarp et al. 2007). In jedem Fall wirken sie prophylaktisch gegen den Abbau kognitiver Leistungen und somit positiv auf sprachliche Kompetenzen (Conquer et al. 2007).

Als besonders wertvoll für die allgemeine geistige, speziell sprachliche Leistungsfähigkeit können Walnussöl und Rapsöl angesehen werden, die geeigneter Weise Sonnenblumen- und Maiskeimöl ersetzen.

Fettreiche Mahlzeiten vor Lernprozessen sind kontraproduktiv: Konzentration, Reaktion, Stimmung und Wachheit sind vermindert, die zugeführten Fette setzten Botenstoffe im Darm frei, die dämpfend wirken auf mentale Prozesse und körperliches Befinden.
Ungünstig sind ebenfalls industriell hergestellte Transfette, verarbeitet z.B. in Margarine, Kartoffelchips, Pommes frites, Softeis und Frittierfett.

9.2.4 Vitamine und Mineralstoffe

Zur Herstellung der Botenstoffe und zum Schutz der Zellen vor freien Radikalen benötigt das Gehirn Vitamine.
Auch Mineralstoffe und Spurenelemente übernehmen vielfältige Aufgaben, vor allem bei der Übertragung der Informationen im Gehirn. Die folgenden Tabellen geben einen Überblick über die wichtigsten Vitamine, Mineralstoffe und Spurenelemente, ihre Funktion für das Gehirn und ihr Vorkommen in Lebensmitteln.

Tab. 3: Die wichtigsten Vitamine

Vitamine	Funktion	Vorkommen
Vitamin A und Beta-Carotin	• Sehprozess • Schutz der Zellen vor freien Radikalen	Leber, Butter, Käse, Beta-Carotin: alle grünen und gelb-roten Gemüsesorten und Früchte
B1/6/12-Vitamine	• Botenstoff-Stoffwechsel • Aufmerksamkeit, Konzentration, Stimmung	Vollkornprodukte, mageres Fleisch, Fisch, Milch, Käse, Nüsse, Kohl, Gemüse
Vitamin C	• Aufbau des Botenstoffs Serotonin • Schutz der Zellen vor freien Radikalen	Zitrusfrüchte, Kiwi, Beeren, Paprika, Kohl, Kartoffeln, Sanddorn
Vitamin D	In aktiver Form Stärkung Knochenbau und Immunsystem	Eigelb, Leber, Fisch
Vitamin E	Senkung Risiko Krankheiten	Rapsöl, Sojaöl, Weizenkeime, Tofu, Sonnenblumenkerne

Die B-Vitamine verdienen aus spracherwerblicher Sicht eine besondere Erwähnung. Sie sind an der Bildung von Neurotransmittern beteiligt und stellen Energie bereit. Ein Mangel an ihnen führt zu einer schlechten Gedächtnisleistung und niedrigeren Konzentrationsleistung.

Tab. 4: Die wichtigsten Mineralstoffe und Spurenelemente

Nährstoffe	Funktion	Vorkommen
Calcium	Informationsvermittlung in den Synapsen Lernfähigkeit	Milch- und Milchprodukte, grüne Gemüsesorte, Sesamsamen, Nüsse und Mineralwasser
Magnesium	Energiehaushalt Stressabbau	Vollkorn, Milchprodukte, Gemüse, Hülsenfrüchte, Nüsse und Samen
Eisen	Blutbildung Sauerstofftransport zum Gehirn Produktion von Hormonen und Botenstoffen	Fleisch, Fisch, Gemüse, Hülsenfrüchte, Vollkorn, Weizenkeime, Johannisbeeren

Magnesium spielt eine wichtige Rolle im sprachlichen Lernprozess: Es hemmt die Ausschüttung der Stresshormone Adrenalin und Noradrenalin und bildet somit die Voraussetzung für geeignete Lernprädispositionen. Mineralstoffe werden vom Körper in der Regel in ausreichenden Mengen aufgenommen. Zu hohe Zufuhren können kontraproduktiv wirken: Eine hohe Eisenaufnahme hemmt beispielsweise die Magnesiumverwertung.

9.3 Kontraproduktive Stoffe – zwei Beispiele

Nahrungsmittel, die viele Botenstoffe (Neurotransmitter) ausschütten, wirken für kurze Zeit positiv auf das subjektive Empfinden. Diese Substanzen scheinen die Gehirnleistung unterstützend zu beeinflussen, beispielsweise wirken koffeinhaltige Getränke (Kaffee, Energie-Drink etc.) kurzzeitig belebend. Jedoch wird das Gehirn zur Unterregulation angeregt, einem natürlichen Mechanismus zur Ausbalancierung körperlicher Funktionen.

9.3.1 Koffein

Koffein wird beispielsweise schnell aus dem Magen-Darm-Trakt ins Blut aufgenommen, passiert danach zügig die Blut-Hirn-Schranke (Barth 2003: 266f.).
Die Barriere (vgl. Abb. 83) ist ein System von Zellen und Membranen, die sehr enge Verbindungsstellen bilden, um nur relevante Stoffe auf dem Weg zum Gehirn passieren zu lassen. Wird sie beschädigt oder funktionell gestört, können bedrohliche Stoffe sie überwinden (Davidson et al. 2012: 26f.), z.B. Krankheitserreger wie Viren oder Bakterien.

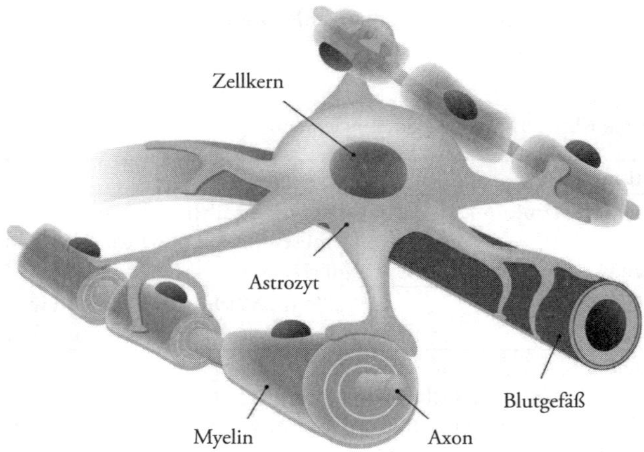

Abb. 83: Blut-Hirn-Schranke

Im Gehirn erweitert Koffein bald nach Aufnahme die Blutgefäße, die Großhirnrinde wird mit mehr Sauerstoff versorgt. Koffein ähnelt dabei in seiner chemischen Struktur Adenosin. Adenosin schützt das Gehirn vor Überanstrengung. Koffein verhindert ein Andocken von Adenosin an speziellen Rezeptoren, Empfängerzellen für Reize, und verhindert so seine beruhigende Wirkung. Aufmerksamkeit und Konzentration halten zwar etwas länger vor, lassen dann aber umso stärker nach, insbesondere auch bei Gewöhnungseffekten durch regelmäßigen Koffeinkonsum. Die Neuronen bilden wegen des Ausbleibens von Adenosin mehr neuronale Rezeptoren aus, dieses kann wieder andocken und kontraproduktiv zum Koffein wirken.

Koffein ist keine Unterstützung des Sprachlernprozesses.

Zusätzlich wird das Gehirn durch viel oder starken Koffeingenuss mit dem Neurotransmitter Adrenalin geflutet, die Rezeptoren schließen sich, um den Überschuss zu stoppen und abzubauen. Es muss scheinbar noch mehr Koffein mehr konsumiert werden (Gewöhnungseffekt), damit der zuvor erwartete positive Effekt erreicht wird.

9.3.2 Schokolade

Der pflanzliche Wirkstoff Epicatechin, kommt vor allem in dunkler Schokolade vor und regt das Wachstum der Blutgefäße im Gehirn an. Weitere solche Flavonoide erhöhen seine Durchblutung, damit seine Sauerstoffversorgung und verbessern somit die Lernfähigkeit (vgl. Scholey & Owen 2013), insbesondere wohl auch das Langzeitgedächtnis (vgl. Fruson et al. 2012: 215f.). Diese Inhaltstoffe haben die Steigerung des Wohlbefindens zur Folge, ihre Wirkung jedoch ist nur von kurzer Dauer.

9.4 Tagesziel: Stabilisierung des Blutzuckerspiegels

Bei gerade einmal 2 Prozent des Körpergewichtes verbraucht das Gehirn 20 Prozent der körperlichen Gesamtenergie und 40 Prozent des aufgenommenen Sauerstoffes. Deshalb muss es, um funktionieren zu können, kontinuierlich über die Blutbahn Einfachzucker (Glucose) aufnehmen, ansonsten schwindet die Konzentration. Das Ziel jeder balancierten, auf die Optimierung der Hirnleistung und damit des effizienten Sprachlernprozesses ausgerichteten Ernährung ist in erster Linie ein stabilisiertes Niveau des Blutzuckerspiegels.

Ein Glucose-Depot, indem gespeichert werden kann, gibt es nicht. Da das Gehirn jedoch täglich mindestens 140 g Glucose als Energie braucht, führt Nährstoff- und Wassermangel schnell zur Ermüdung, zu Konzentrationsschwächen und verlangsamter Denkarbeit, z.B. beim Lösen von Sprachaufgaben. Um den Blutzuckerspiegel zu stabilisieren, sind mehrere Mahlzeiten produktiv.

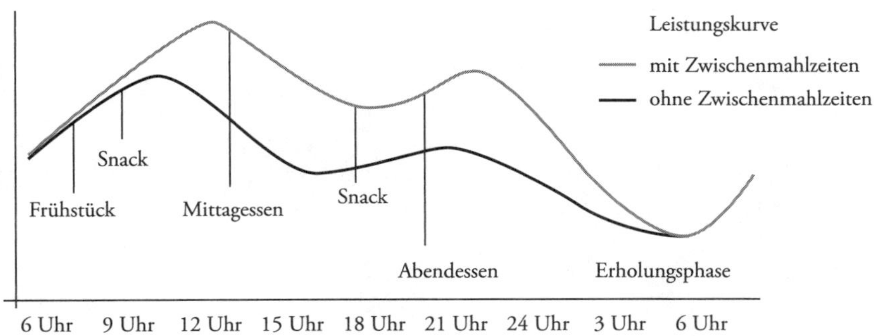

Abb. 84: Tägliche Leistungskurve

Um den Blutzuckerspiegel stabil zu halten, empfehlen sich ausgewogene Mahlzeiten:

Morgens sorgen komplexe langkettige Kohlenhydrate in Vollkornprodukten dafür, dass das Gehirn nachhaltig mit Energie versorgt wird (vgl. Murphy 2007; Affenito 2007; Muthayya et al. 2007). Sie werden langsam in Zucker umgewandelt. Ein Stück Obst sowie ein Milchprodukt ergänzen sie idealerweise. Vormittags und nachmittags erhält ein Kohlenhydrat-Eiweiß-Snack die Stabilität, mittags eine Eiweißgabe.

Abends wird Energie benötigt, damit das Gehirn genügend vom aus Tryptophan resultierenden Schlafhormon Melatonin herstellen kann. Tryptophan findet sich in Milch und Honig und verkürzt die für die Regeneration notwendige Einschlafzeit. Wird zwischendurch eine Höchstleistung vom Gehirn verlangt, z.B. bei Tests, sind proteinreiche Zwischenmahlzeiten geeignet. Auf die sogenannte „Traubenzuckerfalle“ wurde unter 9.2.1 hingewiesen – darunter fallen auch zuckerhaltige Getränke.

> Stabilisation und Ausgewogenheit bilden die Basis einer gehirngerechten Ernährung.

Die bewusste Stabilisation des Blutzuckerspiegels führt nach allen Erkenntnissen der Ernährungswissenschaft und Neurobiologie zu gleichbleibend stabilen kognitiven Leistungen. Für das frühe Sprachenlernen ist dies somit relevant. Die Bedeutung des Frühstücks, beispielsweise eines gemeinsamen Sprachen-Frühstücks als Basis für die glycogene Tagesversorgung des Gehirns, wurde in vielen Vorschulen und Schulen erkannt, institutionalisiert ist es jedoch nicht. Die Chancenungleichheit beim Sprachenlernen beginnt also nicht nur früh im Leben, sondern auch früh am Tag.

10 Entwicklungspotenzial von Sprachlernprozessen

Die vorangegangenen Kapitel sollten auf der beweisbasierten, neurobiologisch-deskriptiven Ebene etwas Licht in die dunklen Bereiche lerntheoretischer Mythen und Annahmen bringen. Sie fassen den aktuellen Status quo der Erkenntnisse zusammen, die für die frühe (und natürlich auch spätere) (Fremd-)Sprachendidaktik und damit für alle an Sprachlehr- und -lernprozessen Beteiligten von Relevanz sind. Es geht, das sei an dieser Stelle nochmals hervorgehoben, um deren Professionalisierung auf der Basis von wissenschaftlichen Beweisen, nicht Hypothesen oder Mythen.
Wenn die Wissenschaftsdisziplin der Fremdsprachendidaktik versucht, über neurodidaktische Ansätze zwischen zwei hochkomplexen Systemen, Sprache und Gehirn, aufzuklären, dann kann sie sich höchstens annähern und zunächst Rahmenbedingungen beschreiben. Vieles bleibt weiterhin Forschungsdesiderat, vieles wird sich in den kommenden Jahren mit dem Fortschritt der Neurowissenschaften klären.
In anderen Worten: Neurophysiologische und -biologische Beschreibungen von Gehirnaktivitäten reichen prinzipiell nicht per se aus, um konkrete didaktische Handlungsprinzipien für den Sprachenunterricht abzuleiten. Sie sind in einem Netzwerk von Informationen zu sehen, das zunehmend dichter wird.

In den vorangegangenen Beschreibungen neurobiologischer, aber nahezu ausschließlich auch sprachenrelevanter Prozesse und der ersten, gezielten Erarbeitung von Teilkonsequenzen in den Einzelkapiteln wurde ein weiterer nötiger Schritt grundgelegt: die Entwicklung von ersten wichtigen Planungsparametern für die Ausbildung eines gehirnentwicklungsgerechten (Fremd-)Sprachenunterrichts in Kitas, Kindergärten und Grundschulen, jedoch auch „hochgerechnet“ und antizipiert für die weiterführenden, institutionalisierten Bildungseinrichtungen sowie den tertiären Bereich.

10.1 Prädisposition Haltung

Ein solcher (Fremd-)Sprachenunterricht allerdings erfordert eine neue Kultur vor allem des institutionalisierten Sprachenlernens, quasi einen bereits lange geforderten Paradigmenwechsel. Er ist bereits ein didaktischer Konsens in Wissenschaft und Unterrichtspraxis, viele Schritte sind schon in diese Richtung gewagt worden (u.a.

Kommunikative Kompetenz, Fächerübergreifender Unterricht, Bilingualer Sachfachunterricht, schulartenübergreifende Fremdsprachenkonzeptionen etc.).
Die kognitionspsychologische Lehr-/Lernforschung beispielsweise betont seit Jahren, dass Lernen allgemein und Sprachenlernen im Besonderen ein eigenverantworteter, selbstbestimmter Konstruktionsprozess ist (Overmann 2000). Wissen wird im Gehirn des Lernenden erzeugt, kann (höchstens) nur sehr bedingt von außen übertragen werden. Wissensaneignung beruht auf passenden Rahmenbedingungen und wird durch Faktoren gesteuert, die unbewusst ablaufen und kaum beeinflussbar sind.
Die zentrale Aussage, dass Wissen neuronal völlig neu angelegt werden, jedoch nicht einfach übertragen werden kann wie beispielsweise beim Kopieren von Daten am Computer, ist Ausgangspunkt für Überlegungen, wie

a) der Sprachlernprozess beeinflusst werden kann, indem angeborene Hirnfunktionen wie Strukturieren oder assoziatives Lernen aktiviert und verwendet werden, und wie.
b) Memorieren unterstützt werden kann durch kognitive Lerneffekte und unbewusste Gedächtnisprozesse wie *priming* und *consolidation* (vgl. Kap. 7.1.2).

Die Neurosprachendidaktik und ihre Erkenntnisse sind gleichzeitig forschungs- und beweisbasiert. In ihrem Kontext muss sich das Bild von zu erlernenden Sprachen, ihrem speziellen Aufbau, ihrer Verarbeitung und ihrer Verwendung grundlegend ändern. Es sind vor allem außerordentlich individuelle Wege und Mittel, wie sinnhafte Sprachen vom einzelnen menschlichen Gehirn erfasst werden, egal welche. Das Gehirn kennt keine individuellen Namen für sie wie beispielsweise-Englisch, Deutsch, Hindi oder Mandarin.
Wird beispielsweise grammatischen und semantischen Informationen in einem zukünftigen Fremdsprachenunterricht die gleiche Bedeutung bzw. die gleiche Wertigkeit zugeordnet, weicht die Überstrukturierung auf. Gleichzeitig gilt es zu verstehen, dass im EEG messbare Hirnreaktionen wie z.B. N400 und P600 ebenfalls keinen sprachlichen Bausteinen zugeordnet werden können.

Schon junge Lerner jedoch sind es früh gewohnt, Sprache zu analysieren, in ein Baukastenprinzip aufzuspalten und dann produktiv quasi zu synthetisieren, um verständliche Sätze als Voraussetzung einer erfolgreichen Kommunikation zu formulieren. Kategorien wie Grammatik, Wortschatz oder Aussprache werden dabei schnell unterschieden, Metasprachen gezielt verwendet, ganz in der alten griechischen und lateinischen Tradition, die bereits Satzbau (Syntax) und Satzbedeutung (Semantik) trennte.
Kindergehirne lassen sich nicht überfordern, die Gefahr der Unterforderung hingegen ist wesentlich höher – ein solches Verständnis ist für das profesionelle Handeln der Lehrkräfte ausschlaggebend.

Kindern muss permanent die unmittelbare Möglichkeit der Umsetzung des Gelernten in Handlung gegeben werden, im Falle des Sprachenlernens in Sprachhandlungen: Assoziieren, Fragen stellen, Unsicherheiten benennen, Verknüpfen von Gewusstem mit Neuem, Austauschen mit anderen, Hypothesen bilden.

10.2 Handlungsfelder

Die radikale Änderung des in negativem Sinne „verschulten" Fremdsprachenunterrichts hin zur neurobiologisch und psychologisch beweisbasierten, kommunikativen, und kindorientierten Ausrichtung allerdings liegt noch in der Zukunft.
Um dieser Zukunft möglichst zügig entgegen zu laufen, ist die Identifikation und Definition von übergeordneten neurodidaktischen Handlungs- und Aktionsfeldern ein erster, wichtiger Schritt. In den folgenden Abschnitten werden nochmals einige wenige, aber bedeutende, herausgehoben.

Konzeptebene: Konstruktivismus vs. Instruktivismus
Das Spannungsfeld zwischen der selbstständigen Wissensaneignung und einer linearen, oft weitgehend monomedialen Wissensvermittlung durch Lehrende ist ein weites. Zum weitgehend selbstgesteuerten Lernen müssen zunächst erst kognitive Strategien erlernt werden, damit der Wechsel

- von *teaching* zu *learning*
- von *preaching* zu *practising*
- von didaktisiert zu authentisch
- von Vorgabe zu Mitbestimmung und Wahl
- von Zwang zur Verhandlung
- von Reproduktion zu Produktion

gelingen kann.

Methodische Ebene 1: WELL-Wechsel von Lehr-/Lernformen
Offene Lernformen ergänzen die zunehmende Fähigkeit zur selbstständigen Wissens- und Kompetenzaneignung. Sie ermöglichen Lernprozesse, die individuell und differenziert ablaufen. Kein Gehirn verarbeitet die Informationen wie ein anderes, jedes ist von eigenen Erfahrungen und anatomischen Besonderheiten geprägt, verarbeitet und bewertet Impulse anders. Dabei gilt die Regel-Extraktion: Das Gehirn filtert unbewusst permanent mögliches Regelhafte aus den gemachten Erfahrungen und Lerninhalten heraus, Regellernen hat eine klar höhere Priorität als reines Faktenlernen.
Die *peer group* als Lernpartner kann über *tutoring* und *peer-teaching* besser unterstützen, als es Lehrkräfte oft können. Sie sprechen eine altersgemäße Sprache, die schnell und umfassend verstanden wird.
Abwechslung ist zudem ein lerngünstiges mediales Konzept. Multimedialität entspricht dem Appell an mehrere Sinne, ist individualisierend, autonomisierend und sprachlich verständnisbildend.

Einstellungsebene: Fehler als positives Spracherwerbskonzept
Sprachliche Fehler werden in gewisser Hinsicht völlig unterschätzt. Sie sind konstituierend für den Status quo des individuellen sprachlichen Lern- und Leistungsstandes. Diesen diagnostisch zu erheben, um festzustellen, welche Fördermaßnahmen und Beratungen notwendig sind, ist restriktiven, bewertenden, leistungsmessenden Verfahren vorzuziehen. *Can do*-Beschreibungen sind lernförderlich und durch Beobachtungen sowie mündliche Aufgabenstellungen tiefer und objektiver als durch schriftliche Tests messbar. Fehler entstehen oft aus falschen Hypothesenbildungen, die in der Kommunikation selbst korrigiert werden können. Bei Kulturfehlern sind dies affektive, bei Grammatikfehlern eher kognitive Reaktionen. Wortschatzfehler führen nicht selten zu Verständnisfehlern. Solche natürlichen Korrektive sind nicht wie defizitorientierte Reaktionen demotivierend, sondern unterstützen Anstrengungsbereitschaft und den Drang zur sprachlichen Selbstverbesserung. Gelingt die Kommunikationssituation führt dies zu einer Erfolgskette: *Nothing succeeds like success*. Auf die neuronale Konsistenzregulation kann sich verlassen werden: Jedes gesunde Gehirn strebt Stimmigkeit an. Inkonsistenz hingegen wird über eher unbewusst ablaufende Abwehrmechanismen ausgegrenzt.

> Jeder kann sich auf sein konsistentes, sprachenlernendes Hirn verlassen:
> Es tendiert dazu, Unnötiges abzuwehren.

Strukturelle Ebene: Lehrerbildung
Lehrtechniken sind erlernbar. Von der unterrichtstechnischen Instruktion zur Lernmediation allerdings ist ein erheblicher Rollenwechsel notwendig. Die nächste Stufe der Professionalität wird erreicht, wenn die Fähigkeit zur Reflexion entwickelt ist, das eigene unterrichtliche Handeln in Vor- und Rückschau bewertet und verändert werden kann.

Dazu treten umfassenden Kenntnisse aus den Bereichen Hirnforschung, Lern- und Entwicklungspsychologie, darüber hinaus didaktische und methodische Kompetenzen sowie Grundlagenwissen in den kindlichen Lernfeldern Natur, Kultur, Wirtschaft, Technik, Kunst, Wissenschaft usw.

Wissenserwerb, kognitive, soziale, emotionale und motorische Kompetenzen, Sprachfertigkeiten, ästhetisches Tun, Fantasie und Kreativität gleichermaßen zu berücksichtigen, wird erst nach einer umfassenden Ausbildung möglich.

Methodische Ebene 2: Aufgabenorientierung
Fragengesteuerte Unterrichtsführungen sind nur bedingt kommunikativ und somit auch relevant. Problembasierte Aufgabenstellungen führen zur Integration aller sprachlichen Fertigkeiten in deren Lösungsfindung (*Integrated Skills*), statt isolierte Kompetenzen zu fokussieren (*Isolated Skills*).

Solche offenen Aufgabenformate, entdeckendes, forschendes, projektorientiertes Lernen, verhindern konvergentes Denken, das logisch auf die einzig mögliche Lö-

sung einer vorgegebenen Aufgabe ausgerichtet ist, und fördert divergentes Denken, das mehrere Lösungsmöglichkeiten berücksichtigt. Ideenvielfalt und Originalität sind das Resultat. Insbesondere interdisziplinäres Arbeiten fördert dabei die Informationsvernetzung im Gehirn und somit das leichtere Behalten.
Nicht alle Inhalte, alle Aspekte und alle Details lassen sich memorieren, vielmehr ist es exemplarisches Lernen, das sprachliche Muster und Strukturen für die Übertragbarkeit auf andere kommunikative Situationen gewährleistet. Sprachliche Regeln und sprachliche Muster werden effizienter und nachhaltiger aus wiederkehrenden Kontexten extrahiert und über den Gebrauch gefestigt.
Für Kinder relevante Inhalte auszusuchen und zu präsentieren, ohne die Kinder mit einer Unmenge unzusammenhängender Informationen zu überschütten, ist die Grundvoraussetzung.

10.3 Roter Faden

Im Grunde stellt sich die Frage, warum Hirnforscher, Kognitionswissenschaftler, Didaktiker und Pädagogen überhaupt Kontaktschwierigkeiten haben, denn in vielen ihrer Aussagen sind sie überraschend kongruent:
Die Sprachlernkompetenzen der Kinder, besonders der unter sechs Jahren, wurde lange Zeit unterschätzt. Kinder sind wesentlich früher in der Lage, auch kompliziertere Bildungs- und Sprachlernprozesse zu bewältigen, Regelhaftes zu erkennen und Sprachproduktionskonzepte zu entwickeln sowie hypothetische Sprachpläne zu machen, als bisher bekannt. Das Resultat einer solchen Fehleinschätzung ist in der Regel die Reduktion methodisch-didaktischer Verfahren auf den Aufbau von isoliertem Wortschatzmaterial durch Imitation sowie reines Hörsehverstehen durch *Storytelling*.
Sprachenlernen und Spracherwerb funktionieren niemals linear bzw. vor- oder nachrangig bezüglich der Sprachkompetenzen. Als mehrdimensionale Prozesse gibt es keine starren Progressionen mit einer Reihenfolge Vokabellernen jetzt, Grammatiklernen später. In den Vordergrund rücken vielmehr Themenorientierung, Strategieprogressionen und aufgabenorientierte Formate zur eher impliziten Aufnahme von Sprachmaterial und nötiger sprachlicher Hypothesenbildung.

Fremdsprachen müssen zunächst in der Lebensphase unterrichtet werden, in der das Gehirn dafür besonders bereit ist. Dazu ist eine Institutionalisierung vorschulischen Fremdsprachenunterrichts erforderlich. In dieser Hinsicht verbleiben Bedenken bezüglich der äußerst unterschiedlichen individuellen Entwicklungsgeschwindigkeit. Es scheint in der aktuellen Organisation von institutionalisierten Sprachlernprozessen schwer möglich, ein Curriculum exakt an neuropsychologische Zeitfenster bzw. sprachlernsensible Entwicklungsphasen anzupassen. Im Ergebnis bleibt es bei der allgemeinen Aussage: Früher lernt es sich – neurodidaktisch bewertet – potenziell leichter.

Kinder sind beispielsweise schon bereits mit zwei Jahren bereit, Empathie zu entwickeln, was als Voraussetzung für komplexere interaktive und interkulturelle Kommunikationssituationen mit Fremdverstehen angesehen wird.

Wichtig aus neurodidaktischer Sicht ist jedoch die Erkenntnis, dass ein Kind seine sprachliche Entwicklung und Bildung nicht allein konstruiert und verantwortet. Wissens- und Kompetenzerwerb und sinnstiftende Sprachkonstruktionen finden vielmehr in der Interaktion mit anderen Kindern, den eigenen Eltern und den Sprachlehrkräften statt. Kinder und all ihre Bezugspersonen konstruieren und entwickeln gemeinsam eine sprachliche Bildung. Dabei spielt die Interaktionsqualität eine entscheidende Rolle bei der Sicherung einer hohen sprachlichen Bildungsqualität. Es gilt, bedeutsamen, authentischen und anspruchsvollen inhaltlichen Input zu vermitteln, sowie sprachliche Hypothesen konsequent aber behutsam zu korrigieren. Je mehr positive Erfahrungen Lernende dabei machen, desto größer wird ihr Vertrauen in ihre eigenen Fähigkeiten und desto autonomer können sie werden.

Unterschätzen ist kontraproduktiv:
Die systematische Nutzung des gesamten sprachlichen Vorwissens eines Kindes, all seiner Ressourcen, muss in die Planungen aller sprachlichen Lernkontexte und -situationen, sprich: in den Unterricht, miteinbezogen werden.
Defizitorientiertes Lernen, insbesondere die Ausrichtung sprachlicher Übungen auf das Vermeiden von Fehlern, verhindert sprachliche Kreativität, Hypothesenbildung und Selbstbewusstsein. Restriktionsfreiheit und besonders die Abwesenheit von zeitlichem Druck befördert die Entfaltung früher kindlicher Sprachpotenziale. Auch kommunikativer Druck, wie sofortiges Sprechen-müssen fördert nicht die Sprachkompetenz, sondern kann jene tiefe Angst erzeugen, die Lernen behindert.

Auf der schulisch-organisatorischen Ebene besonders relevant sind die frühe kommunikative Ausrichtung und Organisation von mutter- wie fremdsprachlichen Sprachlern- und -erwerbsphasen in möglichst bi- oder multilingualen Settings. Die dadurch intensiv geförderten kognitiven Potenziale machen es zugleich möglich, die Aufmerksamkeit auf sprachliche Ähnlichkeiten zu lenken und interlinguale Transfers zu trainieren unter Einbeziehung aller erworbener und erlernter Sprachen, darunter z.B. auch Latein oder Altgriechisch, nicht ausschließlich moderne (Fremd-)Sprachen. Hierin liegt die große Chance: Sprachenvielfalt und Mehrsprachigkeit ermöglichen global citizenship, das per se völkerverbindend und somit friedensstiftend ist. Das Sprachen lernende Gehirn wäre seit Langem bereit.

Verzeichnisse

Literaturverzeichnis

Adelman, G.; Smith, B. (Hg.) (1999): Encyclopedia of Neuroscience. 2nd ed. Amsterdam: Elsevier Science.

Affenito, S.G. (2007): Breakfast: a missed opportunity. In: *Journal of the American Dietetic Association* 107 (4), 565–569. DOI: 10.1016/j.jada.2007.01.011.

Aguado, K. (Hg.) (2000): Zur Methodologie in der empirischen Fremdsprachenforschung. Baltmannsweiler: Schneider Verlag Hohengehren (Perspektiven Deutsch als Fremdsprache, 13).

Aguado, K.; Riemer, C.; Henrici, G. (Hg.) (2001): Wege und Ziele. Zur Theorie, Empirie und Praxis des Deutschen als Fremdsprache (und anderer Fremdsprachen): Festschrift für Gert Henrici zum 60. Geburtstag. Baltmannsweiler: Schneider Hohengehren (Perspektiven Deutsch als Fremdsprache, Bd. 15).

Albert, R.; Koster, C.J. (2001): Empirie in Linguistik und Sprachlehrforschung. Ein methodologisches Arbeitsbuch. Tübingen: Narr, G. (Narr Studienbücher).

Anokhin, A.P.; Lutzenberger, W.; Nikolaev, A.; Birbaumer, N. (2000): Complexity of electrocortical dynamics in children: developmental aspects. In: *Developmental psychobiology* 36 (1), 9–22.

Anstatt, T. (Hg.) (2007): Mehrsprachigkeit bei Kindern und Erwachsenen. Erwerb, Formen, Förderung. Tübingen: Attempto.

Anstatt, T. (2009): Der Erwerb der Familiensprache: Zur Entwicklung des Russischen bei bilingualen Kindern in Deutschland. In: Gogolin, I. (Hg.): Streitfall Zweisprachigkeit. 1. Aufl. Wiesbaden: VS, Verl. für Sozialwiss.

Antón, E.; Duñabeitia, J.A.; Estévez, A.; Hernández, J.A.; Castillo, A.; Fuentes, L.J. et al. (2014): Is there a bilingual advantage in the ANT task? Evidence from children. In: *Frontiers in psychology* 5, 398. DOI: 10.3389/fpsyg.2014.00398.

Apeltauer, E. (1997): Grundlagen des Erst- und Fremdsprachenerwerbs. Eine Einführung. 1. Dr. Berlin [u.a.]: Langenscheidt (Fernstudienprojekt zur Fort- und Weiterbildung im Bereich Germanistik und Deutsch als Fremdsprache Teilbereich Deutsch als Fremdsprache, Fernstudieneinheit 15).

Apeltauer, E. (2003): Literalität und Spracherwerb. In: *Flensburger Papiere zur Mehrsprachigkeit und Kulturenvielfalt im Unterricht* (32).

Apeltauer, E. (2006): Kooperation mit zugewanderten Eltern. In: *Flensburger Papiere zur Mehrsprachigkeit und Kulturenvielfalt im Unterricht* (40/41).

Apeltauer, E. (2010): Wortschatz- und Bedeutungsvermittlung durch Anbahnen von Literalität. Flensburger Papiere zur Mehsprachigkeit und Kulturenvielfalt im Unterricht (Heft 53). Online verfügbar unter http://www4.uni-flensburg.de/fileadmin/ms2/inst/germanistik/files/dokumente/Apeltauer/Wortschatzarbeit_und_Literalitaet_Endfassung_07-09-2010.pdf.

Ariniello, L. (2000): Brain plasticity, language processing and reading. Brain Briefings, Society for Neuroscience. Online verfügbar unter http://web.sfn.org/content/Publications/BrainBriefings/brain_lang_reading.html, zuletzt geprüft am 03.08.2002.

Asanger, R.; Wenninger, G. (Hg.) (1999): Handwörterbuch der Psychologie. Weinheim: Beltz.

Aslin, R.N.; Schlaggar, B.L. (2006): Is myelination the precipitating neural event for language development in infants and toddlers? In: *Neurology* 66 (3), 304–305. DOI: 10.1212/01.wnl.0000201189.32928.fb.

Auer, P. (2009): Competence in performance: Code-switching und andere Formen bilingualen Sprechens. In: Gogolin, I. (Hg.): Streitfall Zweisprachigkeit. 1. Aufl. Wiesbaden: VS, Verl. für Sozialwiss.

Ayan, S. (2011): Bewegung für den Geist. In: *Gehirn und Geist* (6).

Bailey, Donald B.; Bruer, J.T.; Symons, Frank J.; Lichtman, J.W. (Hg.) (2001): Critical Thinking About Critical Periods. Paul H. Brookes. Baltimore. Online verfügbar unter http://www.oecd.org/edu/ceri/31721769.pdf.

Baldwin, D.: Discovery learning in computer science. In: Impagliazzo, J.; Adams, E. & Klee, K.J. (Hg.): the twenty-seventh SIGCSE technical symposium. Philadelphia, Pennsylvania, United States, 222–226.

Bandelow, B. (2009): Das Angstbuch. Woher Ängste kommen und wie man sie bekämpfen kann. 7. Aufl. Reinbek bei Hamburg: Rowohlt Taschenbuch Verl. (Rororo, 61949: Sachbuch).

Bandura, A. (1979): Sozial-kognitive Lerntheorie. Stuttgart: Klett-Gotta (Konzepte der Humanwissenschaften).

Barco, A.; Lopez de Armentia, M.; Alarcon, J.M. (2008): Synapse-specific stabilization of plasticity processes: the synaptic tagging and capture hypothesis revisited 10 years later. In: *Neuroscience and biobehavioral reviews* 32 (4), 831–851. DOI: 10.1016/j.neubiorev.2008.01.002.

Barkovich, J.A. (2000): Concepts of Myelin and Myelination in Neuroradiology. In: *AJNR Am. J. Neuroradiol* (21), 1099–1109, zuletzt geprüft am 22.02.2015.

Baron-Cohen, S. (2004): Vom ersten Tag an anders. Das weibliche und das männliche Gehirn. Düsseldorf: Walter.

Barth, A. (2003): Lässt sich Weisheit löffeln? In: *UGB* Forum 6/03, 266–269. Online verfügbar unter https://www.ugb.de/lecithin-nerven-gehirn/druckansicht.pdf.

Bartol, T.; Bromer, C.; Kinney, J.; Chirillo M.; Bourne, J.; Harris, K.; Sejnowski, T. (2015): Nanoconnectomic upper bound on the variability of synaptic plasticity. eLife 2015; 4:e10778.

Bates, E.; Thal, D.; Finlay, B.; Clancy, B. (2003): Early language development and its neural correlates. In: Boller, F.; Grafman, J.; Segalowitz, S.J. & Rapin, I. (Hg.): Handbook of neuropsychology. 8. Aufl. Amsterdam: Elsevier Science (child neuropsychology (2nd ed.), part ii), 525–592.

Bauer, J. (2012): Egoismus oder Altruismus? Was „treibt“ den Menschen? In: *Forschung & Lehre* 1/12, 48–49.

Bauer, J. (2004): Die Freiburger Schulstudie. In: *Freiburg: Schulverwaltung BW 13* 12/2004, 259–264.

Bauer, J. (2005): Warum ich fühle, was du fühlst. Intuitive Kommunikation und das Geheimnis der Spiegelneurone. 4. Aufl. Hamburg: Hoffmann und Campe.

Bauer, J. (2008): Lob der Schule. Sieben Perspektiven für Schüler, Lehrer und Eltern. Aktualisierte Taschenbucherstausg. München: Heyne.

Bauer, J. (2008): Prinzip Menschlichkeit. Warum wir von Natur aus kooperieren. Aktualisierte Taschenbucherstausg. München: Heyne.

Baumgarten, N.; Böttger, C.; House, J. (Hg.) (2004): Übersetzen, Interkulturelle Kommunikation, Spracherwerb und Sprachvermittlung – das Leben mit mehreren Sprachen. Festschrift für Juliane House zum 60. Geburtstag. Bochum: AKS-Verl. (Fremdsprachen in Lehre und Forschung, 34).

Baur, R.S.; Chlosta, C.; Ostermann, T.; Schroeder, C. (2004): Was sprecht Ihr vornehmlich zu Hause? Essener Unikate. Online verfügbar unter https://www.uni-due.de/unikate/ressourcen/grafiken/PDF%27s/EU_24/24_baur.pdf.

Bausch, K.-R. (1996): Erforschung des Lehrens und Lernens fremder Sprachen. Zwischenbilanz und Perspektiven: Arbeitspapiere der 16. Frühjahrskonferenz zur Erforschung des Fremdsprachenunterrichts. Tübingen: Narr, G. (Giessener Beiträge zur Fremdsprachendidaktik).

Baxter, L.C.; Saykin, A.J.; Flashman, L.A.; Johnson, S.C.; Guerin, S.J.; Babcock, D.R.; Wishart, H.A. (2003): Sex differences in semantic language processing: a functional MRI study. In: *Brain and language* 84 (2), 264–272.

Beattie, G.; Coughlan, J. (1999): An experimental investigation of the role of iconic gestures in lexical access using the tip-of-the-tongue phenomenon. In: *British Journal of Psychology* 90 (1), 35–56. DOI: 10.1348/000712699161251.

Beck, H. (2003): Neurodidaktik oder: Wie lernen wir? In: *Erziehungswissenschaft und Beruf* (3), zuletzt geprüft am 11.02.2015.

Beebe, D.W.; Difrancesco, Mark W.; Tlustos, Sarah J.; McNally, Kelly A.; Holland, Scott K. (2009): Preliminary fMRI findings in experimentally sleep-restricted adolescents engaged in a working memory task. In: *Behavioral and brain functions: BBF* 5, 9. DOI: 10.1186/1744-9081-5-9.

Behl, C. (2008): Ein Wettrüsten, das unser Denken bedroht. In: *Frankfurter Allgemeine*. Online verfügbar unter http://www.faz.net/aktuell/feuilleton/f-a-z-serie-gehirntraining-ein-wettruesten-das-unser-denken-bedroht-1515897.html.

Beilock, S.L.; Gunderson, E.A.; Ramirez, G.; Levine, S.C. (2010): Female teachers' math anxiety affects girls' math achievement. In: *Proceedings of the National Academy of Sciences of the United States of America* 107 (5), 1860–1863. DOI: 10.1073/pnas.0910967107.

Benes, F.M.; Turtle, M.; Khan, Y.; Farol, P. (1994): Myelination of a key relay zone in the hippocampal formation occurs in the human brain during childhood, adolescence, and adulthood. In: *Arch Gen Psychiatry* 51 (6), 477–484.

Benton, D. (2010): The influence of dietary status on the cognitive performance of children. In: *Molecular nutrition & food research* 54 (4), 457–470. DOI: 10.1002/mnfr.200900158.

Berenbaum, S.A.; Bryk, K.L. Korman (2008): Biological contributors to gendered occupational outcome: Prenatal androgen effects on predictors of outcome. In: Watt, H.M.G. & Eccles, J.S. (Hg.): Gender and occupational outcomes: Longitudinal assessments of individual, social, and cultural influences. Washington: American Psychological Association, 235–264.

Bernard, A. (2012): Die Hirnforschung ist die Königin aller Wissenschaften. Die Hirnforschung füllt Bestsellerlisten. Die Hirnforschung hat immer recht. In: *Süddeutsche Zeitung Magazin*, 31.08.2012, 9–13.

Bezzola, L.; Mérillat, S.; Gaser, C.; Jäncke, L. (2011): Training-induced neural plasticity in golf novices. In: *The Journal of neuroscience: the official journal of the Society for Neuroscience* 31 (35), 12444–12448. DOI: 10.1523/JNEUROSCI.1996-11.2011.

Bialystok, E. (2001): Bilingualism in development. Language, literacy, and cognition. Cambridge, UK, New York: Cambridge University Press.

Bialystok, E.; Craik, Fergus I.M.; Luk, G. (2012): Bilingualism: consequences for mind and brain. In: *Trends in Cognitive Sciences* 16 (4), 240–250. DOI: 10.1016/j.tics.2012.03.001.

BIG-Kreis (Hg.) (2007): Standards für die Lehrerbildung. München: Domino Verlag.

Blakemore, S.-J.; Frith, U. (2006): Wie wir lernen. Was die Hirnforschung darüber weiß. 1. Aufl. München: Dt. Verl.-Anst.

Bleser, R. de; Dupont, P.; Postler, J.; Bormans, G.; Speelman, D.; Mortelmans, L.; Debrock, M. (2003): The organisation of the bilingual lexicon: a PET study. In: *Journal of Neurolinguistics* 16 (4–5), 439–456. DOI: 10.1016/S0911-6044(03)00022-8.

Bloom, P.; Wynn, K.: Linguistic cues in the acquisition of number words. In: Lang, J.C. (1997), 511–533. Online verfügbar unter www.yale.edu/minddevlab/papers/bloom.wynn.numberwords.pdf.

Bloom, P. (1997): Intentionality and word learning. In: *Trends in Cognitive Sciences* 1 (1), 9–12. DOI: 10.1016/S1364-6613(97)01006-1.

Blum, D. (1998): Sex on the brain. The biological differences between men and women. New York: Penguin.

Boller, F.; Grafman, J.; Segalowitz, S.J.; Rapin, I. (Hg.) (2003): Handbook of neuropsychology. 8. Aufl. Amsterdam: Elsevier Science (child neuropsychology (2nd ed.), part ii), zuletzt geprüft am 15.02.2015.

Bonhoeffer, T.; Gruss, P. (Hg.) (2011): Zukunft Gehirn. Neue Erkenntnisse, neue Herausforderungen. 1., neue Ausg. München: Beck, C.H.

Born, J.; Kraft, U. (2004): Lernen im Schlaf. Kein Traum. In: *Spektrum der Wissenschaft* Dossier 04/05: Die Welt im Kopf, 38–45.

Bornkessel-Schlesewsky, I.; Kretzschmar, F.; Tune, S.; Wang, L.; Genç, S.; Philipp, M. et al. (2011): Think globally: cross-linguistic variation in electrophysiological activity during sentence comprehension. In: *Brain and language* 117 (3), 133–152. DOI: 10.1016/j.bandl.2010.09.010.

Bornkessel-Schlesewsky, I.; Schlesewsky, M. (2009): Processing syntax and morphology. A neurocognitive perspective. Oxford: Oxford University Press (Oxford surveys in syntax and morphology, 6).

Bornkessel-Schlesewsky, I.; Schlesewsky, M. (2011): Abschied vom Baukastenprinzip. In: *Gehirn und Geist* (09), 68–72.

Böttger, H. (2005): Keine Angst vor englischen Texten: Wege zum selbständigen Erschließen von englischen Sachtexten (Integrated skills activities). In: *Praxis Fremdsprachenunterricht: Englisch, Französisch, Russisch; die Zeitschrift für das Lehren und Lernen fremder Sprachen* (2), 19–21.

Böttger, H. (2006): Ausspracheschulung im Englischunterricht der Grundschule: Aspekte eines didaktisch-methodischen Designs. In: Schlüter, N. (Hg.): Fortschritte im frühen Fremdsprachenlernen. Ausgewählte Tagungsbeiträge (Konferenz zum Frühen Fremdsprachenlernen vom 06. bis 08. Oktober 2004 an der Pädagogischen Hochschule). Berlin, 173–179.

Böttger, H. (2006[1]): Learn to learn: Lerntechniken im Englischunterricht an Grundschulen. München: Domino Verlag.

Böttger, H. (2006[2]): Sounds good: Ausspracheschulung im Englischunterricht an Grundschulen. München: Domino Verlag.

Böttger, H. (2009): Listen! Erstes Hörverstehen schulen. München: Domino Verlag.

Böttger, H. (2012): Differenzieren? In MEINER Klasse geht das nicht. Differenzierung im Englischunterricht der Grundschule. In: *Grundschule Englisch* (39), 4–7.

Böttger, H. (2013[1]): Was Kinder wirklich können: ein Plädoyer für die Entfaltung kindlicher (Sprachen-)Potenziale. In: *Grundschule Englisch* (Bd. 34), 44–46.

Böttger, H. (2013[2]): Weil Kinder es können und wollen: Lesen und Schreiben im Englischunterricht der Grundschule. In: Grundschule Englisch (45), 4–9. In: *Grundschule Englisch* (45), 4–9.

Böttger, H. (2014): Genderdifferenzierung im Fremdsprachenunterricht. Geschlechtsspezifische funktionale Unterschiede in der neuronalen Organisation und didaktische Konsequenzen. In: Böttger, H. und Gien, G. (Hg.): The Multilingual Brain. Zum neurodidaktischen Umgang mit Mehrsprachigkeit; [Konferenzband TMB 2014]. Eichstätt, Berlin: EAP; Epubli (Eichstätter Schriftenreihe zum Kontinuum des Lernens, 9).

Böttger, H.; Gien, G. (Hg.) (2014): The Multilingual Brain. Zum neurodidaktischen Umgang mit Mehrsprachigkeit; [Konferenzband TMB 2014]. Eichstätt, Berlin: EAP; Epubli (Eichstätter Schriftenreihe zum Kontinuum des Lernens, 9).

Böttger, H.; Sambanis, M. (Hg.) (2016): Focus on Evidence. Fremdsprachendidaktik trifft Neurowissenschaften. 1. Auflage.

Boyden, E.S.; Zhang, F.; Bamberg, E.; Nagel, G.; Deisseroth, K. (2005): Millisecond-timescale, genetically targeted optical control of neural activity. In: *Nature neuroscience* 8 (9), 1263–1268. DOI: 10.1038/nn1525.

Brand, M.; Markowitsch, H.J. (2009): Lernen und Gedächtnis aus neurowissenschaftlicher Perspektive – Konsequenzen für die Gestaltung des Schulunterrichts. In: Herrmann, U. (Hg.): Neurodidaktik. Grundlagen und Vorschläge für gehirngerechtes Lehren und Lernen. 2., erw. Aufl. Weinheim, Basel: Beltz (Pädagogik), 69–85.

Brandenberg, C. In: *Gehirn und Geist*, 43–45.

Bransford, J.; Brown, A.L.; Cocking, R.R. (Hg.) (2000): How people learn. Brain, mind, experience, and school. Expanded ed. Washington, D.C.: National Academy Press.

Brauer, J. (2008): Sprache wächst mit dem Gehirn. Tätigkeitsbericht. Max-Planck-Institut. Online verfügbar unter http://www.mpg.de/354739/pdf.pdf.

Brauer, J.; Neumann, J.; Friederici, A.D. (2008): Temporal dynamics of perisylvian activation during language processing in children and adults. In: *NeuroImage* 41 (4), 1484–1492. DOI: 10.1016/j.neuroimage.2008.03.027.

Braun, A.K.; Stern, E. (2007): Neurowissenschaftliche Aspekte der Erziehung und Bildung von Kleinkindern. Landtag Nordrhein-Westfalen: Enquetekommission „Chancen für Kinder". Düsseldorf, zuletzt geprüft am 11.02.2015.

Bremerich-Vos, A. (2003): Zweitspracherwerb türkischer Migrantenkinder in Kindertageseinrichtungen. Unter Mitarbeit von S. Jeuk. Online verfügbar unter http://db.dji.de/cgi-bin/db/dbrecout.php?db=5&rowid=2039.

Brinck, C. (2005): Was ist weiblich? Anders von Anfang an. In: *Die Zeit*. Online verfügbar unter http://www.zeit.de/2005/10/Erziehung_1.

Brunn, S.: Rheeifnloge sleipt keine Rlole. Leseforscher trennen Wahrheit von Unwahrheit in einer modernen Sage. In: *NZ* (172), 24.

Buccino, G.; Vogt, S.; Ritzl, A.; Fink, G.R.; Zilles, K.; Freund, H.-J.; Rizzolatti, G. (2004): Neural circuits underlying imitation learning of hand actions: an event-related fMRI study. In: *Neuron* 42 (2), 323–334.

Burman, D.D.; Bitan, T.; Booth, J.R. (2008): Sex differences in neural processing of language among children. In: *Neuropsychologia* 46 (5), 1349–1362. DOI: 10.1016/j.neuropsychologia.2007.12.021.

Burnham, D.; Kitamura, C.; Vollmer-Conna, U. (2002): What's new, pussycat? On talking to babies and animals. In: *Science (New York, N.Y.)* 296 (5572), 1435. DOI: 10.1126/science.1069587.

Burns, T.; Schuller, T. (2007): Evidence in education. Linking research and policy. Paris: OECD (Knowledge management).

Butcher, L.M.; Davis, O.S.P.; Craig, I.W.; Plomin, R. (2008): Genome-wide quantitative trait locus association scan of general cognitive ability using pooled DNA and 500K single nucleotide polymorphism microarrays. In: *Genes, brain, and behavior* 7 (4), 435–446. DOI: 10.1111/j.1601-183X.2007.00368.x.

Butler, J. (1990): Gender trouble. Feminism and the subversion of identity. New York: Routledge (Thinking gender).

Butzkamm, W. (2002): Psycholinguistik des Fremdsprachenunterrichts. Von der Muttersprache zur Fremdsprache. 3., neubearb. Aufl. Tübingen, Basel: Francke (UTB, 1505).

Cahill, L. (2007): Sein Gehirn, ihr Gehirn. In: *Spektrum der Wissenschaft* Dossier 03/07: Gehirn und Verstand, 46–53.

Caine, R.; Caine, G.: Caine Learning Center. Overview of the Systems Principles of Natural Learning. Online verfügbar unter http://www.cainelearning.com/, zuletzt geprüft am 28.01.2015.

Caine, R.; Caine, G. (2000): How the Brain Learns. Ecoliteracy: Mapping the Domain. Center for Ecoliteracy.

California Department of Education (2001): California physical fitness test: Report to the governor and legislature. Department of Education Standards and Assessment Division. Sacramento, California.

Calvert, G.A. (1997): Activation of Auditory Cortex During Silent Lipreading. In: *Science* 276 (5312), 593–596. DOI: 10.1126/science.276.5312.593.

Calvert, G.A.; Bullmore, E.T.; Brammer, M.J.; Campbell, R.; Williams, S.C.; McGuire, P.K. et al. (1997): Activation of auditory cortex during silent lipreading. In: *Science (New York, N.Y.)* 276 (5312), 593–596.

Carlson, N.R. (2004): Physiologische Psychologie. 8., aktualisierte Aufl. München, Boston [u.a.]: Pearson Studium (Psychologie: Biologische Psychologie).

Carmody, D.P.; Dunn, S.M.; Boddie-Willis, Akiza S.; DeMarco, J.K.; Lewis, M. (2004): A quantitative measure of myelination development in infants, using MR images. In: *Neuroradiology* 46 (9), 781–786. DOI: 10.1007/s00234-004-1241-z.

Caspary, R. (Hg.) (2008): Lernen und Gehirn. 6. Aufl. Hamburg: Nikol.

Castro-Caldas, A. (1998): The illiterate brain. Learning to read and write during childhood influences the functional organization of the adult brain. In: *Brain* 121 (6), 1053–1063. DOI: 10.1093/brain/121.6.1053.

Castro-Caldas, A.; Cavaleiro, M.; Carmo, I.; Reis, A.; Leote, F.; Ribeiro, C.; Ducla-Soares, E. (1999): Influence of learning to read and write on the morphology of the corpus callosum. In: *European Journal of Neurology* (6), 23–28, zuletzt geprüft am 28.01.2015.

Castro-Caldas, A.; Miranda, P.C.; Carmo, I.; Reis, A.; Leote, F.; Ribeiro, C.; Ducla-Soares, E. (1999): Influence of learning to read and write on the morphology of the corpus callosum. In: *Eur J Neurol* 6 (1), 23–28. DOI: 10.1046/j.1468-1331.1999.610023.x.

Caviness, V.S. Jr.; Kennedy, D.N.; Richelme, C.; Rademacher, J.; Filipek, P.A. (1996): The human brain age 7–11 years: a volumetric analysis based on magnetic resonance images. In: *Cereb Cortex* 6 (5), 726–736.

Charms, R. de (1979): Motivation in der Klasse. München: Moderne Verlags-GmbH.

Chevalier, N.; Kurth, S.; Doucette, M.; Wiseheart, M.; Deoni, S.; Dean, D. et al. (2016): Myelination is Associated With Processing Speed in Early Childhood: Preliminary Insights. In: *PloS one*.

Chiang, M.-C.; Barysheva, M.; Shattuck, David W.; Lee, A.D.; Madsen, S.K.; Avedissian, C. et al. (2009): Genetics of brain fiber architecture and intellectual performance. In: *The Journal of neuroscience: the official journal of the Society for Neuroscience* 29 (7), 2212–2224. DOI: 10.1523/JNEUROSCI.4184-08.2009.

Cierpka, M. (2011): Faustlos. Wie Kinder Konflikte gewaltfrei lösen lernen. 8. Aufl. Freiburg [u.a.]: Herder (Herder Spektrum, 6341).

Cirelli, C.; Tononi, G. (2015): Sleep and synaptic homeostasis. In: *Sleep* 38 (1), 161–162. DOI: 10.5665/sleep.4348.

Clahsen, H.; Felser, C. (2006): How native-like is non-native language processing? In: *Trends in Cognitive Sciences* 10 (12), 564–570. DOI: 10.1016/j.tics.2006.10.002.

Clements, A.M.; Rimrodt, S.L.; Abel, J.R.; Blankner, J.G.; Mostofsky, S.H.; Pekar, J.J. et al. (2006): Sex differences in cerebral laterality of language and visuospatial processing. In: *Brain Lang* 98 (2), 150–158. DOI: 10.1016/j.bandl.2006.04.007.

Colcombe, S.J.; Kramer, A.F.; Erickson, K.I.; Scalf, P.; McAuley, E.; Cohen, N.J. et al. (2004): Cardiovascular fitness, cortical plasticity, and aging. In: *Proceedings of the National Academy of Sciences of the United States of America* 101 (9), 3316–3321. DOI: 10.1073/pnas.0400266101.

Colom, R.; Karama, S.; Jung, R.E.; Haier, R.J.: Human intelligence and brain networks. In: *Dialogues-CNS* 2010, zuletzt geprüft am 23.10.2015.

Conlin, M. (2003): The New Gender Gap. In: *Business Week Online Magazine*. Online verfügbar unter http://www.bloomberg.com/bw/stories/2003-05-25/the-new-gender-gap.

Conquer, J.A.; Tierney, M.C.; Zecevic, J.; Bettger, W.J.; Fisher, R.H. (2000): Fatty acid analysis of blood plasma of patients with Alzheimer's disease, other types of dementia, and cognitive impairment. In: *Lipids* 35 (12), 1305–1312.

Costa, A.; Foucart, A.; Arnon, I.; Aparici, M.; Apesteguia, J. (2015): Corrigendum to „Piensa" twice: On the foreign language effect in decision making' [Cognition 130 (2) (2014) 236–254]. In: *Cognition* 142, 362–363. DOI: 10.1016/j.cognition.2015.05.013.

Craddock, P. et al. (2005): Early Attention: A Study of the Underlying Mechanisms. In: *Current Psychology Letters* (17).

Craig, H.K.; Washington, J.A.; Thompson, C.A. (2005): Oral language expectations for African American children in grades 1 through 5. In: *Am J Speech Lang Pathol* 14 (2), 119–130. DOI: 10.1044/1058-0360(2005/013).

Czaja, S.: Mut zur Lücke. In: *Gehirn und Geist* Gedächtnis, Vergessen, 30–34.

Dehaene, S. (2010): Das Gehirn und das geschriebene Wort. In: *Gehirn und Geist* 2/2010, 22–25.

Dehaene, S. (2010): Lesen. München: Knaus.

Davidson, T.L.; Monnot, A.; Neal, A.U.; Martin, A.A.; Horton, J.J.; Zheng, W. (2012): The effects of a high-energy diet on hippocampal-dependent discrimination performance and blood-brain barrier integrity differ for diet-induced obese and diet-resistant rats. In: *Physiology & behavior* 107 (1), 26–33. DOI: 10.1016/j.physbeh.2012.05.015.

De Bellis, M.D.; Keshavan, M.S.; Beers, S.R.; Hall, J.; Frustaci, K.; Masalehdan, A. et al. (2001): Sex differences in brain maturation during childhood and adolescence. In: *Cerebral cortex (New York, N.Y.: 1991)* 11 (6), 552–557.

Dehaene-Lambertz, G.; Gliga, T. (2004): Common neural basis for phoneme processing in infants and adults. In: *Journal of cognitive neuroscience* 16 (8), 1375–1387. DOI: 10.1162/0898929042304714.

Dehaene-Lambertz, G.; Dehaene, S.; Hertz-Pannier, L. (2002): Functional neuroimaging of speech perception in infants. In: *Science (New York, N.Y.)* 298 (5600), 2013–2015. DOI: 10.1126/science.1077066.

Deisseroth, K. (2011): Lichtschalter im Gehirn. Per Optogenetik können Wissenschaftler ungeahnter Detailgenauigkeit untersuchen, wie unser Denkorgan funktioniert. Die neue Technik beflügelt ganze Forschungsgebiete – bis hin zur Psychiatrie. In: *Spektrum der Wissenschaft*, Februar 2011 (Neurowissenschaft), 22–29.

DeLoache, J.S. (2007): Wie Kinder in Symbolen denken lernen. In: *Spektrum der Wissenschaft* Dossier 03/07: Gehirn und Verstand, 40–45.

DeLoache, J.S.; Uttal, David H.; Pierroutsakos, S.L. (1998): The development of early symbolization: educational implications. In: *Learning and Instruction* 8 (4), 325–339. DOI: 10.1016/S0959-4752(97)00025-X.

Denckla, M.B.; Barquero, L.A.; Benedict, S.L.; Lindstrom, E.R.; Wilson, L.M.; Cutting, L.E. (2014): Attention Deficit Hyperactivity Disorder, executive function, and reading comprehension: Different but related. In: Swanson, L.; Harris, K. & Graham, S. (Hg.): Handbook of Learning Disabilities. New York: Guilford Publications, 125–139.

Deutscher, G. (2010): Im Spiegel der Sprache. Warum die Welt in anderen Sprachen anders aussieht. München: Beck.

Di Virgilio, G.; Clarke, (1997): Direct interhemispheric visual input to human speech areas. In: *Human brain mapping* 5 (5), 347–354. DOI: 10.1002/(SICI)1097-0193(1997)5:5<347::AIDHBM3> 3.0.CO;2-3.

Diamond, A.; Lee, K. (2011): Interventions shown to aid executive function development in children 4 to 12 years old. In: *Science (New York, N.Y.)* 333 (6045), 959–964. DOI: 10.1126/science.1204529.

Dichanz, H. (Hg.) (1998): Handbuch Medien: Medienforschung. Bonn: Bundeszentrale für politische Bildung.

Diehl, E.; Christen, H.; Leuenberger, et. al. (Hg.) (2000): Grammatikunterricht, alles für der Katz? Untersuchungen zum Zweitsprachenerwerb Deutsch. Tübingen: Niemeyer (Reihe Germanistische Linguistik, 220).

Dittmann, J. (2002): Der Spracherwerb des Kindes. Verlauf und Störungen. Orig.-Ausg. München: C.H. Beck (C.H. Beck Wissen, 2300).

Doughty, C.; Long, M.H. (Hg.) (2005): The Handbook of Second Language Acquisition: Blackwell Publishers Ltd.

Draganski, B.; Gaser, C.; Busch, V.; Schuierer, G.; Bogdahn, U.; May, A. (2004): Neuroplasticity: changes in grey matter induced by training. In: *Nature* 427 (6972), 311–312. DOI: 10.1038/427311a.

Draganski, B.; Gaser, C.; Kempermann, G.; Kuhn, H.G.; Winkler, J.; Buchel, C.; May, A. (2006): Temporal and spatial dynamics of brain structure changes during extensive learning. In: *The Journal of neuroscience: the official journal of the Society for Neuroscience* 26 (23), 6314–6317. DOI: 10.1523/JNEUROSCI.4628-05.2006.

Drubach, D. (2000): The brain explained. Upper Saddle River, NJ: Prentice Hall Health.

Dupunt, J.-C. (2011): Streit um den Hort der Sprache. In: *Gehirn und Geist* 10/2011, 75.

Ebeling, S.; Schmitz, S. (Hg.) (2006): Geschlechterforschung und Naturwissenschaften. Wiesbaden: VS Verlag für Sozialwissenschaften.

Eberhard-Metzger, C. (1999): Hirnforschung. In: *Bild der Wissenschaft* 9/1999, 47–50.

Eberle, U. (2014): Von der Klugheit der Gefühle. In: GEOkompakt und G.E.O. GEO eBook (Hg.): Intelligenz: Die Kraft des Geistes (GEOkompakt eBook). Hamburg: GEO KOMPAKT.

Eckerth, J. (1998): Kognitive Aspekte sprachbezogener Lernerfragen. Interaktion und Kognition im Deutsch-als-Fremdsprache-Unterricht. Baltmannsweiler: Schneider-Verlag, Hohengehren (Perspektiven Deutsch als Fremdsprache, Bd. 10).

Edmondson, W.J. (2001): Transfer beim Erlernen einer weiteren Fremdsprache: Die L1-Transfer-Vermeidungsstrategie. In: Aguado, K.; Riemer, C. & Henrici, G. (Hg.): Wege und Ziele. Zur Theorie, Empirie und Praxis des Deutschen als Fremdsprache (und anderer Fremdsprachen): Festschrift für

Gert Henrici zum 60. Geburtstag. Baltmannsweiler: Schneider Hohengehren (Perspektiven Deutsch als Fremdsprache, Bd. 15), 137–154.

Edmondson, W.J.; House, J. (2000): Einführung in die Sprachlehrforschung. 2., überarb. Aufl. Tübingen [u.a.]: Francke (UTB Sprachwissenschaft, 1697).

Elger, C.E. (2011): Was lenkt den Menschen? Der Spielraum des Individuums Entscheidungsprozesse im Gehirn. In: *Forschung & Lehre* 12/11, 916–918.

Eliot, L. (2001): Was geht da drinnen vor? Die Gehirnentwicklung in den ersten fünf Lebensjahren. Berlin: Berlin-Verl.

Elschenbroich, D. (2000): Rezension: Sachbuch. Was gibt es Neues auf der Welt? In: *Frankfurter Allgemeine*. Online verfügbar unter http://www.faz.net/aktuell/wissen/wissenschaft/rezension-sachbuch-was-gibt-es-neues-auf-der-welt-110226.html.

Engeser, S.; Rheinberg, F.; Vollmeyer, R.; Bischoff, J. (2005): Motivation, Flow-Erleben und Lernleistung in universitären Lernsettings. In: *Zeitschrift für Pädagogische Psychologie* 19 (3), 159–172. DOI: 10.1024/1010-0652.19.3.159.

Engle, P.; Huffman, S.L. (2010): Growing children's bodies and minds: maximizing child nutrition and development. In: *Food and nutrition bulletin* 31 (2 Suppl), S186-97.

Engle, P.L.; Fernandez, P.D. (2010): INCAP studies of malnutrition and cognitive behavior. In: *Food and nutrition bulletin* 31 (1), 83–94.

Falkenstein, M. (o.J.): Geistig versorgen – 7 goldene Regeln. In: *Gehirn und Geist* Dossier: Gehirn und Gedächtnis, 54.

Fausto-Sterling, A. (2000): Sexing the Body. Gender Politics and the Construction of Sexuality. New York: Basic Books.

Feng, J.; Spence, I.; Pratt, J. (2007): Playing an action video game reduces gender differences in spatial cognition. In: *Psychological science* 18 (10), 850–855. DOI: 10.1111/j.1467-9280.2007.01990.x.

Fields, D.: Die unbekannte Seite des Gehirns. Wie Gliazellen im Kopf mitreden. In: *Spektrum der Wissenschaft* Dossier 04/05: Die Welt im Kopf, 17–19.

Fields, R.D. (2005): Myelination: an overlooked mechanism of synaptic plasticity? In: *The Neuroscientist: a review journal bringing neurobiology, neurology and psychiatry* 11 (6), 528–531. DOI: 10.1177/1073858405282304.

Fine, C. (2010): Delusions of gender. How our minds, society, and neurosexism create difference. 1st ed. London: Icon Books.

Fink, B.; Grammer, K.; Kappeler, P.: Zum Verlieben schön. In: *Spektrum der Wissenschaft* Dossier 03/07: Gehirn und Geist, 53.

Fletcher, P.; MacWhinney, B. (Hg.) (1996): The Handbook of child language. Oxford, UK, Cambridge, Mass., USA: Blackwell (Blackwell handbooks in linguistics).

Fogassi, L.; Ferrari, P.F.; Gesierich, B.; Rozzi, S.; Chersi, F.; Rizzolatti, G. (2005): Parietal lobe: from action organization to intention understanding. In: *Science (New York, N.Y.)* 308 (5722), 662–667. DOI: 10.1126/science.1106138.

Fox, M.D.; Snyder, A.Z.; Vincent, J.L.; Corbetta, M.; Van Essen, D.C.; Raichle, M.E. (2005): The human brain is intrinsically organized into dynamic, anticorrelated functional networks. In: *Proceedings of the National Academy of Sciences of the United States of America* 102 (27), 9673–9678. DOI: 10.1073/pnas.0504136102.

Franceschini, R. (2006): Mehrsprachigkeit und Gehirn. Mythen – Potentiale – Praxis. Frühe Mehrsprachigkeit: Mythen – Risiken – Chancen. Mannheim, 05.10.2006. Online verfügbar unter http://kongress.sagmalwas-bw.de/media/pdf/Vortrag%20Franceschini.pdf.

Franceschini, R.; Behrent, S.; Krick, Ch.; Reith, W. (2004): Zur Neurobiologie des Code-switching. In: Lüdi, G. & Nelde, P. (Hg.): Codeswitching (Sociolinguistica. Internationales Jahrbuch für Europäische Soziolinguistik, 18), 118–138.

Franceschini, R.; Hufeisen, B.; Jessner, U.; Lüdi, G. (2004): Gehirn und Sprache: Psycho- und neurolinguistische Ansätze. Brain and Language: Psycholinguistic and neurobiological issues. In: *Bulletin vals-asla* (78).

Franceschini, R. (2007): Früher Spracherwerb und frühes Lernen: Wie nutzen wir die Chancen? Internationaler Kongress Frühkindliche Zweisprachigkeit – plurilinguisme précoce – multilingualism in early childhood. Saarbrücken, 17.09.2007. Online verfügbar unter http://www.fruehkindliche-mehrsprachigkeit.de/plaintext/downloads/abstractritafranceschini.pdf.

Franceschini, R.; Krick, C.M.; Behrent, S.; Reith, W. (2004): The neurobiology of code-switching. In: House, J. & Rehbein, J. (Hg.): Multilingual Communication, Bd. 3. Amsterdam: John Benjamins Publishing Company (Hamburg Studies on Multilingualism), 179–193.

Freund, J.; Brandmaier, A.M.; Lewejohann, L.; Kirste, I.; Kritzler, M.; Krüger, A. et al. (2013): Emergence of individuality in genetically identical mice. In: *Science (New York, N.Y.)* 340 (6133), 756–759. DOI: 10.1126/science.1235294.

Friederici, A.D. (2010): Passt das Verb zum Nomen? Wie der Mensch Sprache versteht. In: *Forschung & Lehre* (6), 398–399.

Friederici, A.D. (2011). In: Bonhoeffer, T. & Gruss, P. (Hg.): Zukunft Gehirn. Neue Erkenntnisse, neue Herausforderungen. 1., neue Ausg. München: Beck, C H.

Friederici, A.D.; Wartenburger, I. (2010): Language and brain. In: *WIREs Cogni Sci*, 150–159. DOI: 10.1002/wcs.9.

Frings, L.; Wagner, K.; Unterrainer, J.; Spreer, J.; Halsband, U.; Schulze-Bonhage, A. (2006): Gender-related differences in lateralization of hippocampal activation and cognitive strategy. In: *Neuroreport* 17 (4), 417–421. DOI: 10.1097/01.wnr.0000203623.02082.e3.

Frost, J.A.; Binder, J.R.; Springer, J.A.; Hammeke, T.A.; Bellgowan, P.S.; Rao, S.M.; Cox, R.W. (1999): Language processing is strongly left lateralized in both sexes. Evidence from functional MRI. In: *Brain* 122 (Pt 2), 199–208.

Fruson, L.; Dalesman, S.; Lukowiak, K. (2012): A flavonol present in cocoa [(-)epicatechin] enhances snail memory. In: *The Journal of experimental biology* 215 (Pt 20), 3566–3576. DOI: 10.1242/jeb.070300.

Fu, M.-L.; Cheng, L.; Tu, S.-H.; Pan, W.-H. (2007): Association between unhealthful eating patterns and unfavorable overall school performance in children. In: *Journal of the American Dietetic Association* 107 (11), 1935–1943. DOI: 10.1016/j.jada.2007.08.010.

Gale, C.R.; Martyn, C.N.; Marriott, L.D.; Limond, J.; Crozier, S.; Inskip, H.M. et al. (2009): Dietary patterns in infancy and cognitive and neuropsychological function in childhood. In: *Journal of child psychology and psychiatry, and allied disciplines* 50 (7), 816–823. DOI: 10.1111/j.1469-7610.2008.02029.x.

Gallese, V.; Fadiga, L.; Fogassi, L.; Rizzolatti, G. (1996): Action recognition in the premotor cortex. In: *Brain* 119 (2), 593–609. DOI: 10.1093/brain/119.2.593.

Gallese, V.; Keysers, C.; Rizzolatti, G. (2004): A unifying view of the basis of social cognition. In: *Trends in Cognitive Sciences* 8 (9), 396–403. DOI: 10.1016/j.tics.2004.07.002.

Garbe, C. (2003): Mädchen lesen ander(e)s. Für eine geschlechterdifferenzierende Leseförderung. In: *JuLit. Informationen des Arbeitskreises für Jugendliteratur* (2/2003), 14–29.

Garcia-Sierra, A.; Rivera-Gaxiola, M.; Percaccio, C.R.; Conboy, B.T.; Romo, H.; Klarman, Lindsay et al. (2011): Bilingual language learning: An ERP study relating early brain responses to speech, language input, and later word production. In: *Journal of Phonetics* 39 (4), 546–557. DOI: 10.1016/j.wocn.2011.07.002.

Gaschler, K. (2006): Spiegelneurone. Die Entdeckung des Anderen. In: *Spektrum der Wissenschaft* 08/2006, 26, 34, 41. Online verfügbar unter http://www.spektrum.de/alias/spiegelneurone/die-entdeckung-des-anderen/851800.

Geary, D.C. (2010): Male, female. The evolution of human sex differences. 2nd ed. Washington, DC: American Psychological Association.

Geary, J. (2012): I is an other. The secret life of metaphor and how it shapes the way we see the world. First Harper Perennial edition. New York: Harper Perennial.

Gegenfurtner, K.R.; Walter, S.; Braun, D.I.: Visuelle Informationsverarbeitung im Gehirn. Justus-Liebig-Universität. Gießen. Online verfügbar unter http://www.allpsych.uni-giessen.de/karl/teach/aka.htm, zuletzt geprüft am 01.05.2015.

GEOkompakt; GEO eBook, G.E.O. (Hg.) (2014): Intelligenz: Die Kraft des Geistes (GEOkompakt eBook). Hamburg: GEO KOMPAKT.

Gibson, E.J. (1969): Principles of perceptual learning and development. New York: Appleton-Century-Crofts (The Century psychology series).

Giedd, J.N.; Blumenthal, J.; Jeffries, N.O.; Castellanos, F.X.; Liu, H.; Zijdenbos, A. et al. (1999): Brain development during childhood and adolescence: a longitudinal MRI study. In: *Nat Neurosci* 2 (10), 861–863. DOI: 10.1038/13158.

Gilligan, C. (1982): In a different voice. Psychological theory and women's development. Cambridge, Mass.: Harvard University Press.

Gogolin, I. (2008): Der monolinguale Habitus der multilingualen Schule. 2., unveränd. Aufl. Münster, New York, NY, München, Berlin: Waxmann (Internationale Hochschulschriften, Bd. 101).

Gogolin, I. (Hg.) (2009): Streitfall Zweisprachigkeit. 1. Aufl. Wiesbaden: VS, Verl. für Sozialwiss.

Goldman, M.B.; Troisi, R.; Rexrode, K.M. (Hg.) (2013): Women and health. 2nd ed. Amsterdam, Burlington: Elsevier Science.

Goldstein, J.M. et al. (2001): Normal Sexual Dimorphism of the Adult Human Brain Assessed by In Vivo Magnetic Resonance Imaging. In: *Cerebral Cortex* 11 (6), 490–497. DOI: 10.1093/cercor/11.6.490.

Goleman, D. (1996): Emotionale Intelligenz. Ungekürzte Ausg., 10. Aufl. München: Dt. Taschenbuch-Verl. (Dtv, 36020).

Gómez-Pinilla, F. (2008): Brain foods: the effects of nutrients on brain function. In: *Nature reviews. Neuroscience* 9 (7), 568–578. DOI: 10.1038/nrn2421.

Gonzalo, D.; Shallice, T.; Dolan, R. (2000): Time-dependent changes in learning audiovisual associations: a single-trial fMRI study. In: *NeuroImage* 11 (3), 243–255. DOI: 10.1006/nimg.2000.0540.

Goodale, M.A.; Milner, A.D. (1992): Separate visual pathways for perception and action. In: *Trends in neurosciences* 15 (1), 20–25.

Goodhew, S.C.; Freire, Melissa R.; Edwards, M. (2015): Enhanced semantic priming in synesthetes independent of sensory binding. In: *Consciousness and cognition* 33, 443–456. DOI: 10.1016/j.concog.2015.02.019.

Gopnik, A.; Meltzoff, A.N.; Kuhl, P.K. (1999): The scientist in the crib. What early learning tells us about the mind. 1st Perennial ed. New York: HarperPerennial.

Goswami, U. (1999): Causal connections in beginning reading: the importance of rhyme. In: *J Res in Reading* 22 (3), 217–240. DOI: 10.1111/1467-9817.00087.

Gottmann, J. (1997): Kinder brauchen emotionale Intelligenz. Ein Praxisbuch für Eltern. München, Zürich: Diana-Verl.

Gottselig, J.M.; Hofer-Tinguely, G. (2004): Sleep and rest facilitate auditory learning. In: *Neuroscience* 127 (3), 557–561. DOI: 10.1016/j.neuroscience.2004.05.053.

Günther, H.; Ludwig, O. (Hg.) (1996): Schrift und Schriftlichkeit. Ein interdisziplinäres Handbuch internationaler Forschung. Berlin: de Gruyter (Handbücher zur Sprach- und Kommunikationswissenschaft, Band 10).

Gurian, M.; Stevens, K. (2005): The minds of boys. Saving our sons from falling behind in school and life. San Francisco, Calif.: Jossey-Bass.

Hackenbroch, V. (2011): Neurowissenschaft: Großhirn-Voodoo 18/2011, 120–122. Online verfügbar unter http://www.spiegel.de/spiegel/a-760220.html.

Hager, A. (2001): Techniques for Teaching. Beginning-Level Reading to Adults. In: *NCSALL* Volume 5, Issue A, zuletzt geprüft am 03.05.2015.

Haier, R.J. (2009): What Does a Smart Brain Look Like? In: *Scientific American Mind* November/December, zuletzt geprüft am 23.10.2015.

Hall, J.K.; Hutton, Sam B.; Morgan, M.J. (2010): Sex differences in scanning faces: Does attention to the eyes explain female superiority in facial expression recognition? In: *Cognition & Emotion* 24 (4), 629–637. DOI: 10.1080/02699930902906882.

Halpern, D.F. (1992): Sex differences in cognitive abilities. 2nd ed. New York: Psychology Press.

Hamidi, M.; Tononi, G.; Postle, B.R. (2008): Evaluating frontal and parietal contributions to spatial working memory with repetitive transcranial magnetic stimulation. In: *Brain research* 1230, 202–210. DOI: 10.1016/j.brainres.2008.07.008.

Harasty, J.; Binder, J.R.; Frost, J.A.; Hammeke, T.A.; Bellgowan, P.S.F.; Rao, S.M.; Cox, R.W. (2000): Language processing in both sexes: evidence from brain studies. In: *Brain* 123 (2), 404–406. DOI: 10.1093/brain/123.2.404.

Hatt, H. (2012): Immer der Nase nach. Wie das Riechen unser Leben bestimmt. Vom Riechen, Colloquium. In: *Aviso* 2/2012, 13–16.

Hausmann, M.; Slabbekoorn, D.; Van Goozen, S.H.; Cohen-Kettenis, P.T.; Güntürkün, O. (2000): Sex hormones affect spatial abilities during the menstrual cycle. In: *Behavioral neuroscience* 114 (6), 1245–1250.

Haut, K.M.; Barch, Deanna M. (2006): Sex influences on material-sensitive functional lateralization in working and episodic memory: men and women are not all that different. In: *Neuroimage* 32 (1), 411–422. DOI: 10.1016/j.neuroimage.2006.01.044.

Havers, F. (1995): Rhyming tasks male and female brains differently. CT: Yale University.: The Yale Herald, Inc. New Haven.

Heaton, R.; Ryan, L.; Grant, I.; Matthews, C. (1996): Demographic influences on neuropsychological test performance. In: Igor, G. & Adams, K. (Hg.): Neuropsychological Assessment of Neuropsychiatric Disorders. New York: Oxford University Press, 141–163.

Heil, M.; Jansen-Osmann, P. (2008): Sex differences in mental rotation with polygons of different complexity: Do men utilize holistic processes whereas women prefer piecemeal ones? In: *Quarterly journal of experimental psychology (2006)* 61 (5), 683–689. DOI: 10.1080/17470210701822967.

Helbig, B.; Bausch, K.-R. (2000): Sprachlehrforschung im Wandel. Beiträge zur Erforschung des Lehrens und Lernens von Fremdsprachen: Festschrift für Karl-Richard Bausch zum 60. Geburtstag. Tübingen: Stauffenburg-Verl. (Stauffenburg-Festschriften).

Helmke, A. (2009): Unterrichtsqualität und Lehrerprofessionalität. Diagnose, Evaluation und Verbesserung des Unterrichts. 1. Aufl. Seelze-Velber: Kallmeyer.

Henrici, G. (1995): Spracherwerb durch Interaktion? Eine Einführung in die fremdsprachenerwerbsspezifische Diskursanalyse. Baltmannsweiler: Schneider Verlag Hohengehren (Bausteine Deutsch als Fremdsprache, Bd. 5).

Herrmann, C.; Fiebach, C. (2007): Gehirn & Sprache. 2. Aufl., Orig.-Ausg. Frankfurt am Main: Fischer (Fischer-Taschenbücher Fischer kompakt, 15566).

Herrmann, U. (o.J.): Gehringerechtes Lernen und Lehren. In: *Spektrum der Wissenschaft* Spezial: Das verbesserte Gehirn, 28–36.

Herrmann, U. (2009): Gehirnforschung und die neurodidaktische Revision schulisch organisierten Lehrens und Lernens. In: Herrmann, U. (Hg.): Neurodidaktik. Grundlagen und Vorschläge für gehirngerechtes Lehren und Lernen. 2., erw. Aufl. Weinheim, Basel: Beltz (Pädagogik), 148–181.

Herrmann, U.: Neurodidaktik – die Kooperation von Neurowissenschaften und Didaktik, zuletzt geprüft am 11.02.2015.

Herrmann, U. (Hg.) (2009): Neurodidaktik. Grundlagen und Vorschläge für gehirngerechtes Lehren und Lernen. 2., erw. Aufl. Weinheim, Basel: Beltz (Pädagogik).

Herschkowitz, N. (2005): Frühkindliches Lernverhalten aus Sicht der Gehirnforschung. In: *Beihefter* 7/8, III–IV.

Herschkowitz, N. (2010): Das Gehirn. Wissen, was stimmt. 4. Aufl., Orig.-ausg. Freiburg im Breisgau, Basel, Wien: Herder (Herder Spektrum, 5746).

Hesse, H.-G.; Göbel, K. (2009): Mehrsprachigkeit als Kapital: Ergebnisse der DESI Studie. In: Gogolin, I. (Hg.): Streitfall Zweisprachigkeit. 1. Aufl. Wiesbaden: VS, Verl. für Sozialwiss.

Hickok, G.; Poeppel, D. (2009): Talking Brains. News and views on the neural organization of language. Hg. v. Hickok, G. & Poeppel, D. Online verfügbar unter http://www.talkingbrains.org/2009_12_01_archive.html.

Hickok, G. (2009): The functional neuroanatomy of language. In: *Physics of life reviews* 6 (3), 121–143. DOI: 10.1016/j.plrev.2009.06.001.

Hickok, G.; Poeppel, D. (2004): Dorsal and ventral streams: a framework for understanding aspects of the functional anatomy of language. In: *Cognition* 92 (1–2), 67–99. DOI: 10.1016/j.cognition.2003.10.011.

Hickok, G.; Poeppel, D. (2007): The cortical organization of speech processing. In: *Nature reviews. Neuroscience* 8 (5), 393–402. DOI: 10.1038/nrn2113.

Hier, D.B.; Yoon, W.B.; Mohr, J.P.; Price, T.R.; Wolf, P.A. (1994): Gender and aphasia in the Stroke Data Bank. In: *Brain Lang* 47, 155–167. DOI: 10.1006/brln.1994.1046.

Hilman, C. (2014): Effects of the FITKids Randomized Controlled Trial on Executive Control and Brain Function. In: *PEDIATRICS* 134 (4), X29. DOI: 10.1542/peds.2013-3219d.

Hines, M. (2004): Brain gender. Oxford, New York: Oxford University Press.

Hines, M. (2010): Sex-related variation in human behavior and the brain. In: *Trends in Cognitive Sciences* 14 (10), 448–456. DOI: 10.1016/j.tics.2010.07.005.

Hofer, S.B.; Mrsic-Flogel, Thomas D.; Bonhoeffer, T.; Hübener, M. (2009): Experience leaves a lasting structural trace in cortical circuits. In: *Nature* 457 (7227), 313–317. DOI: 10.1038/nature07487.

Höhle, B. (Hg.) (2010): Psycholinguistik. Berlin: Akademie-Verl. (Studienbuch Sprachwissenschaft).

Hosoda, C.; Tanaka, K.; Nariai, T.; Honda, M.; Hanakawa, T. (2013): Dynamic neural network reorganization associated with second language vocabulary acquisition: a multimodal imaging study. In: *The Journal of neuroscience: the official journal of the Society for Neuroscience* 33 (34), 13663–13672. DOI: 10.1523/JNEUROSCI.0410-13.2013.

House, J.; Rehbein, J. (Hg.): „The neurobiology of code-switching, Inter-sentential code-switching in an fMRI-study", in: House, J.; Rehbein, J. (Hg.), Multilingual Communication, Amsterdam/Philadelphia 2004, 179–93.

House, J.; Rehbein, J. (Hg.) (2004): Multilingual Communication. Amsterdam: John Benjamins Publishing Company (Hamburg Studies on Multilingualism).

Hoyenga, K. (1979): The Question of Sex Differences: Psychological, Cultural, And Biological Issues. Boston: Little Brown.

Hübener, M. (o.Z.): Synapsen im Dornröschenschlaf. In: *Gehirn und Geist* Dossier: Gehirn und Gedächtnis, 50–53.

Hüther, G. (2009): Die Bedeutung sozialer Erfahrungen für die Strukturentwicklung des menschlichen Gehirns. In: Herrmann, U. (Hg.): Neurodidaktik. Grundlagen und Vorschläge für gehirngerechtes Lehren und Lernen. 2., erw. Aufl. Weinheim, Basel: Beltz (Pädagogik).

Hyde, J.S.; Linn, M.C. (1988): Gender differences in verbal ability: A meta-analysis. In: *Psychological Bulletin* 104 (1), 53–69. DOI: 10.1037/0033-2909.104.1.53.

Hyltenstam, K.; Abrahamsson, N. (2005): Maturational Constraints in SLA. In: Doughty, C. & Long, M.H. (Hg.): The Handbook of Second Language Acquisition: Blackwell Publishers Ltd.

Iacoboni, M.; Molnar-Szakacs, I.; Gallese, V.; Buccino, G.; Mazziotta, J.C.; Rizzolatti, G. (2005): Grasping the intentions of others with one's own mirror neuron system. In: *PLoS biology* 3 (3), e79. DOI: 10.1371/journal.pbio.0030079.

Igarashi, K.M.; Lu, L.; Colgin, L.L.; Moser, M.-B.; Moser, E.I. (2014): Coordination of entorhinal-hippocampal ensemble activity during associative learning. In: *Nature* 510 (7503), 143–147. DOI: 10.1038/nature13162.

Igor, G.; Adams, K. (Hg.) (1996): Neuropsychological Assessment of Neuropsychiatric Disorders. New York: Oxford University Press.

Impagliazzo, J.; Adams, E.; Klee, K.J. (Hg.): the twenty-seventh SIGCSE technical symposium. Philadelphia, Pennsylvania, United States.

Ingalhalikar, M.; Smith, A.; Parker, D.; Satterthwaite, T.D.; Elliott, M.A.; Ruparel, K. et al. (2014): Sex differences in the structural connectome of the human brain. In: *Proceedings of the National Academy of Sciences of the United States of America* 111 (2), 823–828. DOI: 10.1073/pnas.1316909110.

Irwin, J.R.; Whalen, D.H.; Fowler, C.A. (2006): A sex difference in visual influence on heard speech. In: *Percept Psychophys* 68 (4), 582–592.

Isanski, B. (2008): Baby Talk: The Roots of Early Vocabulary in Infants' Learning From Speech. aps – Association for Psychology. Online verfügbar unter http://www.psychologicalscience.org/index.php/news/releases/baby-talk-the-roots-of-the-early-vocabulary-in-infants-learning-from-speech.html.

Jackson, S.C.; Roberts, J.E. (2001): Complex syntax production of African American preschoolers. In: *J Speech Lang Hear Res* 44 (5), 1083–1096.

Jadva, V.; Hines, M.; Golombok, S. (2010): Infants' preferences for toys, colors, and shapes: sex differences and similarities. In: *Archives of sexual behavior* 39 (6), 1261–1273. DOI: 10.1007/s10508-010-9618-z.

James, A. (2000): Aktuelle Themen im Zweitspracherwerb. Österreichische Beiträge. Wien: Ed. Praesens.

Jäncke, L.; Gaab, N.; Wustenberg, T.; Scheich, H.; Heinze, H.J. (2001): Short-term functional plasticity in the human auditory cortex: an fMRI study. In: *Brain Res Cogn Brain Res* 12 (3), 479–485.

Jäncke, L.; Staiger, J.F.; Schlaug, G.; Huang, Y.; Steinmetz, H. (1997): The relationship between corpus callosum size and forebrain volume. In: *Cereb Cortex* 7 (1), 48–56.

Ji, D.; Wilson, M.A. (2007): Coordinated memory replay in the visual cortex and hippocampus during sleep. In: *Nature neuroscience* 10 (1), 100–107. DOI: 10.1038/nn1825.

John F. Kennedy Center for Research on Human Development, Vanderbilt University Staff: Brain Plasticity. Online verfügbar unter http://kc.vanderbilt.edu/kennedy/research/topics/plasticity.html, zuletzt geprüft am 28.07.2002.

Johnson, M.H.; Munakata, Y.; Gilmore, R.O. (Hg.) (2005): Brain Development and Cognition. Oxford, UK: Blackwell Publishers Ltd.

Jordan, K.; Wustenberg, T.; Heinze, H.J.; Peters, M.; Jancke, L. (2002): Women and men exhibit different cortical activation patterns during mental rotation tasks. In: *Neuropsychologia* 40 (13), 2397–2408.

Jung, Re.E.; Haier, R.J. (2007): The Parieto-Frontal Integration Theory (P-FIT) of intelligence: converging neuroimaging evidence. In: *The Behavioral and brain sciences* 30 (2), 135–54; discussion 154-87. DOI: 10.1017/S0140525X07001185.

Jünger, W.; Leitz, I. (2010): Motivation und Kooperative Lernen aus neurowissenschaftlicher Sicht. In: *Lehren & Lernen* (36), 15–20.

Jürgens, U. (2002): Neural pathways underlying vocal control. In: *Neuroscience and biobehavioral reviews* 26 (2), 235–258.

Just, M.A.; Cherkassky, V.L.; Keller, T.A.; Minshew, N.J. (2004): Cortical activation and synchronization during sentence comprehension in high-functioning autism: evidence of underconnectivity. In: *Brain: a journal of neurology* 127 (Pt 8), 1811–1821. DOI: 10.1093/brain/awh199.

Kaiser, A.; Haller, S.; Schmitz, S.; Nitsch, C. (2009): On sex/gender related similarities and differences in fMRI language research. In: *Brain research reviews* 61 (2), 49–59. DOI: 10.1016/j.brainresrev.2009.03.005.

Kaiser, A.; Kuenzli, E.; Zappatore, D.; Nitsch, C. (2007): On females' lateral and males' bilateral activation during language production: a fMRI study. In: *Int J Psychophysiol* 63 (2), 192–198. DOI: 10.1016/j.ijpsycho.2006.03.008.

Kandel, E.R.; Schwartz, J.H.; Jessell, T.M (2001): Principles of neuroscience. 4. Aufl. New York: McGraw-Hill.

Kansaku, K.; Yamaura, A.; Kitazawa, (2000): Sex differences in lateralization revealed in the posterior language areas. In: *Cereb Cortex* 10 (9), 866–872.

Karmiloff-Smith, A. (1994): Baby It's You: A unique insight into the first three years of the developing baby. London: Ebury.

Karolij, E.; Nehr, M. (1996): Schriftspracherwerb unter Bedingungen der Mehrsprachigkeit. In: Günther, H. & Ludwig, O. (Hg.): Schrift und Schriftlichkeit. Ein interdisziplinäres Handbuch internationaler Forschung. Berlin: de Gruyter (Handbücher zur Sprach- und Kommunikationswissenschaft, Band 10).

Keck, T.; Mrsic-Flogel, T.D.; Vaz Afonso, M.; Eysel, U.T.; Bonhoeffer, T.; Hübener, M. (2008): Massive restructuring of neuronal circuits during functional reorganization of adult visual cortex. In: *Nature neuroscience* 11 (10), 1162–1167. DOI: 10.1038/nn.2181.

Keller, T.A.; Just, M.A. (2009): Altering cortical connectivity: remediation-induced changes in the white matter of poor readers. In: *Neuron* 64 (5), 624–631. DOI: 10.1016/j.neuron.2009.10.018.

Kemensky, J. (2015): Richtig essen – geistig fit und bester Laune. Online verfügbar unter http://www.vis.bayern.de/ernaehrung/ernaehrung/ernaehrung_allgemein/essen_und_gehirn.htm.

Kemp, A.; Manahan-Vaughan, D. (2007): Hippocampal long-term depression: master or minion in declarative memory processes? In: *Trends in neurosciences* 30 (3), 111–118. DOI: 10.1016/j.tins.2007.01.002.

Kent, R.D.; Miolo, G. (1996): Phonetic abilities in the first year of life. In: Fletcher, P. & MacWhinney, B. (Hg.): The Handbook of child language. Oxford, UK, Cambridge, Mass., USA: Blackwell (Blackwell handbooks in linguistics), 303–334.

Kidd, C.; White, K.S.; Aslin, R.N. (2011): Toddlers use speech disfluencies to predict speakers' referential intentions. In: *Developmental science* 14 (4), 925–934. DOI: 10.1111/j.1467-7687.2011.01049.x.

Kim, K.H.; Relkin, N.R.; Lee, K.M.; Hirsch, J. (1997): Distinct cortical areas associated with native and second languages. In: *Nature* 388 (6638), 171–174. DOI: 10.1038/40623.

Kimura, D. (1999): Sex differences, brain organization for speech and language. In: Adelman, G. & Smith, B. (Hg.): Encyclopedia of Neuroscience. 2nd ed. Amsterdam: Elsevier Science, 1849–1851.

Kimura, D. (1983): Sex differences in cerebral organization for speech and praxic functions. In: *Canadian Journal of Psychology/Revue canadienne de psychologie* 37 (1), 19–35. DOI: 10.1037/h0080696.

Kirby, A.; Woodward, A.; Jackson, (2010): Benefits of omega-3 supplementation for schoolchildren: Review of the current evidence. In: *British Educational Research Journal* 36 (5), 699–732.

Klann-Delius, G. (1999): Spracherwerb. Stuttgart: J.B. Metzler (Sammlung Metzler, Bd. 321).

Klein, W. (1992): Zweitspracherwerb. Eine Einfuhrung. 3. Aufl. Frankfurt-Am-Main: Hain (Athenäums Studienbuch: Linguistik).

Kleissendorf, B.; Schulz, P. (2010): Sprachstandserhebung zweisprachiger Kinder in der Praxis am Beispiel Hessens. In: Martina Rost-Roth (Hg.): DaZ-Spracherwerb und Sprachförderung Deutsch als Zweitsprache. Beiträge aus dem 5. Workshop \"Kinder mit Migrationshintergrund\". Freiburg im Breisgau: Fillibach, 143–162.

Klieme, E.; Eichler, W.; Helmke, A. et al. (2006): Unterricht und Kompetenzerwerb in Deutsch und Englisch. Zentrale Befunde der Studie Deutsch Englisch Schülerleistungen International (DESI). Online verfügbar unter http://www.dipf.de/de/forschung/projekte/pdf/biqua/desi-zentrale-befunde.

Klimsa, P. (1998): Kognitions- und lernpsychologische Voraussetzungen der Nutzung von Medien. In: Dichanz, H. (Hg.): Handbuch Medien: Medienforschung. Bonn: Bundeszentrale für politische Bildung, 73–100.

Koelsch, S.; Grossmann, T.; Gunter, T.C.; Hahne, A.; Schroger, E.; Friederici, A.D. (2003): Children processing music: electric brain responses reveal musical competence and gender differences. In: *Journal of cognitive neuroscience* 15 (5), 683–693. DOI: 10.1162/089892903322307401.

Kolb, B. (2000): Experience and the developing brain. Education Canada. In: *Education Canada* 39 (4), 24–26.

Koliander-Bayer, C. (Hg.) (1998): Einstellung zu Sprache und lebensweltlicher Mehrsprachigkeit. Eine empirische Erhebung zum Selbstverständnis von Kindern mit einer anderen als der deutschen Muttersprache. Innsbruck: Studien-Verlag (Theorie und Praxis--österreichische Beiträge zu Deutsch als Fremdsprache. Serie B, Bd. 3).

Kolk, H.H.J.; Chwilla, D.J.; van Herten, M.; Oor, Patrick J.W. (2003): Structure and limited capacity in verbal working memory: a study with event-related potentials. In: *Brain and language* 85 (1), 1–36.

Königs, F.G. (Hg.) (2001): Impulse aus der Sprachlehrforschung. Marburger Vorträge zur Ausbildung von Fremdsprachenlehrerinnen und -lehrern. Tübingen: Narr (Tübinger Beiträge zur Linguistik, 453).

Konrad, K.; Firk, C.; Uhlhaas, P.J. (2013): Brain development during adolescence: neuroscientific insights into this developmental period. In: *Deutsches Ärzteblatt international* 110 (25), 425–431. DOI: 10.3238/Ärztebl.2013.0425.

Kooijman, V.; Hagoort, P.; Cutler, A. (2005): Electrophysiological evidence for prelinguistic infants' word recognition in continuous speech. In: *Brain research. Cognitive brain research* 24 (1), 109–116. DOI: 10.1016/j.cogbrainres.2004.12.009.

Kooijman, V.; Hagoort, P.; Cutler, A. (2009): Prosodic Structure in Early Word Segmentation: ERP Evidence From Dutch Ten-Month-Olds. In: *HIFC* 14 (6), 591–612. DOI: 10.1080/15250000903263957.

Kotulak, R. (1998): Die Reise ins Innere des Gehirns. Den Geheimnissen des menschlichen Gehirns auf der Spur. Paderborn: Junfermann.

Kovács, A.M.; Mehler, J. (2009): Cognitive gains in 7-month-old bilingual infants. In: *Proceedings of the National Academy of Sciences of the United States of America* 106 (16), 6556–6560. DOI: 10.1073/pnas.0811323106.

Kraus, J. (2008): Was hat Bildung mit Gehirnforschung zu tun. Schule zwischen neurobiologischer Vision und bodenständiger Pädagogik. In: Caspary, R. (Hg.): Lernen und Gehirn. 6. Aufl. Hamburg: Nikol, 142–156.

Krauss, R.; Chen, Y.; Gottesman, R. (2000): Lexical gestures and lexical access: A process model. In: McNeill, D. (Hg.): Language and gesture. Cambridge: Cambridge University Press, 261–283.

Krohn, W. (2003): Aufbau des Gedächtnisses. Online verfügbar unter www.uni-bielefeld.de/Universitaet/Einrichtungen/Zentrale%20Institute/IWT/FWG/Gedaechtnis/Gedaechtnisstruktur_Zeit.html.

Krüger-Brand, H.E. (2011): Das eigene Rot und das der anderen. Porträt Prof. Dr. rer. Nat. John-Dylan Haynes. In: *Themen der Zeit. Deutsches Ärtzeblatt* 108 (39), A2019-A2020.

Krumm, H.-J. (2004): „Mein Bauch ist italienisch ..." Kinder sprechen über Sprachen. In: Baumgarten, N.; Böttger, C. & House, J. (Hg.): Übersetzen, Interkulturelle Kommunikation, Spracherwerb und Sprachvermittlung – das Leben mit mehreren Sprachen. Festschrift für Juliane House zum 60. Geburtstag. Bochum: AKS-Verl. (Fremdsprachen in Lehre und Forschung, 34), 110–114.

Krumm, H.-J. (2009): Die Bedeutung der Mehrsprachigkeit in den Identitätskonzepten von Migrantinnen und Migranten. In: Gogolin, I. (Hg.): Streitfall Zweisprachigkeit. 1. Aufl. Wiesbaden: VS, Verl. für Sozialwiss.

Kuhl, P.K.; Andruski, J.E.; Chistovich, I.A.; Chistovich, L.A.; Kozhevnikova, E.V.; Ryskina, V.L. et al. (1997): Cross-language analysis of phonetic units in language addressed to infants. In: *Science (New York, N.Y.)* 277 (5326), 684–686.

Kuhl, P.K. (2010): The Linguistic Genius of Babies. TEDxRainier (Regie). Online verfügbar unter https://www.ted.com/talks/patricia_kuhl_the_linguistic_genius_of_babies.

Kuhl, P.K.; Ramírez, Rey R.; Bosseler, A.; Lin, J.-F.L.; Imada, T. (2014): Infants' brain responses to speech suggest analysis by synthesis. In: *Proceedings of the National Academy of Sciences of the United States of America* 111 (31), 11238–11245. DOI: 10.1073/pnas.1410963111.

Kuperberg, G.R.; Sitnikova, T.; Caplan, D.; Holcomb, P.J. (2003): Electrophysiological distinctions in processing conceptual relationships within simple sentences. In: *Cognitive Brain Research* 17 (1), 117–129. DOI: 10.1016/S0926-6410(03)00086-7.

Küspert, P.; Weber, J.; Marx, P. & Schneider, W. (2007): Prävention von Lese-Rechtschreibschwierigkeiten. In: v. Suchodoletz, W. (Hg.): Prävention von Entwicklungsstörungen. Göttingen: Hogrefe, 81–96.

Kuyumcu, R. (2006): Zur Entwicklung von (Bi)Literalität bei türkischen Migrantenkindern im Vorschulalter. In: *Flensburger Papiere zur Mehrsprachigkeit und Kulturenvielfalt im Unterricht* Sprachförderung und Literalität (Sonderheft), 52–70.

Lautenbacher, S. (2007): Gehirn und Geschlecht. Neurowissenschaft des kleinen Unterschieds zwischen Frau und Mann. Heidelberg: Springer.

Le Bihan, D.; Mangin, J.F.; Poupon, C.; Clark, C.A.; Pappata, S.; Molko, N.; Chabriat, H. (2001): Diffusion tensor imaging: concepts and applications. In: *J Magn Reson Imaging* 13 (4), 534–546.

Leaper, C.; Ayres, M.M. (2007): A meta-analytic review of gender variations in adults' language use: talkativeness, affiliative speech, and assertive speech. In: *Personality and social psychology review: an official journal of the Society for Personality and Social Psychology, Inc* 11 (4), 328–363. DOI: 10.1177/1088868307302221.

Leaver, A.M.; Rauschecker, J.P. (2010): Cortical representation of natural complex sounds: effects of acoustic features and auditory object category. In: *The Journal of neuroscience: the official journal of the Society for Neuroscience* 30 (22), 7604–7612. DOI: 10.1523/JNEUROSCI.0296-10.2010.

Leconte-Lambert, C. (o.J.): Achtung, aufgepasst! In: *Gehirn und Geist* Konzentration und Gedächtnis, 26. (Heft 1/2013).

Leitz, I.; Jünger, W. (2010): Was ist ein gutes Unterrichtsklima. Die Wirkung guter Beziehungen im Unterricht. In: *Die GRUNDSCHULZEITSCHRIFT* 237/2010, 7–11.

Leonard, C.M.; Towler, S.; Welcome, S.; Halderman, L.K.; Otto, R.; Eckert, M.A.; Chiarello, C. (2008): Size matters: cerebral volume influences sex differences in neuroanatomy. In: *Cerebral cortex (New York, N.Y.: 1991)* 18 (12), 2920–2931. DOI: 10.1093/cercor/bhn052.

Levelt, W.J.M (1989): Speaking. From intention to articulation. Cambridge, Mass, London: Massachusetts Institute of Technology (A Bradford book).

Levine, L.E.; Waite, Bradley M.; Bowman, L.L. (2007): Electronic media use, reading, and academic distractibility in college youth. In: *Cyberpsychology & behavior: the impact of the Internet, multimedia and virtual reality on behavior and society* 10 (4), 560–566. DOI: 10.1089/cpb.2007.9990.

Lewkowicz, D.J. (2000): The development of intersensory temporal perception: an epigenetic systems/limitations view. In: *Psychological Bulletin* 126 (2), 281–308.

Lewkowicz, D.J. (2000): The development of intersensory temporal perception: An epigenetic systems/limitations view. In: *Psychological Bulletin* 126 (2), 281–308. DOI: 10.1037//0033-2909.126.2.281.

Lüdi, G.; Nelde, P. (Hg.) (2004): Codeswitching (Sociolinguistica. Internationales Jahrbuch für Europäische Soziolinguistik, 18).

Luk, G.; Bialystok, E.; Craik, Fergus I.M.; Grady, C.L. (2011): Lifelong bilingualism maintains white matter integrity in older adults. In: *The Journal of neuroscience: the official journal of the Society for Neuroscience* 31 (46), 16808–16813. DOI: 10.1523/JNEUROSCI.4563-11.2011.

Maas, U. (2009): Sprache in Migrationsverhältnissen: „Sprachausbau (Schriftsprache) vs. mehrsprachige Kommunikation". In: Gogolin, I. (Hg.): Streitfall Zweisprachigkeit. 1. Aufl. Wiesbaden: VS, Verl. für Sozialwiss.

Macintyre, C. (2009): Dyspraxia 5–14. Identifying and supporting young people with movement difficulties. 2nd ed. London, New York: Routledge/Nasen (David Fulton/Nasen).

Magenheim, J.; Müller, T. (2009): Informatik macchiato. Cartoon-Informatikkurs für Schüler und Studenten. 1. Aufl. München: Pearson Studium (Pearson Studium – Scientific Tools).

Majeres, R.L. (1999): Sex differences in phonological processes: speeded matching and word reading. In: *Mem Cognit* 27 (2), 246–253.

Mampe, B.; Friederici, A.D.; Christophe, A.; Wermke, K. (2009): Newborns' cry melody is shaped by their native language. In: *Current biology: CB* 19 (23), 1994–1997. DOI: 10.1016/j.cub.2009.09.064.

Mar, R.A.; Oatley, K.; Hirsh, J.; dela Paz, J.; Peterson, J.B. (2006): Bookworms versus nerds: Exposure to fiction versus non-fiction, divergent associations with social ability, and the simulation of fictional social worlds. In: *Journal of Research in Personality* 40 (5), 694–712. DOI: 10.1016/j.jrp.2005.08.002.

Mar, R.A.; Oatley, K.; Peterson, J.B. (2009): Exploring the link between reading fiction and empathy: Ruling out individual differences and examining outcomes. In: *Communications* 34 (4). DOI: 10.1515/COMM.2009.025.

Marano, H.E. (2003): The New Sex Scorecard. Men's and women's minds really do work differently – but not on everything. In: *Psychology Today*, 38–50. Online verfügbar unter https://www.psychologytoday.com/articles/200306/the-new-sex-scorecard.

Marcus, G.F. (2012): Guitar zero. The new musician and the science of learning. New York: Penguin Press.

Maril, A.; Simons, J.S.; Weaver, Josh J.; Schacter, D.L. (2005): Graded recall success: an event-related fMRI comparison of tip of the tongue and feeling of knowing. In: *NeuroImage* 24 (4), 1130–1138. DOI: 10.1016/j.neuroimage.2004.10.024.

Markowitsch, H.J. (2009): Das Gedächtnis: Entwicklung – Funktionen – Störungen. München: C.H. Beck.

Marshall, L.; Born, J. (2007): The contribution of sleep to hippocampus-dependent memory consolidation. In: *Trends in Cognitive Sciences* 11 (10), 442–450. DOI: 10.1016/j.tics.2007.09.001.

Marx, C. (2011): Umleitungen aufgrund von Umbautätigkeiten. In: *Neurologie. Deutsches Ärtzeblatt* 108 (34–35), A1808.

Mayer, J.; Wildgruber, D.; Riecker, A.; Dogil, G.; Ackermann, H.; Grodd, W. (2002): Prosody Production and Perception: Converging Evidence from fMRI Studies. In: Proceedings Speech Prosody, 487–490. Online verfügbar unter http://citeseerx.ist.psu.edu/viewdoc/summary?doi=10.1.1.2.7922.

Mayer, K.M.; Yildiz, I.B.; Macedonia, M.; von Kriegstein, K. (2015): Visual and motor cortices differentially support the translation of foreign language words. In: *Current biology: CB* 25 (4), 530–535. DOI: 10.1016/j.cub.2014.11.068.

McCarthy, M.M. (2011): Sex and the developing brain. San Rafael, Calif.: Morgan & Claypool Life Sciences (The developing brain, #1).

McCarthy, Margaret M.; Arnold, A.P.; Ball, G.F.; Blaustein, J.D.; De Vries, G.J. (2012): Sex differences in the brain: the not so inconvenient truth. In: *The Journal of neuroscience: the official journal of the Society for Neuroscience* 32 (7), 2241–2247. DOI: 10.1523/JNEUROSCI.5372-11.2012.

McGlone, J. (1977): Sex differences in the cerebral organization of verbal functions in patients with unilateral brain lesions. In: *Brain* 100 (4), 775–793.

McNamara, R.K.; Able, J.; Jandacek, R.; Rider, T.; Tso, P.; Eliassen, J.C. et al. (2010): Docosahexaenoic acid supplementation increases prefrontal cortex activation during sustained attention in healthy boys: a placebo-controlled, dose-ranging, functional magnetic resonance imaging study. In: *The American journal of clinical nutrition* 91 (4), 1060–1067. DOI: 10.3945/ajcn.2009.28549.

McNeill, D. (Hg.) (2000): Language and gesture. Cambridge: Cambridge University Press.

McNeill, D.; Duncan, S.D. (2000): Growth Points in Thinking-for-Speaking. In: McNeill, D. (Hg.): Language and gesture. Cambridge: Cambridge University Press, 141–161.

Mechelli, A,; Crinion, J.T.; Noppeney, U.; O'Doherty, J.; Ashburner, J.; Frackowiak, R.S.; Price, C.J. (2004): Neurolinguistics: structural plasticity in the bilingual brain. In: *Nature* 431 (7010), 757. DOI: 10.1038/431757a.

Mednick, S.C.; Nakayama, K.; Cantero, J.L.; Atienza, M.; Levin, A.A.; Pathak, N.; Stickgold, R. (2002): The restorative effect of naps on perceptual deterioration. In: *Nature neuroscience* 5 (7), 677–681. DOI: 10.1038/nn864.

Mehl, M.R.; Vazire, S.; Ramirez-Esparza, N.; Slatcher, R.B.; Pennebaker, J.W. (2007): Are women really more talkative than men? In: *Science* 317 (5834), 82. DOI: 10.1126/science.1139940.

Meijer, A.M.; Habekothe, H.T.; Van Den Wittenboer, GL (2000): Time in bed, quality of sleep and school functioning of children. In: *Journal of sleep research* 9 (2), 145–153.

Melloni, L.; Schwiedrzik, Caspar M.; Müller, N.; Rodriguez, E.; Singer, W. (2011): Expectations change the signatures and timing of electrophysiological correlates of perceptual awareness. In: *The Journal of neuroscience: the official journal of the Society for Neuroscience* 31 (4), 1386–1396. DOI: 10.1523/JNEUROSCI.4570-10.2011.

Melzer, P.; Morgan, V.L.; Pickens, D.R.; Price, R.R.; Wall, R.S.; Ebner, F.F. (2001): Cortical activation during Braille reading is influenced by early visual experience in subjects with severe visual disability: a correlational fMRI study. In: *Human brain mapping* 14 (3), 186–195.

Merten, S. (1997): Wie man Sprache(n) lernt. Eine Einführung in die Grundlagen der Erst- und Zweitspracherwerbsforschung mit Beispielen für das Unterrichtsfach Deutsch. Frankfurt am Main, New York: Lang, P.

Meyer, H. (2005): Was ist guter Unterricht? 2.durchges. Aufl. Berlin: Cornelsen Scriptor.

Miller, J.F.; Neufang, M.; Solway, A.; Brandt, A.; Trippel, M.; Mader, I. et al. (2013): Neural activity in human hippocampal formation reveals the spatial context of retrieved memories. In: *Science (New York, N.Y.)* 342 (6162), 1111–1114. DOI: 10.1126/science.1244056.

Mohades, S.G.; Struys, E.; van Schuerbeek, P.; Mondt, K.; Van De Craen, P.; Luypaert, R. (2012): DTI reveals structural differences in white matter tracts between bilingual and monolingual children. In: *Brain research* 1435, 72–80. DOI: 10.1016/j.brainres.2011.12.005.

Moir, A.; Jessel, D. (1989): Brain sex. The real difference between men and women. New York, N.Y.: Dell Pub.

Molfese, D.L.; Ivanenko, A.; Key, Alexandra F.; Roman, A.; Molfese, V.J.; O'Brien, L.M. et al. (2013): A one-hour sleep restriction impacts brain processing in young children across tasks: evidence from event-related potentials. In: *Developmental neuropsychology* 38 (5), 317–336. DOI: 10.1080/87565641.2013.799169.

Morisset, C.E.; Barnard, K.E.; Booth, C.L. (1995): Toddlers' language development: Sex differences within social risk. In: *Developmental Psychology* 31 (5), 851–865. DOI: 10.1037/0012-1649.31.5.851.

Morling, B. (2011): Research methods in psychology. Evaluating a world of information. Second Edition.

Morton, J.B.; Harper, S.N. (2007): What did Simon say? Revisiting the bilingual advantage. In: *Developmental science* 10 (6), 719–726. DOI: 10.1111/j.1467-7687.2007.00623.x.

Müller-Hartmann, A.; Schocker-von Ditfurth, M. (Hg.) (2001): Qualitative Forschung im Bereich Fremdsprachen lehren und lernen. Tübingen: Narr (Gießener Beiträge zur Fremdsprachendidaktik).

Münte, T.F.; Altenmuller, E.; Jancke, L. (2002): The musician's brain as a model of neuroplasticity. In: *Nat Rev Neurosci* 3 (6), 473–478. DOI: 10.1038/nrn843.

Murphy, J. (2007): Breakfast and Learning: An Updated Review. In: *CNF* 3 (1), 3–36. DOI: 10.2174/157340131070301003.

Muthayya, S.; Thomas, T.; Srinivasan, K.; Rao, K.; Kurpad, A.V.; van Klinken, Jan-Willem et al. (2007): Consumption of a mid-morning snack improves memory but not attention in school children. In: *Physiology & behavior* 90 (1), 142–150. DOI: 10.1016/j.physbeh.2006.09.025.

Nagy, Z.; Westerberg, H.; Klingberg, T. (2004): Maturation of white matter is associated with the development of cognitive functions during childhood. In: *J Cogn Neurosci* 16 (7), 1227–1233. DOI: 10.1162/0898929041920441.

Neuper, C.: Einführung in die Fächer der Psychologie. Entwicklungspsychologie. Online verfügbar unter https://www2.informatik.hu-berlin.de/~prang/page8/page20/page9/files/Entwicklungspsy_neu.pdf.

Neville, H.J.; Bavelier, D. (2005): Specificity and plasticity in neurocognitive development in humans. In: Johnson, M.H.; Munakata, Y. & Gilmore, R.O. (Hg.): Brain Development and Cognition. Oxford, UK: Blackwell Publishers Ltd, 83–99.

Neville, H.J.; Bavelier, D. (2005): Specificity and Plasticity in Neurocognitive Development in Humans. In: Johnson, M.H.M; Munakata, Y. & Gilmore, R.O. (Hg.): Brain Development and Cognition. Oxford, UK: Blackwell Publishers Ltd, 251–271.

Neville, H.J.; Bruer, J.T. (2001): Language Processing. How Experience Affects Brain Organization. In: Bailey, D.B.; Bruer, J.T.; Symons, F.J. & Lichtman, J.W. (Hg.): Critical Thinking About Critical Periods. Baltimore, 151–172.

Newberger, J.J. (1997): New brain development research – a wonderful window of opportunity to build public support for early childhood education! In: *Young Children Magazine* 4 (52), 4–9.

Nitsch, C.; Kuenzli, E.; Zappatore, D.; Kaiser, A.; Haller, S.; Radue, E.W. et al. (Hg.) (2005): Mode of language learning and teaching influences regional cerebral activation elicited by narration in the third language. Society for Neuroscience (Program No. 535 Abstract Viewer/Itinerary Planner).

Nitsch, C. (2007): Mehrsprachigkeit: eine neurowissenschaftliche Perspektive. In: Anstatt, T. (Hg.): Mehrsprachigkeit bei Kindern und Erwachsenen. Erwerb, Formen, Förderung. Tübingen: Attempto, 47–68.

Northstone, K.; Joinson, C.; Emmett, P.; Ness, A.; Paus, T. (2012): Are dietary patterns in childhood associated with IQ at 8 years of age? A population-based cohort study. In: *Journal of epidemiology and community health* 66 (7), 624–628. DOI: 10.1136/jech.2010.111955.

Nuber, U.: Mein Gefühl sagt mir… In: *Psychologie Heute Compact* o.J., 43–45.

o.A. (1997): How a Child's Brain Develops. In: *Time Magazine*, 60–62.

o.A. (2006): Drei ausführliche Beiträge über die Funktion und den therapeutischen Wert von Spiegelneuronen. In: *Gehirn und Geist* 10/2006, 26, 34 ,41.

o.A. (2011): Golfen lässt Gehirnareale der Spieler wachsen. In: *Focus Magazin* 36, 89.

o.A. (2011): Sättigender Qualm. In: *Gehirn und Geist* 9/2011, 8.

Obländer-Garlichs, F. (2012): Moderne Hirnforschung: Prof. Dr. Gerald Hüther über kindliche Entdeckerfreude, Gestaltungslust und Begeisterung. In: *Wirbelwind* 12/2012, 85–89. Online verfügbar unter http://www.jako-o.de/medias/sys_master/8813874315294.pdf.

Obrist, M.: Wie kommen die Sprachen ins Gehirn? Interview mit Univ. Prof Dr. Cordula Nitsch, zuletzt geprüft am 15.02.2015.

Odenwald, M. (2013): Bewusstsein aus dem Rechner. In: *Focus* 10/2013, 89–94.

Okada, K.; Venezia, J.H.; Matchin, W.; Saberi, K.; Hickok, G. (2013): An fMRI Study of Audiovisual Speech Perception Reveals Multisensory Interactions in Auditory Cortex. In: *PloS one* 8 (6), e68959. DOI: 10.1371/journal.pone.0068959.

Oksaar, E. (2003): Zweitspracherwerb. Wege zur Mehrsprachigkeit und zur interkulturellen Verständigung. Stuttgart: Kohlhammer.

Olweus, D. (2006): Gewalt in der Schule. Was Lehrer und Eltern wissen sollten – und tun können. 4., durchgesehene Aufl. Bern [u.a.]: Huber.

O'Muircheartaigh, J.; Dean, D.C.; Dirks, H.; Waskiewicz, N.; Lehman, K.; Jerskey, B.A.; Deoni, S.C.L. (2013): Interactions between white matter asymmetry and language during neurodevelopment. In: *The Journal of neuroscience: the official journal of the Society for Neuroscience* 33 (41), 16170–16177. DOI: 10.1523/JNEUROSCI.1463-13.2013.

Osendarp, S.J.M.; Baghurst, K.I.; Bryan, J.; Calvaresi, E.; Hughes, D.; Hussaini, M. et al. (2007): Effect of a 12-mo micronutrient intervention on learning and memory in well-nourished and marginally nourished school-aged children: 2 parallel, randomized, placebo-controlled studies in Australia and Indonesia. In: *The American journal of clinical nutrition* 86 (4), 1082–1093.

Oser, F.; Spychiger, M. (2005): Lernen ist schmerzhaft. Zur Theorie des negativen Wissens und zur Praxis der Fehlerkultur. Weinheim [u.a.]: Beltz (Beltz Pädagogik).

Ott, A. (2006): World Wide Workshop in Technology Education. Interaction between Brain, Mind & Artifacts in Museum Context. Göteborg Universität. Online verfügbar unter http://ipd.gu.se/digitalAssets/1268/1268828_Nr_200802_World_Wide_Workshop_in_Tech_Ed.pdf.

Overmann, M. (2000): Konstruktivistische Prinzipien der Lerntheorie und ihre didaktischen Implikationen. Online verfügbar unter http://www.ub.uni-siegen.de/ext/overmann/baf5/5e.htm.

Pallier, C. (2003): Brain Imaging of Language Plasticity in Adopted Adults: Can a Second Language Replace the First? In: *Cerebral Cortex* 13 (2), 155–161. DOI: 10.1093/cercor/13.2.155.

Paradis, M. (2004): Neurolinguistic aspects of bilingualism. Amsterdam: Benjamins (Studies in bilingualism, 18).

Paradis, M. (2004): A neurolinguistic theory of bilingualism. Amsterdam, Philadelphia: J. Benjamins Pub. (Studies in bilingualism, v. 18).

Parker, E.S.; Cahill, L.; McGaugh, J.L. (2006): A case of unusual autobiographical remembering. In: *Neurocase* 12 (1), 35–49. DOI: 10.1080/13554790500473680.

Paschek, G. (2011): Gescheite Gesten. In: *Gehirn und Geist* 06/2011, 26–30.

Pascual-Leone, A.; Nguyet, D.; Cohen, L.G.; Brasil-Neto, J.P.; Cammarota, A.; Hallett, M. (1995): Modulation of muscle responses evoked by transcranial magnetic stimulation during the acquisition of new fine motor skills. In: *Journal of neurophysiology* 74 (3), 1037–1045.

Paus, T.; Zijdenbos, A.; Worsley, K.; Collins, D.L.; Blumenthal, J.; Giedd, J.N. et al. (1999): Structural maturation of neural pathways in children and adolescents: in vivo study. In: *Science* 283 (5409), 1908–1911.

Peltzer-Karpf, A.; Zangl, R. (1998): Die Dynamik des frühen Fremdsprachenerwerbs. Tübingen: Narr (Tübinger Beiträge zur Linguistik, 432).

Pennebaker, J.W.; Booth, R.J.; Francis, M.E. (2007): Linguistic Inquiry and Word Count: LIWC2007. A text analysis program. The University of Texas at Austin and The University of Auckland, NZ. Online verfügbar unter http://homepage.psy.utexas.edu/homepage/faculty/pennebaker/reprints/LIWC2007_OperatorManual.pdf.

Petersson, K.M.; Silva, C.; Castro-Caldas, A.; Ingvar, M.; Reis, A. (2007): Literacy: a cultural influence on functional left-right differences in the inferior parietal cortex. In: *The European journal of neuroscience* 26 (3), 791–799. DOI: 10.1111/j.1460-9568.2007.05701.x.

Petty, K.H.; Davis, C.L.; Tkacz, J.; Young-Hyman, D.; Waller, J.L. (2009): Exercise effects on depressive symptoms and self-worth in overweight children: a randomized controlled trial. In: *Journal of pediatric psychology* 34 (9), 929–939. DOI: 10.1093/jpepsy/jsp007.

Philipp, S.T.; Kalisch, T.; Wachtler, T.; Dinse, H.R. (2015): Enhanced tactile acuity through mental states. In: *Scientific reports* 5, 13549. DOI: 10.1038/srep13549.

Phillips, M.D.; Lowe, M.J.; Lurito, J.T.; Dzemidzic, M.; Mathews, V.P. (2001): Temporal lobe activation demonstrates sex-based differences during passive listening. In: *Radiology* 220 (1), 202–207. DOI: 10.1148/radiology.220.1.r01jl34202.

Pierce, L.J.; Chen, J.K.; Delcenserie, A.; Genesee, F.; Klein, D. (2015): Past experience shapes ongoing neural patterns for language, Natural Communications.

Pierce, L.J.; Klein, D.; Chen, J.-K.; Delcenserie, A.; Genesee, F. (2014): Mapping the unconscious maintenance of a lost first language. In: *Proceedings of the National Academy of Sciences of the United States of America* 111 (48), 17314–17319. DOI: 10.1073/pnas.1409411111.

Pinker, S. (1998): Der Sprachinstinkt. Wie der Geist die Sprache bildet. München: Knaur.

Pinker, S. (2000): The Language Instinct. The New Science of Language and Mind: Penguin. Online verfügbar unter http://cirpstudents.com/Research%20Library/assets/the-language-instinct.pdf.

Plante, E.; Schmithorst, Vince J.; Holland, Scott K.; Byars, Anna W. (2006): Sex differences in the activation of language cortex during childhood. In: *Neuropsychologia* 44 (7), 1210–1221. DOI: 10.1016/j.neuropsychologia.2005.08.016.

Pliatsikas, C. (2015): Keeping actively bilingual makes our brains more efficient at relaying information. Online verfügbar unter http://theconversation.com/keeping-actively-bilingual-makes-our-brains-more-efficient-at-relaying-information-36045.

Pliatsikas, C.; Johnstone, T.; Marinis, T. (2014): Grey matter volume in the cerebellum is related to the processing of grammatical rules in a second language: a structural voxel-based morphometry study. In: *Cerebellum (London, England)* 13 (1), 55–63. DOI: 10.1007/s12311-013-0515-6.

Pliatsikas, C.; Marinis, T. (2013): Processing empty categories in a second language: When naturalistic exposure fills the (intermediate) gap. In: *Bilingualism* 16 (01), 167–182. DOI: 10.1017/S136672891200017X.

Plihal, W.; Born, J. (1997): Effects of early and late nocturnal sleep on declarative and procedural memory. In: Journal of cognitive neuroscience 9 (4), 534–547. DOI: 10.1162/jocn.1997.9.4.534.

Poarch, G.J.; Bialystok, E. (2015): Bilingualism as a Model for Multitasking. In: *Developmental review: DR* 35, 113–124. DOI: 10.1016/j.dr.2014.12.003.

Poeppel, D. (2005): Bildgebende Verfahren und das Granularitätsproblem. Online verfügbar unter http://on1.zkm.de/zkm/stories/storyReader$4900.

Poeppel, D.; Emmorey, K.; Hickok, G.; Pylkkänen, L. (2012): Towards a new neurobiology of language. In: *The Journal of neuroscience: the official journal of the Society for Neuroscience* 32 (41), 14125–14131. DOI: 10.1523/JNEUROSCI.3244-12.2012.

Posner, M.I.; Raichle, M.E. (1996): Bilder des Geistes. Hirnforscher auf den Spuren des Denkens. Heidelberg, Berlin, Oxford: Spektrum, Akad. Verl. (Spektrum-Bibliothek).

Postle, B.R. (2006): Working memory as an emergent property of the mind and brain. In: *Neuroscience* 139 (1), 23–38. DOI: 10.1016/j.neuroscience.2005.06.005.

Poulin-Dubois, D.; Blaye, A.; Coutya, J.; Bialystok, E. (2011): The effects of bilingualism on toddlers' executive functioning. In: *Journal of experimental child psychology* 108 (3), 567–579. DOI: 10.1016/j.jecp.2010.10.009.

Preiser, S.; Buchholz, N. (2004): Kreativität. Ein Trainingsprogramm für Alltag und Beruf. Völlig neu bearb. und ausgestattete 2. Aufl. Heidelberg [u.a.]: Asanger.

Preiss, G. (1996): Neurodidaktik. Theoretische und praktische Beiträge. Pfaffenweiler: Centaurus-Verl.-Ges. (Schriftenreihe der Pädagogischen Hochschule Freiburg, Bd. 10).

Preuk, M. (2012): Typisch männlich – typisch weiblich? In: *Focus Online*. Online verfügbar unter http://www.focus.de/gesundheit/ratgeber/psychologie/gesundepsyche/tid-5586/psychologie-typisch-maennlich-typisch-weiblich_aid_54528.html.

Price, J.; Kazan, N. (2009): Die Frau, die nichts vergessen kann. Leben mit einem einzigartigen Gedächtnis. Stuttgart: Kreuz.

Projekt Mulitkurelles Kinderleben (Hg.) (2000): Wie Kinder multikulturellen Alltag erleben. Erbnisse einer Kinderbefragung. Online verfügbar unter http://www.dji.de/fileadmin/user_upload/bibs/DJI_Multikulti_Heft4.pdf.

Pugh, K.R.; Shaywitz, B.A.; Shaywitz, S.E.; Constable, R.T.; Skudlarski, P.; Fulbright, R.K. et al. (1996): Cerebral organization of component processes in reading. In: *Brain* 119 (Pt 4), 1221–1238.

Pugh, K.R.; Landi, N.; Preston, J.L.; Mencl, W.E.; Austin, A.C.; Sibley, D. et al. (2013): The relationship between phonological and auditory processing and brain organization in beginning readers. In: *Brain and language* 125 (2), 173–183. DOI: 10.1016/j.bandl.2012.04.004.

Pujol, J.; Soriano-Mas, C.; Ortiz, H.; Sebastián-Gallés, N.; Losilla, J.M.; Deus, J. (2006): Myelination of language-related areas in the developing brain. In: *Neurology* 66 (3), 343. DOI: 10.1212/01.wnl.0000201049.66073.8d.

Randazzo, A.C.; Muehlbach, M.J.; Schweitzer, P.K.; Walsh, J.K. (1998): Cognitive function following acute sleep restriction in children ages 10–14. In: *Sleep* 21 (8), 861–868.

Rasch, B. (2008): Geruchsinduzierte Reaktivierung von Gedächtnisinhalten im menschlichen Schlaf. Trier. Online verfügbar unter http://ubt.opus.hbz-nrw.de/volltexte/2008/478/.

Rasch, B.; Büchel, C.; Gais, S.; Born, J. (2007): Odor cues during slow-wave sleep prompt declarative memory consolidation. In: *Science (New York, N.Y.)* 315 (5817), 1426–1429. DOI: 10.1126/science.1138581.

Rauschecker, J.P. (2011): An expanded role for the dorsal auditory pathway in sensorimotor control and integration. In: *Hearing research* 271 (1–2), 16–25. DOI: 10.1016/j.heares.2010.09.001.

Reich, L.; Szwed, M.; Cohen, L.; Amedi, A. (2011): A ventral visual stream reading center independent of visual experience. In: *Current biology: CB* 21 (5), 363–368. DOI: 10.1016/j.cub.2011.01.040.

Reimann-Höhn, U. (2006): So lernt mein Kind sich konzentrieren. Mit Praxistest. Originalausg. Freiburg i. Br., Basel: Herder (Fit für die Schule!, Bd. 5720).

Reiss, A.L.; Abrams, M.T.; Singer, H.S.; Ross, J.L.; Denckla, M.B. (1996): Brain development, gender and IQ in children. A volumetric imaging study. In: *Brain* 119 (Pt 5), 1774.

Riecker, A.; Ackermann, H.; Wildgruber, D.; Dogil, G.; Grodd, W. (2000): Opposite hemispheric lateralization effects during speaking and singing at motor cortex, insula and cerebellum. In: *Neuroreport* 11 (9), 1997–2000.

Riemer, C. (1997): Individuelle Unterschiede im Fremdsprachenerwerb. Eine Longitudinalstudie über die Wechselwirksamkeit ausgewählter Einflussfaktoren. Baltmannsweiler: Schneider Verlag Hohengehren (Perspektiven Deutsch als Fremdsprache, Bd. 8).

Riemer, C.; Edmondson, W.J. (2000): Kognitive Aspekte des Lehrens und Lernens von Fremdsprachen. Festschrift für Willis J. Edmondson zum 60. Geburtstag = Cognitive aspects of foreign language learning and teaching. Tübingen: Narr, G.

Rizzolatti, G.; Craighero, L.(2004): The mirror-neuron system. In: *Annual review of neuroscience* 27, 169–192. DOI: 10.1146/annurev.neuro.27.070203.144230.

Rizzolatti, G.; Fogassi, L.; Gallese, V. (2007): Spiegel im Gehirn. In: *Spektrum der Wissenschaft* Dossier 03/07: Gehirn und Verstand, 33–39.

Röber, C.; Müller, C. (2008): Der Aufbau von professionellem sprachlichem Wissen als Voraussetzung für eine kompetente Sprachförderung vorschulischer Kinder. Eine Expertise. Robert Bosch Stiftung. Freiburg. Online verfügbar unter https://www.ph-freiburg.de/fileadmin/dateien/fakultaet1/ew/Personen/roeber/publikationen/eigene/manuskript/Bosch_Expertise_abgeschickte_Fassung_9.7.08.pdf.

Rolke, B.; Heil, M.; Streb, J.; Hennighausen, E. (2001): Missed prime words within the attentional blink evoke an N400 semantic priming effect. In: *Psychophysiology* 38 (2), 165–174.

Rome-Flanders, T.; Cronk, C. (1995): A longitudinal study of infant vocalizations during mother-infant games. In: *J Child Lang* 22 (2), 259–274.

Rost-Roth, M. (Hg.) (2010): DaZ-Spracherwerb und Sprachförderung Deutsch als Zweitsprache. Beiträge aus dem 5. Workshop \"Kinder mit Migrationshintergrund\". Freiburg im Breisgau: Fillibach.

Roth, G. (2009): Begabtenförderung zwischen Exzellenz und sozialer Verantwortung. Vortrag. Online verfügbar unter http://dms-schule.bildung.hessen.de/allgemeines/begabung/begabung_hochbegabung/Z_C3_BCrich_20Schweizer_20Studienstiftung.pdf.

Roth, G. (2009): Warum sind Lehren und Lernen so schwierig? In: Herrmann, U. (Hg.): Neurodidaktik. Grundlagen und Vorschläge für gehirngerechtes Lehren und Lernen. 2., erw. Aufl. Weinheim, Basel: Beltz (Pädagogik).

Roth, G. (2011): Bildung braucht Persönlichkeit. Wie Lernen gelingt. Stuttgart: Klett-Cotta.

Roth, G. (2011): Gene und Erziehung. In: *GEOkompakt* 09/11 (28), 62–70.

Ruigrok, A.; Salimi-Khorshidi, G.; Lai, M.-C.; Baron-Cohen, S.; Lombardo, M.V.; Tait, R.J.; Suckling, J. (2014): A meta-analysis of sex differences in human brain structure. In: *Neuroscience and biobehavioral reviews* 39, 34–50. DOI: 10.1016/j.neubiorev.2013.12.004.

Rushton, S.P. (2001): Applying brain research to create developmentally appropriate learning environments. In: *Young Children Magazine* 5 (56), 76–82.

Rutishauser, U.; Ross, I.B.; Mamelak, A.N.; Schuman, E.M. (2010): Human memory strength is predicted by theta-frequency phase-locking of single neurons. In: *Nature* 464 (7290), 903–907. DOI: 10.1038/nature08860.

Ryan, A.S.; Astwood, J.D.; Gautier, S.; Kuratko, C.N.; Nelson, E.B.; Salem, N. (2010): Effects of long-chain polyunsaturated fatty acid supplementation on neurodevelopment in childhood: a review of human studies. In: *Prostaglandins, leukotrienes, and essential fatty acids* 82 (4–6), 305–314. DOI: 10.1016/j.plefa.2010.02.007.

Sabitzer, B. (2011): Neurodidactics: Brain-based Ideas for ICT and Computer Science Education (The International Journal of Learning, 18, 167–178). Online verfügbar unter http://www.academia.edu/4370959/Neurodidactics_Brain-based_Ideas_for_ICT_and_Computer.

Sandi, C. (2011): Glucocorticoids act on glutamatergic pathways to affect memory processes. In: *Trends in neurosciences* 34 (4), 165–176. DOI: 10.1016/j.tins.2011.01.006.

Saur, D.; Kreher, B.W.; Schnell, S.; Kümmerer, D.; Kellmeyer, P.; Vry, M.-S. et al. (2008): Ventral and dorsal pathways for language. In: *Proceedings of the National Academy of Sciences of the United States of America* 105 (46), 18035–18040. DOI: 10.1073/pnas.0805234105.

Sax, L. (NASSPE) (2004): Teens Will Speed. Let's Watch Them Do It. In: *Washington Post* November 28, B8.

Schaadt, G.; Hesse, V.; Friederici, A.D. (2015): Sex hormones in early infancy seem to predict aspects of later language development. In: *Brain and language* 141, 70–76. DOI: 10.1016/j.bandl.2014.11.015.

Schaarschmidt, U. (Hg.) (2005): Halbtagsjobber? Psychische Gesundheit im Lehrerberuf – Analyse eines veränderungsbedürftigen Zustandes. 2. Aufl. Weinheim, Basel: Beltz (Beltz Pädagogik).

Schaarschmidt, U.; Kieschke, U. (Hg.) (2007): Gerüstet für den Schulalltag. Psychologische Unterstützungsangebote für Lehrerinnen und Lehrer. Weinheim [u.a.]: Beltz (Pädagogik).

Scheidt, J. (1999): Traum. In: Asanger, R. & Wenninger, G. (Hg.): Handwörterbuch der Psychologie. Weinheim: Beltz, 802–807.

Schlaepfer, T.E.; Harris, G.J.; Tien, A.Y.; Peng, L.; Lee, S.; Pearlson, G.D. (1995): Structural differences in the cerebral cortex of healthy female and male subjects: a magnetic resonance imaging study. In: *Psychiatry research* 61 (3), 129–135.

Schlegel, A.A.; Rudelson, J.J.; Tse, P.U. (2012): White matter structure changes as adults learn a second language. In: *Journal of cognitive neuroscience* 24 (8), 1664–1670. DOI: 10.1162/jocn_a_00240.

Schlittmeier, S.J.; Hellbrück, J.; Thaden, R.; Vorländer, M. (2008): The impact of background speech varying in intelligibility: effects on cognitive performance and perceived disturbance. In: *Ergonomics* 51 (5), 719–736. DOI: 10.1080/00140130701745925.

Schlösser, R.; Hutchinson, M.; Joseffer, S.; Rusinek, H.; Saarimaki, A.; Stevenson, J. et al. (1998): Functional magnetic resonance imaging of human brain activity in a verbal fluency task. In: *J Neurol Neurosurg Psychiatry* 64 (4), 492–498.

Schlüter, N. (Hg.) (2006): Fortschritte im frühen Fremdsprachenlernen. Ausgewählte Tagungsbeiträge (Konferenz zum Frühen Fremdsprachenlernen vom 06. bis 08. Oktober 2004 an der Pädagogischen Hochschule Weingarten). Cornelsen. Berlin.

Schmithorst, V.J.; Holland, S.K.; Dardzinksi, B.J. (2008): Developmental Differences in White Matter Architecture Between Boys and Girls. In: *Hum Brain Mapp* (29(6)), 696–710, zuletzt geprüft am 20.02.2015.

Schmitz, S. (2006): Frauen- und Männergehirne. Mythos oder Wirklichkeit? In: Ebeling, S. und Schmitz, S. (Hg.): Geschlechterforschung und Naturwissenschaften. Wiesbaden: VS Verlag für Sozialwissenschaften, 211–234.

Schneider, W.; Chein, J. (2003): Controlled & automatic processing: behavior, theory, and biological mechanisms. In: *Cognitive Science* 27 (3), 525–559. DOI: 10.1016/S0364-0213(03)00011-9.

Schneider, W. (1994): Deutsch fürs Leben. Was die Schule zu lehren vergaß. 17.–23. Tsd. Reinbek bei Hamburg: Rowohlt (Rororo, 9695: rororo-Sachbuch).

Schocker-von Ditfurth, M. (2000): Forschendes Lernen in der fremdsprachlichen Lehrerbildung. Grundlagen, Erfahrungen, Perspektiven. Tübingen: Narr (Giessener Beiträge zur Fremdsprachendidaktik).

Scholey, A.; Owen, L. (2013): Effects of chocolate on cognitive function and mood: a systematic review. In: *Nutrition reviews* 71 (10), 665–681. DOI: 10.1111/nure.12065.

Schramm, S.; Wüstenhagen, C. (2012): Die Macht der Worte. In: *Zeit Online*, 09.10.2012. Online verfügbar unter http://www.zeit.de/zeit-wissen/2012/06/Sprache-Worte-Wahrnehmung/seite-2.

Schratt, G. (2009): microRNAs at the synapse. In: *Nature reviews. Neuroscience* 10 (12), 842–849. DOI: 10.1038/nrn2763.

Schratt, G.M.; Tuebing, F.; Nigh, E.A.; Kane, C.G.; Sabatini, M.E.; Kiebler, M.; Greenberg, M.E. (2006): A brain-specific microRNA regulates dendritic spine development. In: *Nature* 439 (7074), 283–289. DOI: 10.1038/nature04367.

Schroer, I. (2011): Beeinflussung der Gedächtnisbildung durchGeruchsexposition im Schlaf unter Verwendung der Gerüche Citral und IBA. Lübeck.

Schumacher, H.Ä. (2014): Münchner Geruchstest. Entwicklung und Anwendung eines Geruchstests für Kinder und Jugendliche. München, zuletzt geprüft am 17.09.2015.

Schumacher, R.; Stern, E. (o.J.): Lerne lieber unbewusst. In: *Gehirn und Geist* Dossier: Konzentration und Gedächtnis, 30–34.

Schwartz, B.L. (2006): Tip-of-the-tongue states as metacognition. In: *Metacognition Learning* 1 (2), 149–158. DOI: 10.1007/s11409-006-9583-z.

Schwartz, B.L. (2008): Working memory load differentially affects tip-of-the-tongue states and feeling-of-knowing judgments. In: *Memory & cognition* 36 (1), 9–19.

Scullin, M.K.; McDaniel, M.A. (2010): Remembering to execute a goal: sleep on it! In: *Psychological science* 21 (7), 1028–1035. DOI: 10.1177/0956797610373373.

Seeman, M.V. (2013): Introduction. In: Goldman, M.B.; Troisi; R. & Rexrode, K.M. (Hg.): Women and health. 2nd ed. Amsterdam, Burlington: Elsevier Science.

Shaw, P.; Greenstein, D.; Lerch, J.; Clasen, L.; Lenroot, R.; Gogtay, N. et al. (2006): Intellectual ability and cortical development in children and adolescents. In: *Nature* 440 (7084), 676–679. DOI: 10.1038/nature04513.

Shaywitz, B.A.; Shaywitz, S.E.; Pugh, K.R.; Mencl, W.E.; Fulbright, R.K.; Skudlarski, P. et al. (2002): Disruption of posterior brain systems for reading in children with developmental dyslexia. In: *Biological psychiatry* 52 (2), 101–110.

Shaywitz, S.E.; Shaywitz, Bennett A. (2008): Paying attention to reading: the neurobiology of reading and dyslexia. In: *Development and psychopathology* 20 (4), 1329–1349. DOI: 10.1017/S0954579408000631.

Sheils, J. (Hg.) (2001): Gemeinsamer europäischer Referenzrahmen für Sprachen. Lernen, lehren, beurteilen: [Niveau A 1, A 2, B 1, B 2, C 1, C 2]. 1. Dr. Berlin, München [u.a.]: Langenscheidt.

Shore, R. (1997): Rethinking the brain. New insights into early development. Rev. New York: Families and Work Institute.

Sibley, B.A.; Etnier, J.L. (2003): The relationship between physical activity and cognition in children: a metaanalysis. In: *Pediatric Exercise Science* (15), 243–256.

Siegel, G.; Obernosterer, G.; Fiore, R.; Oehmen, M.; Bicker, S.; Christensen, M. et al. (2009): A functional screen implicates microRNA-138-dependent regulation of the depalmitoylation enzyme APT1 in dendritic spine morphogenesis. In: *Nature cell biology* 11 (6), 705–716. DOI: 10.1038/ncb1876.

Siegel, G.; Schratt, G. (2010): Wächter des Gedächtnisses. In: *Gehirn und Geist* 10/2010, 58–62. Online verfügbar unter http://www.spektrum.de/alias/mikro-rna/waechter-des-gedaechtnisses/1040647.

Siegler, R.S.; DeLoache, J.S.; Eisenberg, N. (2005): Entwicklungspsychologie im Kindes- und Jugendalter. 1. Aufl. München, Heidelberg: Elsevier, Spektrum, Akad. Verl.

Simos, P.G.; Fletcher, J.M.; Bergman, E.; Breier, J.I.; Foorman, B.R.; Castillo, E.M. et al. (2002): Dyslexia-specific brain activation profile becomes normal following successful remedial training. In: *Neurology* 58 (8), 1203–1213.

Sirim, E. (2009): Das Türkische einer Migrantengruppe. Mannheim: Institut für Deutsche Sprache (33).

Slater, A. (2002): Visual perception in the newborn infant: issues and debates (Intellectica, 34). Online verfügbar unter http://intellectica.org/SiteArchives/archives/n34/34_3_Slater.pdf.

Sokoloff, L. (1985): Brain imaging and brain function. New York: Raven.

Sommer, I.E.; Aleman, A.; Somers, M.; Boks, M.P.; Kahn, R.S. (2008): Sex differences in handedness, asymmetry of the planum temporale and functional language lateralization. In: *Brain research* 1206, 76–88. DOI: 10.1016/j.brainres.2008.01.003.

Sousa, D.A. (2001): How the brain learns. 2. Aufl. Thousand Oaks, Calif.: Corwin Press.

Spang, M. (o.J.): Bilder hinter Tempelsäulen. In: *Gehirn und Geist* Dossier: Gehirn und Gedächtnis, 46.

Speer, N.K.; Reynolds, Jeremy R.; Swallow, K.M.; Zacks, J.M. (2009): Reading stories activates neural representations of visual and motor experiences. In: *Psychological science* 20 (8), 989–999. DOI: 10.1111/j.1467-9280.2009.02397.x.

Spiegel, M.J. (2004): Warum wir schlafen. In: *Spektrum der Wissenschaft* 01/2004, 30.

Spitzer, M. (2000): Geist im Netz. Modelle für Lernen, Denken und Handeln. Heidelberg [u.a.]: Spektrum, Akad. Verl.

Spitzer, M. (2006): Lernen. Gehirnforschung und die Schule des Lebens. 1. Aufl. München: Spektrum Akademischer Verlag.

Spoormaker, V.I.; Schröter, M.S.; Gleiser, P.M.; Andrade, K.C.; Dresler, M.; Wehrle, R. et al. (2010): Development of a large-scale functional brain network during human non-rapid eye movement sleep. In: *The Journal of neuroscience: the official journal of the Society for Neuroscience* 30 (34), 11379–11387. DOI: 10.1523/JNEUROSCI.2015-10.2010.

Springer, M. (2006): Mehrsprachigkeit macht schlau. Interview mit Ria De Bleser und Michael Paradis. In: *Gehirn und Geist* 06/2006, 54–57.

Stein, M.; Federspiel, A.; Koenig, T.; Wirth, M.; Strik, W.; Wiest, R. et al. (2012): Structural plasticity in the language system related to increased second language proficiency. In: *Cortex; a journal devoted to the study of the nervous system and behavior* 48 (4), 458–465. DOI: 10.1016/j.cortex.2010.10.007.

Steri, A. (2005): Die Welt im Kopf. In: *Spektrum der Wissenschaft* Dossier 04/05, 6–11.

Steri, A. (2005): Die Welt im Kopf. In: Spektrum der Wissenschaft. In: *Spektrum der Wissenschaft* Hirnrevolution (Dossier 04/05), 6–11.

Stern, E. (2009): Frischer Wind im Klassenzimmer. H. Hanser and S. Ayan (Interview). In: *Gehirn und Geist* 6/2009, 60–65.

Stickgold, R.; Hobson, J.A.; Fosse, R.; Fosse, M. (2001): Sleep, learning, and dreams: off-line memory reprocessing. In: *Science (New York, N.Y.)* 294 (5544), 1052–1057. DOI: 10.1126/science.1063530.

Stickgold, R.; Walker, M.P. (2005): Sleep and memory: the ongoing debate. In: *Sleep* 28 (10), 1225–1227.

Streri, A. (2003): Cross-modal recognition of shape from hand to eyes in human newborns. In: *Somatosensory & motor research* 20 (1), 13–18. DOI: 10.1080/0899022031000083799.

Streri, A.; Gentaz, E. (2004): Cross-modal recognition of shape from hand to eyes and handedness in human newborns. In: *Neuropsychologia* 42 (10), 1365–1369. DOI: 10.1016/j.neuropsychologia.2004.02.012.

Studte, S.; Bridger, E.; Mecklinger, A. (2015): Nap sleep preserves associative but not item memory performance. In: *Neurobiology of learning and memory* 120, 84–93. DOI: 10.1016/j.nlm.2015.02.012.

Suchodoletz, W. v. (Hg.) (2007): Prävention von Entwicklungsstörungen. Göttingen: Hogrefe.

Swaab, D.F. (2007): Sexual differentiation of the brain and behavior. In: *Best practice & research. Clinical endocrinology & metabolism* 21 (3), 431–444. DOI: 10.1016/j.beem.2007.04.003.

Swanson, L.; Harris, K.; Graham, (Hg.) (2014): Handbook of Learning Disabilities. New York: Guilford Publications.

Szaflarski, J..; Holland, S.K.; Schmithorst, V.J.; Byars, A.W. (2006): An fMRI study of language lateralization in children and adults. In: *Human brain mapping* 27 (3), 202–212. DOI: 10.1002/hbm.20177.

Taylor, S.E. (2002): The tending instinct. How nurturing is essential for who we are and how we live. 1st ed. New York: Times Books.

Textor, M.R. (Hg.) (2006): Erziehungs- und Bildungspartnerschaft mit Eltern. Gemeinsam Verantwortung übernehmen. Freiburg im Breisgau [u.a.]: Herder.

Theurl, P. (2009): „Lernen unter Selbstkontrolle" – Entspannung und Kontemplation in Schule und Unterricht. In: Herrmann, U. (Hg.): Neurodidaktik. Grundlagen und Vorschläge für gehirngerechtes Lehren und Lernen. 2., erw. Aufl. Weinheim, Basel: Beltz (Pädagogik), 261–271.

Thielicke, R.; Sanides, (2012): Mehr IQ. In: *Focus* 7/2012, 62–72.

Thomas, J.; Azzopardi, G. (2004): Comment rendre son enfant plus attentif. [Paris]: Marabout.

Thompson, P.M.; Giedd, J.N.; Woods, R.P.; MacDonald, D.; Evans, A.C.; Toga, A.W. (2000): Growth patterns in the developing brain detected by using continuum mechanical tensor maps. In: *Nature* 404 (6774), 190–193. DOI: 10.1038/35004593.

Tietze, W.; Meischner, T. (1998): Wie gut sind unsere Kindergärten? Eine Untersuchung zur pädagogischen Qualität in deutschen Kindergärten. Neuwied: Luchterhand.

Tomlinson, D.; Wilkinson, H.; Wilkinson, P. (2009): Diet and Mental Health in Children. In: *Child and Adolescent Mental Health* 14 (3), 148–155. DOI: 10.1111/j.1475-3588.2008.00520.x.

Tomporowski, P.D.; Davis, C.L.; Miller, P.H.; Naglieri, J.A. (2008): Exercise and Children's Intelligence, Cognition, and Academic Achievement. In: *Educational psychology review* 20 (2), 111–131. DOI: 10.1007/s10648-007-9057-0.

Tönshoff, W. (1990): Bewusstmachung, Zeitverschwendung oder Lernhilfe? Ausgewählte Aspekte sprachbezogener Kognitivierung im Fremdsprachenunterricht. Bochum: Brockmeyer, N. (Manuskripte zur Sprachlehrforschung, Bd. 31).

Tönshoff, W. (1992): Kognitivierende Verfahren im Fremdsprachenunterricht. Formen und Funktion. Hamburg: Dr. Kovač.

Tortora, G.J.; Grabowski, S.R. (1996): Principles of anatomy and physiology. 8th ed. New York, NY: HarperCollins College.
Tulving, E.; Craik, F.I.M. (Hg.) (2000): The Oxford handbook of memory. Oxford, New York: Oxford University Press.

Unterstell, R. (2012): Neuronenreich nach Noten. Der Mediziner und Musiker Eckart Altenmüller über den Gänsehautfaktor der Musik, das Wunder der Neuroplastizität und die Möglichkeiten klangunterstützter Therapien. Ein Expertengespräch. In: *Forschung & Lehre* 2/2012, 14–16.
Ur, P. (1984): Teaching listening comprehension. Cambridge, New York: Cambridge University Press (Cambridge handbooks for language teachers).

van Praag, H. (2008): Neurogenesis and exercise: past and future directions. In: *Neuromolecular medicine* 10 (2), 128–140. DOI: 10.1007/s12017-008-8028-z.
van Praag, H.; Shubert, T.; Zhao, C.; Gage, F.H. (2005): Exercise enhances learning and hippocampal neurogenesis in aged mice. In: *The Journal of neuroscience: the official journal of the Society for Neuroscience* 25 (38), 8680–8685. DOI: 10.1523/JNEUROSCI.1731-05.2005.
van Wassenhove, V.; Grant, K.W.; Poeppel, D. (2005): Visual speech speeds up the neural processing of auditory speech. In: *Proceedings of the National Academy of Sciences of the United States of America* 102 (4), 1181–1186. DOI: 10.1073/pnas.0408949102.
Verghese, J.; Lipton, R.B.; Katz, M.J.; Hall, C.B.; Derby, C.A.; Kuslansky, G. et al. (2003): Leisure activities and the risk of dementia in the elderly. In: *The New England journal of medicine* 348 (25), 2508–2516. DOI: 10.1056/NEJMoa022252.
Voss, M.W.; Vivar, C.; Kramer, A.F.; van Praag, H. (2013): Bridging animal and human models of exercise-induced brain plasticity. In: *Trends in Cognitive Sciences* 17 (10), 525–544. DOI: 10.1016/j.tics.2013.08.001.

Wagner, U.; Gais, S.; Haider, H.; Verleger, R.; Born, J. (2004): Sleep inspires insight. In: *Nature* 427 (6972), 352–355. DOI: 10.1038/nature02223.
Wagner, U.; Hallschmid, M.; Rasch, B.; Born, J. (2006): Brief sleep after learning keeps emotional memories alive for years. In: *Biological psychiatry* 60 (7), 788–790. DOI: 10.1016/j.biopsych.2006.03.061.
Waldfahrer, S. (2015). In: *Nürnberger Zeitung*, 12.09.2015 (Magazin am Wochenende), 6.
Walker, M.P.; Stickgold, R. (2006): Sleep, memory, and plasticity. In: *Annual review of psychology* 57, 139–166. DOI: 10.1146/annurev.psych.56.091103.070307.
Wallentin, M. (2009): Putative sex differences in verbal abilities and language cortex: a critical review. In: *Brain and language* 108 (3), 175–183. DOI: 10.1016/j.bandl.2008.07.001.
Wartenburger, I. (2011): In fremder Zunge. Hirnforschung/Fremdsprachen. In: *Gehirn und Geist* 12/2011, 70–74.
Watt, H.M.G.; Eccles, J.S. (Hg.) (2008): Gender and occupational outcomes: Longitudinal assessments of individual, social, and cultural influences. Washington: American Psychological Association.
Wattendorf, E.; Westermann, B.; Zappatore, D.; Franceschini, R.; Lüdi, G.; Radü, E.-W.; Nitsch, C. (2001): Different languages activate different subfields in Broca area. In: *NeuroImage* 13 (6), 624. DOI: 10.1016/S1053-8119(01)91967-6.
Weber-Fox, C.M.; Neville, H.J. (1996): Maturational Constraints on Functional Specializations for Language Processing: ERP and Behavioral Evidence in Bilingual Speakers. In: Journal of cognitive neuroscience 8 (3), 231–256. DOI: 10.1162/jocn.1996.8.3.231.
Wegener, H. (1998): Eine Zweite Sprache lernen. Empirische Untersuchungen zum Zweitspracherwerb. Tübingen: Narr, G. (Tübinger Beiträge zur Linguistik. Series A, Language development, 24).
Weiller, C. (2011): Das Zweiwegemodell. In: *Gehirn und Geist* 10/2011, 70–77.
Weinert, F.E.: Die fünf Irrtümer der Schulreformer. In: *Psychologie Heute* 1999 (7), 28–34.
Weiss, E.M.; Siedentopf, C.; Hofer, A.; Deisenhammer, E.A.; Hoptman, M.J.; Kremser, C. et al. (2003): Brain activation pattern during a verbal fluency test in healthy male and female volunteers: a functional magnetic resonance imaging study. In: *Neurosci Lett* 352 (3), 191–194.
Wendt, A. (2012): Intelligent und extrem fleißig (Interview). In: *Focus* 49/2012, 70.

Werker, J.F.; Hensch, T.K. (2015): Critical periods in speech perception: new directions. In: *Annual review of psychology* 66, 173–196. DOI: 10.1146/annurev-psych-010814-015104.

Wermke, K.; Hain, J.; Oehler, K.; Wermke, P.; Hesse, V. (2014): Sex hormone influence on human infants' sound characteristics: melody in spontaneous crying. In: *Biology letters* 10 (5), 20140095. DOI: 10.1098/rsbl.2014.0095.

Whitmire, R. (2010): Why boys fail. Saving our sons from an educational system that's leaving them behind. New York: American Management Association.

Wildgruber, D.; Ackermann, H.; Grodd, W. (2001): Differential contributions of motor cortex, basal ganglia, and cerebellum to speech motor control: effects of syllable repetition rate evaluated by fMRI. In: *NeuroImage* 13 (1), 101–109. DOI: 10.1006/nimg.2000.0672.

Wilhelm, I.; Diekelmann, S.; Born, J. (2008): Sleep in children improves memory performance on declarative but not procedural tasks. In: *Learning & memory (Cold Spring Harbor, N.Y.)* 15 (5), 373–377. DOI: 10.1101/lm.803708.

Williams, M.; Burden, R.L. (1997): Psychology for language teachers. A social constructivist approach. Cambridge, New York: Cambridge University Press (Cambridge language teaching library).

Wimber, M.; Bäuml, K.-H.; Bergström, Z.; Markopoulos, G.; Heinze, H.-J.; Richardson-Klavehn, A. (2008): Neural markers of inhibition in human memory retrieval. In: *The Journal of neuroscience: the official journal of the Society for Neuroscience* 28 (50), 13419–13427. DOI: 10.1523/JNEUROSCI.1916-08.2008.

Winkler, I. (2001): Zweit- und fremdsprachliches Lernen. Graz (Universitätslehrgang Deutsch als Fremdsprache).

Wixted, J.T. (2004): The psychology and neuroscience of forgetting. In: *Annu Rev Psychol* 55, 235–269. DOI: 10.1146/annurev.psych.55.090902.141555.

Wizemann, T.M.; Pardue, M.L. (Hg.) (2001): Exploring the Biological Contributions to Human Health: Does Sex Matter? Washington, DC: National Academic Press.

Wode, H. (1993): Psycholinguistik. Eine Einführung in die Lehr- und Lernbarkeit von Sprachen: Theorien, Methoden, Ergebnisse. 1. Aufl. Ismaning: Hueber (Sprachen der Welt).

Wolf, Ch. (2009): Flüchtige Erinnerung. In: *Gehirn und Geist* 04/2009, 56–61.

Wolf, Ch. (2010): Lob des Lebens. In: *Gehirn und Geist* 10/2010, 14–25.

Wolfe, P. (2010): Brain matters. Translating research into classroom practice. 2nd ed. Alexandria, Va.: ASCD, Association for Supervision and Curriculum Development.

Wolfe, P.(2010): Brain matters. Translating research into classroom practice. 2nd ed. Alexandria, Va.: ASCD, Association for Supervision and Curriculum Development.

Wolfrad, U. (2006): Psychologie in Erziehung und Unterricht. Schlafverhalten, Lebenszufriedenheit und wahrgenommener Leistungsstress in der Schule. Online verfügbar unter www.reinhardt-journals.de/index.php/peu/article/view/202.

Yang, J.; Gates, K.M.; Molenaar, P.; Li, P. (2015): Neural changes underlying successful second language word learning: An fMRI study. In: *Journal of Neurolinguistics* 33, 29–49. DOI: 10.1016/j.jneuroling.2014.09.004.

Yeatman, J.D.; Rauschecker, A.M.; Wandell, B.A. (2013): Anatomy of the visual word form area: adjacent cortical circuits and long-range white matter connections. In: *Brain and language* 125 (2), 146–155. DOI: 10.1016/j.bandl.2012.04.010.

Yeshurun, Y.; Lapid, H.; Dudai, Y.; Sobel, N. (2009): The privileged brain representation of first olfactory associations. In: *Current biology: CB* 19 (21), 1869–1874. DOI: 10.1016/j.cub.2009.09.066.

Zach, U.; Künsemüller, P. (2001): Die Entwicklung von Kindern zwischen dem 6. und dem 10. Lebensjahr: Forschungsbefunde, zuletzt geprüft am 21.02.2015.

Zambo, D.; Brozo, W.G. (2009): Bright beginnings for boys. Engaging young boys in active literacy. Newark, Del.: International Reading Association.

Zimmer, C. (2009): Das Versteckspiel der Intelligenz. In: *Spektrum der Wissenschaft* Dossier 05/09: Gehirn und Bewusstsein, 40–47.

Abbildungsverzeichnis

Tabellenverzeichnis

Stichwortverzeichnis

Glossar

Acetylcholin	Neurotransmitter (Botenstoff); stimuliert Muskelgewebe im zentralen Nervensystem.
Adrenalin	Stresshormon; steigert die Herzfrequenz und die Herzschlagstärke zur Vorbereitung des Körpers auf höhere Belastung und wirkt im Gehirn auch als Neurotransmitter.
Aktionspotenzial	elektrische Erregung durch die Veränderung des Membranpotenzials; dient der Informationsweiterleitung.
Alpha-Hirnwellen	Hirnwellen; v.a. des Parietallappens u.a. im entspannten Wachzustand im mittleren Frequenzbereich (ca. 8 und 12 Hertz)
Amygdala	auch: Mandelkern; mandelförmige Region in der Gehirnmitte und damit Teil des Limbischen Systems. Die Funktion ist die rasche und automatische Verarbeitung von Emotionen u.a. in Notsituationen, v.a. allem Furcht.

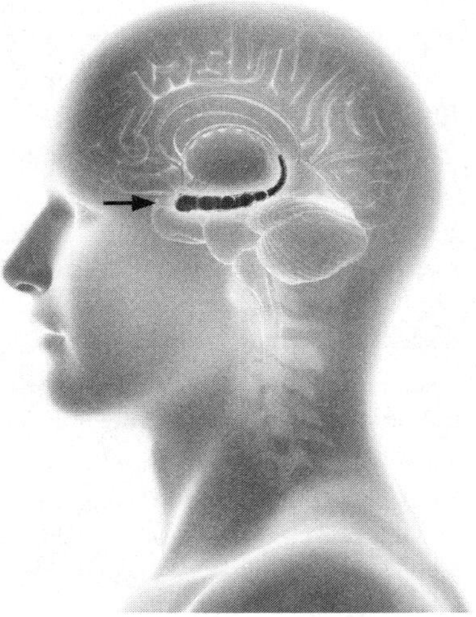

Abb. 85

Anlage und Umwelt	englisch: *nature nurture,* zwei für die Sprachentwicklung wichtige Faktoren: genetische Ausstattung und umweltbedingte Erfahrungen.
Arbeitsgedächtnis	informationshaltendes und -verarbeitendes System; es ermöglicht das parallele Arbeiten an verschiedenen Dingen.
Auditorischer Kortex	auch: Hörrinde, Hörzentrum; Teil des Temporalkortexes in beiden Gehirnhälften; zuständig für die Lautverarbeitung.
Axon	langer Fortsatz an jedem Zellkörper; wird für die Fernkommunikation mit Hilfe von Aktionspotenzialen genutzt.
Balken	siehe Corpus callosum

Basalganglien – Strukturnetzwerk in der tiefen Gehirnmitte; beteiligt an der Koordinierung von Bewegungen und am bilateralen Lernen (des Gehirns).

Beta-Wellen – Hirnwellen; gemessen an der Kopfoberfläche mittels implantierter Elektroden im Gehirn selbst u.a. im normalen Wachzustand im Frequenzbereich zwischen 13 und 30 Hertz. Ein hoher Anteil Betawellen korreliert meist mit einem erhöhten Ausstoß von Stresshormonen.

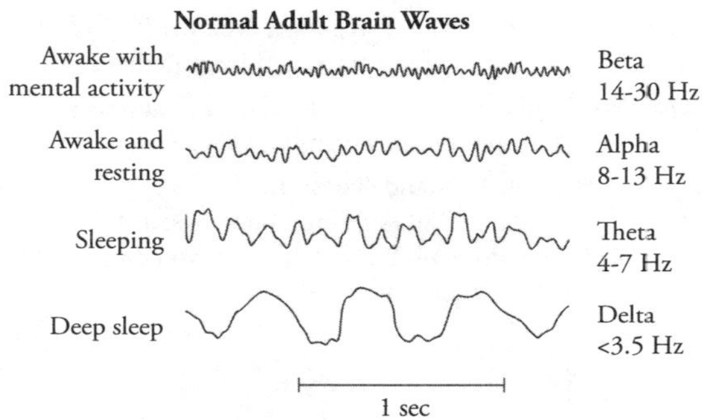

Abb. 86

Bildgebungsverfahren – EEG, MEG, fMRT, PET; Techniken zur Messung der Aktivität im Gehirn lebender Menschen; siehe Anhang biologisch genetisch, im Körper oder im Gehirn

Blut-Hirn-Schranke – Barriere aus einer selektiv durchlässigen Membran durch die Basalmembran der Kapillaren und Zellen des Nervenbindegewebes gebildet; verhindert das Eindringen von Schadstoffen über das Blut, erlaubt jedoch den Übergang von Nährstoffen aus dem Blut ins Gehirn.

Broca-Areal – Nach dem Neurologen Paul Broca benannte und für die Sprachproduktion zuständige Region des linken Frontallappens.

Cerebellum – auch: Kleinhirn; wie das Großhirn u.a. aus zwei Hemisphären bestehend und an der Koordinierung von willkürlicher Muskelaktivität, am Muskeltonus, am Gleichgewicht sowie am Erlernen motorischer Fähigkeiten beteiligt.

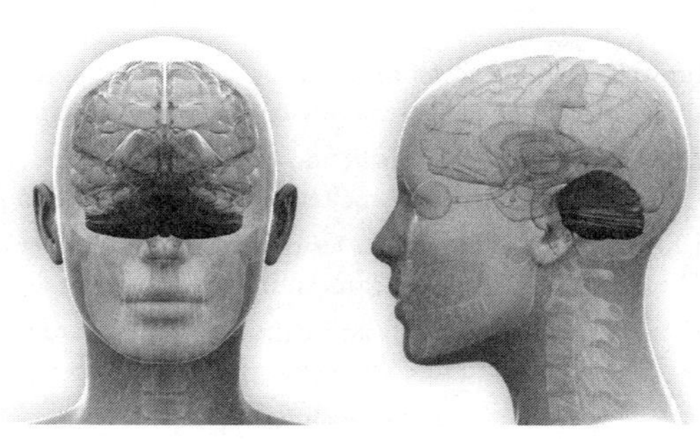

Abb. 87

Corpus callosum	Nervenfaserbündel; verbindet beide Großhirnhemisphären.
Kortex	auch: Großhirnrinde/Kurzform für Cortex cerebri; die äußerste (2,5–5 mm dicke) hauptsächlich aus Zellkörpern bestehende Schicht des Großhirns. Die Großhirnrinde ist wie die Oberfläche einer Walnuss stark gefaltet, wodurch zahlreiche Windungen (Gyri), Spalten (Fissurae) und Furchen (Sulci) entstehen.
Cortisol	Stresshormon
Deklaratives Gedächtnis	Form des Langzeitgedächtnisses; basierend auf den Inhalten wie folgt unterteilt: episodisches Gedächtnis (Geschichten unseres Lebens) und semantisches Gedächtnis (Faktenwissen). Beiden gemeinsam ist, dass die jeweiligen Inhalte in Worte gefasst, also beschrieben werden können.
Dendrit	Nervenzellenfortsatz; an den Dendriten sitzen viele Synapsen, über die Informationen von anderen Neuronen aufgenommen werden.

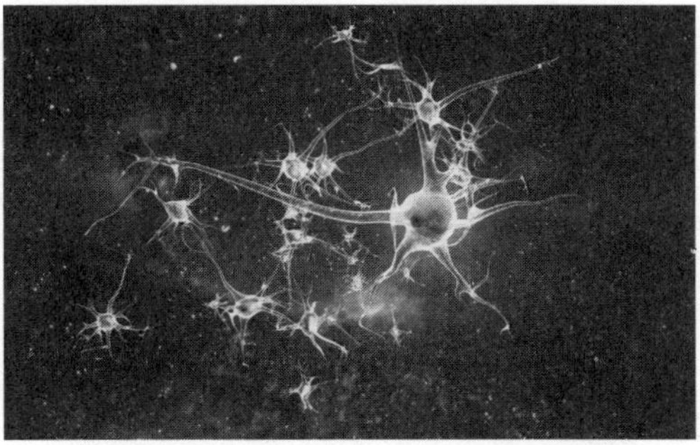

Abb. 88

Dendrititsche Dornen; Dornfortsatz	Pilz- oder knopfförmige Ausstülpungen auf Dendriten; an deren Spitze befindet sich meist eine Synapse als Kommunikationsort zwischen zwei Nervenzellen. Durch die Dornen erhöht sich die Oberfläche von Dendriten, die somit Platz für weitere Synapsen haben. Sie spielen eine wichtige Rolle in der synaptischen Plastizität. Die dendritischen Dornen können je nach Aktivität an- und abschwellen.
Diencephalon	auch: Zwischenhirn; zu ihm gehören u.a. Thalamus und Hypothalamus. Diencephalon (Zentrum für Sensorik, Emotion und Steuerung lebenswichtiger Funktionen wie Hunger und Durst) und Großhirn bilden das Vorderhirn.

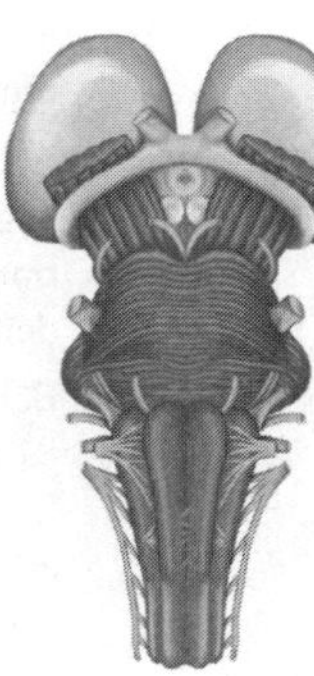

Abb. 89

Diffusions-Tensor-Bildgebung	Form der Magnetresonanztomographie; durch sie können Nervenbahnen im Gehirn rekonstruiert werden. Bestimmte Veränderungen, wie sie etwa infolge eines Schlaganfalls entstehen, lassen sich mit Diffusions-Tensor-Bildgebung besser erkennen als mit klassischer Magnetresonanztomographie.
Dopamin	chemische Substanz im Gehirn; produziert vor allem in den Basalganglien.

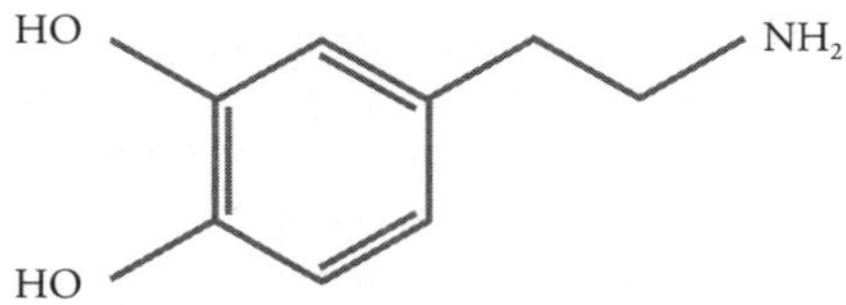

Abb. 90

EEG Elektroenzephalographie	Bildgebungstechnik zur Messung der elektrischen Aktivität der Neuronen über die Kopfhaut; siehe Anhang
Endorphin	chemische Substanz zur Schmerzbekämpfung im Gehirn; große Mengen können ein Entspannungsgefühl und/oder Energiegeladenheit hervorrufen.
entorhinaler Kortex	eines der wichtigen Gedächtniszentren im Gehirn; liefert Input für den Hippocampus, ein weiteres Gedächtniszentrum
Entwicklungsstörung	durch Genfehler hervorgerufene Krankheit; Symptome können in jedem Lebensalter auftreten
episodisches Gedächtnis	Speicher für Ereignisse oder Episoden ereignisbezogene Potenziale, siehe deklaratives Gedächtnis
elektrische Reaktionen des Gehirns	Treten zu einem bestimmten Zeitpunkt in Zusammenhang mit einem bestimmten Reiz auf und können mit Hilfe eines EEG aufgezeichnet werden.
Exekutivfunktion	hoch entwickelte Prozesse der Frontallappen; beschreibt die Unterdrückungsfähigkeit von unangemessenem Verhalten, die Fähigkeit zu planen, zwischen Handlungen zu wählen, Informationen im Kopf zu behalten und zwei Dinge auf einmal zu tun.
Fissur	auch: Furchen; durch die starke Faltung des Cortex (Großhirnrinde) entstehend. Sie lassen sich zur Beschreibung einzelner Hirnstrukturen nutzen, so trennt beispielsweise die Fissura sylvii den Schläfen- vom Frontallappen.
fMRI Kernspintomographie	englisch: *functional Magnetic Resonance Imaging*, fMRI; Bildgebungstechnik zur Messung des Sauerstoffspiegels im Blut des lebenden und arbeitenden Gehirns.
Fovea centralis	Bereich des schärfsten Sehens im Auge von Vögeln und höheren Säugetieren; liegt im Zentrum des Gelben Flecks und umfasst beim Menschen einen Durchmesser von ca. 1,5 mm. In dem Bereich gibt es ausschließlich Zapfen, die im Verhältnis 1:1 auf die Ganglienzellen verschaltet werden, wodurch eine sehr hohe „Auflösung" erreicht wird.

Frontallappen/ -kortex	große Region im vorderen Hirn, direkt hinter der Stirn; zuständig für hoch entwickelte kognitive Prozesse wie Planen, Integrieren von Informationen, Emotionskontrolle und Entscheidungskompetenz.
Gedächtnis	Oberbegriff für alle Arten von Informationsspeicherung im Organismus; Information kann aufgenommen, gespeichert und abgerufen werden.
Gestik	nonverbale Form der Kommunikation; inhaltstragende Bewegungen – ein Zucken der Schultern, eine abwinkende Armbewegung.
graue Substanz	Masse aus Zellkörpern in der Großhirnrinde; erscheint unter dem Mikroskop und bei MRT grau.
Großhirn	auch: Telencephalon; umfasst die Großhirnrinde (graue Substanz), die Nervenfasern (weiße Substanz) und die Basalganglien; größter Teil des Gehirns. Die Rinde kann in vier Rindenfelder unterteilt werden: Temporallappen, Frontallappen, Okzipitallappen und Parietallappen. Seine Aufgaben sind die Koordination von Wahrnehmung, Motivation, Lernen und Denken.
Habituation	eintretende Gewöhnung bei wiederholt auftretenden Reizen; es kann zur Abschwächung der Reaktionen oder sogar zu einer Löschung (Extinktion) von erlerntem Verhalten kommen.
Hemisphäre	linke oder rechte Gehirnhälfte
Hippocampus	Struktur in Form eines Seepferdchens tief innen im Temporallappen; zum Limbischen System gehörend und am Erinnerungsspeichern und -abrufen beteiligt.
Hirnnerv	direkt im Gehirn (meist Hirnstamm) entspringender Nerv; insgesamt existieren 12 Gruppen (Nummerierung mit römischen Ziffern I – XII). Der erste und der zweite Hirnnerv (Riech- und Sehnerv) sind im eigentlichen Sinn Teile des Gehirns.
Hirnstamm	auch: Truncus cerebri; an ihm sind alle Gehirnstrukturen sozusagen „aufgehängt"; umfasst – von unten nach oben – die Medulla oblongata, die Pons und das Mesencephalon und geht weiter in die Wirbelsäule über.
Homunculus	Arealkartierung des sensomotorischen Kortexes entsprechend der Sinneswahrnehmungen in verschiedenen Körperteilen; vollzieht den Körperbau nach und sieht daher wie ein kleiner Mensch (oder Homunculus) aus.
Hormon	chemischer, in Drüsenzellen gebildeter und über das Blut übertragener Botenstoff im Körper; dient der meist langsamen Übermittlung von Informationen zwischen Zellen. Zum Beispiel die Regulation des Blutzuckerspiegels. Hormone haben eine breitere Wirkung als Neurotransmitter, sie können verschiedene Funktionen in vielen Zellen des Körpers beeinflussen

Hörnerv — auch: Nervus cochlearis; Die Haarzellen des Corti-Organs erregen Neurone des Spiralganglions, das im Hohlraum der Hörschnecke liegt. Deren Axone bilden den Hörnerv, der die elektrischen Impulse vom Innenohr ins Gehirn leitet. Gemeinsam mit dem Gleichgewichtsnerv (Nervus vestibularis) bildet der Hörnerv den VIII. Hirnnerv.

Hornhaut — auch: Cornea; vorderer, transparenter Teil der äußeren Augenhaut. Sie ist bereits an der Lichtbrechung beteiligt und sorgt dafür, dass das Abbild eines entfernten Objektes auf den Punkt des schärfsten Sehens der Netzhaut fällt.

Hypophyse — auch: Hirnanhangsdrüse; hängt wie ein erbsengroßer Tropfen unterhalb des Hypothalamus. Sie besteht aus zwei Teilen: dem Hypophysenvorderlappen (Adenohypophyse) und dem Hypophysenhinterlappen (Neurohypophyse). Die Hypophyse ist der einzige Bereich des Zentralen Nervensystems, bei dem die Blut-Hirn-Schranke nicht wirksam ist.

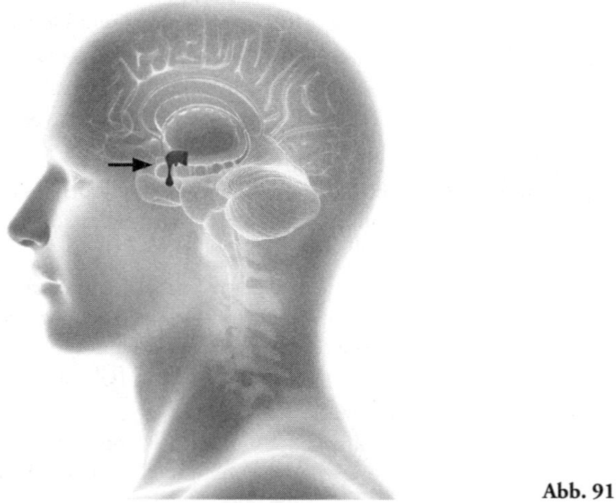

Abb. 91

Hypothalamus — gilt als das Zentrum des autonomen Nervensystems; steuert viele motivationalen Zustände und kontrolliert vegetative Aspekte wie Hunger, Durst oder Sexualverhalten. Als endokrine Drüse (Hormonabgabe erfolgt direkt ins Blut) produziert er zahlreiche Hormone, die teilweise die Hypophyse hemmen, anregen oder ihrerseits Hormone ins Blut abzugeben.

implizites Lernen — unbewusstes Lernen oder Erinnern

Insellappen — auch: Lobus insularis; eingesenkter, durch Frontal-, Temporal- und Parietallappen verdeckter Teil des Cortex (Großhirnrinde). Diese Überlagerung wird Opercula (Deckel) genannt. Die Insula hat Einfluss auf die Motorik und Sensorik der Eingeweide, z.B. die Magenperistaltik (Muskeltätigkeit des Magens).

interdisziplinär	Austausch und Zusammenarbeit zwischen verschiedenen Wissenschaftsbereichen
Kern	in einer Zelle u.a. die Chromosomen enthaltend; im Nervensystem ist der Kern eine Ansammlung von Zellkörpern – im zentralen Nervensystem als graue Masse, ansonsten als Ganglien bezeichnet.
Kernspintomographie	siehe fMRT
Konditionierungslernen	Verknüpfung einer Reaktion mit der Wahrnehmung eines bestimmten Reizes
Kortex	wörtlich „Rinde" oder äußere Schicht; siehe zerebraler Kortex
Kurzzeitgedächtnis	eine Art Zwischenspeicher des Gehirns; Informationen können in ihm mehrere Minuten lang behalten werden. Der Umfang ist mit 7±2 Informationseinheiten (Chunks = Zahlen, Buchstaben, Wörter) sehr begrenzt.
Langzeitgedächtnis	ein relativ stabiles Gedächtnis über in der etwas entfernteren Vergangenheit passierte Ereignisse; Im Langzeitgedächtnis werden Inhalte zeitlich nahezu unbegrenzt gespeichert. Unterschiedliche Gedächtnisinhalte liegen in unterschiedlichen Gehirn-Arealen. Die zelluläre Grundlage für diese Lernprozesse beruht auf einer verbesserten Kommunikation zwischen zwei Zellen und wird Langzeitpotentierung genannt.
Lappen	großer Teil des Kortexes; das Gehirn hat vier Lappen: Okzipital- (Hinterhaupts-), Temporal- (Schläfen-), Parietal- (Scheitel-) und Frontal- (Stirn-) Lappen
lateralisiert	entweder rechts oder links; auf der einen Seite stärker als auf der anderen, asymmetrisch
Limbisches System	Gruppe von Gehirnstrukturen; haben mit Gefühlen wie Aggression, Furcht, Lust sowie mit der Gedächtnisbildung zu tun. Es besteht aus mehreren Strukturen (u.a. Hippocampus, Amygdala, Cingulum und Hypothalamus).
MEG Magnetenzephalographie	Bildgebungstechnik; mit ihr kann die von den Neuronen ausgehende magnetische Aktivität durch die Kopfhaut gemessen werden; siehe Anhang
mental	geistig oder geistig-seelisch
Mesencephalon	auch: Mittelhirn; der oberste Abschnitt des Hirnstammes. Seine Regionen liegen um einen mit Hirnflüssigkeit gefüllten Kanal (Aquaedukt). Wichtige Strukturen sind das Tektum (Mittelhirndach) und das Tegmentum (Mittelhirnhaube)
Mnemotechnik	Sammelbegriff für Methoden; erleichtern das Erlernen neuer Inhalte Die einfachste Mnemotechnik ist die Eselsbrücke.
Motorkortex	Bewegungszentrum; Gehirnregionen, die mit der Vorbereitung und Ausführung von Bewegungen zu tun haben.

Myelin — weiße Hüllschicht aus Fett und Protein um jedes Axon; beschleunigt die Übertragung von elektrischen Impulsen an den Neuronen. Die Anlagerung von Myelin an den Axonen ist ein wichtiger, sich lange hinziehender Prozess in der Gehirnentwicklung.

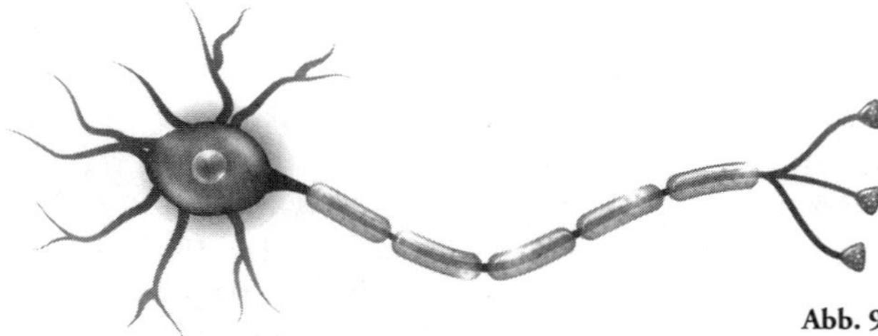

Abb. 92

Neocortex — stammesgeschichtlich jüngster Teil der Großhirnrinde; ist relativ gleichförmig in sechs Schichten aufgebaut und wird daher Isocortex genannt.

Nervenzelle — siehe Neuron

Neuron — Gehirnzelle; das menschliche Gehirn enthält 100 Milliarden Neurone.

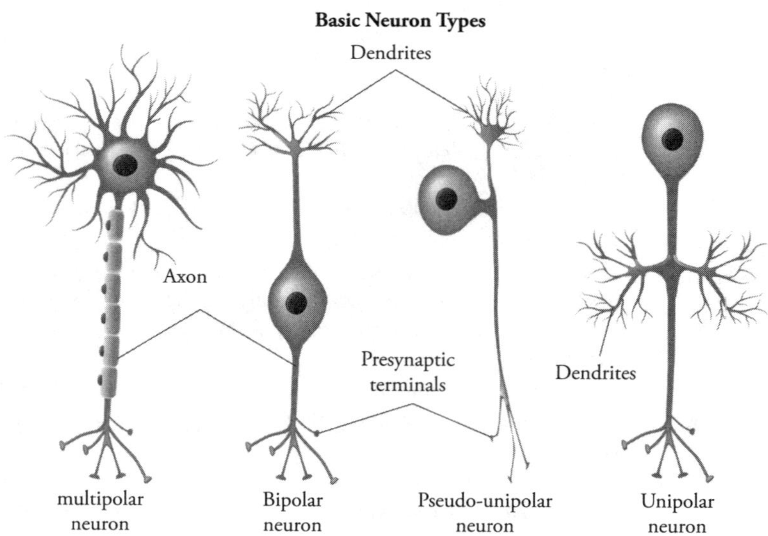

Abb. 93

Neuronale Repräsentation — Repräsentationen der Sinnessysteme und von Objekten (z.B. Gesichter) in verschiedenen Teilen des Gehirns; bei der Raumrepräsentation scheinen so genannte Platzzellen (*place cells*) im Hippocampus eine wichtige Rolle zu spielen. Jede Platzzelle repräsentiert einen bestimmten Ort in der Umwelt und wird aktiv, wenn sich ihr Besitzer an diesem Ort befindet. Eine weitere Gruppe von Neuronen, die Rasterzellen, beliefern die Platzzellen mit den notwendigen Informationen über Entfernungen und Richtungen.

Neurotransmitter	chemische Substanz; freigesetzt an einer Synapse, um die Informationsübermittlung von einem Neuron zu einem anderen zu ermöglichen.
Neurowissenschaften	Erforschung von Struktur und Funktion von Gehirn, Geist und Verhalten
Noradrenalin	chemische Substanz im Gehirn (Neurotransmitter-Hormon); produziert von den Nebennieren und wichtig für die Aufmerksamkeits- und Impulsivitätskontrolle. Auch bekannt als Norepinephrin.
Nucleus	Plural Nuclei; siehe Kern
Okzipitalkortex	siehe Okzipitallappen
Okzipitallappen	Hinterhauptslappen; große, in den hinteren Teilen des Gehirns gelegene Region des Kortexes zur visuellen Verarbeitung von Farbe, Form und Bewegung.
orbitofrontaler Kortex	Teil des Frontalkortexes; in beiden Gehirnhälften über dem Auge gelegen und zuständig für die Verarbeitung und Kontrolle von Emotionen.
Oxytocin	ein im Nucleus paraventricularis und im Nucleus supraopticus des Hypothalamus gebildetes Hormon; die Ausschüttung erfolgt von dem Hypophysenhinterlappen ins Blut. Es leitet bei der Geburt die Wehen ein, wird beim Stillen sowie beim Orgasmus ausgeschüttet. Es scheint die Paarbindung zu erhöhen und Vertrauen zu schaffen. Neuere Erkenntnisse weisen darauf hin, dass das oft als Kuschelhormon bezeichnete Oxytocin jedoch weitaus komplexer ist und seine Effekte auch eine Abgrenzung zur anderen Gruppen (*out-groups*) beinhalten.
Parietalkortex	siehe Parietallappen
Parietallappen	große, obere Region des Kortexes in beiden Gehirnhälften; zuständig für die Verarbeitung von räumlichen Prozessen und Mathematik.
PET Positronen-Emission-Tomographie	Bildgebungstechnik zur Messung des Blutflusses im Gehirn; siehe Anhang
Phonem	kleiner Teil der Sprache: entspricht einem Graphem oder einem Buchstaben.
Phonologie	Verarbeitung von Sprachlauten
Plastizität	Anpassungsfähigkeit des Gehirns an neue Gegebenheiten
Pons	auch: Brücke; Areal im Hirnstamm zwischen Medulla oblongata und Mesencephalon; enthält zahlreiche Kerne, die an der Steuerung der Motorik beteiligt sind.
Positronen-Emissions-Tomographie	bildgebendes Verfahren für die Visualisierung von Stoffwechselvorgängen im Körper.
präfrontaler Kortex	vorderer Teil des Frontalkortexes; bei Affen und Menschen besonders weit entwickelt; zuständig für das Planen und die Auswahl von Handlungen und Verhalten und für das Gedächtnis.
prämotorischer Kortex	Teil des Frontalkortexes in beiden Gehirnhälften; zuständig für Planungskompetenz und für die Ausführung von Bewegungen.

Priming	die meist unbewusste Beeinflussung von Reaktionen bzw. von Gedächtnisinhalten durch Vorerfahrung; Ein Reiz (Wort, Symbol) wird einer Versuchsperson unterhalb der Wahrnehmungsschwelle präsentiert. Obwohl die Versuchsperson diesen Reiz nicht bewusst wahrnimmt, beeinflusst er doch die weitere Verarbeitung.
Prozedurales Gedächtnis	eine Form des nondeklarativen Langzeitgedächtnisses; beinhaltet Handlungsabläufe wie Fahrradfahren, Klavierspielen oder das Zeichnen einer bestimmten Figur.
Putamen	ein Kern der Basalganglien; bildet gemeinsam mit dem Nucleus caudatus das Striatum. Als Teil des extrapyramidalen motorischen Systems ist es an der willkürlichen Motorik (willentlichen Bewegung) beteiligt.
REM-Schlaf	„REM“ = „rapid eye movement“, rasche Augenbewegungen während bestimmter Schlafphasen. Im Laufe einer Nacht durchleben wir mehrere solcher REM-Phasen, die von non-REM-Phasen unterbrochen werden. REM-Schlaf zeichnet sich durch schnelle Augenbewegungen aus, niedrig-amplitudige Hirnaktivität gemischter Frequenzen sowie einem reduzierten Muskeltonus. Puls und Atemfrequenz sind dagegen erhöht. Besonders bildhafte und intensive Traumphasen.
Repräsentation	neuronale Implementierung einer Erfahrung
Ruhepotenzial	das Membranpotenzial eines Neurons im Ruhezustand (ca -80 mV); Der Einstrom und Ausstrom von Ionen sind im Gleichgewicht.
Sakkade	schnelle, sprunghafte und meist unbewusst stattfindende Augenbewegung; das Auge richtet sich dabei spontan auf ein Objekt. Beim Lesen beispielsweise springen die Augen von einem kurzen Wort zum nächsten. Während einer Sakkade findet keine Informationsverarbeitung statt.
Sehnerv	auch: Nervus opticus; von Axonen (lange faserartige Fortsätze) der retinalen Ganglienzellen gebildet. Er verlässt das Auge auf der Rückseite an der Papille und umfasst ca. eine Million Axone mit einem Durchmesser von ca. sieben Millimetern.
Sehrinde	Sehzentrum; siehe visueller Kortex
semantisches Gedächtnis	Gedächtnis für Namen, Zahlen, Daten und Fakten
Sensible Phase	Phase, in der das Gehirn besonders stark durch Umwelterfahrungen beeinflussbar ist; bleiben in einer solchen Phase bestimmte Umweltreize aus, ist es unwahrscheinlich, dass das Gehirn danach bestimmte Funktionen des Wahrnehmungsvermögens oder der Bewegungsfähigkeit ohne heilpädagogische Förderung noch entwickeln kann.
sensomotorischer Kortex	aneinander angrenzende Regionen im oberen Bereich des Gehirns; zuständig für die Verarbeitung von Tastempfindungen und Bewegungen.

Serotonin: wichtiger, vom Nervensystem produzierter Neurotransmitter; spielt eine wichtige Rolle bei Depression und Angststörungen.

soziales Gehirn: Netzwerk von Gehirnarealen; zuständig für das Verständnis anderer Menschen und die soziale Kommunikation.

Spiegelneurone: Zellen im prämotorischen Kortex; sie „spiegeln" beispielsweise Bewegungen, die bei einer anderen Person gesehen werden.

Stammzellen: undifferenzierte Zellen; durch sie entstehen im Gehirn neue Zellen.

Stresshormonsystem: Bei der Stressantwort arbeiten das sympathische Nervensystem und eine Reihe von Hormondrüsen (Hypothalamus, Hypophyse, Nebennierenrinde) zusammen, um den Organismus auf erhöhte Anforderungen vorzubereiten. Das sympathische Nervensystem nutzt die Hormone Adrenalin und Noradrenalin als Botenstoffe. Durch deren Ausschüttung steigen Atem- und Herzfrequenz an; gleichzeitig wird die Muskulatur besser durchblutet. Während der Stressreaktion schüttet die Nebennierenrinde das Hormon Cortisol aus, das als natürliche Bremse wirkt: Übersteigt die Konzentration an Cortisol im Blut einen Schwellenwert, so wird das parasympathische Nervensystem aktiviert, welches seinen Gegenspieler – das sympathische Nervensystem – dämpft.

subkortikal: unter dem zerebralen Kortex gelegene Gehirnstrukturen (u.a. Amygdala, Hippocampus und Colliculus superior); gehören zu einem Pfad im Gehirn, der schnelle und automatische Bewegungen als Reaktion auf eine visuelle Wahrnehmung auszuführen.

Synapse: Verbindungen oder spezialisierte Verknüpfungen zur Informationsübertragung

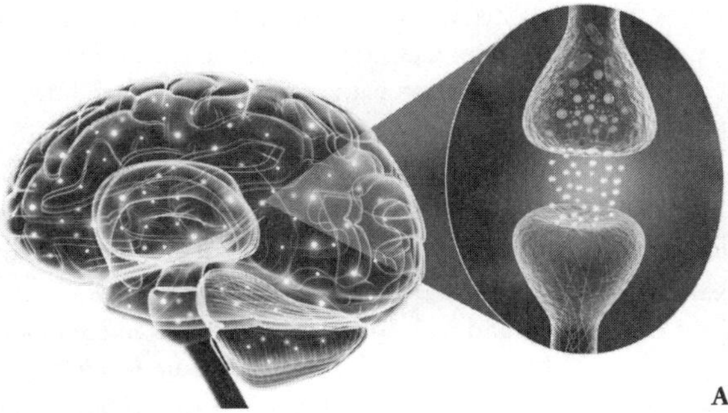

Abb. 94

Synapsen-„Pruning": Prozess des „Ausjätens" von wenig benutzten Synapsen; die erste und größte Welle des „Ausjätens" von Synapsen folgt auf die Phase der starken Synapsenbildung in der frühen Kindheit.

Synästhesie: Vermischung unterschiedlicher Sinneswahrnehmungen; Menschen mit Synästhesie sehen oft Farben, wenn sie Wörter hören.

Temporallappen: Kortexregion in beiden Gehirnhälften; zuständig für das Erkennen von Gesehenem und für das Sprachverstehen.

Trommelfell	auch: Membrana tympani; dünne maximal 10 mm breite Membran (ca. 0,1 mm Dicke) am Ende des Gehörgangs, die durch Schallwellen in Vibration versetzt wird. Das Trommelfell bildet den Übergang vom Außenohr zum Mittelohr. Anders als der Name vermuten lässt, ist es trichterförmig.

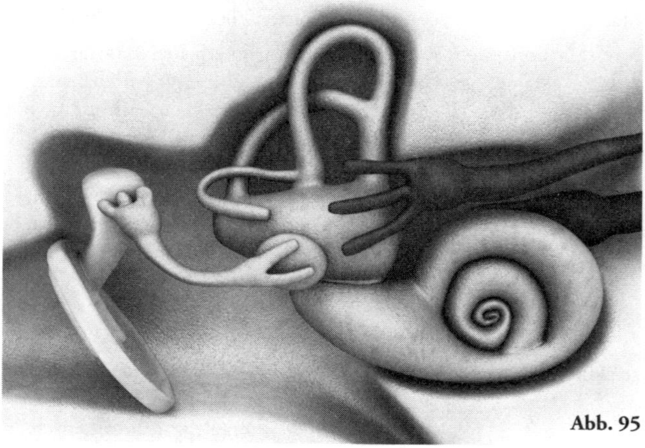

Abb. 95

Ultrakurzzeitgedächtnis	erlaubt die Wiederholung eines sensorischen Inputs – eines Satzes oder eines Bildes – ohne ihn aufmerksam wahrgenommen zu haben. Jede Sinnesmodalität hat hierzu einen eigenen Speicher, der nach kürzester Zeit wieder gelöscht wird. So ist die Fähigkeit, in einem Gespräch etwas zuvor Gesagtes zu wiederholen, obwohl man es nicht mit Aufmerksamkeit belegt hat, ein Beispiel für das auditive Ultrakurzzeitgedächtnis.
visueller Kortex	auch: Okzipitalkortex; Sehrinde, Sehzentrum; für die Verarbeitung von visuellen Attributen wie Form, Farbe und Bewegung zuständige Gehirnregionen.
Visualisierung	vor dem inneren oder geistigen Auge sehen
Was-Bahn	Teil der visuellen Verarbeitungsbahn, der mit Größe, Form, Farbe und schlussendlich mit Objekterkennung befasst ist. Die Was-Bahn verläuft von V1 und V2 in die Areale des Temporallappens.
weiße Substanz	Masse aus Axonen; erscheint aufgrund ihrer Myelinschicht unter dem Mikroskop oder bei MRT weiß.
Wernicke-Areal	nach dem Neurologen und Psychiater Carl Wernicke benannte Region an der Basis des linken Temporallappen; zuständig für das Verstehen von Wörtern.
Wo-Bahn	Teil der visuellen Verarbeitungsbahn, der sich mit der Lokalisation und Bewegung von Objekten befasst. Die „Wo"-Bahn verläuft von V1 und V2 in die Areale des Paritallappens.

Wortformareal	auch: okzipitaler Temporallappen; Region des unteren Temporallappen in der linken Gehirnhälfte. Das Areal ist wichtig für gute Lesefähigkeit, da es für das unmittelbare Erkennen und Abrufen von Wortnamen zuständig ist.
Zentralnervensystem ZNS	Gehirn und Rückenmark

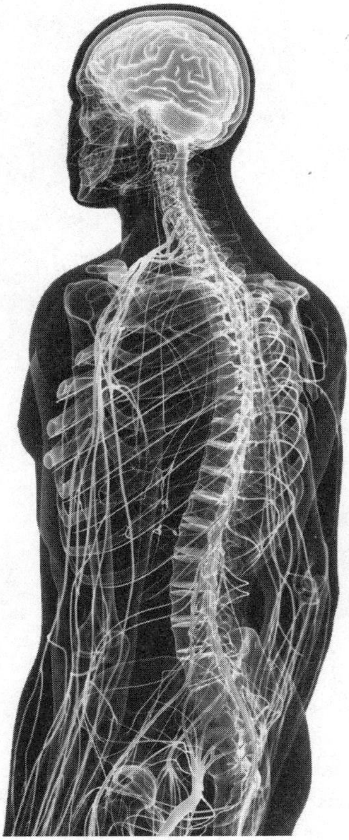

Abb. 96

zerebraler Kortex	Großhirnrinde; am weitesten außen gelegene Schicht des Hirngewebes; beim Menschen besonders stark entwickelt.

Exkurs: Wider das Vergessen

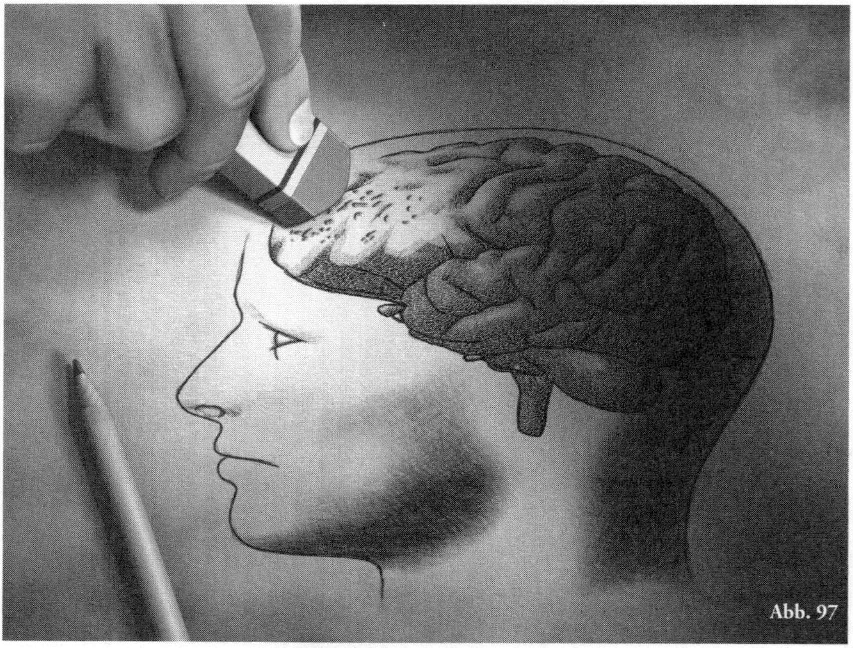

Abb. 97

- Use it or lose it! (S. 107)
- Lernen, Behalten und Erinnern als Gedächtniskonzept besitzen immer eine entsprechende Präsenz auf biologischer Ebene. (S. 157)
- Wird eine Sprache einmal beherrscht, wird diese nie vergessen. (S. 163)
- Hinweise darauf, dass das Konzept des Vergessens ein endgültiges, unwiderrufliches ist, gibt es nur für krankheitsbedingte, irreversible Abbauprozesse auf neuronaler Ebene oder schwere Unfälle. (S. 174)

Anhang

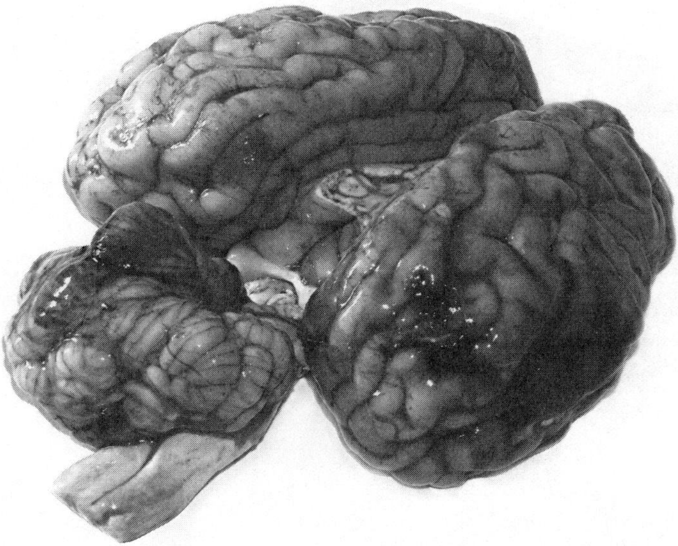

Abb. 98: Blick auf die subkortikalen Bereiche

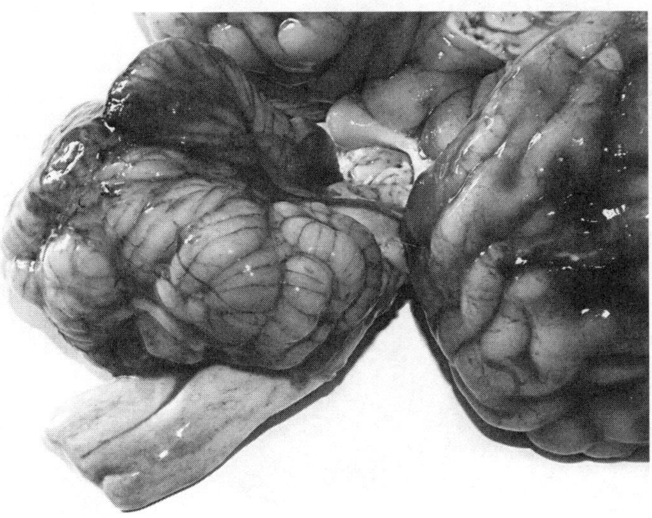

Abb. 99: Blick auf Kleinhirn und verlängertes Rückenmark

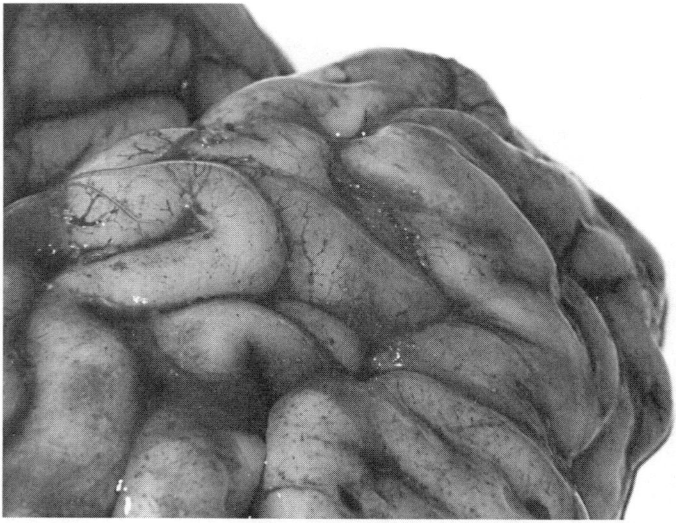

Abb. 100: Gehirnwindungen des Kortex

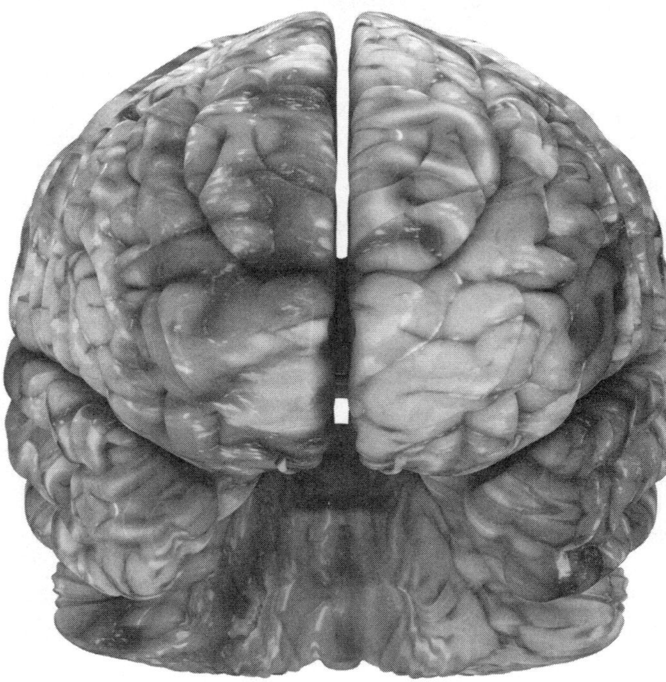

Abb. 101: Schaltzentrale präfrontaler Kortex

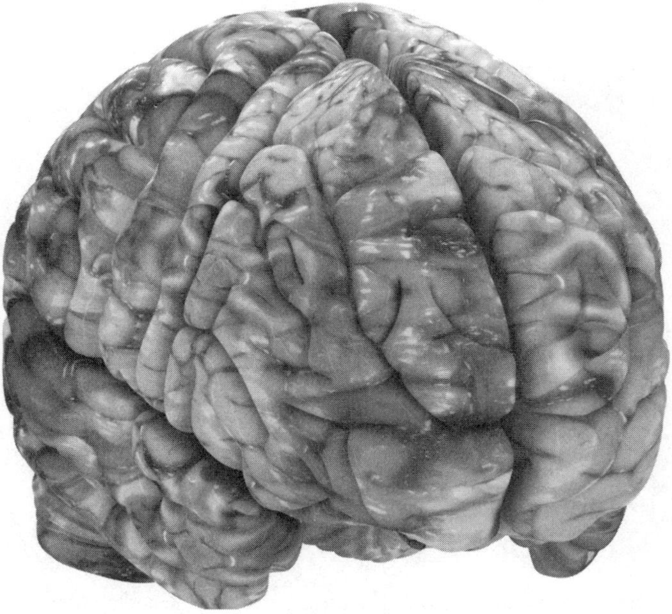

Abb. 102: Präfrontaler Kortex, Temporal- und Parietallappen

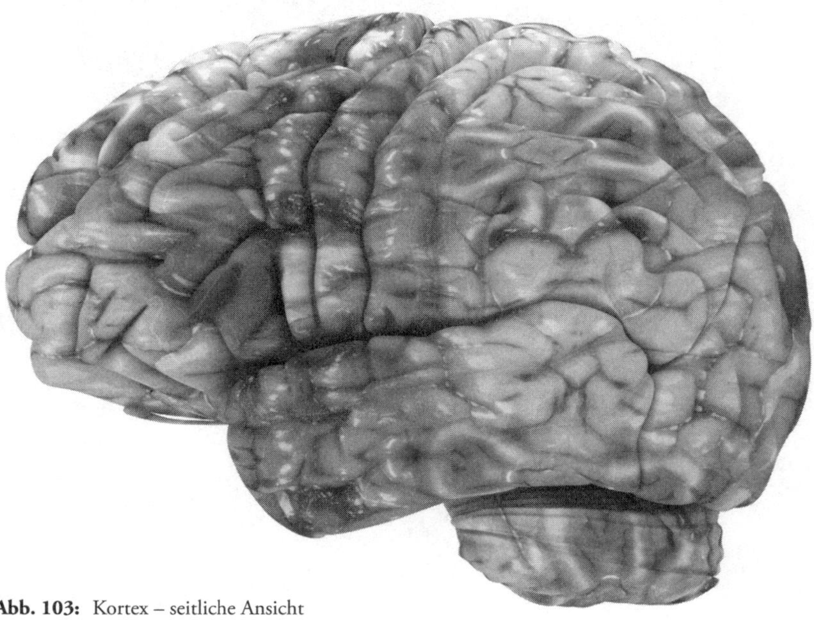

Abb. 103: Kortex – seitliche Ansicht

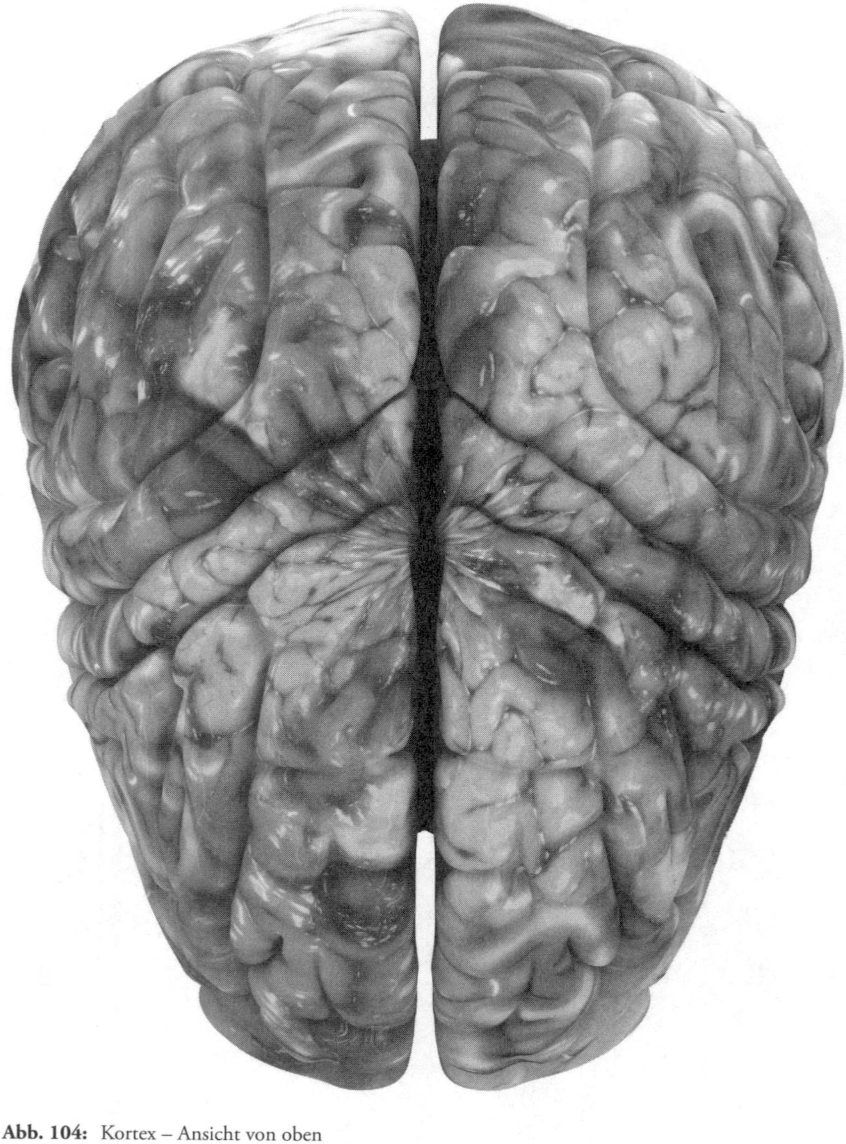

Abb. 104: Kortex – Ansicht von oben